midas Civil 在桥梁结构分析中的应用(一)

刘美兰　编著

人民交通出版社

内 容 提 要

本书为《midas Civil 在桥梁结构分析中的应用》之第一册，重点阐述如何运用 midas Civil 进行桥梁结构分析和设计。全书由两篇6章组成。第一篇是 midas Civil 功能使用入门，共3章，第1章概况性地介绍了 midas Civil 基本概念，第2章详细介绍了 midas Civil 功能在简单结构中的应用，第3章详细介绍了 midas Civil 功能在桥梁施工临时结构中的应用。第二篇是 midas Civil 功能在桥梁工程中的应用，共3章，第4章详细介绍了 PC 连续刚构桥，第5章详细介绍了梁格，第6章详细介绍了桥梁地震响应分析与抗震及减震设计。

本书对提高 midas Civil 软件用户的技术水平大有裨益，可供土木工程相关领域的工程师、科研人员、高等院校的教师和学生参考使用。

图书在版编目(CIP)数据

midas Civil 在桥梁结构分析中的应用. 1 / 刘美兰编著. — 北京：人民交通出版社，2012.4
(桥梁结构有限元分析系列丛书)
ISBN 978-7-114-09737-9

Ⅰ.①m… Ⅱ.①刘… Ⅲ.①桥梁工程－应用软件，midas Civil Ⅳ.①U44-39

中国版本图书馆 CIP 数据核字(2012)第 061912 号

书　　名：**midas Civil 在桥梁结构分析中的应用（一）**
著 作 者：刘美兰
责任编辑：付宇斌
出版发行：人民交通出版社股份有限公司
地　　址：（100011）北京市朝阳区安定门外外馆斜街3号
网　　址：http://www.ccpress.com.cn
销售电话：（010）59757973
总 经 销：人民交通出版社股份有限公司发行部
经　　销：各地新华书店
印　　刷：北京市密东印刷有限公司
开　　本：787×1092　1/16
印　　张：18.5
字　　数：428千
版　　次：2012年4月　第1版
印　　次：2015年1月　第3次印刷
书　　号：ISBN 978-7-114-09737-9
定　　价：60.00元
（有印刷、装订质量问题的图书由本社负责调换）

前言

QIANYAN

本书为《midas Civil 在桥梁结构分析中的应用》之第一册，本书重点阐述如何运用 midas Civil 进行桥梁结构分析与设计。

本书不论是在内容编排，还是工程应用上，都力求对实际桥梁工程结构分析或设计有指导意义，同时由于 midas Civil 的功能实在太多，可应用的面也实在太广，作者也只能选取具有代表性的桥梁工程实例来介绍，尽可能比较明确地体现软件基本操作层面的内容。即便如此，由于篇幅限制，有些内容还是不得不忍痛割爱。一些有关软件本身的操作和技巧，读者可参阅其他相关技术资料。

本书由两篇共 6 章组成。

第一篇是 midas Civil 功能使用入门，共 3 章。第 1 章概况性地介绍了 midas Civil 基本概念。本章从总体出发，对 midas Civil 的建模功能、分析功能和设计功能以及用户界面等进行综合介绍。第 2 章详细介绍了 midas Civil 功能在简单结构中的应用。本章以一个简单结构为例，详细介绍 midas Civil 模型建立、模型分析、模型设计的过程。第 3 章详细介绍了 midas Civil 功能在桥梁施工临时结构中的应用。本章以一个简单结构为例，详细介绍 midas Civil 功能在施工临时结构中的稳定分析功能、强度计算和位移计算等功能。

第二篇是 midas Civil 功能在桥梁工程中的应用，共 3 章。第 4 章详细介绍了 PC 连续刚构桥。本章以一座(86 + 155 + 86 = 327) m 三跨 PC 连续刚构桥为例，介绍 midas Civil 的模型建立、分析功能和结合《公路钢筋混凝土及预应力混凝土桥涵设计规范》(JTG D62—2004)的 PSC 设计验算功能，第 5 章详细介绍了梁格。本章只对铰接空心板梁桥的梁格分析模型的建模过程以及结合规范的设计过程有个详细叙述；对异形板桥和 T 梁桥，只分别体现了受力分析结果和横向分布系数的求解；由于 midas Civil 中的“单箱多室箱梁梁格法建模助手”功能还在完善中，因此本书第一版本暂不体现单箱多室箱梁桥的梁格分析模型，计划在第二版本中加入“单箱多室曲线箱梁桥—梁格分析”章节。但在相应地方会共享“2010 版本的单箱多室箱梁桥的梁格建模及 PSC 设计”的资料。第 6 章详细介绍了桥梁地震响应分析与抗震及减震设计。本章不但以一个简单结构为例，详细介绍 midas Civil 的桥梁地震响应分析功能和结合新规范的抗震设计功能，使抗震设计初学者对 midas Civil 地震响应分析功能与设计功能有一个初步的认识及掌握，从而对借助 midas Civil 进行桥梁抗震分析与设计有个整体把握。本章还以第 1 章的三跨 PC 连续刚构桥为例，对该桥的抗震性能进行研究。在初步设计阶段采用反应谱分析方法进行大桥的地震响应分析；在技术设计阶段采用动态时程分析方法进行大桥的地震响应分析。

本书作者为了保证本书构架及内容体现的统一性，全部内容由作者一人编著，同时在内容编写上力求全面、正确和实用，因此花费时间较长，鉴于此，本书暂先出版第一分册，后续分册随后陆续出版。在后续分册中，本书将会详细介绍以下内容：拱桥，暂定一座钢筋混凝土拱桥和一座钢管混凝土系杆拱桥；斜拉桥，暂定一座独塔混凝土斜拉桥和一座大跨度双塔钢斜拉桥；悬索桥，暂定一座自锚式独塔悬索桥和一座地锚式双塔悬索桥；桥梁施工控制，暂定监控内容为桥梁施工过程中的线形监控和应力监控；钢桥；桥梁检测。

对于初学者，按照章节顺序，学习完第一篇后，可进行简单结构的分析与设计。对于中高级用户，若想更多了解 midas Civil 使用技巧，也可学习第一篇。

对于第二篇，读者既可根据自己的工作需要有选择地进行阅读和钻研，也可以通读以达到举一反三、自如运用应用软件的目的。

限于作者的能力和水平，书中难免存在缺点和不足，恳请广大读者批评指正，作者将在再版中完善，也欢迎业内人士登陆网站进行讨论。作者邮箱：liumeilan0120@126.com；网址：www.shlancy.com。

本书使用的软件得到了 MIDAS 公司的许可，在此非常感谢 MIDAS 公司的大力支持；本书中的工程实例是我多年工程经验的部分体现，在此感谢各大设计院及桥梁业的工程师们；同时感谢人民交通出版社，尤其是陈志敏主任和付宇斌编辑。

刘美兰

二〇一二年二月

目录 MULU

第一篇　midas Civil 功能使用入门

第二篇 midas Civil 功能在桥梁工程中的应用

第一篇

>>>>>> midas Civil 功能使用入门

第1章

midas Civil基本概念

midas Civil 软件是一款集成化的通用结构分析与设计软件，它主要用于桥梁结构的分析与设计，能够解决各种桥型分析设计中遇到的问题，包括梁桥、拱桥、斜拉桥、悬索桥以及各种组合式桥梁。此外，midas Civil 还可以进行大体积混凝土的水化热分析、地下结构的分析、工业建筑结构的分析以及机场、大坝、港口等结构的分析，适用领域非常广泛。

作为国际化的结构分析软件，它与国内的一些软件的构架与使用习惯存在一定的差别，因此本章对 midas Civil 的基本概念进行了简要介绍，建议读者在使用 midas Civil 软件和阅读本书前，先通读本章内容。

本章从总体出发，对 midas Civil 的建模功能、分析功能和设计功能以及用户界面等进行综合介绍。通过这些内容，读者将对 midas Civil 的基本功能有所了解，从而从整体上把握 midas Civil 的使用。

1.1 midas Civil 概述

MIDAS 系列软件由世界最大的钢铁集团——韩国的浦项制铁(POSCO)集团于 1989 年 12 月开始开发，是将通用的有限元分析内核与土木结构的专业性要求有机地结合而开发的土木结构分析与设计软件。MIDAS 系列软件于 1996 年 11 月开始发布，2000 年 12 月开始进入国际市场，2002 年 11 月开始进入中国。

MIDAS 软件除中文版外，还拥有英文版、日文版、韩文版等版本，提供美国、加拿大、英国、日本、中国、韩国、台湾、印度等国家和地区的规范。

midas Civil 软件是 MIDAS 系列软件产品之一。该软件是经过国内外专业技术人员和专家的共同努力，并考虑工程师的实际需要，用 Visual C + + 在 Windows 环境下开发的。它具有功能强大、简单易学的特点。使用其独特的用户界面和图形处理功能，用户可以方便地按照施工阶段查看结构的模型，可以直观地、多角度地显示结构模型的状态和分析结果。midas Civil 在开发阶段经过了几千种例题的计算，并将计算结果与理论值、其他程序的计算结果进行比较、验证,同时大量工程项目上的运用结果也充分证明了软件的准确性和高效性。

该软件界面友好,建模直观、快捷。根据土木结构的特点而提供的结构建模助手,包括悬索桥(地锚式、自锚式),斜拉桥,预应力混凝土桥梁(悬臂法、顶推法、移动支架法、满堂支架法),板形桥梁,箱形暗渠,梁格法等,用户只需输入一些基本数据,程序就可自动为用户建立结构模型,并定义施工阶段。

由于该软件是空间有限元程序,且提供板单元和实体单元等,所以不仅可以解决平面杆系程序无法处理的弯桥、斜桥等空间问题,而且对拱桥的拱脚、预应力混凝土桥梁的零号块等受力比较复杂的区域可进行细部分析。分析功能方面除了静力分析功能,还提供非线性分析功能(材料非线性、边界非线性、几何非线性),动力分析功能(特征值分析、反应谱分析、弹性时程分析、多点激振分析、动力边界非线性分析、动力弹塑性时程分析),静力弹塑性(Pushover)分析,屈曲分析,混凝土水化热分析,施工阶段分析,移动荷载分析等功能。

midas Civil 从 2002 年 10 月进入中国以来,已经完全中文化,并且涵盖了中国的公路桥梁设计规范(JTJ 021—1989、JTJ 023—1985、JTG B01—2003、JTG D60—2004、JTG D62—2004、JTG/B 02-01—2008),铁路桥梁设计规范(TB 10002. 1—1999、TB 10002. 3—1999、TB 10002. 3—2005),城市桥梁标准(CJJ 77—1998),地铁设计规范(GB 50157—2003)等规范的内容。

目前,该软件在设计院、高等院校、科研机构等单位迅速普及,并且被广泛应用于公路、铁路、市政、水利等工程领域。

1.1.1 集成化的环境

midas Civil 提供给用户的是一个集成化的视图环境。它不但提供了多种便利的菜单系统、模型窗口、树形菜单、工作面板、信息窗口等,而且还提供了很多便利、实用的工具条。

midas Civil 提供给用户的是一个集成化的工作环境。用户可以在同一个界面中完成建模、分析和设计,可以通过不同的视图窗口同时展现结构的模型信息、分析结果和设计结果。

1.1.2 强大的分析功能

midas Civil 分析计算功能非常强大,主要由下列线性分析和非线性分析功能组成:

- ➢ 静力分析
  - 线性静力分析
  - 热应力分析
  - 材料非线性分析
  - 边界非线性分析
  - 几何非线性分析
    - 大位移分析
    - P-Delta 分析
- ➢ 屈曲分析
- ➢ 静力弹塑性分析
- ➢ 水化热分析
- ➢ 施工阶段分析
- ➢ 移动荷载分析
  - 影响线分析
  - 影响面分析
- ➢ 动力分析
  - 自由振动分析
    - 特征向量分析
    - 利兹向量分析
  - 反应谱分析
  - 时程分析
    - 线弹性时程分析
    - 多点激励分析
    - 边界非线性时程分析

- 弹塑性时程分析

➢ 支座沉降分析

➢ 叠合梁叠合前后的分析

➢ 使用优化方法计算未知荷载系数的功能以及调整索力功能

➢ 预应力钢筋混凝土结构分析

1.1.3 一体化的设计功能

在设计方面，midas Civil 软件是一款一体化的设计程序，组合结构设计、钢结构设计和混凝土设计可以在同一软件中完成。midas Civil 软件可以针对各种结构体系进行分析和设计，并输出结构体系分析和设计的整体结果以及构件细部详细分析结果。

1.2 midas Civil 用户界面

midas Civil 具有集成化的用户界面，见图 1-1。模型的建立、运行、设计以及分析结果的显示都在同一个界面下进行。它的操作界面是完全的三维环境，在多视图环境下可以进行平面、立面、三维建模以及实时动态显示，配合功能强大的视图管理功能，是真正意义上的空间有限元分析软件。本节主要介绍集成化用户界面的各个组成部分及其使用方法。

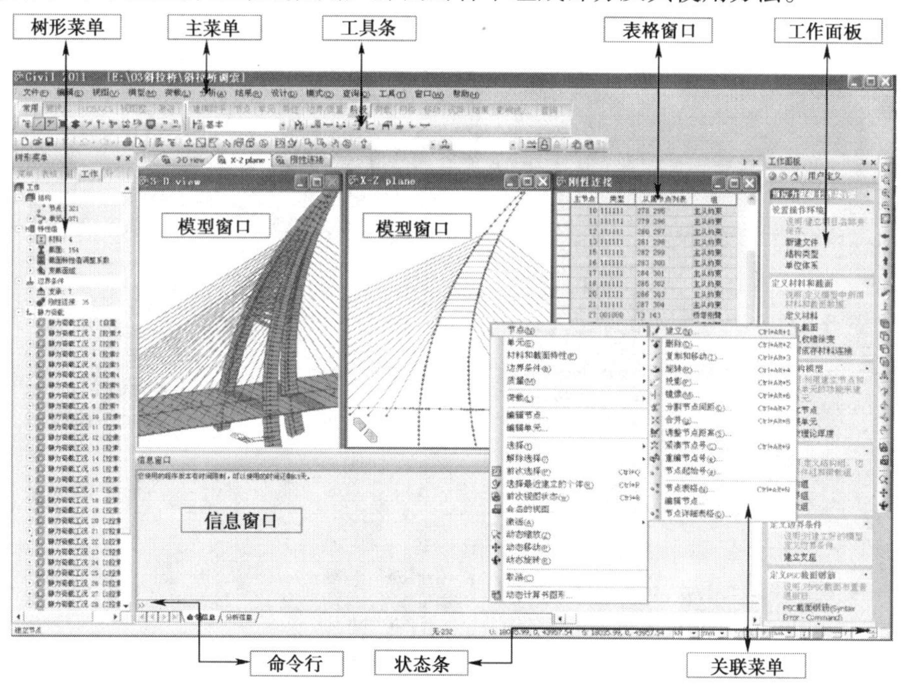

图 1-1　用户界面图

1.2.1 菜单命令

在主菜单中共有 13 个菜单项，所有的操作命令都分类集成在这 13 个菜单项中，见图 1-2 ~ 图 1-4。主菜单内隐藏了 midas Civil 中所有菜单命令和快捷键。

菜单命令除了以鼠标直接点击选择激活外，还可以采用键盘快捷方式操作。在每个菜单名称右侧括弧内有按键字母，例如：“文件(F)”，表示按下“Alt + F” 键即可打开文件菜单，然后在菜单中选择命令行。

对于菜单中的某些执行命令，也可以通过键盘快捷方式执行。例如：想要执行“**文件（F）**

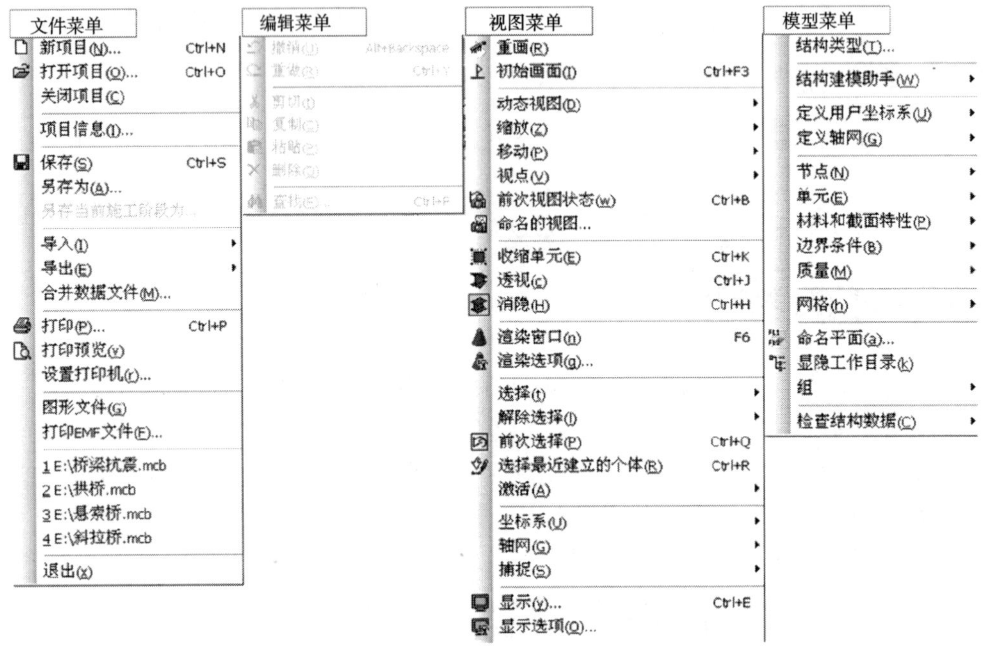

图 1-2　文件、编辑、视图、模型菜单

图 1-3　荷载、分析、结果、设计菜单

>新项目”，可以按下“Ctrl + N”键即可运行“新项目”命令。

菜单命令中黑色显示为激活状态，可以直接执行；灰色显示为非激活状态，表示不可执行。某些显示为非激活状态的命令，表示需要先决条件或切换到相应视图状态才能使用。本书将在后面章节介绍到具体命令操作时加以说明。

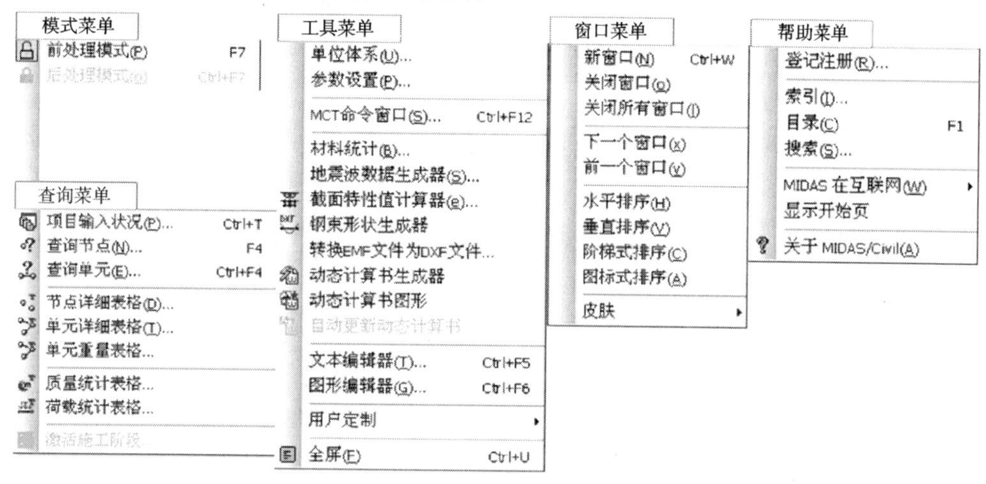

图 1-4　模式、查询、工具、窗口、帮助菜单

1.2.2 工具条

midas Civil 为了让用户更快捷地进行建模和操作，提供了各种图标菜单。特别是图标菜单的表单化设计，集成在工具条中，大大提高了查找图标菜单的速度。部分工具条见图 1-5 ~ 图 1-8。

建模助手 | 节点 | 单元 | 特性 | 边界/质量 | 阶段 | 荷载 | 网格 | 移动 | 沉降 | 结果 | 影响线/影响面 | 查询 |

图 1-5　“建模助手”工具条

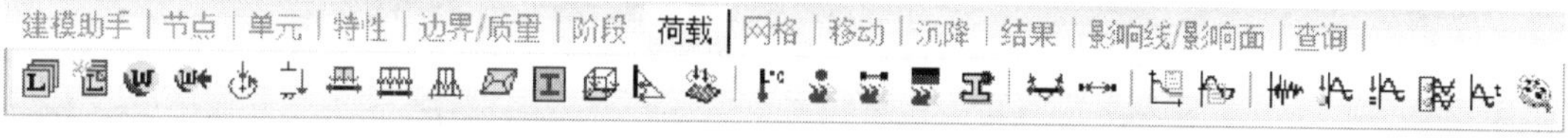

建模助手 | 节点 | 单元 | 特性 | 边界/质量 | 阶段 | 荷载 | 网格 | 移动 | 沉降 | 结果 | 影响线/影响面 | 查询 |

图 1-6　“边界”工具条

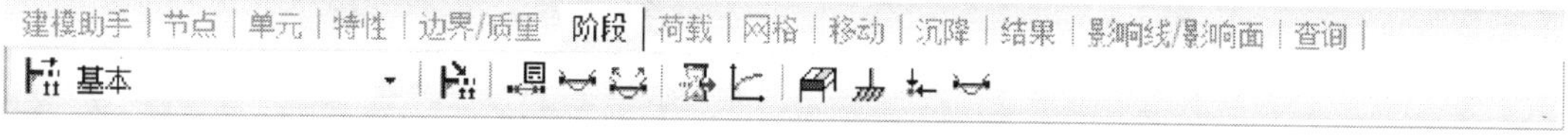

建模助手 | 节点 | 单元 | 特性 | 边界/质量 | 阶段 | 荷载 | 网格 | 移动 | 沉降 | 结果 | 影响线/影响面 | 查询 |

基本

图 1-7　“阶段”工具条

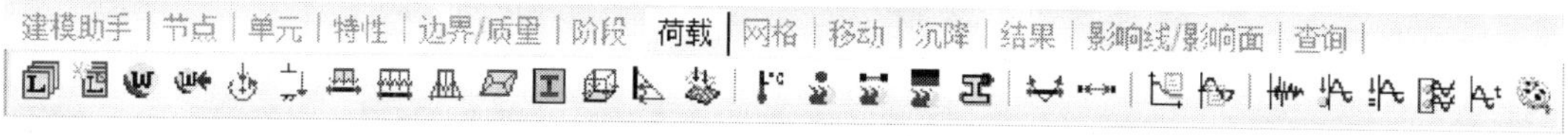

建模助手 | 节点 | 单元 | 特性 | 边界/质量 | 阶段 | 荷载 | 网格 | 移动 | 沉降 | 结果 | 影响线/影响面 | 查询 |

图 1-8　“荷载”工具条

1.2.3 树形菜单

在树形菜单中，从建立模型到分析、设计的过程中的所有关联菜单均以阶梯结构显示（按照一定的排序），无论熟练用户还是初学者都可以进行高效率的操作。部分树形菜单界面见图 1-9 ~ 图 1-12。

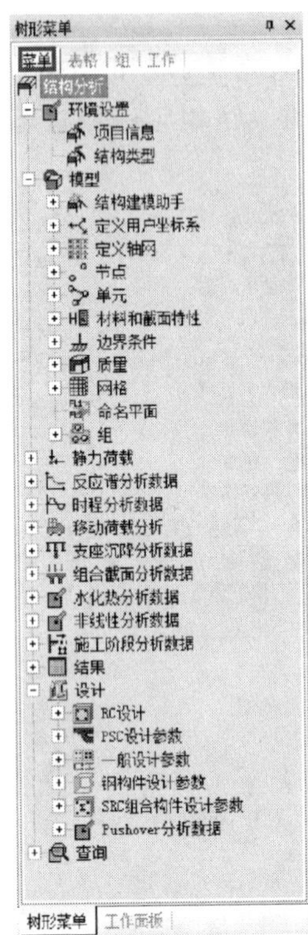

图 1-9 树形菜单中的“菜单”

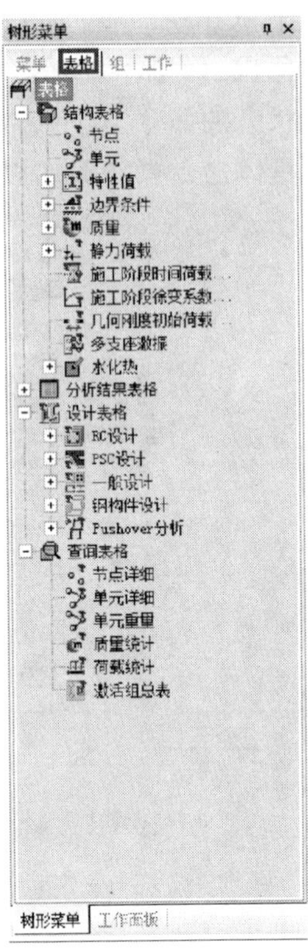

图 1-10 树形菜单中的“表格”

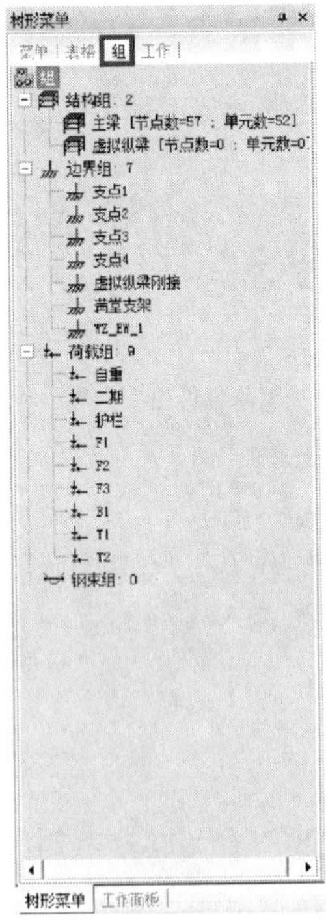

图 1-11 树形菜单中的“组”

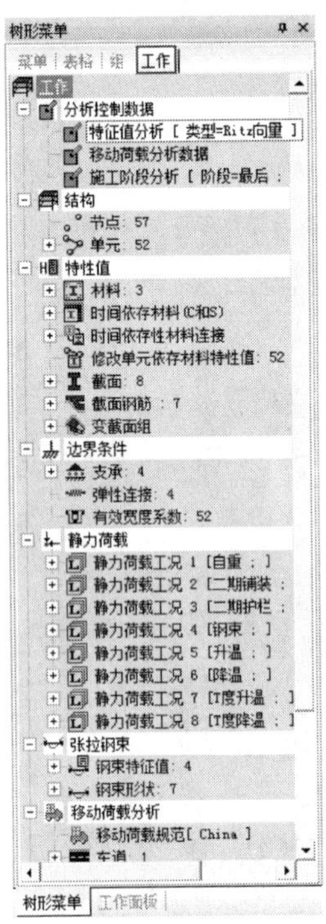

图 1-12 树形菜单中的“工作”

1.2.4 工作面板

按不同分析类型的建模顺序,把必选步骤和可选步骤列在了工作面板上,以方便用户进行建模和分析。

在工作面板中,添加了一些高级分析的操作步骤和每个步骤的说明。用户可自定义工作面板,按不同分析类型的建模顺序,制作一定格式的文本文件,导入到用户定义工作面板中即可。

作者自己编写了"简单结构的分析与设计入门学习.tpd"工作面板数据,那么作者在建立预应力混凝土结构模型时,就可以调取该工作面板,选择工作面板中的相关指令,进行模型建立、模型分析、模型设计。工作面板的调取步骤见图1-13～图1-16。

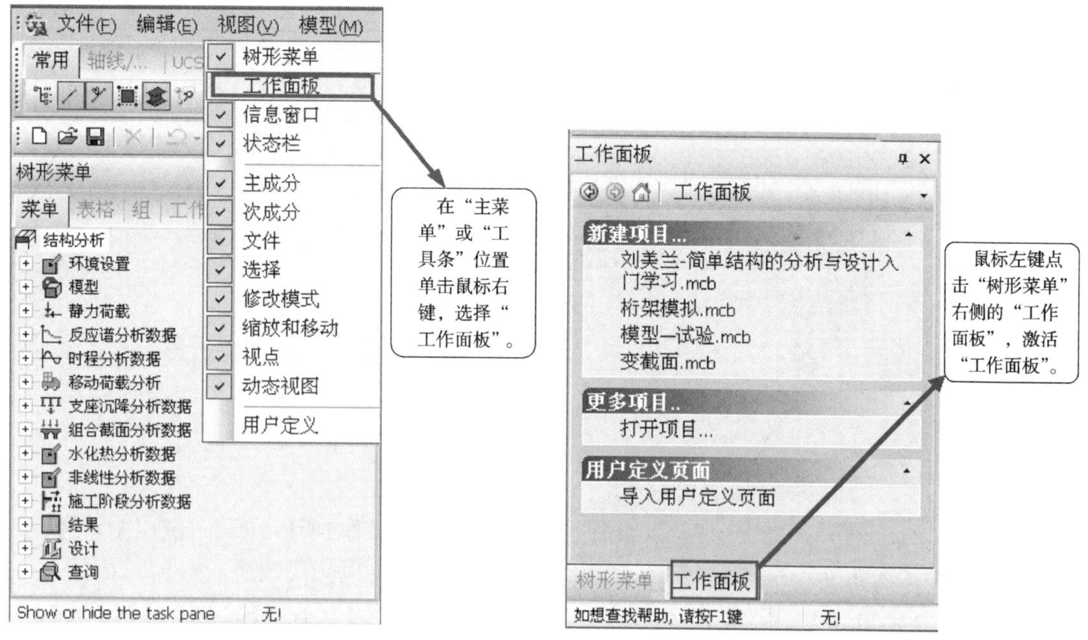

图1-13　选择工作面板工具条-1　　图1-14　选择工作面板工具条-2

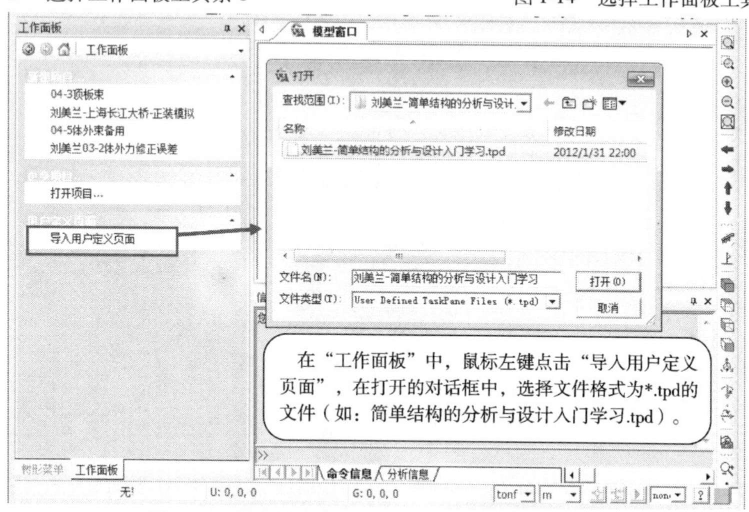

图1-15　导入用户定义页面中的工作面板数据文件

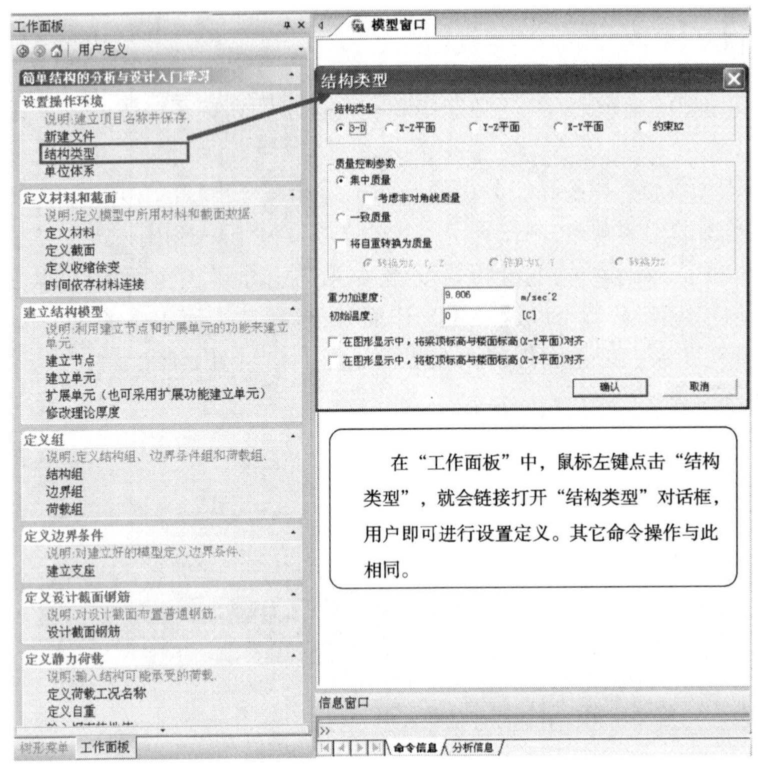

图 1-16　点击工作面板中的命令，执行相应操作

1.2.5 模型窗口

模型窗口可以同时打开多个窗口，且每个窗口可以独立操作，所以在不同窗口中可使用不同的用户坐标系来建立模型。此时在一个窗口中输入的数据，也会反映到其他窗口中。

在“窗口 > 新窗口…”中，建立多个新窗口，进行不同内容的显示查看，见图 1-17。

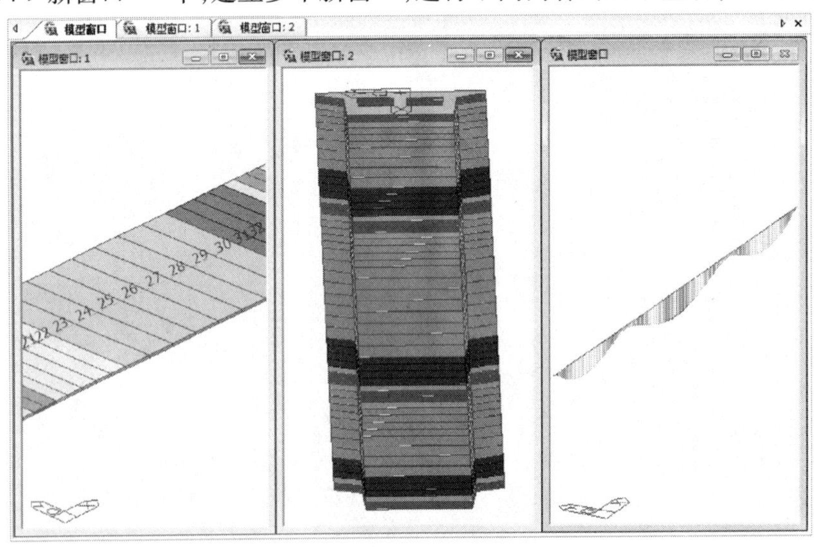

图 1-17　建立新窗口

1.2.6 表格窗口

将输入的模型数据或分析结果以表格的形式输出。表格窗口中不但提供了多种数据编辑、添加输入、查询以及整理的功能,而且可以根据表格中的数据制作成图表。表格窗口的所有数据可与 MS-Excel 表格数据互换。

点击图 1-18 中的“表格”按钮,打开未知荷载系数中约束条件数据定义的表格。复制图1-19中的数据,然后粘贴到图 1-20 中的“Displacement”中,生成的表格约束条件数据见图1-20。

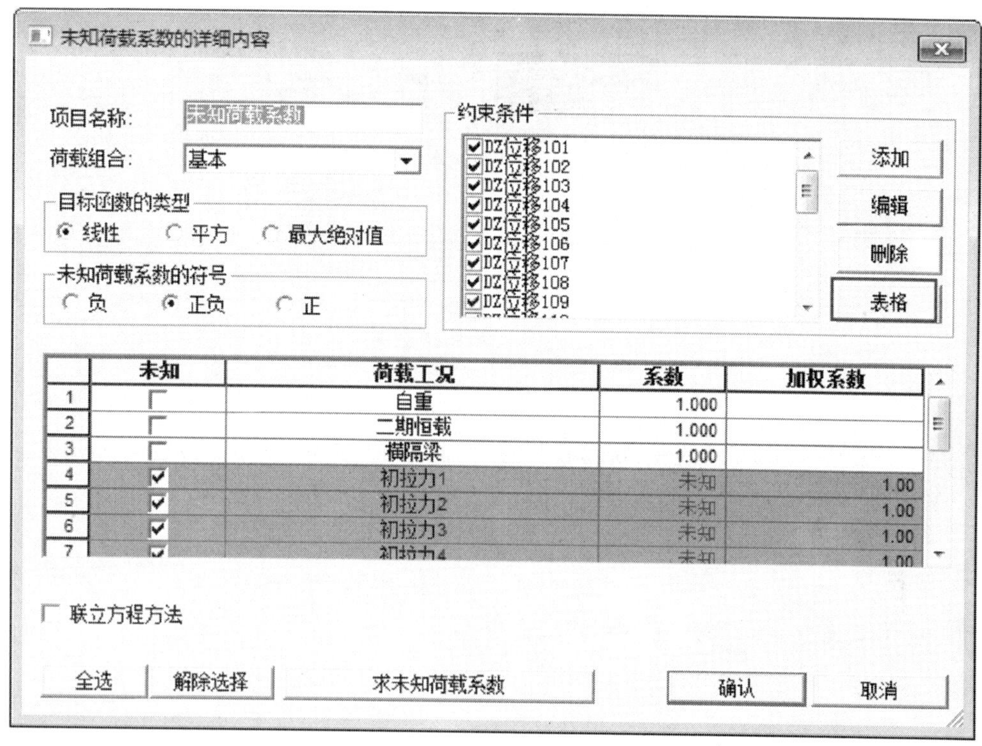

图 1-18 定义未知荷载系数中约束条件数据

DZ位移101	101	DZ	Inequality		0		1	0.0001	1	-0.0001
DZ位移102	102	DZ	Inequality		0		1	0.0002	1	-0.0002
DZ位移103	103	DZ	Inequality		0		1	0.0002	1	-0.0002
DZ位移104	104	DZ	Inequality		0		1	0.0002	1	-0.0002
DZ位移105	105	DZ	Inequality		0		1	0.0002	1	-0.0002
DZ位移106	106	DZ	Inequality		0		1	0.0002	1	-0.0002
DZ位移107	107	DZ	Inequality		0		1	0.0002	1	-0.0002
DZ位移108	108	DZ	Inequality		0		1	0.0002	1	-0.0002
DZ位移109	109	DZ	Inequality		0		1	0.0002	1	-0.0002
DZ位移110	110	DZ	Inequality		0		1	0.0002	1	-0.0002
DZ位移111	111	DZ	Inequality		0		1	0.0003	1	-0.0003
DZ位移112	112	DZ	Inequality		0		1	0.0003	1	-0.0003

图 1-19 MS-Excel 表格数据

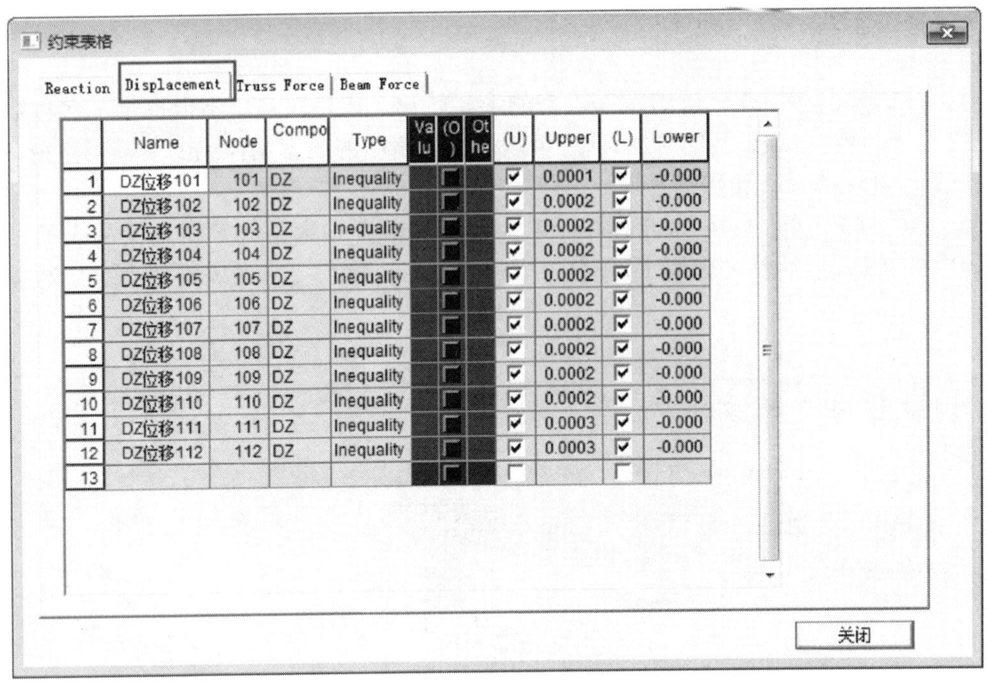

图 1-20 约束条件表格数据

1.2.7 信息窗口

信息窗口中包含命令信息和分析信息，通过这两个窗口可以输出建模信息和分析过程信息等。

1.2.8 命令行

为了更快地执行菜单命令，可使用快捷命令。

1.2.9 状态栏

为了提高操作的效率，提供各种坐标系关联事项、单位体系、选择过滤、单元捕捉等功能，见图 1-21。

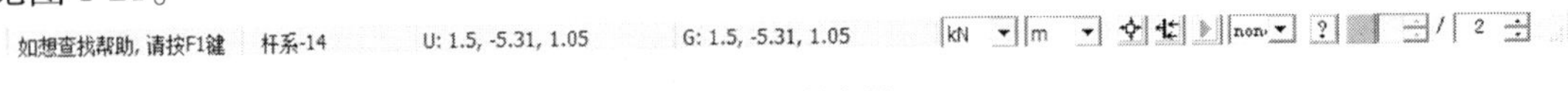

图 1-21 状态栏

1.2.10 关联菜单

在模型窗口或树形菜单中点击鼠标右键，根据用户的操作状态、结构选择、鼠标位置，可调出常用的关联菜单。

1.2.11 鼠标使用

midas Civil 提供了 4 种鼠标操作方式：单击鼠标左键、单击鼠标右键、快速双击鼠标左键、按住鼠标左键拖动、按住鼠标滚轮滚动。鼠标的各种操作功能见表 1-1。

鼠标各种操作功能 表1-1

鼠标操作	功能
单击鼠标左键	选择菜单项、激活命令、点击按钮和选择视图对象
单击鼠标右键	弹性快捷菜单或弹出添加工具条菜单
快速双击鼠标左键	在树形菜单中,打开相关对话框;在工具条中,让工具条浮起
按住鼠标左键拖动	在树形菜单中,按住鼠标左键拖动到模型中进行修改
按住鼠标滚轮滚动	在模型窗口中,进行视图的放大、缩小以及旋转

第2章

midas Civil功能在简单结构中的应用

在 midas Civil 中一个完整模型的分析过程主要包括模型建立、模型分析和模型设计三大步骤。

本章以一个简单结构为例，详细介绍 midas Civil 模型建立、模型分析、模型设计的过程。生成该简单结构模型的基本分析、简单结构模型的基本分析过程见表 2-1。

简单结构模型的基本分析　　表 2-1

基本过程		说明或命令
三大步骤	子步骤	
模型建立	设置操作环境	说明：建立项目名称并保存
	新建文件	文件 > 新项目…
	单位体系	工具 > 单位体系…
	结构类型	模型 > 结构类型 > 3D 平面…
	定义材料和截面	说明：定义模型中所用材料和截面数据
	定义材料	模型材料和截面特性 > 材料…
	定义截面	模型材料和截面特性 > 截面…
	定义收缩徐变	模型 > 材料和截面特性 > 时间依存性材料（徐变/收缩）…
	时间依存材料连接	模型材料和截面特性 > 时间依存性材料连接…
	建立结构模型	说明：利用建立节点和扩展单元的功能来建立单元
	建立节点	模型 > 节点 > 建立…
	建立单元（也可采用“扩展”功能建立单元）	模型 > 单元 > 建立…（模型 > 单元 > 扩展…）
	修改理论厚度	模型 > 材料和截面特性 > 修改单元依存材料特性…
	定义组	说明：定义结构组、边界条件组和荷载组
	结构组	模型 > 组 > 定义结构组…
	边界组	模型 > 组 > 定义边界组…
	荷载组	模型 > 组 > 定义荷载组…

续上表

基本过程		说明或命令
三大步骤	子步骤	
模型建立	定义边界条件	说明:对建立好的模型定义边界条件
	建立支座	模型 > 边界条件 > 一般支承…
	定义梁截面钢筋	说明:对梁截面布置普通钢筋
	截面钢筋	模型 > 材料和截面特性 > 截面钢筋…(780 版及以前)
		模型 > 材料和截面特性 > 截面管理器 > 钢筋…(790 版)
	定义静力荷载	说明:输入结构可能承受的荷载
	定义荷载工况名称	荷载 > 静力荷载工况…
	定义自重	荷载 > 自重…
	输入钢束特性值	荷载 > 预应力荷载 > 钢束特性值…
	钢束形状定义方法一:采用表格功能输入钢束形状	
	输入钢束形状	荷载 > 预应力荷载 > 钢束布置形状…
	钢束形状定义方法二:也可采用钢束形状生成器工具从 AutoCAD 中导入钢束形状,生成钢束形状 mct 命令流	
	打开钢束形状生成器工具	工具 > 钢束形状生成器
	运行 MCT 命令流,生成钢束形状	工具 > MCT 命令窗口…
	定义预应力荷载工况	荷载 > 预应力荷载 > 钢束预应力荷载…
	定义施工阶段	说明:施工阶段模拟
	定义施工阶段	荷载 > 施工阶段分析数据 > 定义施工阶段…
	定义施工阶段分析控制	分析 > 施工阶段分析控制…
	定义活载	说明:输入移动荷载数据
	车辆荷载分析规范	荷载 > 移动荷载分析数据 > 移动荷载规范…
	定义车道	荷载 > 移动荷载分析数据 > 车道…
	选择车辆	荷载 > 移动荷载分析数据 > 车辆…
	定义移动荷载工况	荷载 > 移动荷载分析数据 > 移动荷载工况…
	移动荷载分析控制	分析 > 移动荷载分析控制…
模型分析	进行结构分析	说明:运行分析(F5)
	查看分析结果	说明分析结果的查看
	定义荷载组合	结果 > 荷载组合…
	桥梁内力图	结果 > 桥梁内力图…
	桥梁内力结果	结果 > 内力 > 梁单元内力图…

续上表

基本过程		说明或命令
三大步骤	子步骤	
模型分析	内力表格	结果 > 分析结果表格 > 梁单元 > 内力…
	桥梁应力结果	结果 > 应力 > 梁单元应力图…
	应力表格	结果 > 分析结果表格 > 梁单元 > 内力…
	钢束分析结果	说明:查看预应力结果
	预应力损失图	结果 > 钢束预应力损失图表…
	钢束坐标	结果 > 分析结果表格 > 预应力钢束 > 预应力钢束坐标…
	钢束伸长量	结果 > 分析结果表格 > 预应力钢束 > 预应力钢束伸长量…
模型设计	PSC 设计	说明:预应力混凝土截面验算
	定义设计参数	设计 > PSC 设计 > PSC 设计参数…
	PSC 设计材料	设计 > PSC 设计 > PSC 设计材料…
	定义设计截面位置(进行设计的单元)	设计 > PSC 设计 > PSC 设计截面位置…
	定义设计计算书输出内容(计算书详细过程输出单元)	设计 > PSC 设计 > PSC 输出选项…
	运行设计	设计 > PSC 设计 > 运行 PSC 设计 > 梁的设计
	输出 PSC 设计计算书	设计 > PSC 设计 > 输出 PSC 设计计算书
	PSC 设计结果图形	设计 > PSC 设计 > PSC 设计结果图形…

2.1 桥梁概况

2.1.1 结构概况

该简单结构为一根计算跨径 21.26m 的简支预应力混凝土预制工字形梁，梁长 21.96m。工字形梁截面见图 2-1。

该梁采用 C50 混凝土材料，预应力钢束采用标准强度为 f_{pk} = 1860MPa 的 ϕ^j15.2 高强度低松弛钢绞线钢材。钢束布置见附件“简单结构钢束图. dxf”。

本例题仅模拟结构自重、钢束预应力荷载和汽车活载。

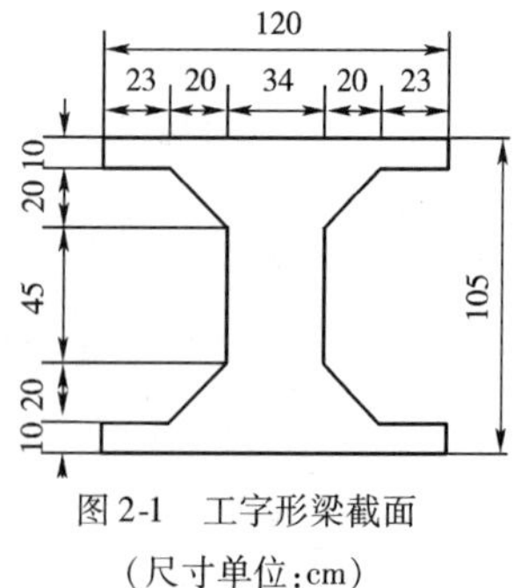

图 2-1 工字形梁截面
(尺寸单位:cm)

2.1.2 模型概况

本模型中所有结构均采用梁单元模拟。模型中节点总数 27 个(节点号 1to27)，梁单元总数 26 个(单元号 1to26)，见图 2-2。

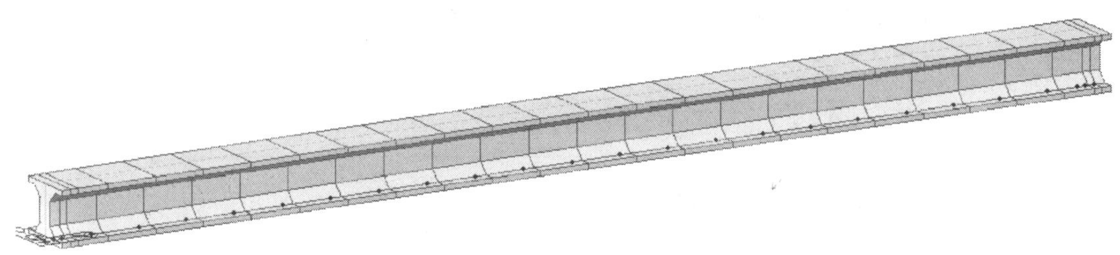

图 2-2 简单结构总体模型

2.1.3 建模、分析、设计指令说明

该简单结构在 midas Civil 中，进行模型建立、模型分析、模型设计过程中的指令可在工作面板中进行，工作面板使用功能可参考本书“1.2.4 工作面板”章节；也可在主菜单中进行（如：模型 > 结构类型 > 3D 平面…）。

本书在“2.2 模型建立”章节中的命令，分别提供了工作面板指令和括号内的主菜单指令，请读者自行选择操作。

用户定义的工作面板指令文件“简单结构的分析与设计入门学习. tpd”，用户可找作者或者出版社索要。

2.2 模型建立

2.2.1 设置操作环境

步骤一：在“**工作面板 > 用户定义 > 新建文件（文件 > 新项目…）**”中，建立新项目，并保存为“简单结构的分析与设计入门学习. mcb”模型文件，见图 2-3 ~ 图 2-5。

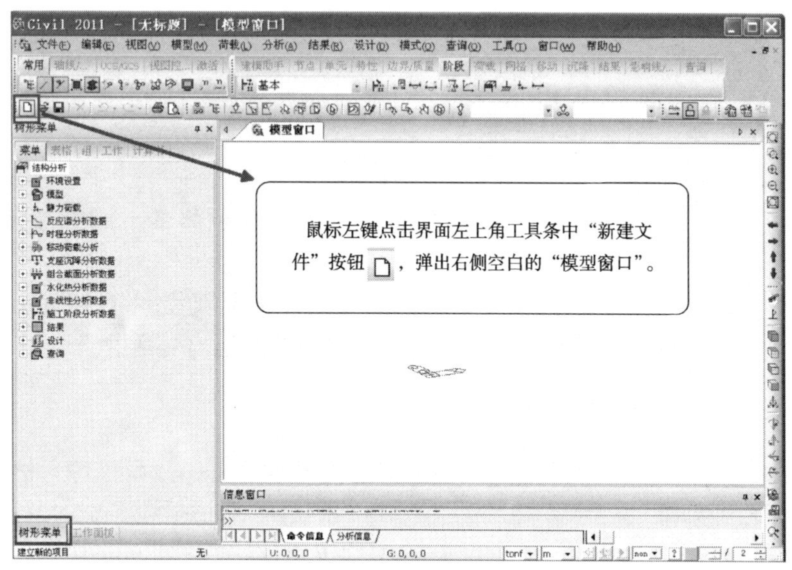

图 2-3 树形菜单下建立新项目

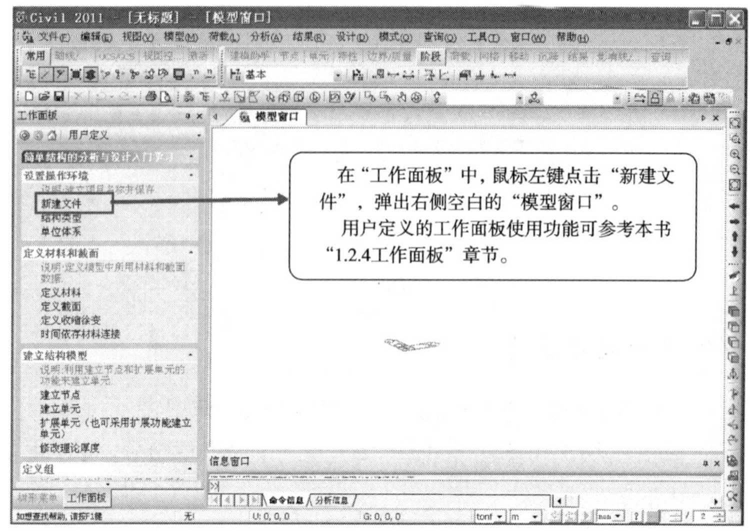

图 2-4 工作面板中建立新项目

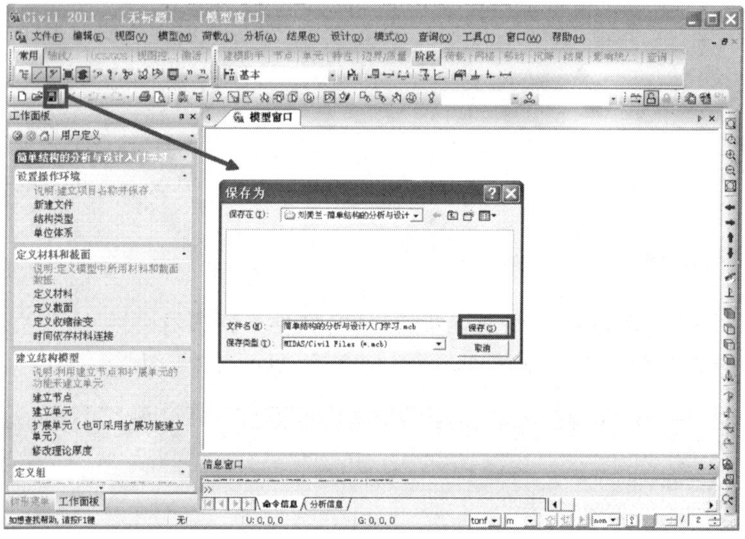

图 2-5 保存新项目

步骤二：在“**工作面板 > 用户定义 > 单位体系（工具 > 单位体系…）**”中，进行单位体系的设置，见图 2-6。点击“确认”按钮，退出对话框。

步骤三：在“**工作面板 > 用户定义 > 结构类型（模型 > 结构类型 > 3D 平面…）**”中，将模型结构类型设置为三维空间环境，见图 2-7。点击“确认”按钮，退出对话框。

2.2.2 定义材料和截面特性

步骤一：在“**工作面板 > 用户定义 > 定义材料（模型 > 材料和截面特性 > 材料…）**”中，定义 C50 混凝土材料，见图 2-8。鼠标左键点击“材料和截面”对话框中“添加”按钮，弹出右侧“材料数据”对话框，定义 C50 混凝土。点击“适用”按钮，继续添加 Strand1860 预应力钢束材料，见图 2-9。点击“确认”按钮，退出“材料数据”对话框，见图 2-10。点击“关闭”按钮，退出

"材料和截面"对话框。

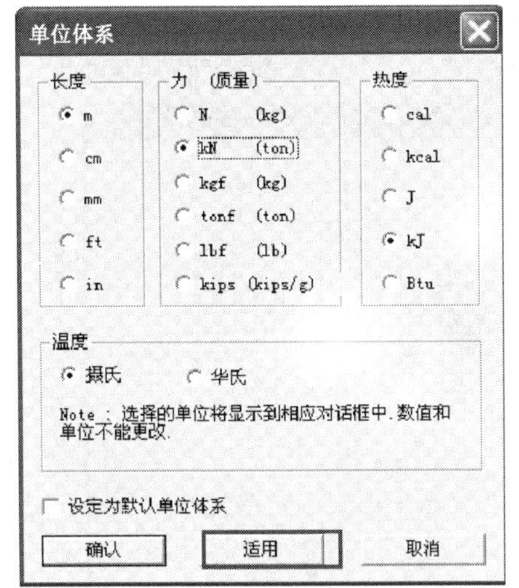

图 2-6　进行单位体系的设置

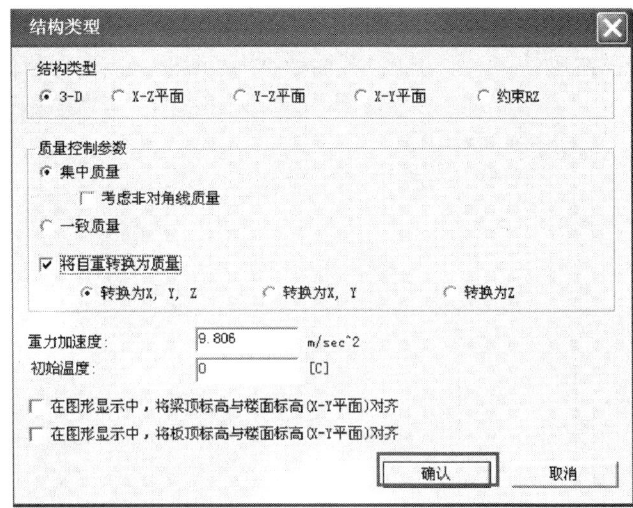

图 2-7　将模型结构类型设置为三维空间环境

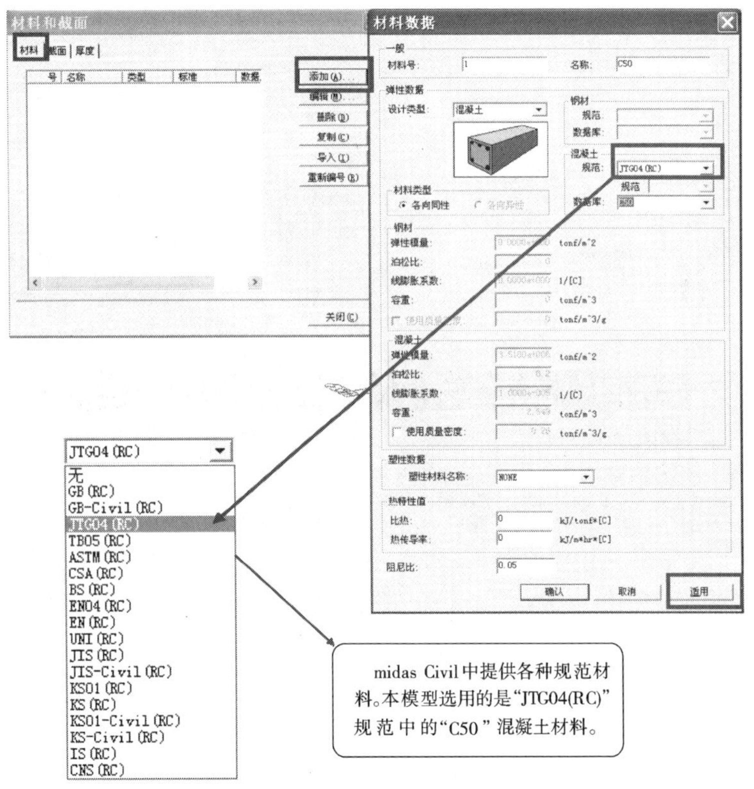

图 2-8　定义 C50 混凝土材料

步骤二:在"**工作面板 > 用户定义 > 定义截面(模型 > 材料和截面特性 > 截面…)**"中,选择"设计截面"中的"工形"截面进行定义,见图 2-11。

鼠标左键点击"材料和截面"对话框中的"添加"按钮,弹出左下侧"截面数据"对话框,选择“设计截面”中的“工形”截面进行定义。点击“截面数据”对话框中的“修改偏心”，弹出右下侧“修改偏心”对话框，选择“中—下部”偏心，点击“确认”按钮，退出“修改偏心”对话框。点击“确认”按钮，退出“截面数据”对话框。点击“关闭”按钮，退出“材料和截面”对话框。

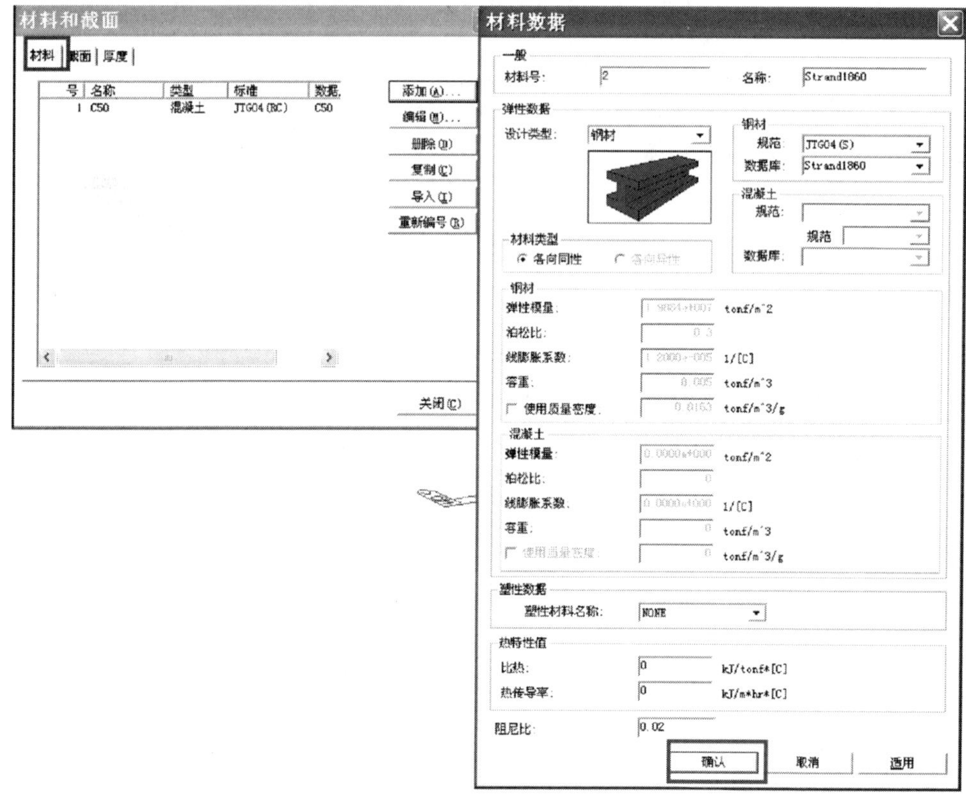

图 2-9 定义 Strand1860 预应力钢束材料

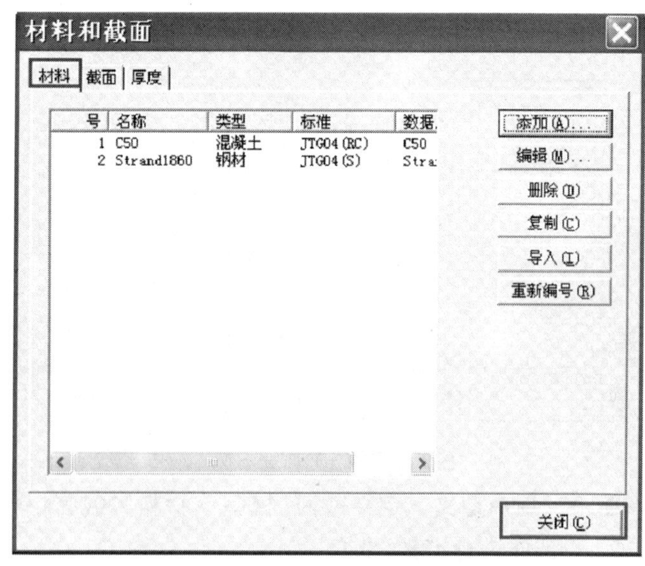

图 2-10 材料定义完成后的界面

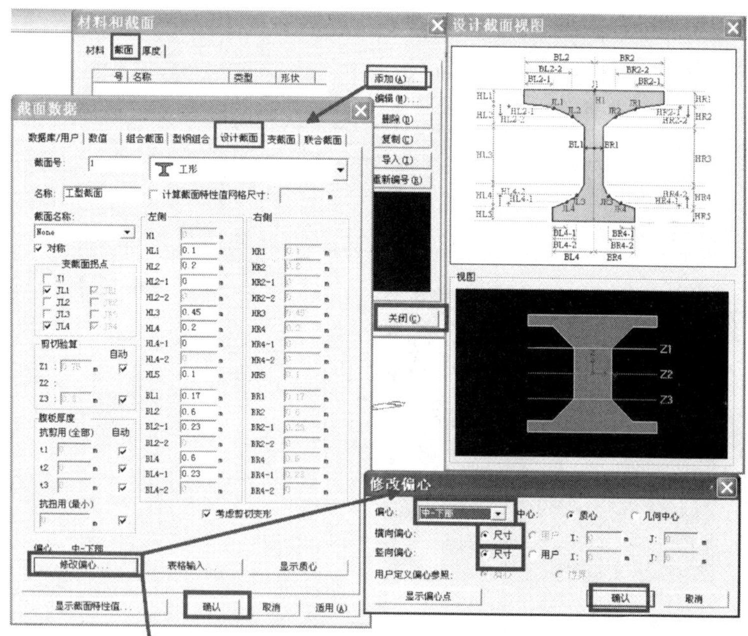

1. 对于“修改偏心”的功能，很多用户在使用过程存在疑惑。关于此功能定义及相应偏心位置显示见图2-11,其他偏心位置定义，用户可参考2-12~图2-15。

2. 对于梁单元同时定义“设定梁端部刚域”和“修改偏心”功能时，则“设定梁端部刚域”功能起作用，而“修改偏心”功能不起作用且截面偏心自动更改为“中心”。

3. 设置“截面偏心”后，程序会自动在“截面偏心”点和“截面中心”点之间形成刚臂。在荷载作用下，程序会自动把作用在“截面偏心”点位置荷载通过刚臂传递到“截面中心“位置。

图 2-11 定义“工形”截面

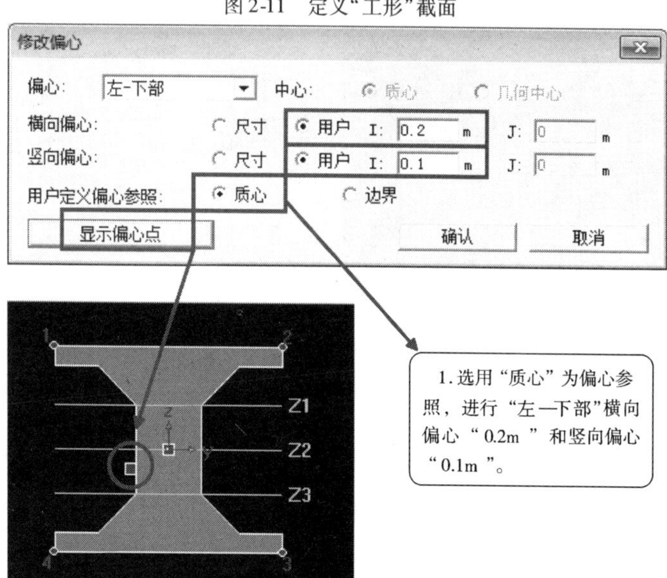

图 2-12 定义“修改偏心”-1

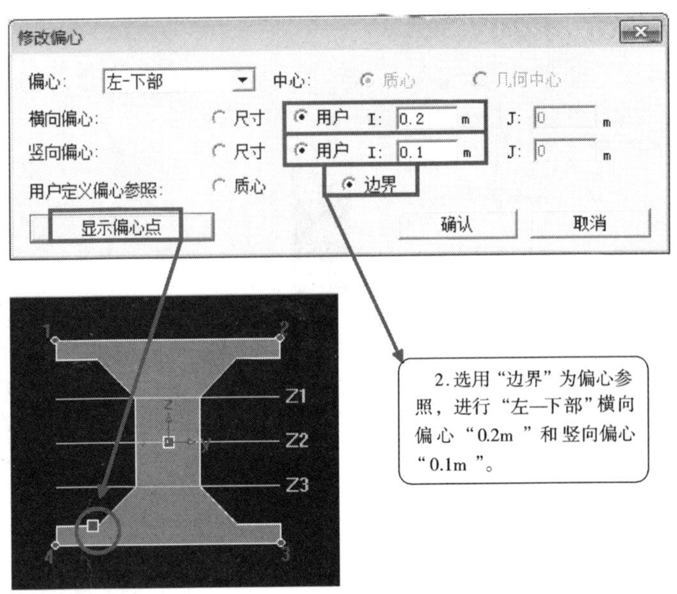

图 2-13　定义“修改偏心”-2

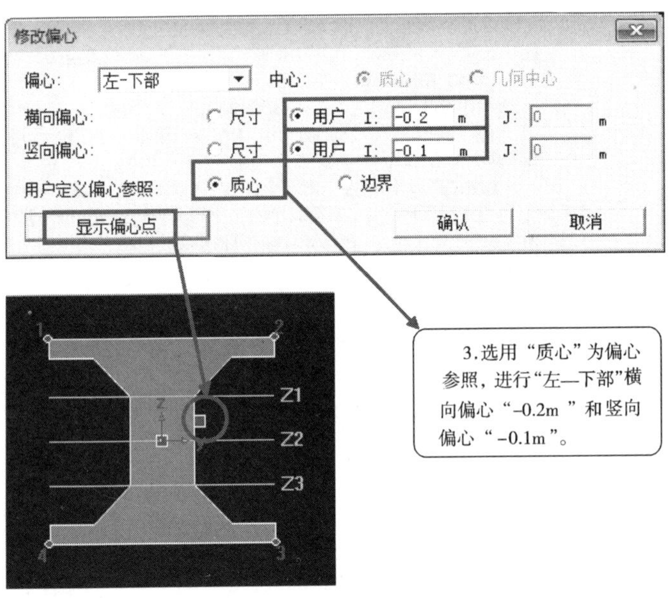

图 2-14　定义“修改偏心”-3

2.2.3 建立结构模型

步骤一：在“**工作面板 > 用户定义 > 建立节点（模型 > 节点 > 建立…）**”中，建立节点 1，见图 2-16。点击“适用”按钮，在“模型窗口”中生成节点 1；点击“关闭”按钮，退出对话框。

步骤二：选中模型中的节点 1，在“**工作面板 > 用户定义 > 扩展单元（模型 > 单元 > 扩展…）**”中，扩展生成相邻节点（节点号 1to27）间距为 0.2，0.15，0.63，20@1，0.63.0.15，0.2 的 26 个单元（单元号 1to26），见图 2-17。

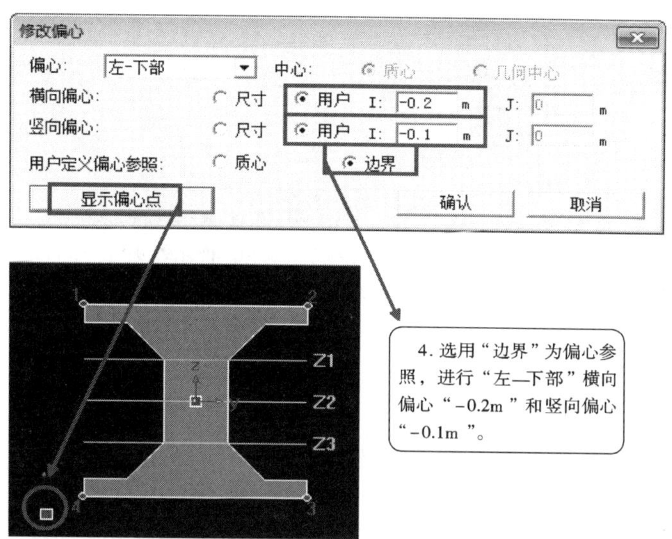

图 2-15　定义“修改偏心”-4

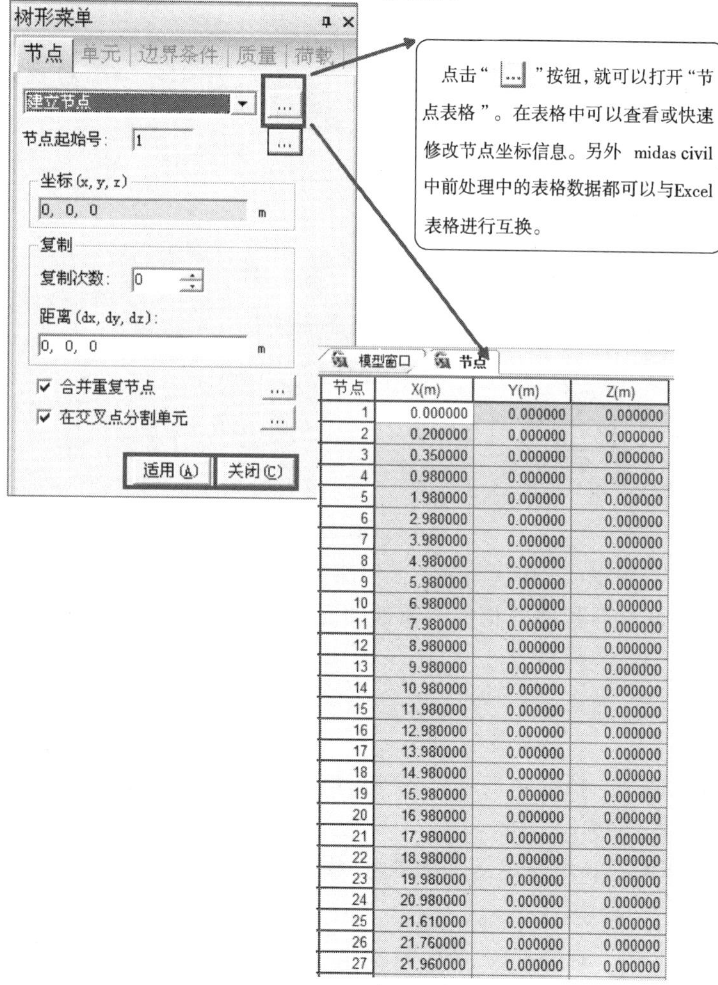

节点	X(m)	Y(m)	Z(m)
1	0.000000	0.000000	0.000000
2	0.200000	0.000000	0.000000
3	0.350000	0.000000	0.000000
4	0.980000	0.000000	0.000000
5	1.980000	0.000000	0.000000
6	2.980000	0.000000	0.000000
7	3.980000	0.000000	0.000000
8	4.980000	0.000000	0.000000
9	5.980000	0.000000	0.000000
10	6.980000	0.000000	0.000000
11	7.980000	0.000000	0.000000
12	8.980000	0.000000	0.000000
13	9.980000	0.000000	0.000000
14	10.980000	0.000000	0.000000
15	11.980000	0.000000	0.000000
16	12.980000	0.000000	0.000000
17	13.980000	0.000000	0.000000
18	14.980000	0.000000	0.000000
19	15.980000	0.000000	0.000000
20	16.980000	0.000000	0.000000
21	17.980000	0.000000	0.000000
22	18.980000	0.000000	0.000000
23	19.980000	0.000000	0.000000
24	20.980000	0.000000	0.000000
25	21.610000	0.000000	0.000000
26	21.760000	0.000000	0.000000
27	21.960000	0.000000	0.000000

图 2-16　建立节点

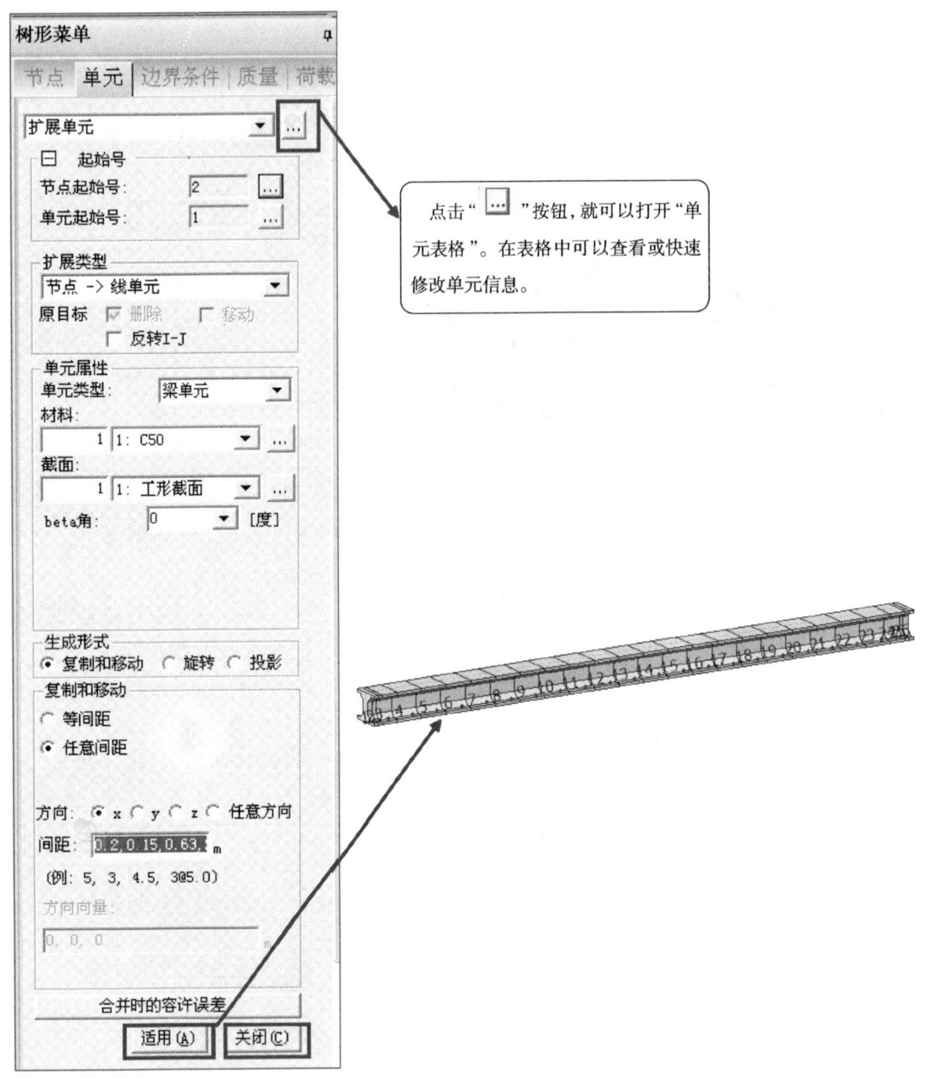

图 2-17　扩展单元

步骤三：选中模型中“1to26 单元”，在“**工作面板＞用户定义＞在“工作面板＞用户定义＞修改理论厚度（模型＞材料和截面特性＞修改单元依存材料特性…）**”中，修改单元的理论厚度，见图 2-18。

2.2.4 定义组

在“**树形菜单＞组**”中，根据施工流程，按照可识别的名称分别进行“结构组”、“荷载组”、“边界组”的定义，见图 2-19。

步骤一：在“**工作面板＞用户定义＞结构组（模型＞组＞定义结构组…）**”中，添加结构组，见图 2-20。

在“模型窗口”中选中“节点 1to27”和“单元 1to26”后，在“工字形梁”结构组上按住鼠标左键不放拖进“模型窗口”中，将模型窗口中选中的节点和单元添加到相应的结构组中，见图 2-21。

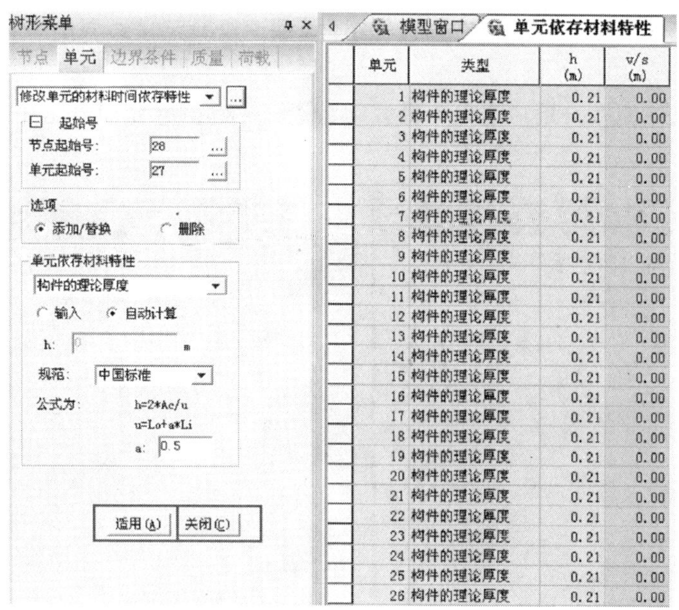

图 2-18　修改单元的理论厚度

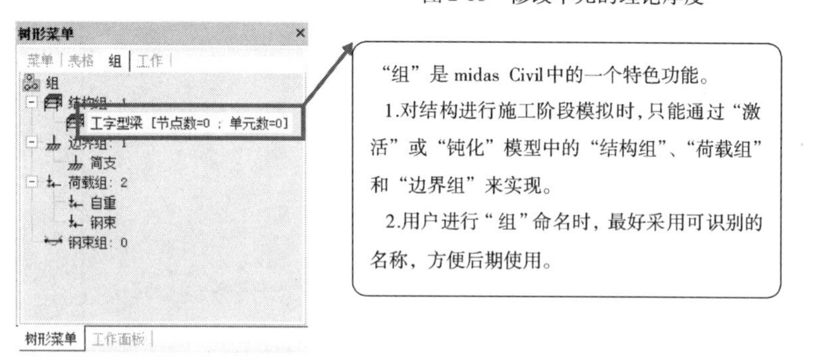

图 2-19　定义组图

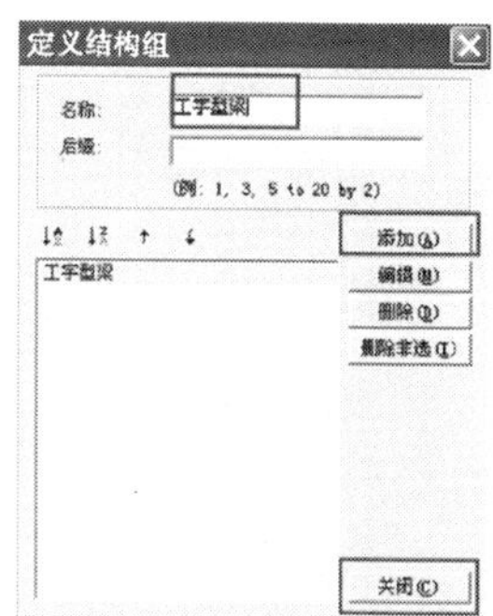

图 2-20　添加结构组

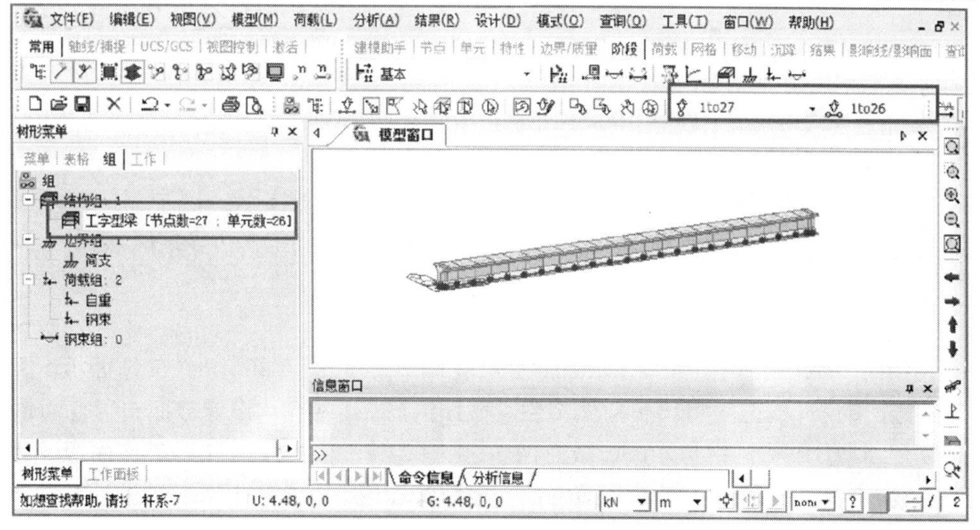

图 2-21　将模型中的单元赋予相应的结构组中

步骤二:在“**工作面板 > 用户定义 > 边界组(模型 > 组 > 定义边界组…)**”中,添加边界组,见图 2-22。

步骤三:在“**工作面板 > 用户定义 > 荷载组(模型 > 组 > 定义荷载组…)**”中,添加荷载构组,见图 2-23。

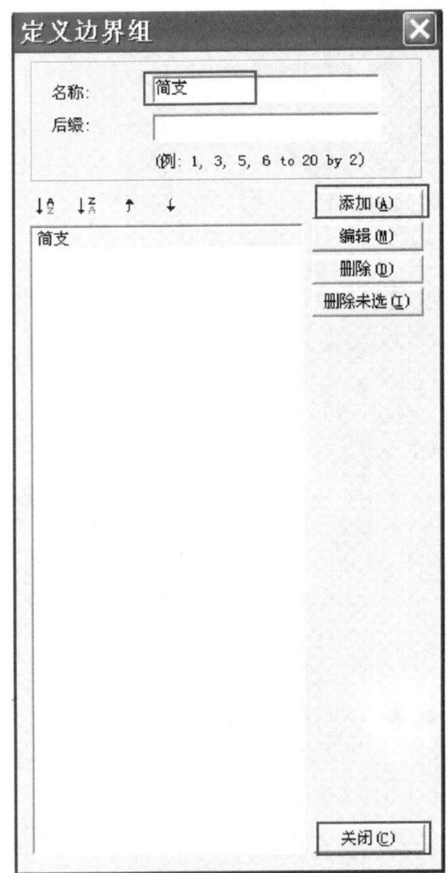

图 2-22 添加边界组

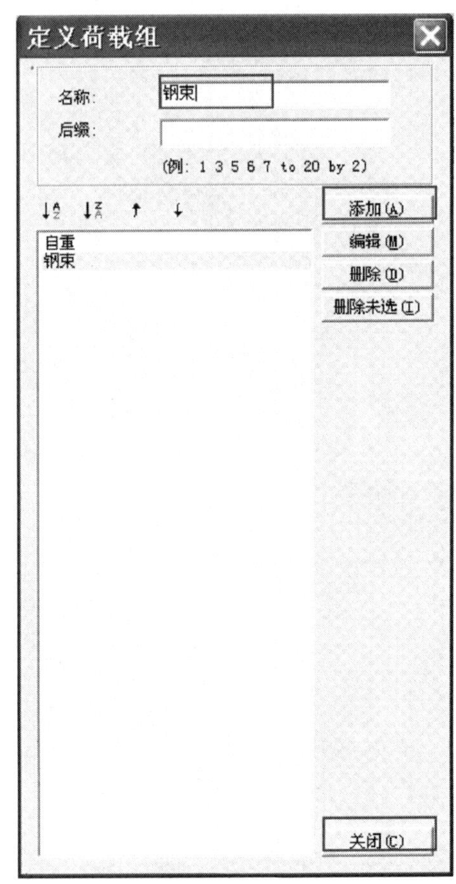

图 2-23 添加荷载构组

2.2.5 定义边界条件

在“**工作面板 > 用户定义 > 建立支座(模型 > 边界条件 > 一般支承…)**”中,对支撑位置的节点 3(选择模型中的节点 3)和节点 25(选择模型中的节点 25)分别定义边界条件,见图 2-24。

2.2.6 定义 PSC 截面钢筋

midas Civil 2010 版本中定义 PSC 截面钢筋,见图 2-25 和图 2-26。在“**工作面板 > 用户定义 > PSC 截面钢筋(模型 > 材料和截面特性 > 截面钢筋…)**”中,对设计截面布置普通钢筋。

midas Civil 2011 版本中定义 PSC 截面钢筋,见图 2-27 和图 2-28。在“**工作面板 > 用户定义 > PSC 截面钢筋(模型 > 材料和截面特性 > 截面管理器 > 钢筋…)**”中,对设计截面布置普通钢筋,见图 2-29 ~ 图 2-31。

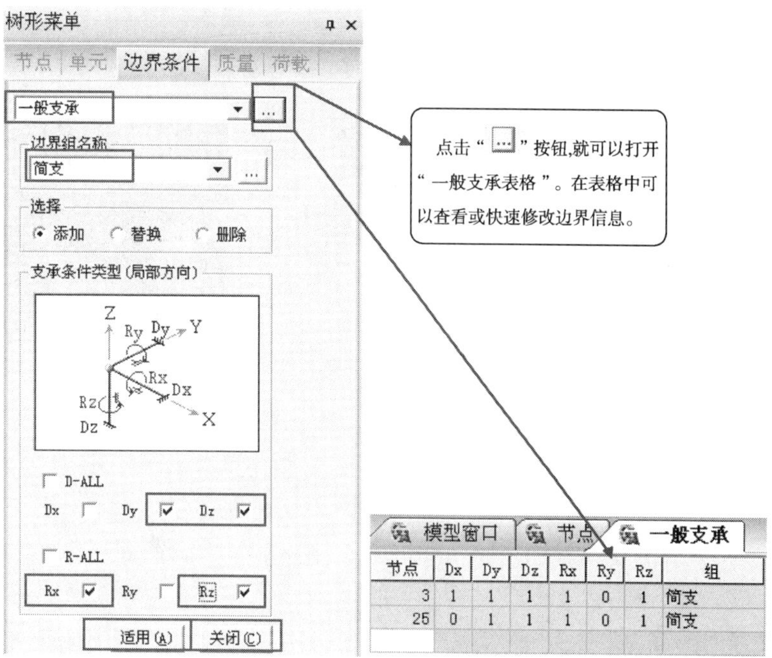

图 2-24 定义边界条件

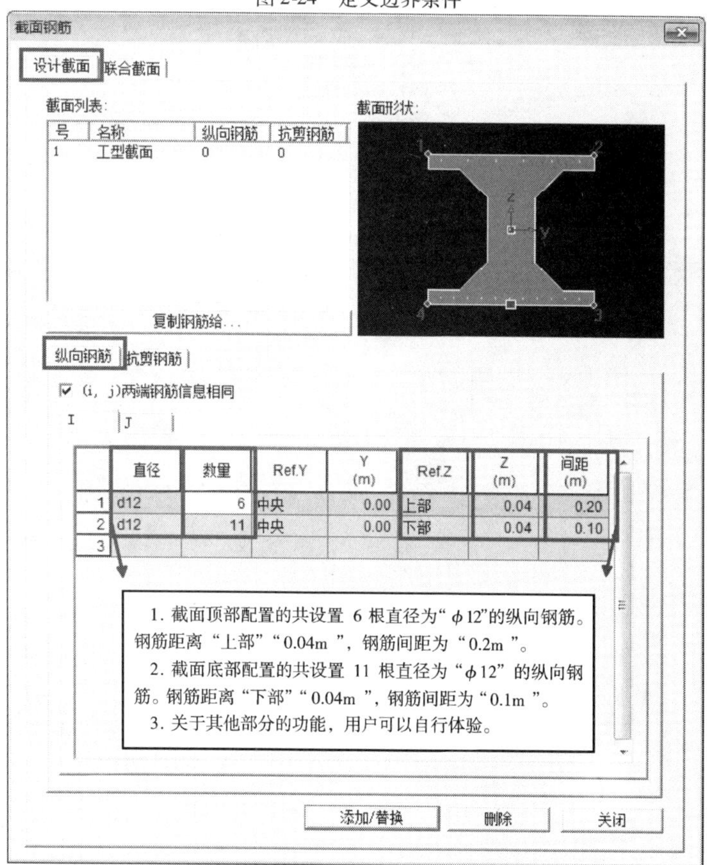

图 2-25 在 midas Civil 2010 版本中纵向钢筋定义

1.“工形截面”每个断面共设置两肢直径为“ϕ12”的箍筋，单肢箍筋面积为“0.0001131m²”，故两肢箍筋总面积A_w为“0.0002262m²”；箍筋间距为“0.2m”。

2.本模型没有设置“弯起钢筋”、“腹板竖筋”和“抗扭钢筋”。

3.对于“弯起钢筋”、“腹板竖筋”、“抗扭钢筋”的定义说明，请用户参考图2-29~图2-31。

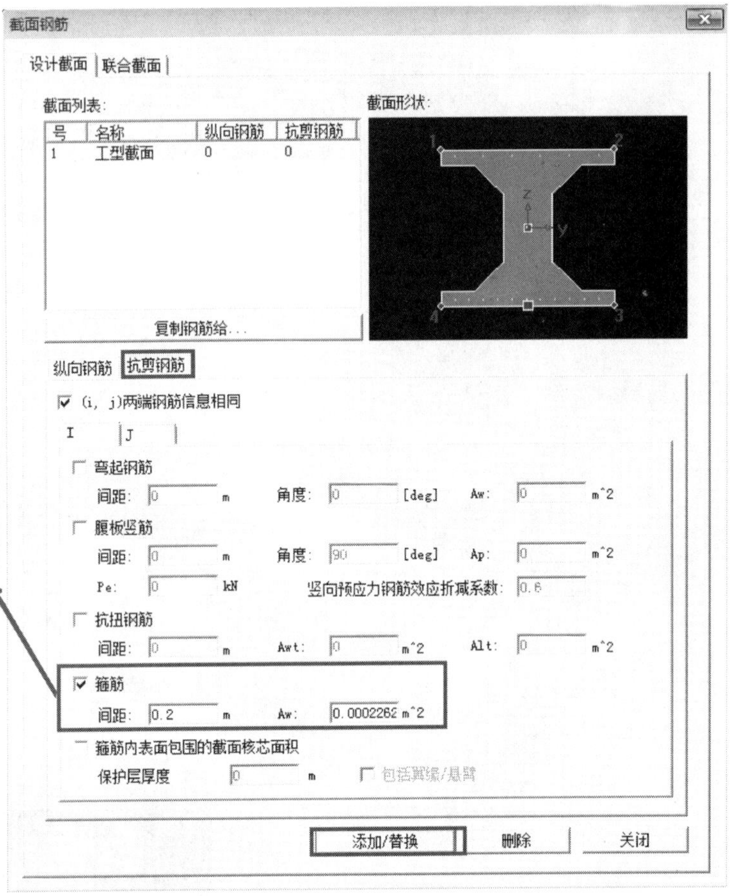

图 2-26 在 midas Civil 2010 版本中抗剪钢筋定义

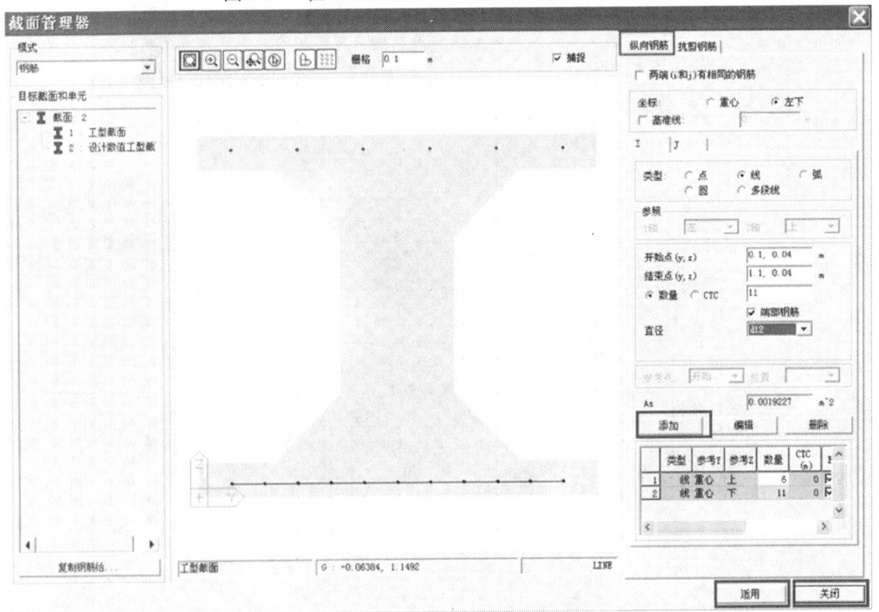

图 2-27 在 midas Civil 2011 版本中纵向钢筋定义

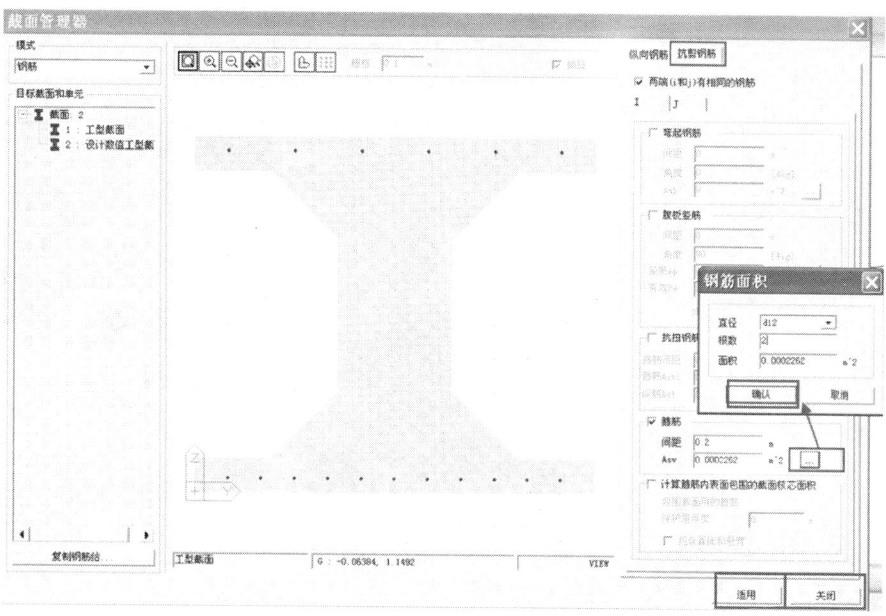

图 2-28 在 midas Civil 2011 版本中抗剪钢筋定义

勾选"弯起钢筋"，每个断面共设置两根直径为"ϕ20"、角度为45°的弯起钢筋，单根钢筋面积为"0.0003142m²"，故两根弯起钢筋总面积A_w为"0.0006284m²"；弯起钢筋间距为"0.5m"。

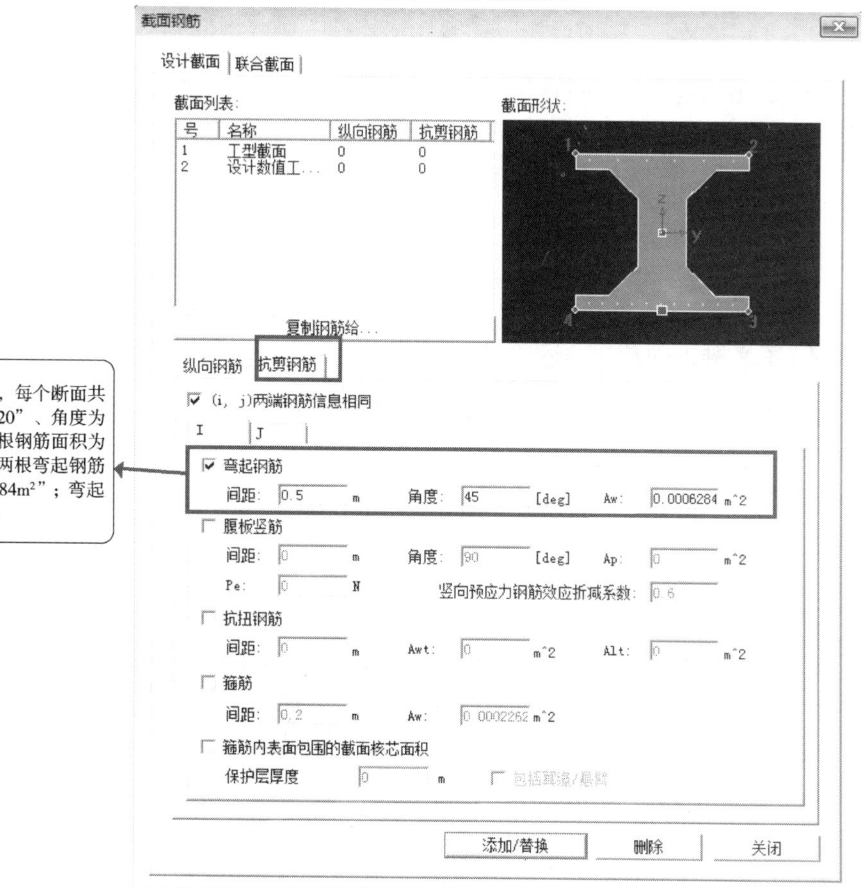

图 2-29 "弯起钢筋"的定义说明

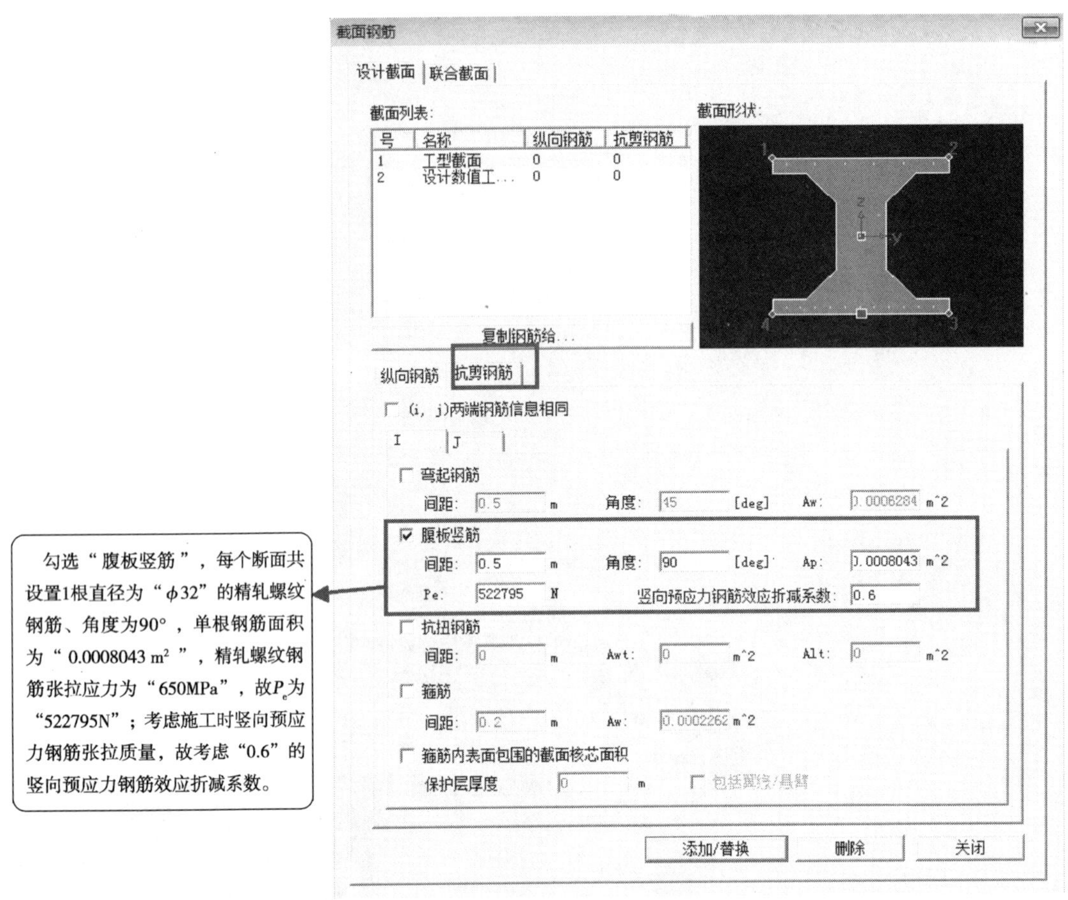

图 2-30 “腹板竖筋”的定义说明

2.2.7 定义静力荷载

步骤一:在“**工作面板 > 用户定义 > 定义荷载工况名称(荷载 > 静力荷载工况…)**”中,添加自重荷载工况类型,见图 2-32。

步骤二:在“**工作面板 > 用户定义 > 定义自重(荷载 > 自重…)**”中,添加自重荷载,见图 2-33。

2.2.8 定义预应力钢束

预应力混凝土结构不但可以大幅度提高混凝土构件的抗裂能力,改善结构的耐久性,而且还可以有效地利用高强度钢筋和高强度混凝土,从而减小截面尺寸,减轻构件自重。因此在预应力混凝土结构的分析设计中,“钢束特性值”、“钢束布置形状”和“钢束预应力荷载”的正确而快捷的定义,至关重要。

1)定义预应力钢束

步骤一:在“**工作面板 > 用户定义 > 输入钢束特性值(荷载 > 预应力荷载 > 钢束特性值…)**”中,添加钢束特性值,见图 2-34 和图 2-35。

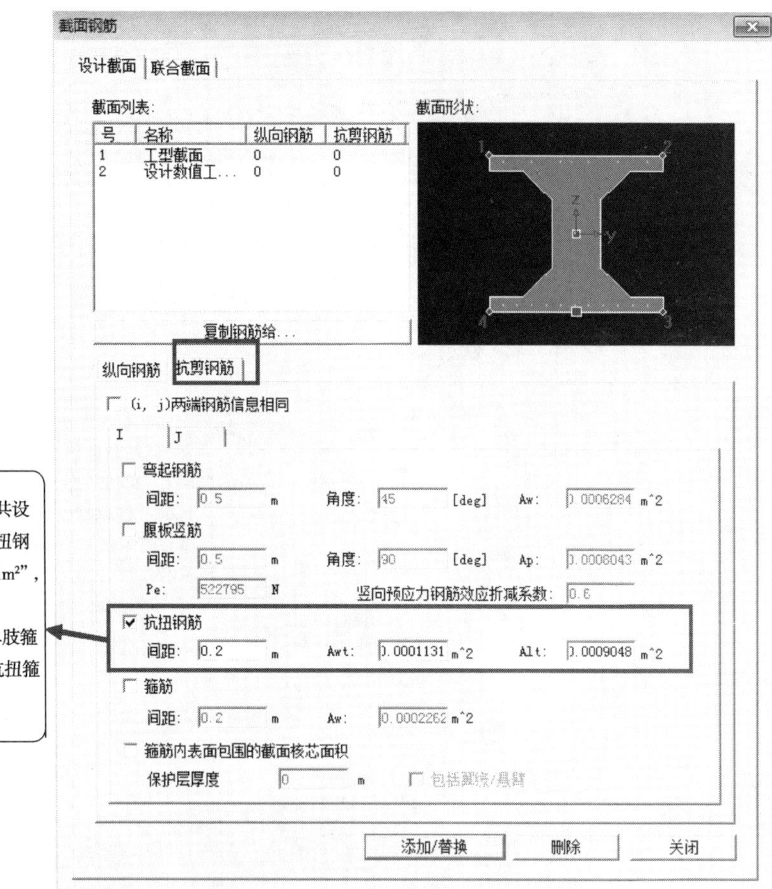

勾选“抗扭钢筋”，每个断面共设置8根直径为“ϕ12”的纵向抗扭钢筋，单根钢筋面积为“0.0001131m²”，故8根纵向抗扭钢筋总面积A_{lt}为“0.0009048m²”；用来抗扭的单肢箍筋面积A_{wt}为“0.0001131m²”；抗扭箍筋间距为“0.2m”。

图2-31 “抗扭钢筋”的定义说明

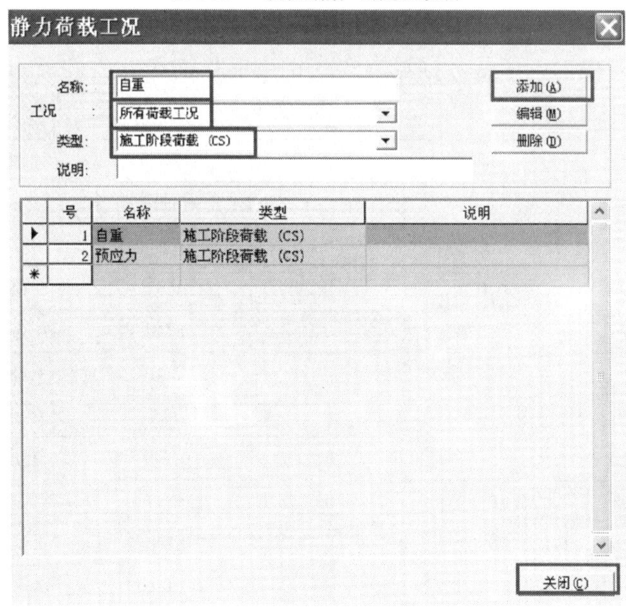

图2-32 在midas Civil 2011版本中添加自重荷载工况类型

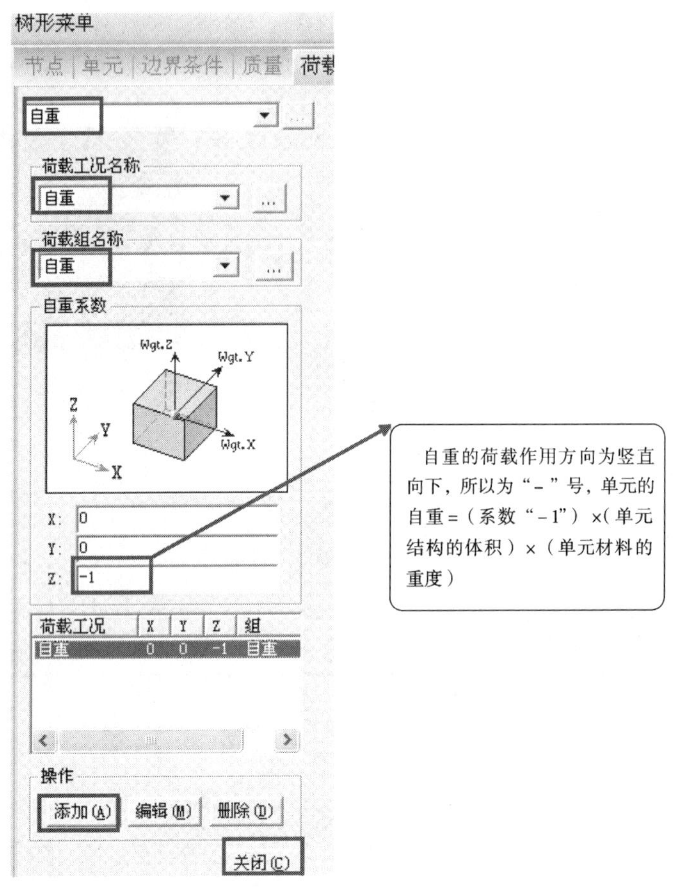

图 2-33 添加自重荷载

步骤二：在"**工作面板＞用户定义＞输入钢束形状（荷载＞预应力荷载＞钢束布置形状）**"中，添加钢束形状。4 根钢束形状数据见表 2-2，钢束形状定义见图 2-36 和图 2-37。

钢束形状表 表 2-2

钢束名称	平曲线			竖曲线		
	x(m)	y(m)	R(m)	x(m)	y(m)	R(m)
钢束 1_1	0.2	0.075	0	0.2	0.14	0
	10.98	0.075	0	1.4597	0.085	30
	21.76	0.075	0	10.98	0.085	0
	—	—	—	20.5003	0.085	30
	—	—	—	21.76	0.14	0
钢束 1_2	0.2	−0.075	0	0.2	0.14	0
	10.98	−0.075	0	1.4597	0.085	30
	21.76	−0.075	0	10.98	0.085	0
	—	—	—	20.5003	0.085	30
	—	—	—	21.76	0.14	0

续上表

钢束名称	平曲线			竖曲线		
	x(m)	y(m)	R(m)	x(m)	y(m)	R(m)
钢束2_1	0.2	-0.075	0	0.2	0.91	0
	10.98	-0.075	0	3.0677	0.195	12
	21.76	-0.075	0	10.98	0.195	0
	—	—	—	18.8923	0.195	12
	—	—	—	21.76	0.91	0
钢束2_2	0.2	0.075	0	0.2	0.91	0
	10.98	0.075	0	3.0677	0.195	12
	21.76	0.075	0	10.98	0.195	0
	—	—	—	18.8923	0.195	12
	—	—	—	21.76	0.91	0

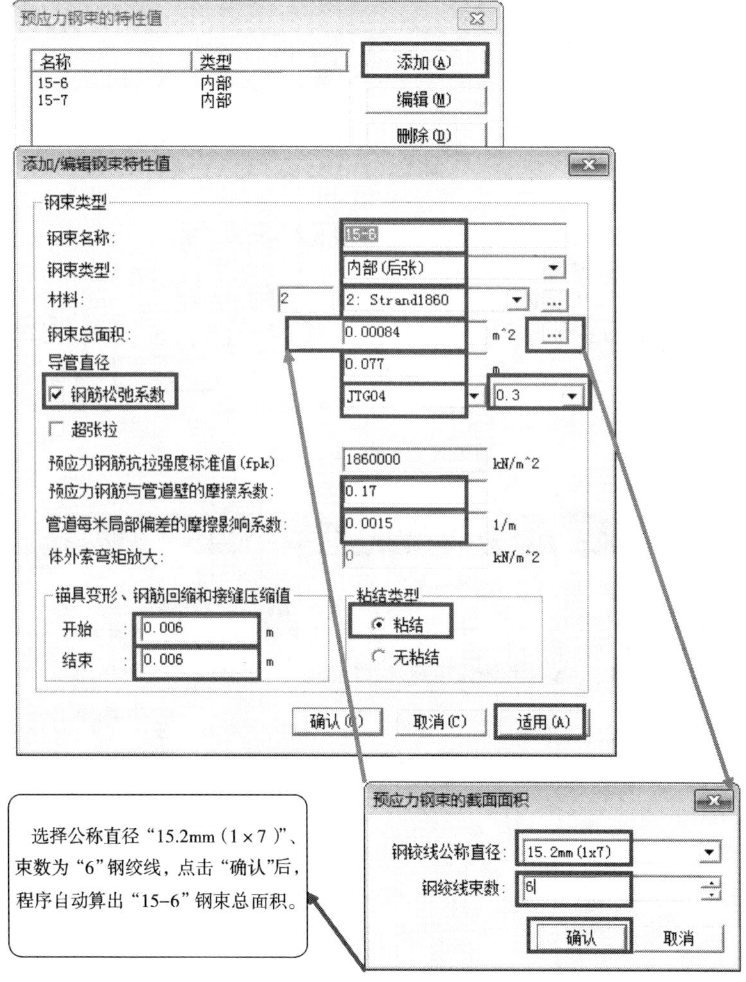

图2-34　添加钢束特性值-1

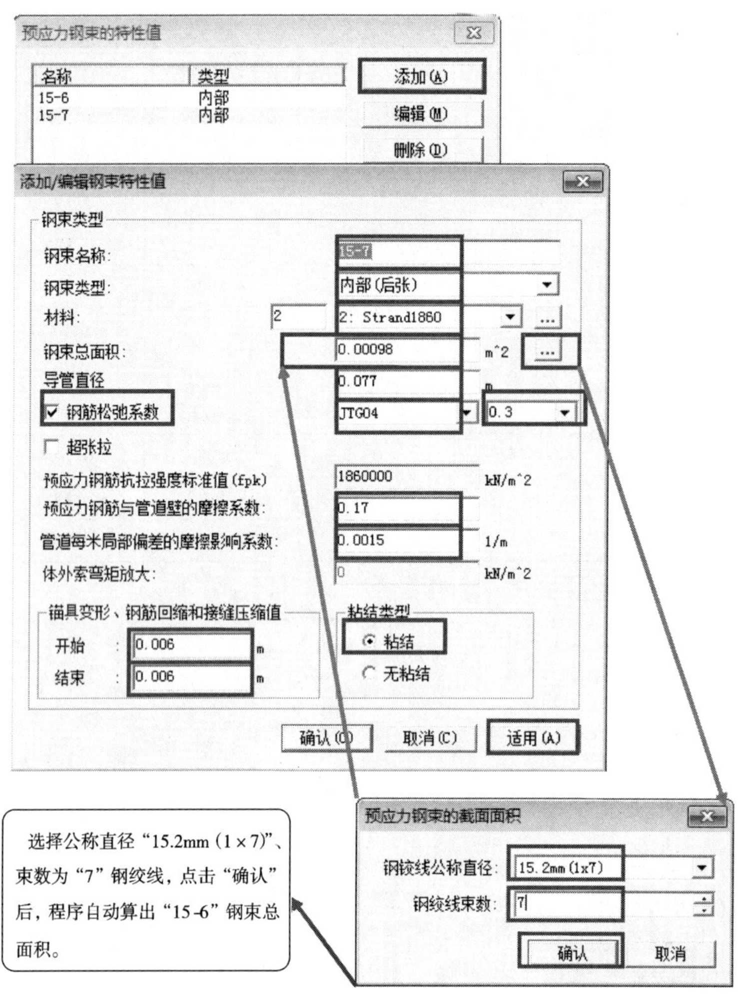

图 2-35　添加钢束特性值-2

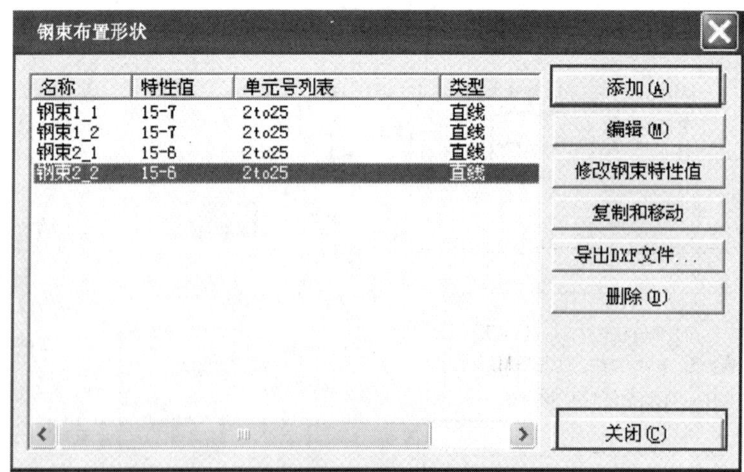

图 2-36　添加钢束形状

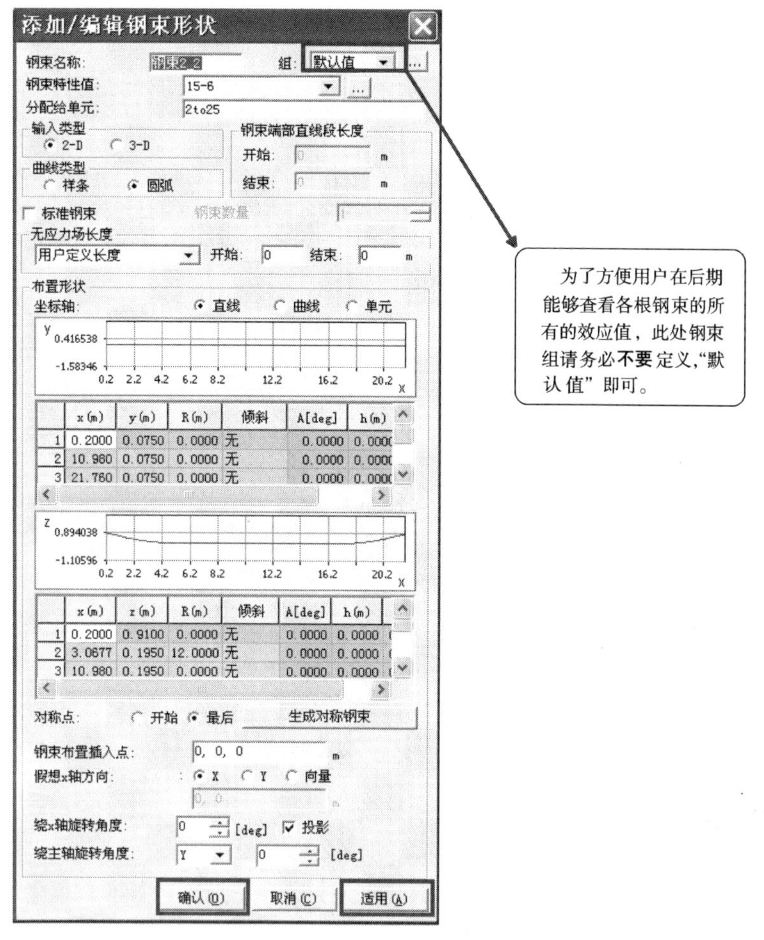

图 2-37　添加钢束形状

步骤三：在“**工作面板 > 用户定义 > 定义预应力荷载工况（荷载 > 预应力荷载 > 钢束预应力荷载…）**”中，添加预应力荷载，见图 2-38。

2）钢束形状生成器功能

钢束形状生成器使用说明：

（1）精度匹配问题

建议用户用 mm 为单位来绘制钢束线（比方 1m，绘制时按照 1000mm 的数值来绘制），这样可以避免后期生成的钢束线形数据精度与模型的数值精度不匹配的问题。

（2）钢束绘制时分层设置

为了快速进行钢束的分类批量生成（如顶板束、底板束、腹板束等），以便后期的钢束名称可识别，建议用户在绘制钢束时，根据钢束的布置位置进行分层。

（3）钢束形状生成器工具使用步骤说明（图 2-39）

①打开 dxf 文件（简单结构钢束图—钢束形状生成器.dxf）。

②选择钢束图层（钢束 N1、钢束 N2）。

③钢束名称定义［最好是可识别的名称（钢束 1、钢束 2），便于后期钢束识别］。

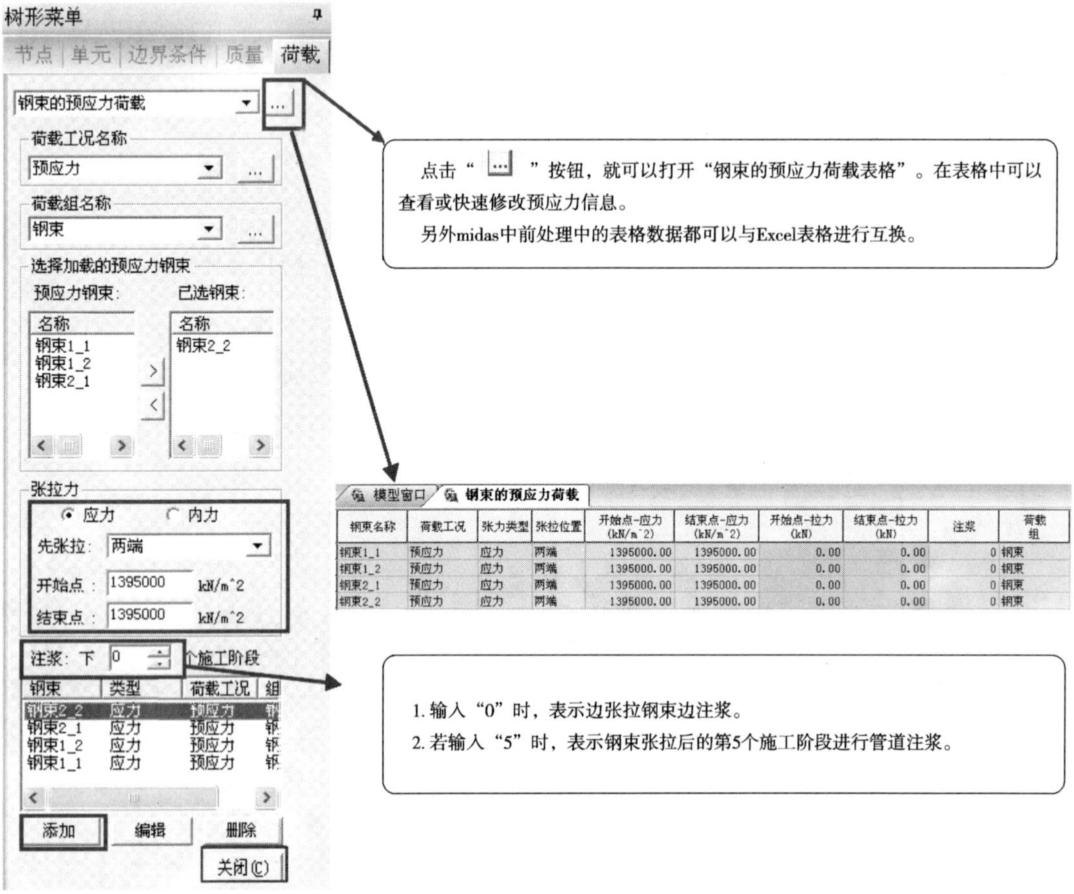

树形菜单
节点 | 单元 | 边界条件 | 质量 | 荷载
钢束的预应力荷载
荷载工况名称：预应力
荷载组名称：钢束
选择加载的预应力钢束
预应力钢束：名称 钢束1_1 钢束1_2 钢束2_1
已选钢束：名称 钢束2_2
张拉力：应力 内力
先张拉：两端
开始点：1395000 kN/m^2
结束点：1395000 kN/m^2
注浆：下 0 个施工阶段

钢束	类型	荷载工况	组
钢束2_2	应力	预应力	钢
钢束2_1	应力	预应力	钢
钢束1_2	应力	预应力	钢
钢束1_1	应力	预应力	钢

添加 编辑 删除 关闭(C)

点击“...”按钮，就可以打开“钢束的预应力荷载表格”。在表格中可以查看或快速修改预应力信息。

另外midas中前处理中的表格数据都可以与Excel表格进行互换。

模型窗口 钢束的预应力荷载

钢束名称	荷载工况	张力类型	张拉位置	开始点-应力(kN/m^2)	结束点-应力(kN/m^2)	开始点-拉力(kN)	结束点-拉力(kN)	注浆	荷载组
钢束1_1	预应力	应力	两端	1395000.00	1395000.00	0.00	0.00	0	钢束
钢束1_2	预应力	应力	两端	1395000.00	1395000.00	0.00	0.00	0	钢束
钢束2_1	预应力	应力	两端	1395000.00	1395000.00	0.00	0.00	0	钢束
钢束2_2	预应力	应力	两端	1395000.00	1395000.00	0.00	0.00	0	钢束

1. 输入“0”时，表示边张拉钢束边注浆。
2. 若输入“5”时，表示钢束张拉后的第5个施工阶段进行管道注浆。

图 2-38　添加预应力荷载

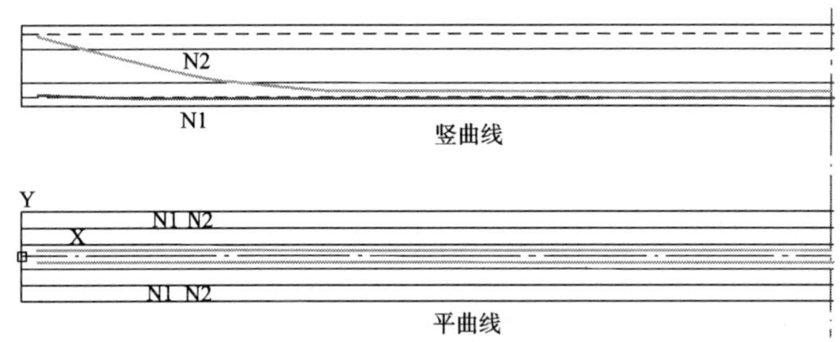

图 2-39　钢束形状 CAD 图

④钢束特性值名称(一定要与模型中的钢束特性值名称对应,否则无法生成)。

⑤分配单元(目前只能分配给通过的单元)。

⑥ 批量选择竖弯钢束和平弯钢束(此图中钢束 1 和钢束 2 各有 2 条,分 2 次批量生成)。

⑦插入点坐标定义原则(cad 图形中参考点坐标—模型中参考点坐标)。

⑧对于生成的钢束可以进行钢束特性值、分配单元号的批量修改以及钢束的批量删除。

步骤一:在“**工具 > 钢束形状生成器…**”中,点击“搜索”按钮后导入“简单结构钢束图—钢束形状生成器. dxf”文件,分别选择图层“钢束 N1”和图层“钢束 N2”进行钢束形状数据的快速生成。将定义好的钢束形状保存为“简单结构钢束图—钢束形状生成器.mct”文件，见图2-40～图2-43。

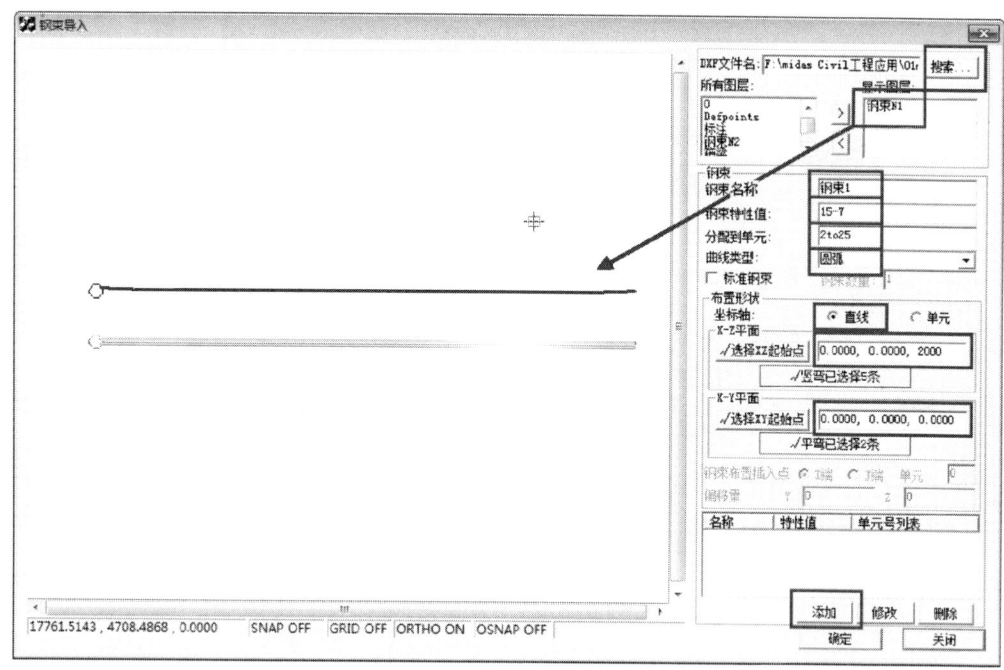

图2-40 钢束形状生成器-1

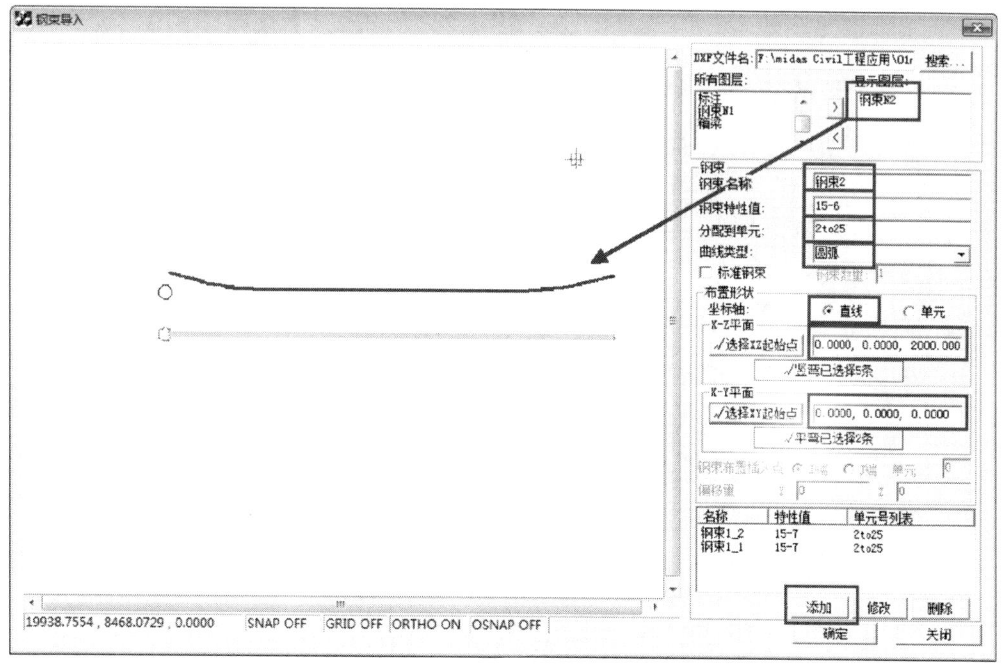

图2-41 钢束形状生成器-2

步骤二：在“**工具>MCT命令窗口…**”中，打开“简单结构钢束图—钢束形状生成器.mct”文件，然后点击“运行”命令，在模型中快速生成钢束形状，见图2-44。

图 2-42 钢束形状生成器-3

图 2-43 钢束形状生成器-4

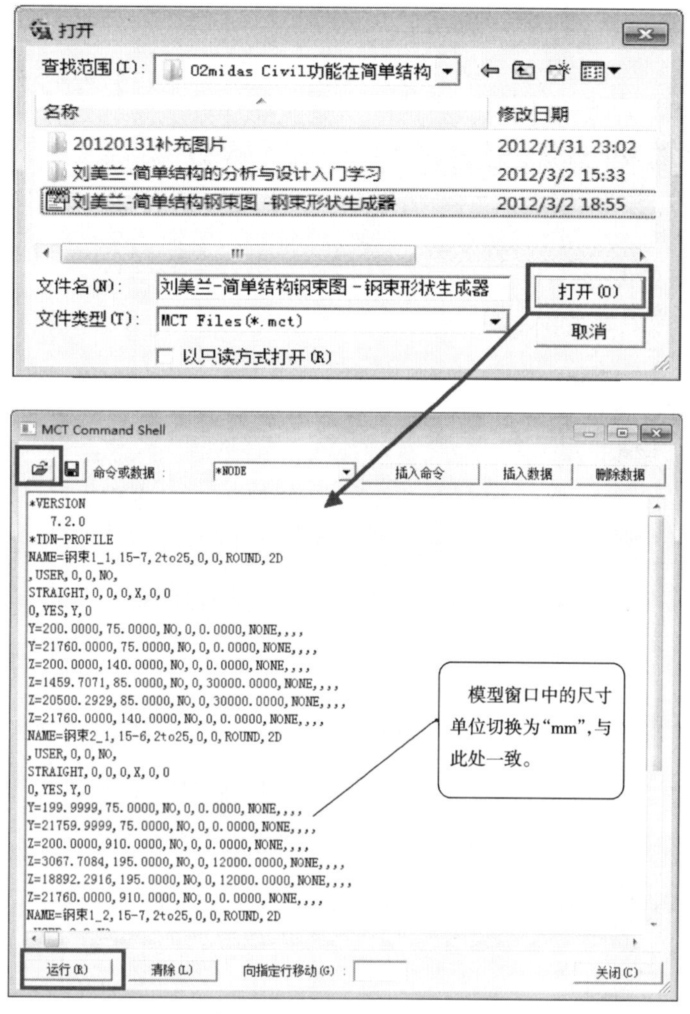

图 2-44 运行钢束形状命令流

2.2.9 定义施工阶段

步骤一:在“**工作面板 > 用户定义 > 定义施工阶段(荷载 > 施工阶段分析数据 > 定义施工阶段…)**”中,添加施工阶段。施工阶段流程见表 2-3,施工阶段定义见图 2-45 ~ 图 2-48。

施工阶段流程 表 2-3

施工阶段名称	持续时间(天)	施工阶段说明
CS1 工字梁预制	20	激活预制“工字型梁”(养护材龄为 7 天)、激活“简支”边界、最开始激活“自重”和“钢束”
CS2 十年收缩与徐变	3650	考虑 10 年的收缩徐变影响

结构材龄和施工持续时间的正确模拟是准确考虑混凝土结构时间依存特性的前提。本文用一个简单工程实例为例进行说明,见下述。

(1)工程实例:3 个施工阶段分别激活(结构 1、结构 2、结构 3)3 个结构组,每个施工阶段持续的时间为 10 天(包括混凝土结构 5 天的养护材龄),总施工时间为 30 天。那么在实际施

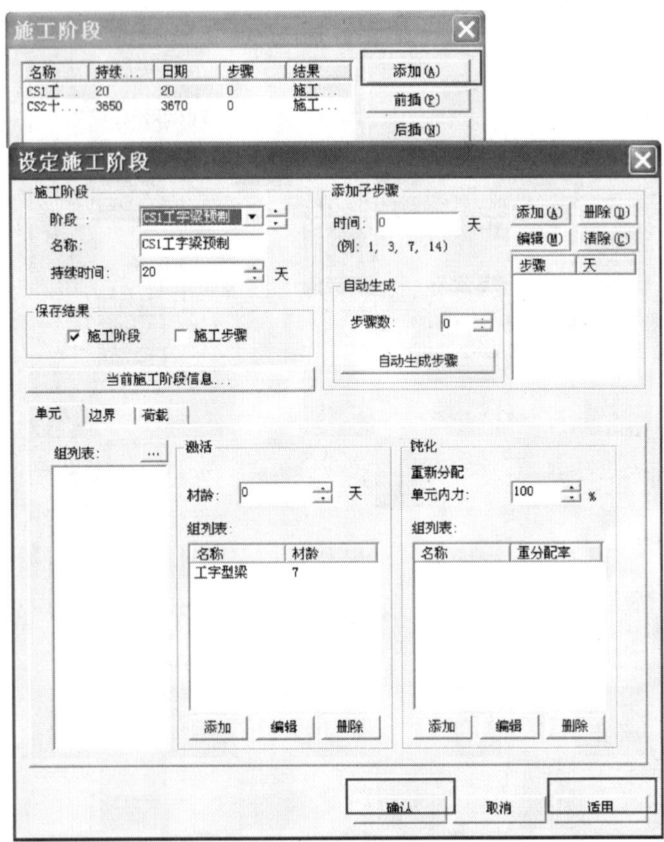

图 2-45　施工阶段定义-1

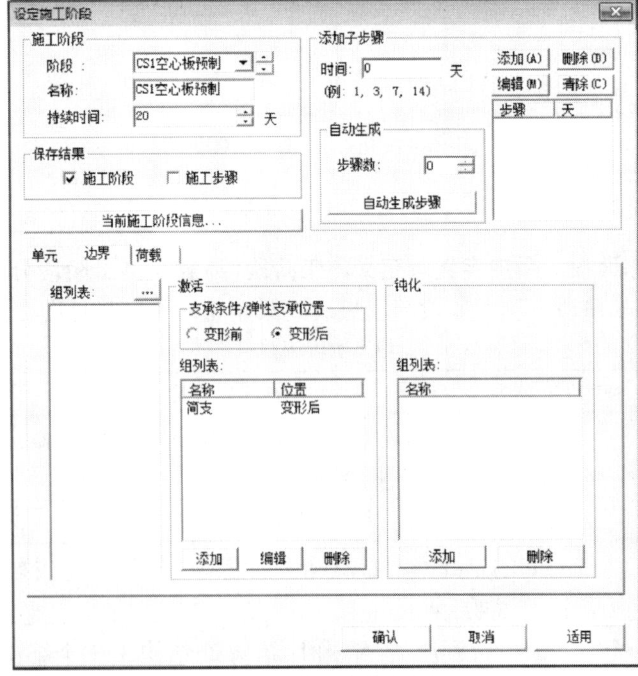

图 2-46　施工阶段定义-2

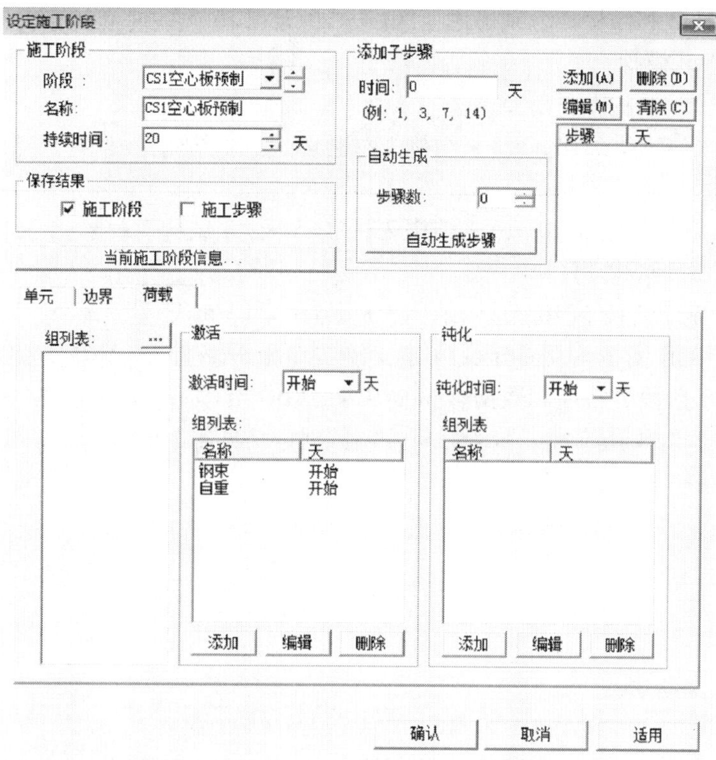

图 2-47　施工阶段定义-3

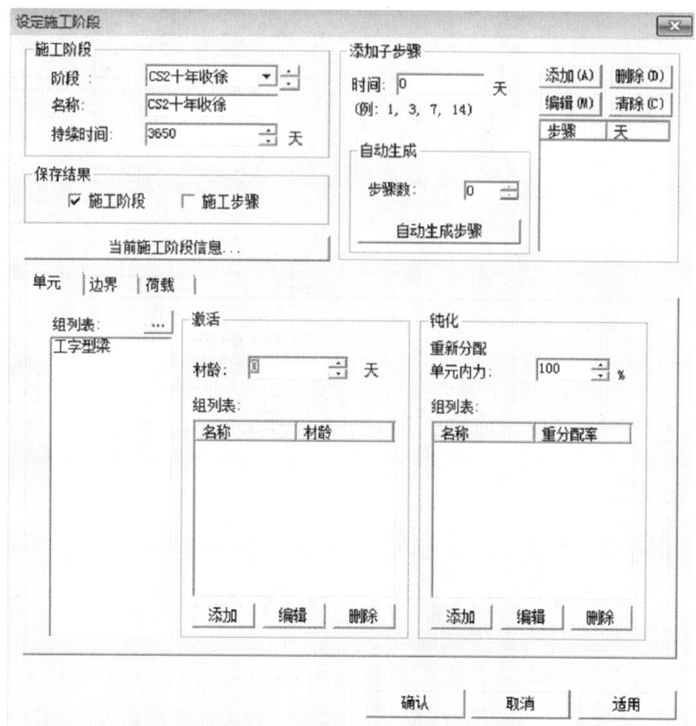

图 2-48　施工阶段定义-4

工时，结构 1、结构 2 和结构 3 分别考虑了 30 天、20 天和 10 天的时间依存特性。

(2) midas Civil 模拟：

①施工阶段 1。结构 1 材龄：5 天。

持续时间 = 施工阶段 1(10 天) − 结构 1 材龄(5 天) + 结构 2 材龄(5 天) = 10 天

②施工阶段 2。结构 2 材龄：5 天。

持续时间 = 施工阶段 2(10 天) − 结构 2 材龄(5 天) + 结构 3 材龄(5 天) = 10 天

③施工阶段 3。结构 3 材龄：5 天。

持续时间 = 施工阶段 3(10 天) − 结构 3 材龄(5 天) = 5 天

步骤二：在“**工作面板 > 用户定义 > 定义施工阶段分析控制(分析 > 施工阶段分析控制…)**”中，定义施工阶段分析控制数据。midas Civil 2010 版本施工阶段分析控制数据定义见图 2-49。midas Civil 2011 版本施工阶段分析控制数据定义见图 2-50。

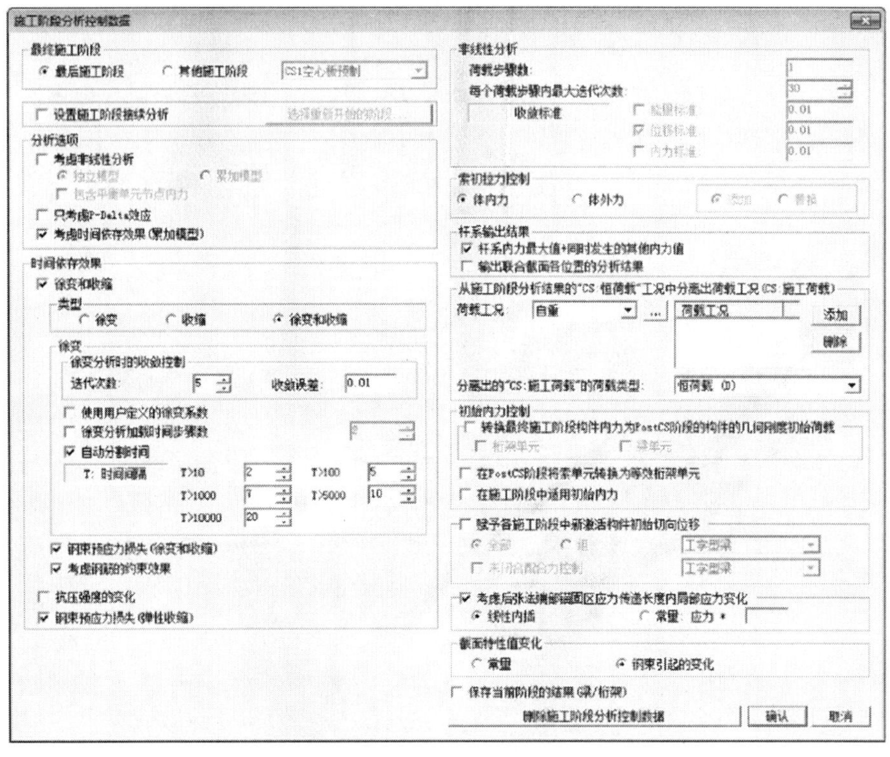

图 2-49 midas Civil 2010 版本施工阶段分析控制数据

2.2.10 定义移动荷载

1) midas Civil 中的移动荷载

(1) 目前本软件中文版可以使用中国规范进行公路、城市、铁路、轻轨(地铁)、人群移动荷载分析，并对局部构件(如横梁)进行横向移动荷载分析。

(2) 车道和车道面定义时单元或节点必须依次排列，否则会出现车辆对开的情况，导致移动荷载分析出现错误的结果。车道面定义时，板单元与 *XY* 平面的夹角不能大于 15°，否则无法定义车道面。

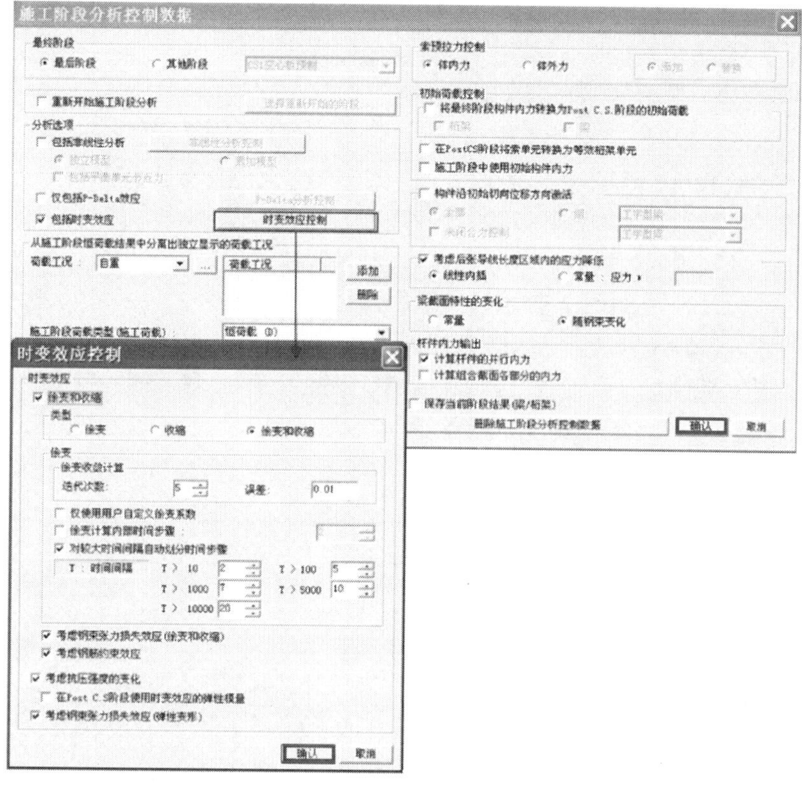

图 2-50 midas Civil 2011 版本施工阶段分析控制数据

(3)对于单梁结构进行移动荷载分析时,选择“车道单元”进行定义分析;对于梁格结构,选择“横向联系梁”(车道荷载首先加载在横梁上,然后再传递到周边的纵梁上)进行定义分析。

(4)对于梁格结构、板单元和实体单元,有时也可采用虚拟车道梁的方式进行移动荷载分析,使用虚拟梁加载移动荷载时,在车道中心线的位置建立虚拟梁,虚拟梁与主梁结构通过共节点或与相邻主梁节点建立刚臂的方式连接,虚拟梁的刚度不宜设置过大,以不影响整个结构的刚度为前提。

2)定义移动荷载

步骤一:在“**工作面板 > 用户定义 > 车辆荷载分析规范(荷载 > 移动荷载分析数据 > 移动荷载规范…)**”中,选择“China”规范,见图 2-51。

图 2-51 选择“China”规范

步骤二:在“**工作面板 > 用户定义 > 定义车道(荷载 > 移动荷载分析数据 > 车道…)**”中,添加“lane1”车道,见图 2-52。

步骤三:在"**工作面板 > 用户定义 > 选择车辆(荷载 > 移动荷载分析数据 > 车辆…)**"中,添加"CH-CD"标准车辆,见图2-53。

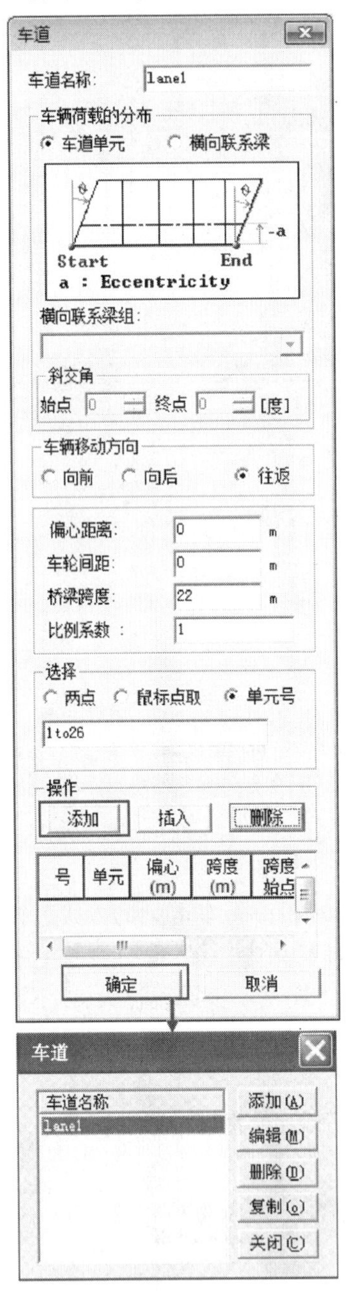

图2-52 添加"lane1"车道

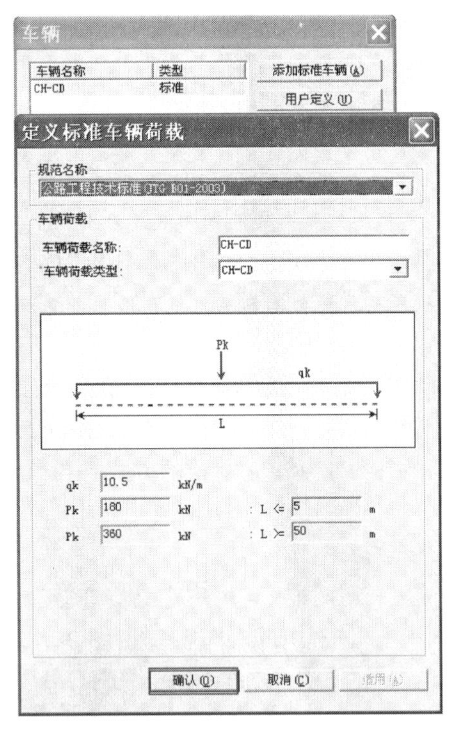

图2-53 添加"CH-CD"标准车辆

步骤四:在"**工作面板 > 用户定义 > 定义移动荷载工况(荷载 > 移动荷载分析数据 > 移动荷载工况…)**"中,添加"车载"移动荷载工况,见图2-54。

步骤五:在"**工作面板 > 用户定义 > 移动荷载分析控制(分析 > 移动荷载分析控制…)**"中,定义移动荷载分析控制数据,见图2-55。

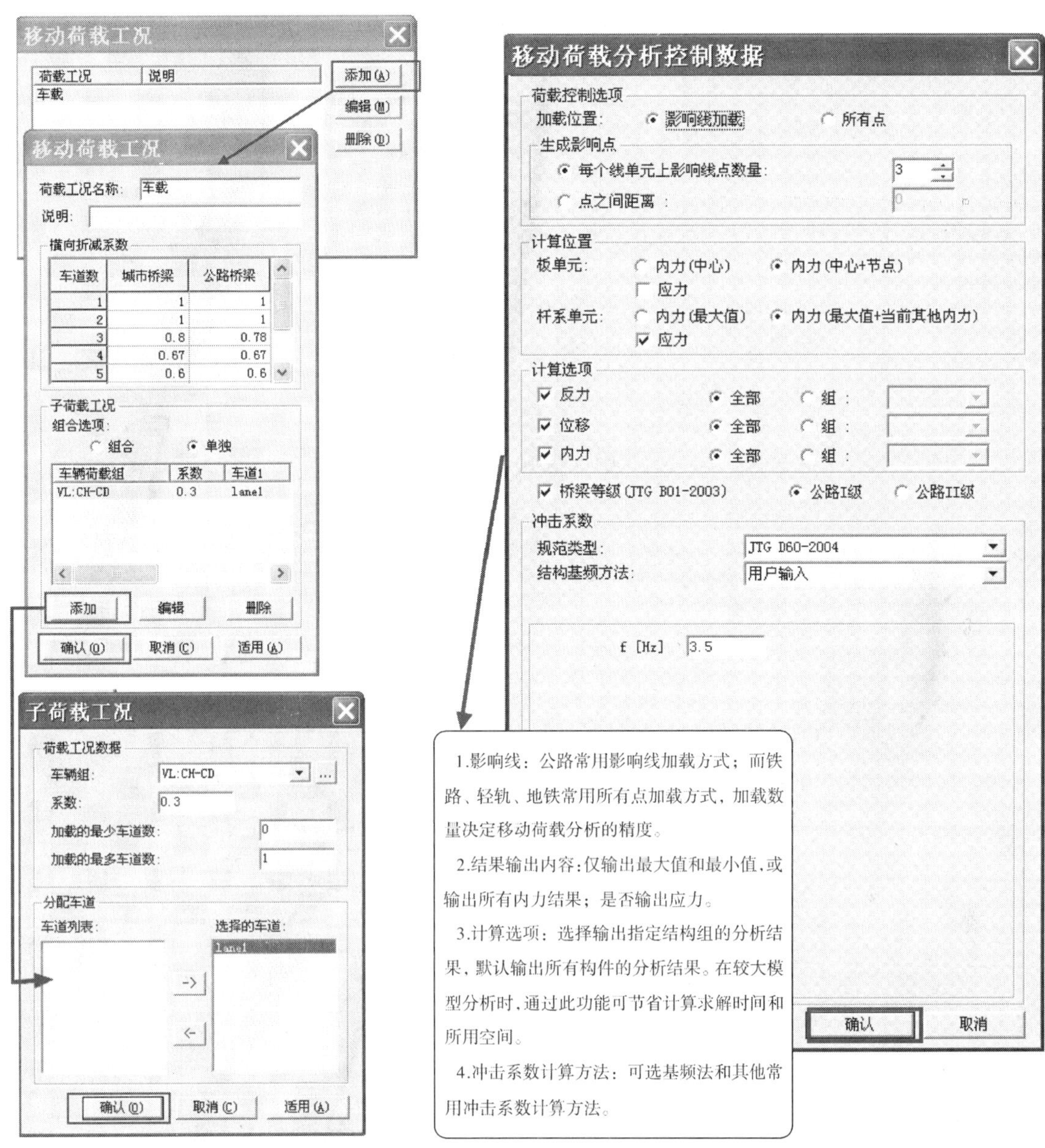

图2-54 添加“车载”移动荷载工况

图2-55 定义移动荷载分析控制数据

2.2.11 定义材料高级属性

步骤一：在“**工作面板＞用户定义＞定义收缩徐变（模型＞材料和截面特性＞时间依存性材料（徐变/收缩）…）**”中，定义收缩徐变，见图2-56。点击“时间依存性材料（徐变和收缩）对话框中”的“添加”按钮，弹出下方的“添加/编辑时间依存材料（徐变和收缩）”对话框，在该对话框中进行相关数据的输入，点击“确认”按钮，退出“添加/编辑时间依存材料（徐变和收缩）”对话框。点击“关闭”按钮，退出“时间依存性材料（徐变和收缩）”对话框中。

步骤二：在“**工作面板＞用户定义＞时间依存材料连接（模型＞材料和截面特性＞时间依**

存性材料连接…)"中,进行时间依存材料连接,见图 2-59。点击"关闭"按钮,退出对话框。

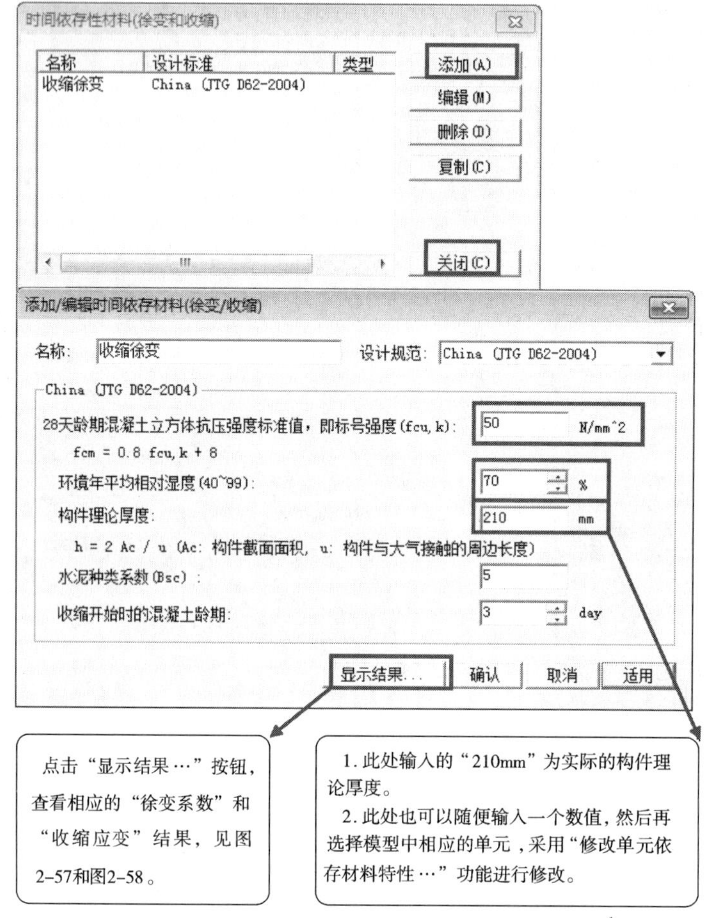

图 2-56 定义收缩徐变

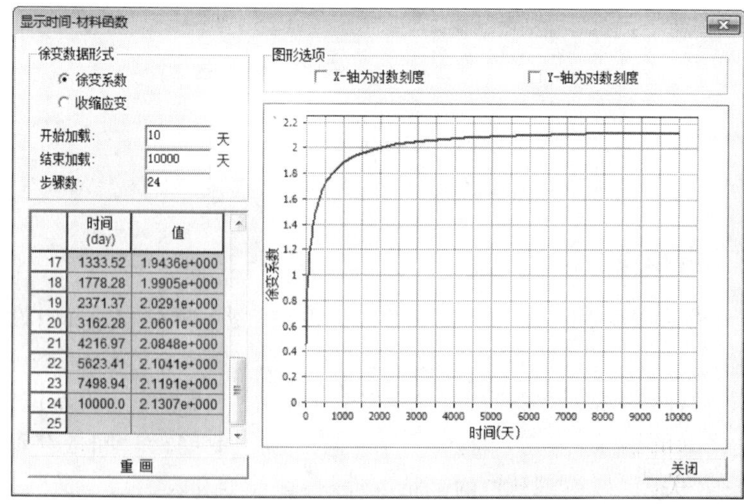

	时间(day)	值
17	1333.52	1.9436e+000
18	1778.28	1.9905e+000
19	2371.37	2.0291e+000
20	3162.28	2.0601e+000
21	4216.97	2.0848e+000
22	5623.41	2.1041e+000
23	7498.94	2.1191e+000
24	10000.0	2.1307e+000
25		

图 2-57 定义徐变系数

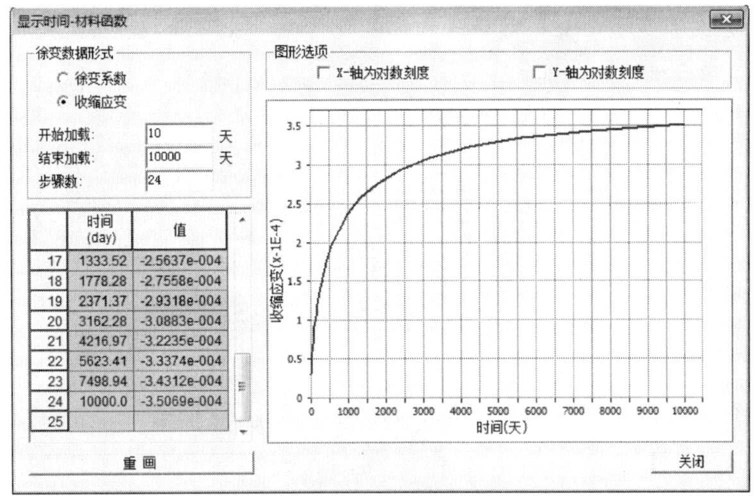

图 2-58　定义收缩应变

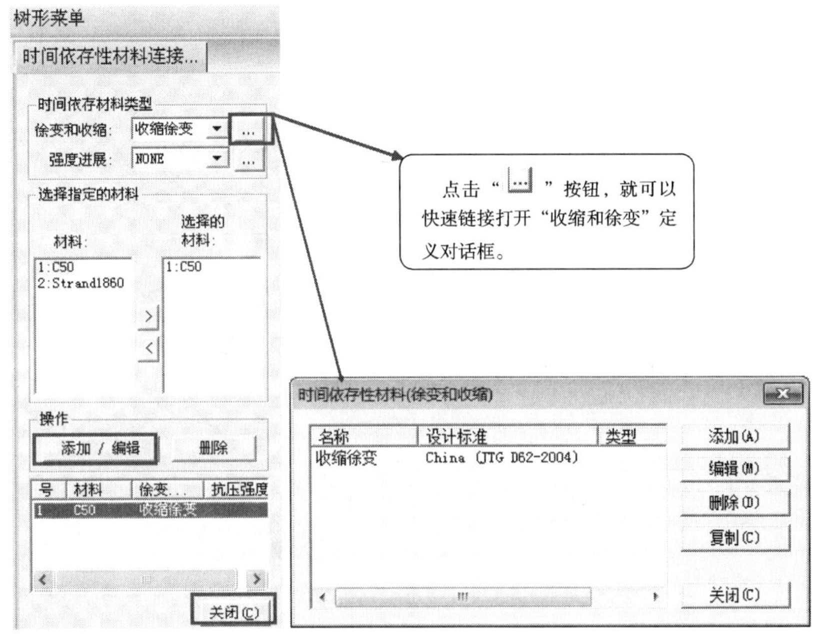

图 2-59　进行时间依存性材料连接

2.3 模型分析

2.3.1 运行结构分析

在“**分析 > 运行分析**”中，执行模型分析；或者直接按“F5”键执行模型分析。

2.3.2 查看分析结果

步骤一：在“**工作面板 > 用户定义 > 定义荷载组合(结果 > 荷载组合…)**”中，自动生成“JTG D60—2004”规范下的“一般组合”和“混凝土设计组合”，见图 2-60 和图 2-61。

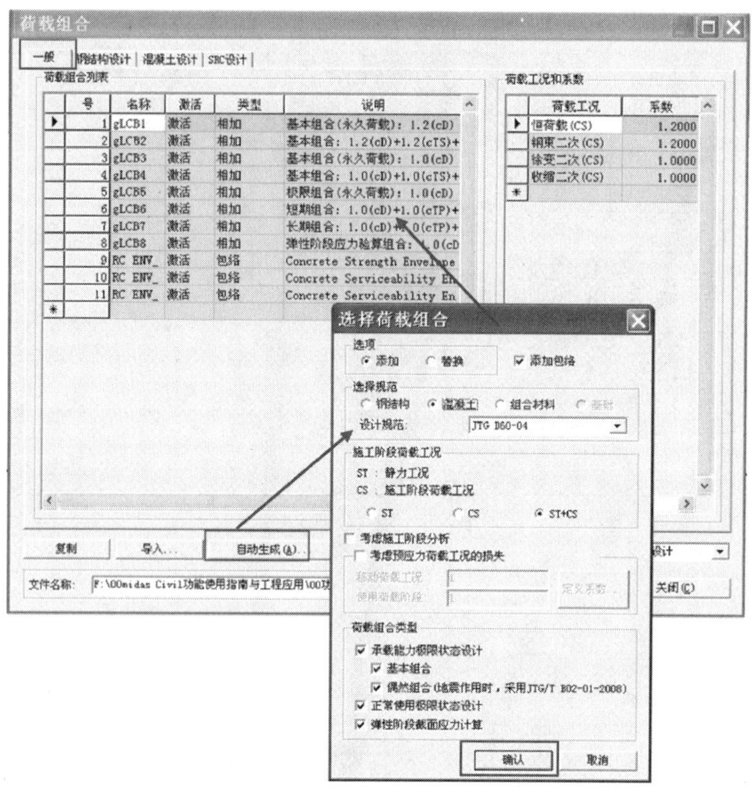

图 2-60 自动生成“JTG D60—2004”规范下的“一般组合”

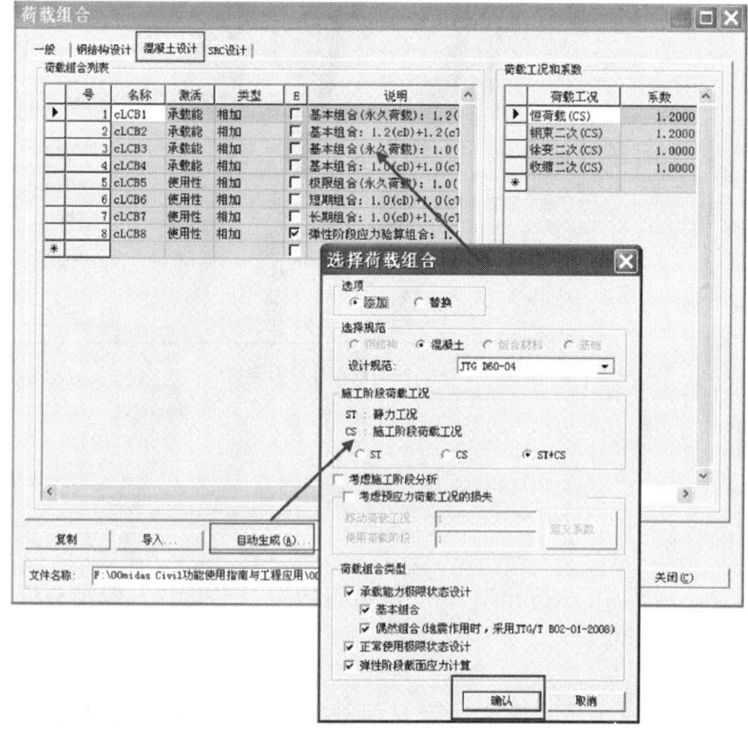

图 2-61 自动生成“JTG D60—2004”规范下的“混凝土设计组合”

步骤二：在“工作面板 > 用户定义 > 桥梁内力图（结果 > 桥梁内力图…）”中，查看相应施工阶段或者荷载组合下桥梁内力图，见图 2-62 和图 2-63。

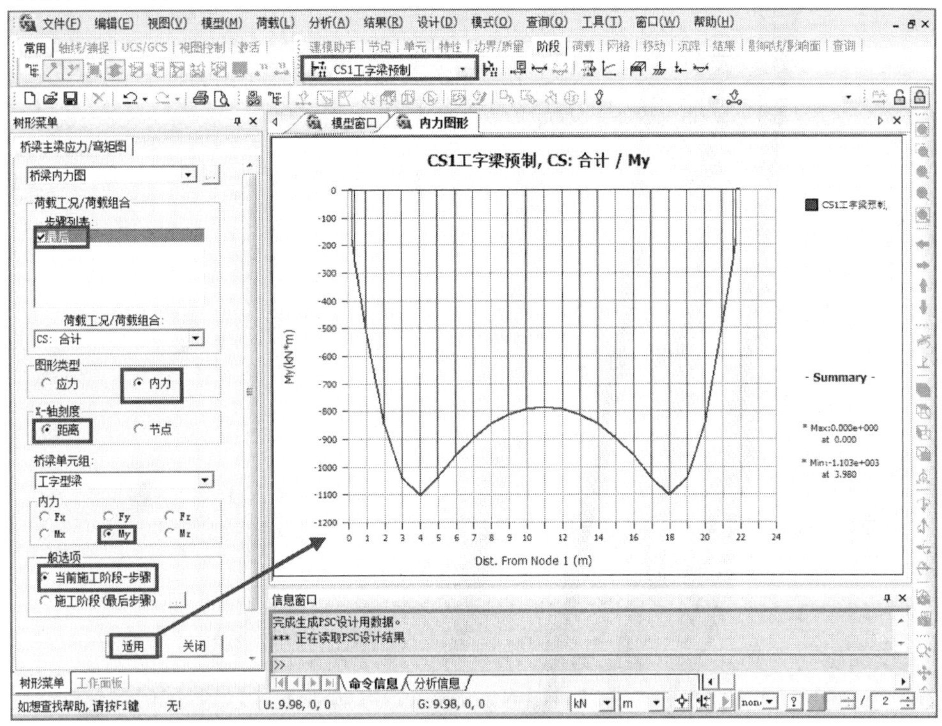

图 2-62 相应施工阶段或者荷载组合下桥梁内力图

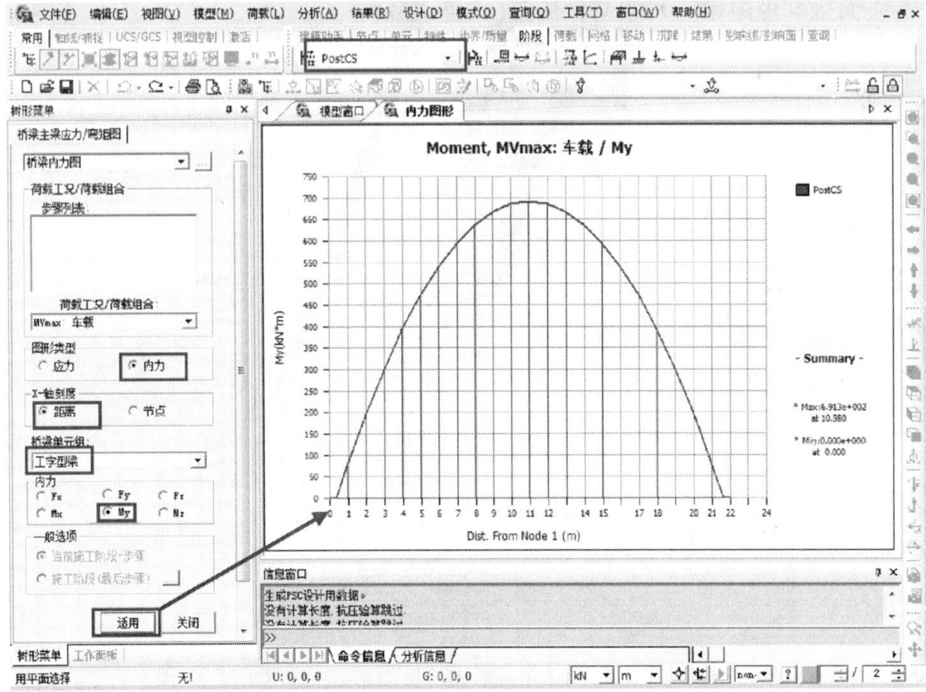

图 2-63 相应施工阶段或者荷载组合下桥梁内力图

在“**工作面板>用户定义>桥梁内力结果(结果>内力>梁单元内力图…)**”中,查看相应施工阶段或者荷载组合下梁单元梁内力图,见图2-64和图2-65。

在“**工作面板>用户定义>内力表格(结果>分析结果表格>梁单元>内力…)**”中,查看相应施工阶段或者荷载组合下梁单元内力表格,见图2-66。

在“**工作面板>用户定义>桥梁应力结果(结果>应力>梁单元应力图…)**”中,查看相应施工阶段或者荷载组合下梁单元应力图,见图2-67和图2-68。

在“**工作面板>用户定义>应力表格(结果>分析结果表格>梁单元>应力…)**”中,查看相应施工阶段或者荷载组合下梁单元应力表格,见图2-69。

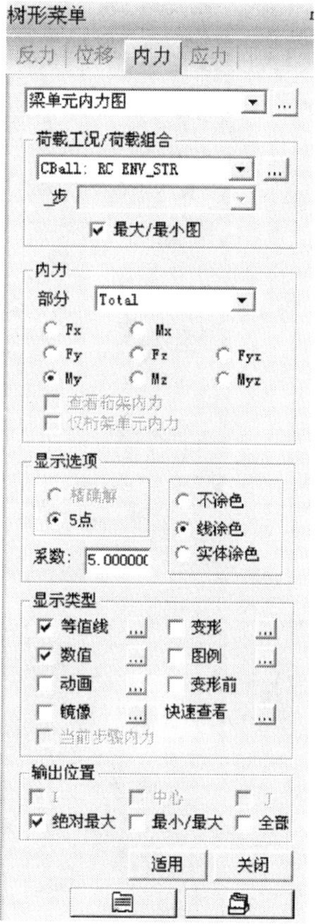

图2-64 桥梁内力结果

2.3.3 查看钢束分析结果

在“**工作面板>用户定义>预应力损失图(结果>钢束预应力损失图表…)**”中,查看在相应施工阶段下相应钢束预应力损失图表,见图2-70和图2-71。

在“**工作面板>用户定义>钢束坐标(结果>分析结果表格>预应力钢束>预应力钢束坐标…)**”中,查看预应力钢束坐标表,见图2-72和图2-73。

在“**工作面板>用户定义>钢束伸长量(结果>分析结果表**

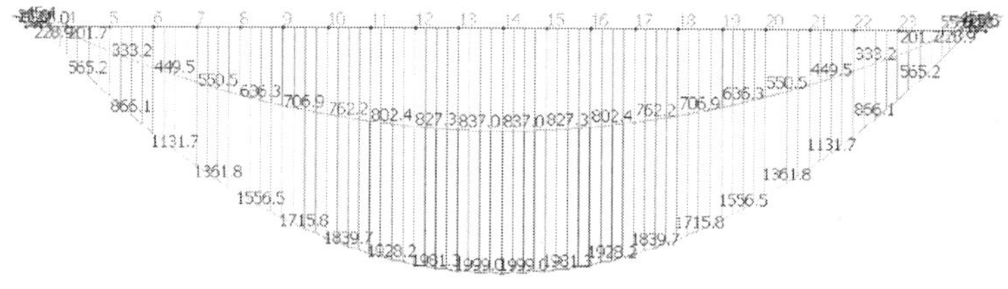

图2-65 相应施工阶段或者荷载组合下梁单元梁内力图(单位:kN·m)

单元	荷载	位置	轴向(kN)	剪力-y(kN)	剪力-z(kN)	扭矩(kN*m)	弯矩-y(kN*m)	弯矩-z(kN*m)
1	RC ENV_STR(最大)	I[1]	0.00	0.00	0.00	0.00	0.00	0.00
2	RC ENV_STR(最大)	I[2]	-0.02	0.00	155.41	0.00	-0.30	0.00
3	RC ENV_STR(最大)	I[3]	1.36	0.00	-159.34	0.00	-0.93	0.00
4	RC ENV_STR(最大)	I[4]	1.14	0.00	-147.72	0.00	228.93	0.00
5	RC ENV_STR(最大)	I[5]	0.68	0.00	-125.12	0.00	565.24	0.00
6	RC ENV_STR(最大)	I[6]	0.31	0.00	-102.28	0.00	866.15	0.00
7	RC ENV_STR(最大)	I[7]	0.04	0.00	-79.18	0.00	1131.65	0.00
8	RC ENV_STR(最大)	I[8]	-0.00	0.00	-55.84	0.00	1361.76	0.00
9	RC ENV_STR(最大)	I[9]	-0.00	0.00	-32.24	0.00	1556.47	0.00
10	RC ENV_STR(最大)	I[10]	-0.00	0.00	-8.39	0.00	1715.77	0.00
11	RC ENV_STR(最大)	I[11]	-0.00	0.00	15.70	0.00	1839.67	0.00
12	RC ENV_STR(最大)	I[12]	-0.00	0.00	40.05	0.00	1929.17	0.00
13	RC ENV_STR(最大)	I[13]	-0.00	0.00	64.65	0.00	1981.28	0.00
14	RC ENV_STR(最大)	I[14]	-0.00	0.00	89.49	0.00	1998.98	0.00
15	RC ENV_STR(最大)	I[15]	-0.00	0.00	117.64	0.00	1981.28	0.00
16	RC ENV_STR(最大)	I[16]	-0.00	0.00	146.03	0.00	1928.17	0.00
17	RC ENV_STR(最大)	I[17]	-0.00	0.00	174.67	0.00	1839.67	0.00
18	RC ENV_STR(最大)	I[18]	-0.00	0.00	203.56	0.00	1715.77	0.00
19	RC ENV_STR(最大)	I[19]	-0.00	0.00	232.70	0.00	1556.47	0.00
20	RC ENV_STR(最大)	I[20]	0.04	0.00	262.10	0.00	1361.76	0.00
21	RC ENV_STR(最大)	I[21]	0.31	0.00	291.74	0.00	1131.65	0.00
22	RC ENV_STR(最大)	I[22]	0.68	0.00	321.63	0.00	866.15	0.00
23	RC ENV_STR(最大)	I[23]	1.14	0.00	351.77	0.00	565.24	0.00
24	RC ENV_STR(最大)	I[24]	1.36	0.00	382.16	0.00	228.93	0.00
25	RC ENV_STR(最大)	I[25]	-0.02	0.00	-5.33	0.00	-0.93	0.00
26	RC ENV_STR(最大)	I[26]	0.00	0.00	-3.04	0.00	-0.30	0.00

图2-66 内力表格

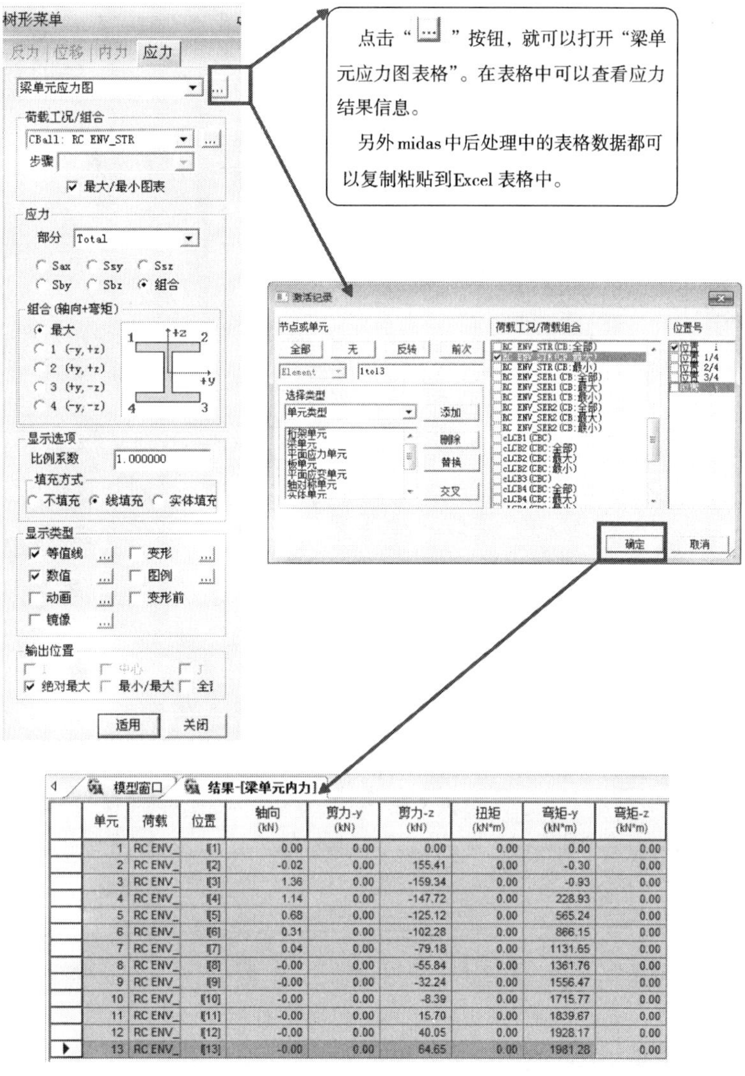

单元	荷载	位置	轴向 (kN)	剪力-y (kN)	剪力-z (kN)	扭矩 (kN*m)	弯矩-y (kN*m)	弯矩-z (kN*m)
1	RC ENV_	I[1]	0.00	0.00	0.00	0.00	0.00	0.00
2	RC ENV_	I[2]	-0.02	0.00	155.41	0.00	-0.30	0.00
3	RC ENV_	I[3]	1.36	0.00	-159.34	0.00	-0.93	0.00
4	RC ENV_	I[4]	1.14	0.00	-147.72	0.00	228.93	0.00
5	RC ENV_	I[5]	0.68	0.00	-125.12	0.00	565.24	0.00
6	RC ENV_	I[6]	0.31	0.00	-102.28	0.00	866.15	0.00
7	RC ENV_	I[7]	0.04	0.00	-79.18	0.00	1131.65	0.00
8	RC ENV_	I[8]	-0.00	0.00	-55.84	0.00	1361.76	0.00
9	RC ENV_	I[9]	-0.00	0.00	-32.24	0.00	1556.47	0.00
10	RC ENV_	I[10]	-0.00	0.00	-8.39	0.00	1715.77	0.00
11	RC ENV_	I[11]	-0.00	0.00	15.70	0.00	1839.67	0.00
12	RC ENV_	I[12]	-0.00	0.00	40.05	0.00	1928.17	0.00
13	RC ENV_	I[13]	-0.00	0.00	64.65	0.00	1981.28	0.00

图2-67　相应施工阶段或者荷载组合下梁单元应力图

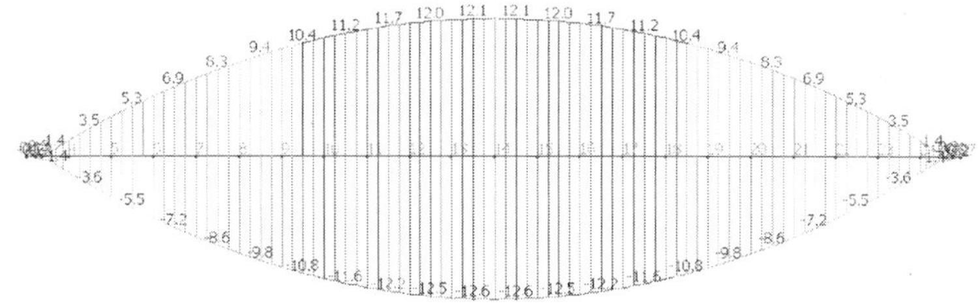

图2-68　相应施工阶段或者荷载组合下梁单元应力图(单位:MPa)

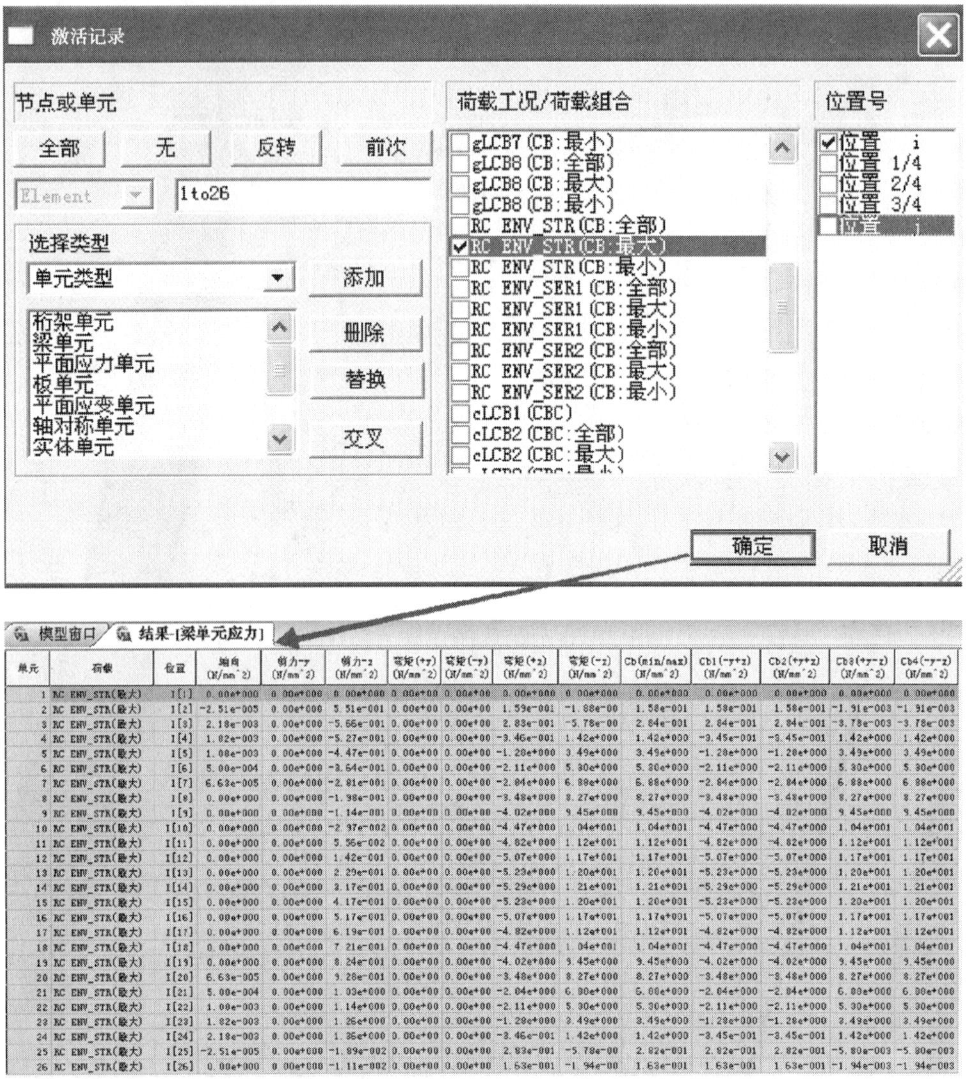

激活记录
节点或单元
全部
无
反转
前次
Element
1to26
选择类型
单元类型
添加
删除
替换
交叉
桁架单元
梁单元
平面应力单元
板单元
平面应变单元
轴对称单元
实体单元
荷载工况/荷载组合
gLCB7 (CB:最小)
gLCB8 (CB:全部)
gLCB8 (CB:最大)
gLCB8 (CB:最小)
RC ENV_STR(CB:全部)
RC ENV_STR(CB:最大)
RC ENV_STR(CB:最小)
RC ENV_SER1 (CB:全部)
RC ENV_SER1 (CB:最大)
RC ENV_SER1 (CB:最小)
RC ENV_SER2 (CB:全部)
RC ENV_SER2 (CB:最大)
RC ENV_SER2 (CB:最小)
cLCB1 (CBC)
cLCB2 (CBC:全部)
cLCB2 (CBC:最大)
位置号
位置 i
位置 1/4
位置 2/4
位置 3/4
位置 j
确定
取消
模型窗口
结果-[梁单元应力]

单元	荷载	位置	轴向 (N/mm^2)	剪力-y (N/mm^2)	剪力-z (N/mm^2)	弯矩(+y) (N/mm^2)	弯矩(-y) (N/mm^2)	弯矩(+z) (N/mm^2)	弯矩(-z) (N/mm^2)	Cb(min/max) (N/mm^2)	Cb1(-y+z) (N/mm^2)	Cb2(+y+z) (N/mm^2)	Cb3(+y-z) (N/mm^2)	Cb4(-y-z) (N/mm^2)
1	RC ENV_STR(最大)	I[1]	0.00e+000	0.00e+000	0.00e+000	0.00e+00	0.00e+00	0.00e+000	0.00e+000	0.00e+000	0.00e+000	0.00e+000	0.00e+000	0.00e+000
2	RC ENV_STR(最大)	I[2]	-2.51e-005	0.00e+000	5.51e-001	0.00e+00	0.00e+00	1.59e-001	-1.88e-00	1.58e-001	1.58e-001	1.58e-001	-1.91e-003	-1.91e-003
3	RC ENV_STR(最大)	I[3]	2.18e-003	0.00e+000	-5.66e-001	0.00e+00	0.00e+00	2.83e-001	-5.78e-00	2.84e-001	2.84e-001	2.84e-001	-3.78e-003	-3.78e-003
4	RC ENV_STR(最大)	I[4]	1.82e-003	0.00e+000	-5.27e-001	0.00e+00	0.00e+00	-3.46e-001	1.42e+000	1.42e+000	-3.45e-001	-3.45e-001	1.42e+000	1.42e+000
5	RC ENV_STR(最大)	I[5]	1.08e-003	0.00e+000	-4.47e-001	0.00e+00	0.00e+00	-1.28e+000	3.49e+000	3.49e+000	-1.28e+000	-1.28e+000	3.49e+000	3.49e+000
6	RC ENV_STR(最大)	I[6]	5.00e-004	0.00e+000	-3.64e-001	0.00e+00	0.00e+00	-2.11e+000	5.30e+000	5.30e+000	-2.11e+000	-2.11e+000	5.30e+000	5.30e+000
7	RC ENV_STR(最大)	I[7]	6.63e-005	0.00e+000	-2.81e-001	0.00e+00	0.00e+00	-2.84e+000	6.88e+000	6.88e+000	-2.84e+000	-2.84e+000	6.88e+000	6.88e+000
8	RC ENV_STR(最大)	I[8]	0.00e+000	0.00e+000	-1.98e-001	0.00e+00	0.00e+00	-3.48e+000	8.27e+000	8.27e+000	-3.48e+000	-3.48e+000	8.27e+000	8.27e+000
9	RC ENV_STR(最大)	I[9]	0.00e+000	0.00e+000	-1.14e-001	0.00e+00	0.00e+00	-4.02e+000	9.45e+000	9.45e+000	-4.02e+000	-4.02e+000	9.45e+000	9.45e+000
10	RC ENV_STR(最大)	I[10]	0.00e+000	0.00e+000	-2.97e-002	0.00e+00	0.00e+00	-4.47e+000	1.04e+001	1.04e+001	-4.47e+000	-4.47e+000	1.04e+001	1.04e+001
11	RC ENV_STR(最大)	I[11]	0.00e+000	0.00e+000	5.56e-002	0.00e+00	0.00e+00	-4.82e+000	1.12e+001	1.12e+001	-4.82e+000	-4.82e+000	1.12e+001	1.12e+001
12	RC ENV_STR(最大)	I[12]	0.00e+000	0.00e+000	1.42e-001	0.00e+00	0.00e+00	-5.07e+000	1.17e+001	1.17e+001	-5.07e+000	-5.07e+000	1.17e+001	1.17e+001
13	RC ENV_STR(最大)	I[13]	0.00e+000	0.00e+000	2.29e-001	0.00e+00	0.00e+00	-5.23e+000	1.20e+001	1.20e+001	-5.23e+000	-5.23e+000	1.20e+001	1.20e+001
14	RC ENV_STR(最大)	I[14]	0.00e+000	0.00e+000	3.17e-001	0.00e+00	0.00e+00	-5.29e+000	1.21e+001	1.21e+001	-5.29e+000	-5.29e+000	1.21e+001	1.21e+001
15	RC ENV_STR(最大)	I[15]	0.00e+000	0.00e+000	4.17e-001	0.00e+00	0.00e+00	-5.23e+000	1.20e+001	1.20e+001	-5.23e+000	-5.23e+000	1.20e+001	1.20e+001
16	RC ENV_STR(最大)	I[16]	0.00e+000	0.00e+000	5.17e-001	0.00e+00	0.00e+00	-5.07e+000	1.17e+001	1.17e+001	-5.07e+000	-5.07e+000	1.17e+001	1.17e+001
17	RC ENV_STR(最大)	I[17]	0.00e+000	0.00e+000	6.19e-001	0.00e+00	0.00e+00	-4.82e+000	1.12e+001	1.12e+001	-4.82e+000	-4.82e+000	1.12e+001	1.12e+001
18	RC ENV_STR(最大)	I[18]	0.00e+000	0.00e+000	7.21e-001	0.00e+00	0.00e+00	-4.47e+000	1.04e+001	1.04e+001	-4.47e+000	-4.47e+000	1.04e+001	1.04e+001
19	RC ENV_STR(最大)	I[19]	0.00e+000	0.00e+000	8.24e-001	0.00e+00	0.00e+00	-4.02e+000	9.45e+000	9.45e+000	-4.02e+000	-4.02e+000	9.45e+000	9.45e+000
20	RC ENV_STR(最大)	I[20]	6.63e-005	0.00e+000	9.28e-001	0.00e+00	0.00e+00	-3.48e+000	8.27e+000	8.27e+000	-3.48e+000	-3.48e+000	8.27e+000	8.27e+000
21	RC ENV_STR(最大)	I[21]	5.00e-004	0.00e+000	1.03e+000	0.00e+00	0.00e+00	-2.84e+000	6.88e+000	6.88e+000	-2.84e+000	-2.84e+000	6.88e+000	6.88e+000
22	RC ENV_STR(最大)	I[22]	1.08e-003	0.00e+000	1.14e+000	0.00e+00	0.00e+00	-2.11e+000	5.30e+000	5.30e+000	-2.11e+000	-2.11e+000	5.30e+000	5.30e+000
23	RC ENV_STR(最大)	I[23]	1.82e-003	0.00e+000	1.26e+000	0.00e+00	0.00e+00	-1.28e+000	3.49e+000	3.49e+000	-1.28e+000	-1.28e+000	3.49e+000	3.49e+000
24	RC ENV_STR(最大)	I[24]	2.18e-003	0.00e+000	1.36e+000	0.00e+00	0.00e+00	-3.46e-001	1.42e+000	1.42e+000	-3.45e-001	-3.45e-001	1.42e+000	1.42e+000
25	RC ENV_STR(最大)	I[25]	-2.51e-005	0.00e+000	-1.89e-002	0.00e+00	0.00e+00	2.83e-001	-5.78e-00	2.82e-001	2.82e-001	2.82e-001	-5.80e-003	-5.80e-003
26	RC ENV_STR(最大)	I[26]	0.00e+000	0.00e+000	-1.11e-002	0.00e+00	0.00e+00	1.63e-001	-1.94e-00	1.63e-001	1.63e-001	1.63e-001	-1.94e-003	-1.94e-003

图 2-69　相应施工阶段或者荷载组合下梁单元应力

钢束预应力损失图表
预应力钢束:
钢束1_1
施工阶段:
CS1工字梁预制
步骤:
最后
动画
Tendon:钢束1_1　Stage:CS2十年收缩　Step:最后
1266.7
1216.7
1166.7
1116.7
1066.7
1016.7
966.696
916.696
Tendon Force(kN)
0 1 2 3 4 5 6 7 8 9 10 11 12 13 14 15 16 17 18 19 20 21
Distance(m)
关闭

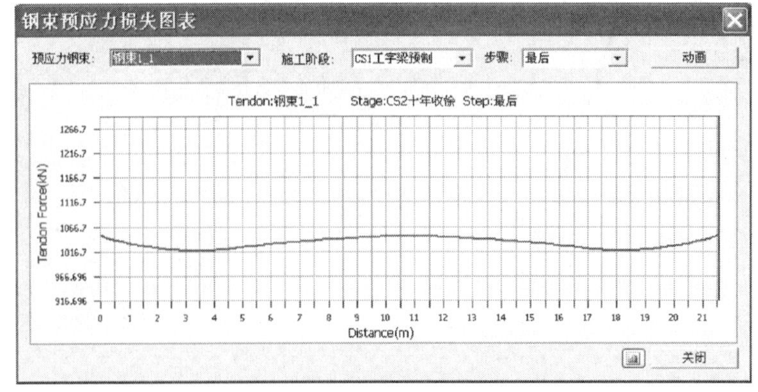

图 2-70　在相应施工阶段下相应钢束预应力损失图表

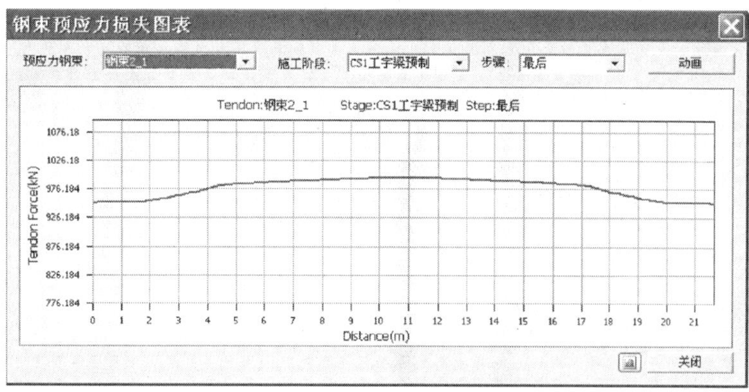

图 2-71 在相应施工阶段下相应钢束预应力损失图表

模型窗口 预应力钢束的坐标

预应力钢束名称	号	x (m)	y (m)	z (m)
钢束1_1	0	0.2000	0.0000	0.0000
钢束1_1	1	0.0000	0.0750	0.1400
钢束1_1	2	0.0375	0.0750	0.1384
钢束1_1	3	0.0750	0.0750	0.1367
钢束1_1	4	0.1125	0.0750	0.1351
钢束1_1	5	0.1500	0.0750	0.1335
钢束1_1	6	0.3075	0.0750	0.1266
钢束1_1	7	0.4650	0.0750	0.1197
钢束1_1	8	0.6225	0.0750	0.1128
钢束1_1	9	0.7800	0.0750	0.1065
钢束1_1	10	1.0300	0.0750	0.0980
钢束1_1	11	1.2800	0.0750	0.0917
钢束1_1	12	1.5300	0.0750	0.0875
钢束1_1	13	1.7800	0.0750	0.0859
钢束1_1	14	2.0300	0.0750	0.0850
钢束1_1	15	2.2800	0.0750	0.0850
钢束1_1	16	2.5300	0.0750	0.0850
钢束1_1	17	2.7800	0.0750	0.0850
钢束1_1	18	3.0300	0.0750	0.0850
钢束1_1	19	3.2800	0.0750	0.0850
钢束1_1	20	3.5300	0.0750	0.0850
钢束1_1	21	3.7800	0.0750	0.0850
钢束1_1	22	4.0300	0.0750	0.0850
钢束1_1	23	4.2800	0.0750	0.0850
钢束1_1	24	4.5300	0.0750	0.0850
钢束1_1	25	4.7800	0.0750	0.0850
钢束1_1	26	5.0300	0.0750	0.0850
钢束1_1	27	5.2800	0.0750	0.0850
钢束1_1	28	5.5300	0.0750	0.0850
钢束1_1	29	5.7800	0.0750	0.0850
钢束1_1	30	6.0300	0.0750	0.0850
钢束1_1	31	6.2800	0.0750	0.0850
钢束1_1	32	6.5300	0.0750	0.0850
钢束1_1	33	6.7800	0.0750	0.0850
钢束1_1	34	7.0300	0.0750	0.0850
钢束1_1	35	7.2800	0.0750	0.0850
钢束1_1	36	7.5300	0.0750	0.0850
钢束1_1	37	7.7800	0.0750	0.0850
钢束1_1	38	8.0300	0.0750	0.0850
钢束1_1	39	8.2800	0.0750	0.0850
钢束1_1	40	8.5300	0.0750	0.0850
钢束1_1	41	8.7800	0.0750	0.0850
钢束1_1	42	9.0300	0.0750	0.0850
钢束1_1	43	9.2800	0.0750	0.0850
钢束1_1	44	9.5300	0.0750	0.0850
钢束1_1	45	9.7800	0.0750	0.0850
钢束1_1	46	10.0300	0.0750	0.0850
钢束1_1	47	10.2800	0.0750	0.0850
钢束1_1	48	10.5300	0.0750	0.0850
钢束1_1	49	10.7800	0.0750	0.0850
钢束1_1	50	11.0300	0.0750	0.0850

图 2-72 预应力钢束坐标表

模型窗口 预应力钢束的坐标

预应力钢束名称	号	x (m)	y (m)	z (m)
钢束2_1	0	0.2000	0.0000	0.0000
钢束2_1	1	0.0000	-0.0750	0.9100
钢束2_1	2	0.0375	-0.0750	0.9007
钢束2_1	3	0.0750	-0.0750	0.8913
钢束2_1	4	0.1125	-0.0750	0.8820
钢束2_1	5	0.1500	-0.0750	0.8726
钢束2_1	6	0.3075	-0.0750	0.8333
钢束2_1	7	0.4650	-0.0750	0.7941
钢束2_1	8	0.6225	-0.0750	0.7548
钢束2_1	9	0.7800	-0.0750	0.7155
钢束2_1	10	1.0300	-0.0750	0.6532
钢束2_1	11	1.2800	-0.0750	0.5909
钢束2_1	12	1.5300	-0.0750	0.5289
钢束2_1	13	1.7800	-0.0750	0.4715
钢束2_1	14	2.0300	-0.0750	0.4197
钢束2_1	15	2.2800	-0.0750	0.3733
钢束2_1	16	2.5300	-0.0750	0.3325
钢束2_1	17	2.7800	-0.0750	0.2970
钢束2_1	18	3.0300	-0.0750	0.2668
钢束2_1	19	3.2800	-0.0750	0.2420
钢束2_1	20	3.5300	-0.0750	0.2225
钢束2_1	21	3.7800	-0.0750	0.2081
钢束2_1	22	4.0300	-0.0750	0.1990
钢束2_1	23	4.2800	-0.0750	0.1952
钢束2_1	24	4.5300	-0.0750	0.1950
钢束2_1	25	4.7800	-0.0750	0.1950
钢束2_1	26	5.0300	-0.0750	0.1950
钢束2_1	27	5.2800	-0.0750	0.1950
钢束2_1	28	5.5300	-0.0750	0.1950
钢束2_1	29	5.7800	-0.0750	0.1950
钢束2_1	30	6.0300	-0.0750	0.1950
钢束2_1	31	6.2800	-0.0750	0.1950
钢束2_1	32	6.5300	-0.0750	0.1950
钢束2_1	33	6.7800	-0.0750	0.1950
钢束2_1	34	7.0300	-0.0750	0.1950
钢束2_1	35	7.2800	-0.0750	0.1950
钢束2_1	36	7.5300	-0.0750	0.1950
钢束2_1	37	7.7800	-0.0750	0.1950
钢束2_1	38	8.0300	-0.0750	0.1950
钢束2_1	39	8.2800	-0.0750	0.1950
钢束2_1	40	8.5300	-0.0750	0.1950
钢束2_1	41	8.7800	-0.0750	0.1950
钢束2_1	42	9.0300	-0.0750	0.1950
钢束2_1	43	9.2800	-0.0750	0.1950
钢束2_1	44	9.5300	-0.0750	0.1950
钢束2_1	45	9.7800	-0.0750	0.1950
钢束2_1	46	10.0300	-0.0750	0.1950
钢束2_1	47	10.2800	-0.0750	0.1950
钢束2_1	48	10.5300	-0.0750	0.1950
钢束2_1	49	10.7800	-0.0750	0.1950
钢束2_1	50	11.0300	-0.0750	0.1950

图 2-73 预应力钢束坐标表

格 > 预应力钢束 > 预应力钢束伸长量…）”中，查看预应力钢束伸长量表格，见图 2-74。

模型窗口 / 预应力钢束的伸长量

预应力钢束名称	阶段	步骤	预应力钢束延伸长度		混凝土压缩长度		合计	
			开始(mm)	结束(mm)	开始(mm)	结束(mm)	开始(mm)	结束(mm)
钢束1_1	CS1 工字梁预制	001(first)	76.0067	76.0067	0.6913	0.6913	76.6980	76.6979
钢束1_2	CS1 工字梁预制	001(first)	76.0067	76.0067	0.6913	0.6913	76.6980	76.6979
钢束2_1	CS1 工字梁预制	001(first)	74.7333	74.7332	0.5786	0.5786	75.3119	75.3117
钢束2_2	CS1 工字梁预制	001(first)	74.7333	74.7332	0.5786	0.5786	75.3119	75.3117

图 2-74　查看预应力钢束伸长量

2.4 模型设计

2.4.1 模型 PSC 设计定义

在“**工作面板 > 用户定义 > 定义设计参数（设计 > PSC 设计 > PSC 设计参数…）**”中，定义 PSC 设计参数，见图 2-75。

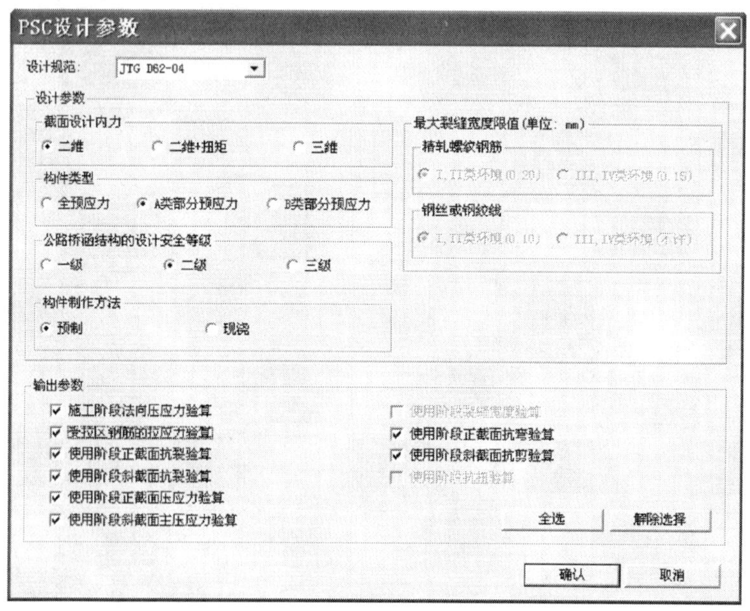

图 2-75　定义 PSC 设计参数

在“**工作面板 > 用户定义 > PSC 设计材料（设计 > PSC 设计 > PSC 设计材料…）**”中，定义 PSC 设计材料，见图 2-76。

在“**工作面板 > 用户定义 > 定义设计截面位置（进行设计的单元）（设计 > PSC 设计 > PSC 设计截面位置…）**”中，选中模型中的单元 10 和单元 11 进行设计截面位置的定义，见图 2-77。

在“**工作面板 > 用户定义 > 定义设计计算书输出内容（设计 > PSC 设计 > PSC 设计计算书输出内容…）**”中，选中模型中的单元 10 进行计算书详细过程输出单元位置的定义，见图 2-78。

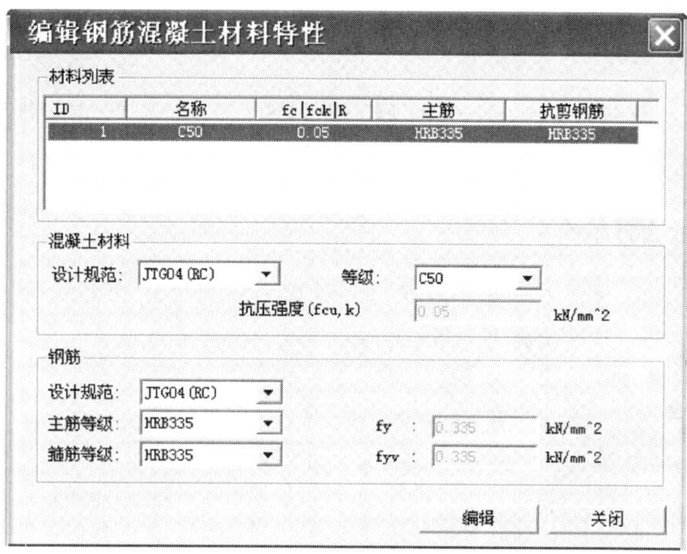

图 2-76　定义 PSC 设计材料

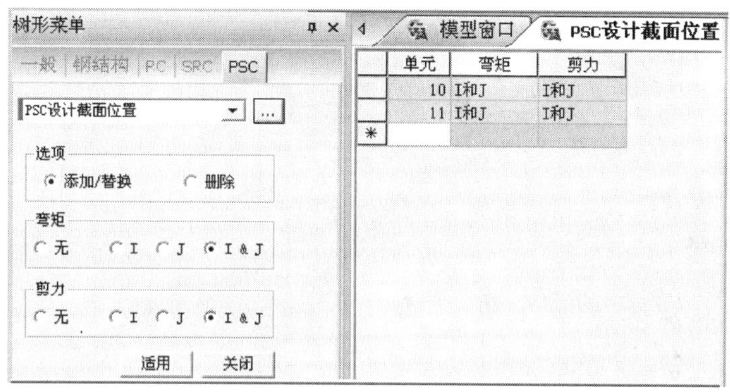

图　2-77

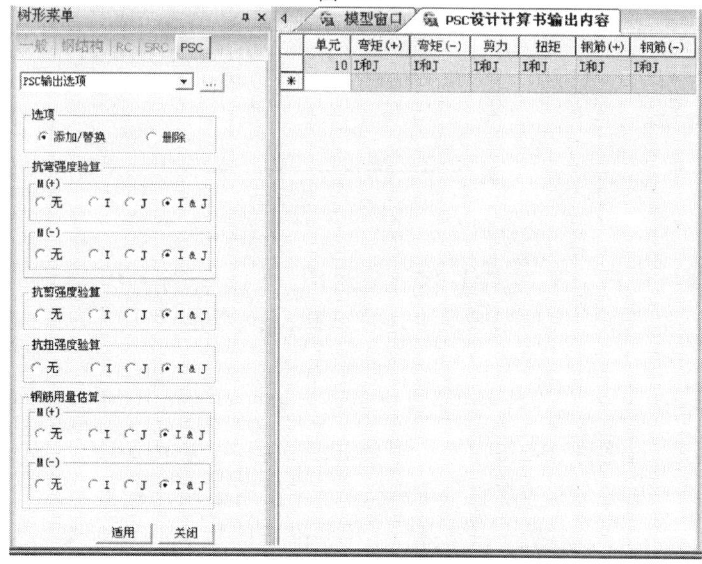

图 2-78　定义计算书详细过程输出单元

2.4.2 运行 PSC 梁的设计

在“**工作面板 > 用户定义 > 运行设计(设计 > PSC 设计 > 运行 PSC 设计 > 梁的设计)**”中,运行 PSC 梁的设计。

2.4.3 查看设计验算结果

在“**工作面板 > 用户定义 > 输出 PSC 设计计算书(设计 > PSC 设计 > 输出 PSC 设计计算书)**”中,输出 PSC 设计计算书,见图 2-79。

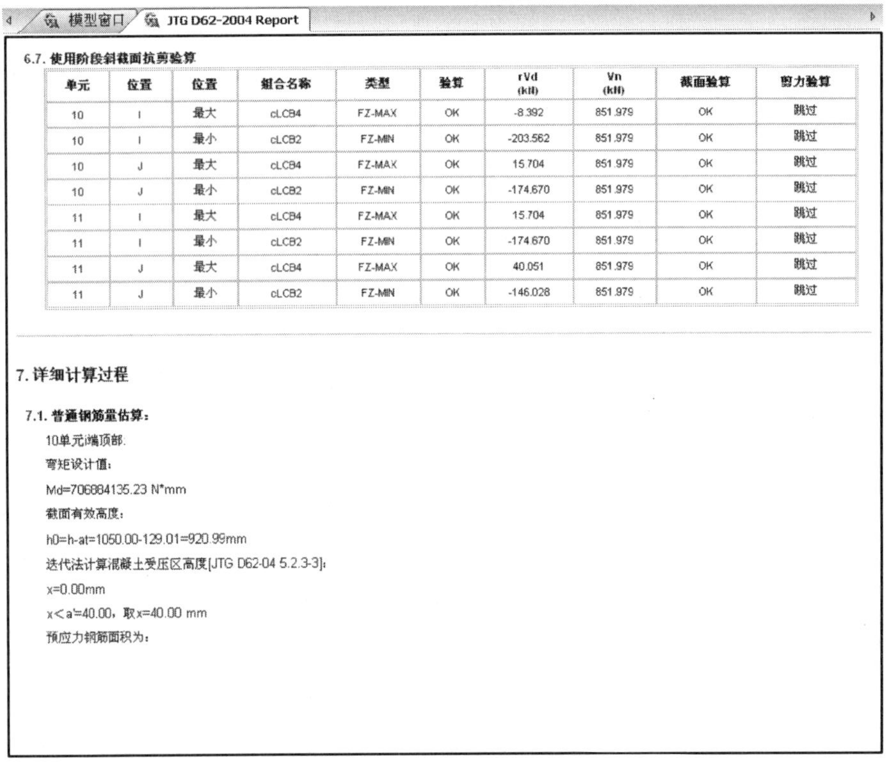

模型窗口 JTG D62-2004 Report

6.7. 使用阶段斜截面抗剪验算

单元	位置	位置	组合名称	类型	验算	rVd (kN)	Vn (kN)	截面验算	剪力验算
10	I	最大	cLCB4	FZ-MAX	OK	-8.392	851.979	OK	跳过
10	I	最小	cLCB2	FZ-MIN	OK	-203.562	851.979	OK	跳过
10	J	最大	cLCB4	FZ-MAX	OK	15.704	851.979	OK	跳过
10	J	最小	cLCB2	FZ-MIN	OK	-174.670	851.979	OK	跳过
11	I	最大	cLCB4	FZ-MAX	OK	15.704	851.979	OK	跳过
11	I	最小	cLCB2	FZ-MIN	OK	-174.670	851.979	OK	跳过
11	J	最大	cLCB4	FZ-MAX	OK	40.051	851.979	OK	跳过
11	J	最小	cLCB2	FZ-MIN	OK	-146.028	851.979	OK	跳过

7. 详细计算过程

7.1. 普通钢筋量估算:

10单元i端顶部.

弯矩设计值:

Md=706884135.23 N*mm

截面有效高度:

h0=h-at=1050.00-129.01=920.99mm

迭代法计算混凝土受压区高度[JTG D62-04 5.2.3-3]:

x=0.00mm

x<a'=40.00,取x=40.00 mm

预应力钢筋面积为:

图 2-79 输出 PSC 设计计算书

在“**工作面板 > 用户定义 > PSC 设计结果图形(设计 > PSC 设计 > PSC 设计结果图形…)**”中,查看梁单元 10 和梁单元 11 的正截面抗弯承载力验算包络结果图形,见图 2-80。

在“**设计 > PSC 设计 > PSC 设计结果表格 > 使用阶段正截面抗裂验算…**”中,查看梁单元 10 和梁单元 11 的使用阶段正截面抗裂验算结果表格,见图 2-81。

在“**树形菜单 > 表格 > 设计表格 > PSC 设计 > 使用阶段正截面抗弯验算…**”中,双击鼠标左键,调取梁单元 10 和梁单元 11 的使用阶段正截面抗弯验算结果表格查看结果,见图 2-82。

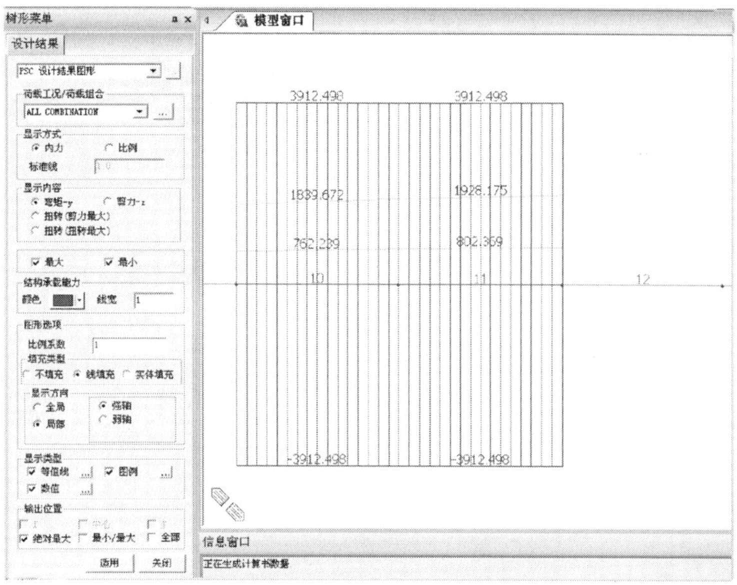

图 2-80　正截面抗弯承载力验算包络结果图形

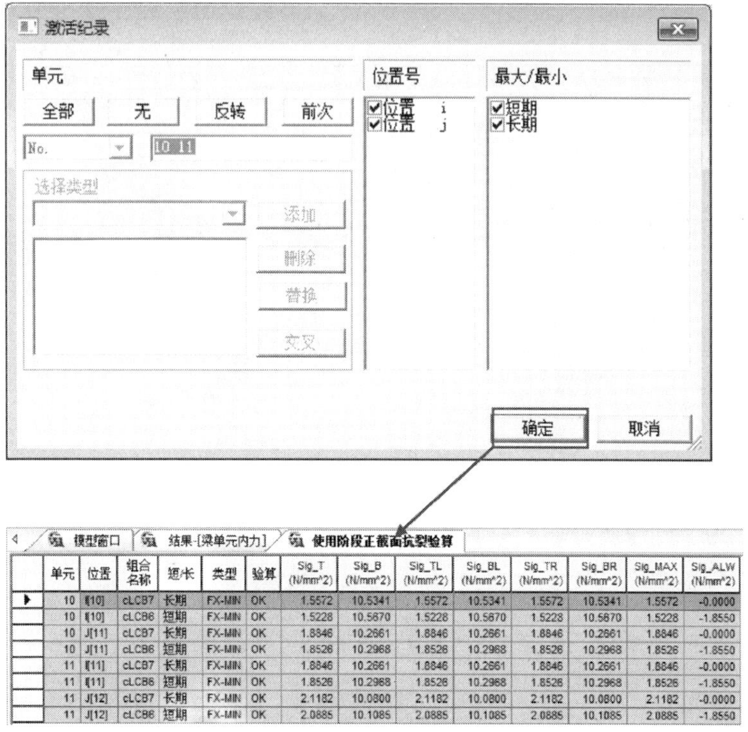

	单元	位置	组合名称	短/长	类型	验算	Sig_T (N/mm^2)	Sig_B (N/mm^2)	Sig_TL (N/mm^2)	Sig_BL (N/mm^2)	Sig_TR (N/mm^2)	Sig_BR (N/mm^2)	Sig_MAX (N/mm^2)	Sig_ALW (N/mm^2)
▶	10	I[10]	cLCB7	长期	FX-MIN	OK	1.5572	10.5341	1.5572	10.5341	1.5572	10.5341	1.5572	-0.0000
	10	I[10]	cLCB6	短期	FX-MIN	OK	1.5228	10.5670	1.5228	10.5670	1.5228	10.5670	1.5228	-1.8550
	10	J[11]	cLCB7	长期	FX-MIN	OK	1.8846	10.2661	1.8846	10.2661	1.8846	10.2661	1.8846	-0.0000
	10	J[11]	cLCB6	短期	FX-MIN	OK	1.8526	10.2968	1.8526	10.2968	1.8526	10.2968	1.8526	-1.8550
	11	I[11]	cLCB7	长期	FX-MIN	OK	1.8846	10.2661	1.8846	10.2661	1.8846	10.2661	1.8846	-0.0000
	11	I[11]	cLCB6	短期	FX-MIN	OK	1.8526	10.2968	1.8526	10.2968	1.8526	10.2968	1.8526	-1.8550
	11	J[12]	cLCB7	长期	FX-MIN	OK	2.1182	10.0800	2.1182	10.0800	2.1182	10.0800	2.1182	-0.0000
	11	J[12]	cLCB6	短期	FX-MIN	OK	2.0885	10.1085	2.0885	10.1085	2.0885	10.1085	2.0885	-1.8550

图 2-81　使用阶段正截面抗裂验算

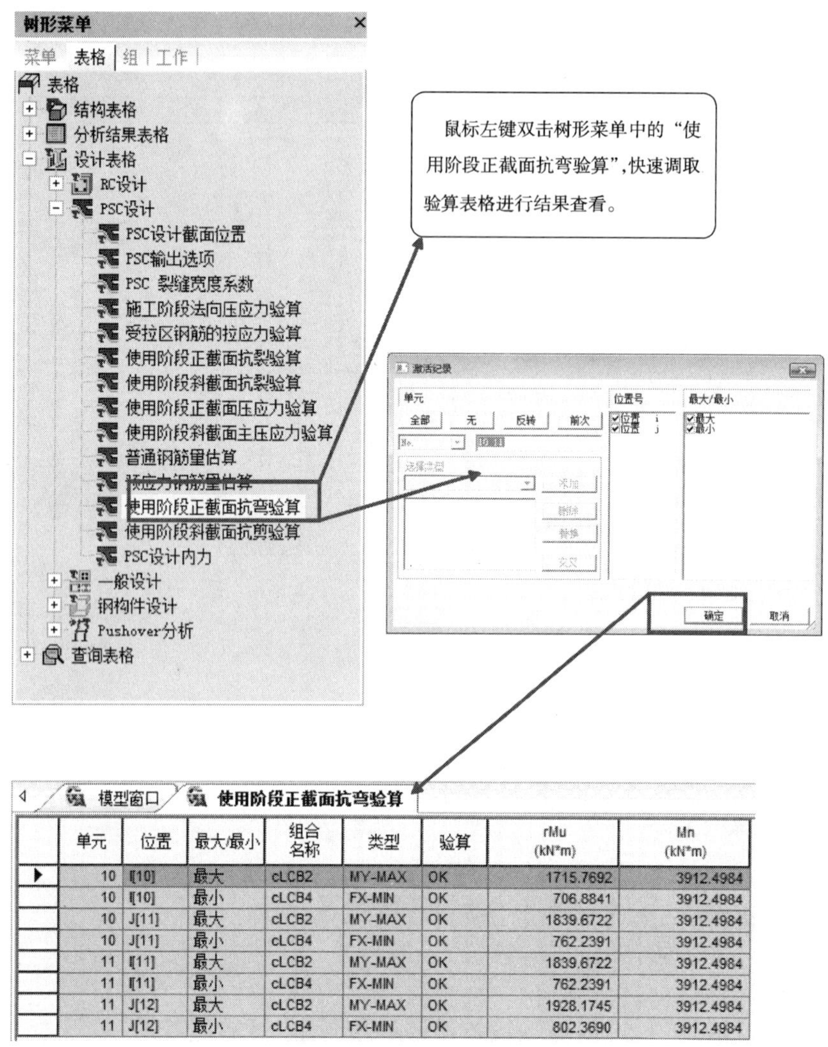

	单元	位置	最大/最小	组合名称	类型	验算	rMu (kN*m)	Mn (kN*m)
▶	10	I[10]	最大	cLCB2	MY-MAX	OK	1715.7692	3912.4984
	10	I[10]	最小	cLCB4	FX-MIN	OK	706.8841	3912.4984
	10	J[11]	最大	cLCB2	MY-MAX	OK	1839.6722	3912.4984
	10	J[11]	最小	cLCB4	FX-MIN	OK	762.2391	3912.4984
	11	I[11]	最大	cLCB2	MY-MAX	OK	1839.6722	3912.4984
	11	I[11]	最小	cLCB4	FX-MIN	OK	762.2391	3912.4984
	11	J[12]	最大	cLCB2	MY-MAX	OK	1928.1745	3912.4984
	11	J[12]	最小	cLCB4	FX-MIN	OK	802.3690	3912.4984

图 2-82 使用阶段正截面抗弯验算

第3章

midas Civil功能在桥梁施工临时结构中的应用

3.1 概述

3.1.1 桥梁施工临时结构

桥梁施工临时结构是施工时用于安装桥梁永久结构的设施。随着永久结构主体竣工，部分临时结构就会被拆除。虽然临时结构的功能是暂时性的，但是临时结构设计的好坏不仅关系到桥梁施工的安全与经济，还会影响到到主体结构成桥时的受力状态和成桥线形。

桥梁施工临时结构归纳起来大致如下：

(1)水上基础施工的临时栈桥(图3-1)、船舶、平台等。

(2)水下基础施工的沉箱、双臂钢围堰(图3-2、图3-3)、钢板桩围堰(图3-4)等。

图3-1　临时栈桥

图 3-2 双壁钢围堰-1

图 3-3 双壁钢围堰-2

图 3-4 钢板桩围堰

(3)桥梁的墩台和梁段混凝土施工用的支架(图3-5)、模板等。

(4)桥梁上部结构施工用的悬浇挂篮、悬拼吊机等。

(5)桥梁施工用的起重吊机、门吊、浮吊、缆索吊等。

图3-5 贝雷梁支架

3.1.2 桥梁施工临时结构的分析和设计

桥梁工程作为土木工程的重要组成部分,是国家基础设施建设的重要内容。近年来,在公路、铁路和矿山等作业中,事故接连不断,不仅直接影响工程进度,造成经济损失,也带来不良的社会影响。其中,桥梁施工过程中,由于临时结构施工不当造成的桥梁事故占较大比例。然而事故发生是有其因果、有其规律的,是可防可控的。

桥梁施工临时结构是桥梁工程项目施工过程中的重要结构,但对于施工临时结构的设计,却还没有引起足够的重视,且由于受建设项目工期、成本和设计时间等因素的制约,施工临时结构大多由施工企业自行设计,临时结构的使用功能和使用特点的特殊性,又对其设计者提出了较高的要求。近年来,因施工临时结构失稳、倾覆、倒塌等导致的桥梁安全事故时有发生,且已造成了较大的人员伤亡和经济财产损失,事故原因很多是由于施工单位忽略施工过程中的细节,不能对临时结构进行更好地维修以及养护造成的。

随着桥梁结构和形式日新月异的发展,施工难度越来越大,桥梁施工过程中的投入也越来越多。据统计,近年来在桥梁建设中,材料费用在工程造价中仅占30% ~40%,而施工费用如制造费、运输费、安装架设费等则占60% ~70%。临时结构作为工程投入的一部分,在施工成本中所占比例较大。若能采用安全、经济的原则,对施工临时结构进行设计,那么不仅可以保证工程的安全和质量,同时也可以节省施工成本。

施工临时结构的设计同其他设计工作一样,设计的过程是一个从结构假设到验算优化的过程。

桥梁施工设计不同于桥梁设计,桥梁设计的对象是桥梁主体结构的分析和设计,而桥梁施工设计可以是桥梁主体结构在施工过程中的分析和设计,也可以是桥梁施工临时结构在施工过程中的分析和设计。

进行桥梁施工设计时,首先确定施工方案,然后根据施工方案,结合施工设计规范,对施工具体结构进行施工过程中的分析和设计。施工方案的确定是一件非常复杂而又有高技术含量的工作,需要工程人员丰富的工程阅历,这个过程有限元程序不能起主导作用。

有限元程序可以对施工具体结构进行分析和设计,主要体现为:

(1)施工过程中桥梁主体结构的分析和设计(施工中各类型荷载对主体结构的影响)。例如:承力很大的牛腿支撑预埋件对周围混凝土的影响,大悬臂段在施工过程中的稳定分析等;

(2)施工过程中临时结构的分析和设计。例如:围堰、挂篮、满堂支架、塔吊、龙门吊等。

施工过程需要分析和设计的结构是复杂多样的,不但有公路桥梁、铁路桥梁、还有建筑结构。相应采用的规范也是复杂多样,有时候一座大型的桥梁的施工设计会用到多种设计规范,只要保证各结构设计方法和规范不出现不合理的交叉即可。

对于施工临时结构的设计验算，一般施工企业使用频率最高的规范是《钢结构设计规范》(GB 50017—2003)，配合老的容许应力设计法。

3.2 midas Civil 功能在桥梁施工临时结构中的应用

对桥梁施工临时结构进行结构分析时，要根据具体的施工方案对施工临时结构进行工况分析，确定临时结构在每一工况受到的施工荷载，使临时结构在各工况下的强度、刚度及稳定性满足要求。

本节以一个简单结构为例，详细介绍 midas Civil 的功能。使施工单位的设计人员对 midas Civil 的功能在临时结构中的应用有一个初步的认识及掌握，从而对借助 midas Civil 进行桥梁施工临时结构的分析与设计有个整体把握。

限于篇幅限制，本文只介绍了万能杆件塔架的强度与稳定计算，对于其他临时结构的计算，读者如果把握不大的话，可以与作者联系进行交流。

3.2.1 模型概况

(1)结构概况

一个单柱头的万能杆件塔架，塔高 10m，在单位竖向荷载作用下进行稳定分析。塔架节间长度 2m，除立杆为 4L120 ×10 角钢(图 3-6)外，其余杆件均为 2L75 ×8 角钢，杆件材质为 Q235 钢。

(2)模型概况

本模型中所有结构均采用梁单元模拟。模型中节点总数 44 个(节点号 1to44)，桁架单元总数 135 个(单元号 1to135)，见图 3-7。

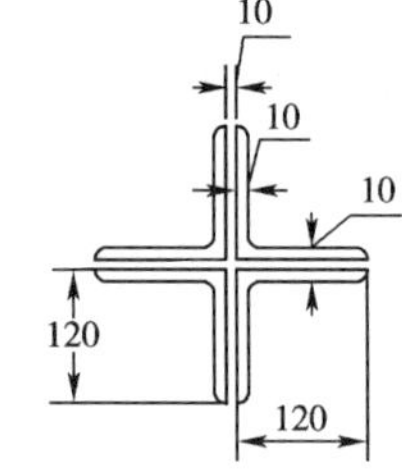

图 3-6 立杆 4L120 ×10 角钢万能杆件平面图(尺寸单位:mm)

3.2.2 模型建立

(1)设置操作环境

步骤一:在“**文件 > 新项目…**”中，建立新项目，并保存为“万能杆件塔架. mcb”模型文件，见图 3-8 和图 3-9。

步骤二:在“**工具 > 单位体系…**”中，进行单位体系的设置，见图 3-10。点击“确认”按钮，退出对话框。

步骤三:在“**模型 > 结构类型 > 3D 平面…**”中，将模型结构类型设置为三维空间环境，见图 3-11。点击“确认”按钮，退出对话框。

(2)定义材料和截面特性

步骤一:在“**模型 > 材料和截面特性 > 材料…**”中，定义 Q235 钢材材料。鼠标左键点击“材料和截面”对话框中 “添加”按钮，弹出右侧“材料数据”对话框，定义 Q235 钢材材料。点击“确认”按钮，退出“材料数据”对话框。点击“关闭”按钮，退出“材料和截面”对话框，见图 3-12。

步骤二:在“**模型 > 材料和截面特性 > 截面…**”中，进行截面进行定义，见图 3-13。

鼠标左键点击“材料和截面”对话框中的“添加”按钮，弹出左下侧“截面数据”对话框，选择“数据库/用户”中的“4-角钢”截面进行定义，见图3-14。

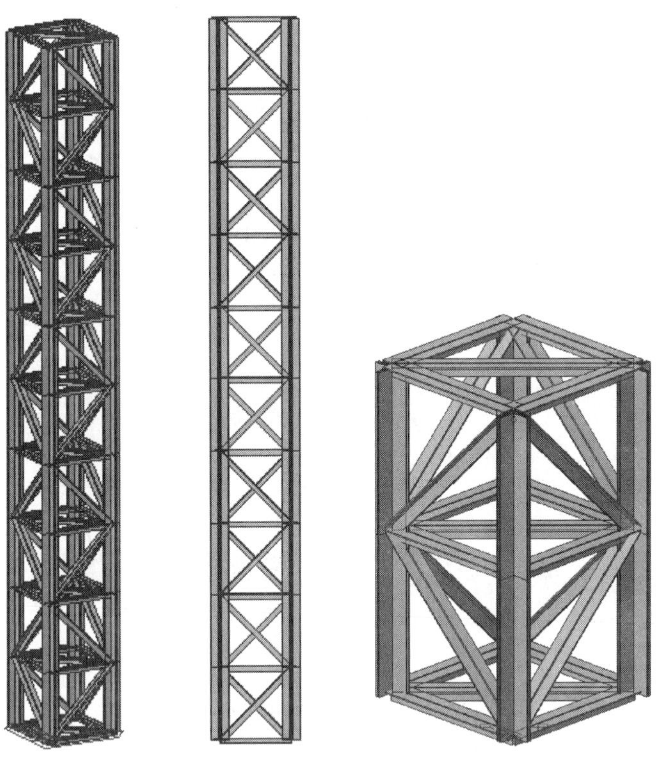

图3-7　万能杆件塔架总体模型

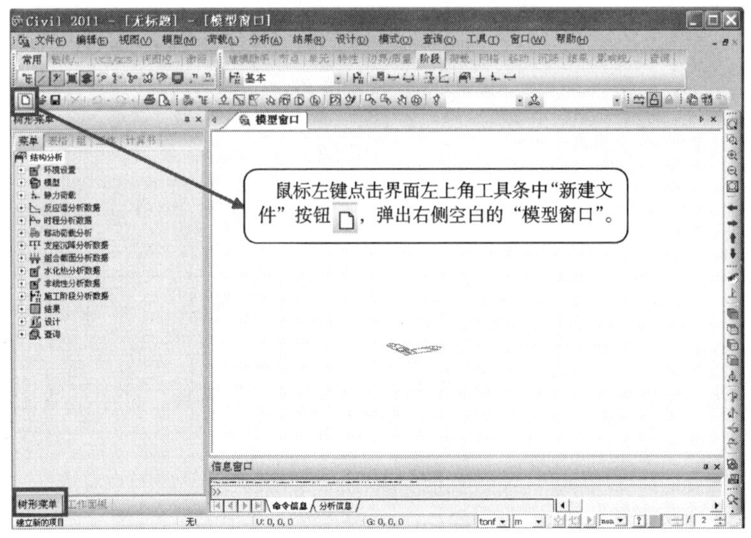

图3-8　建立新项目

点击“适用”按钮，继续定义截面数据。选择“截面数据”对话框中的“双角钢截面”进行定义，点击“确认”按钮，退出“截面数据”对话框。点击“关闭”按钮，退出“材料和截面”对话框，见图3-15。

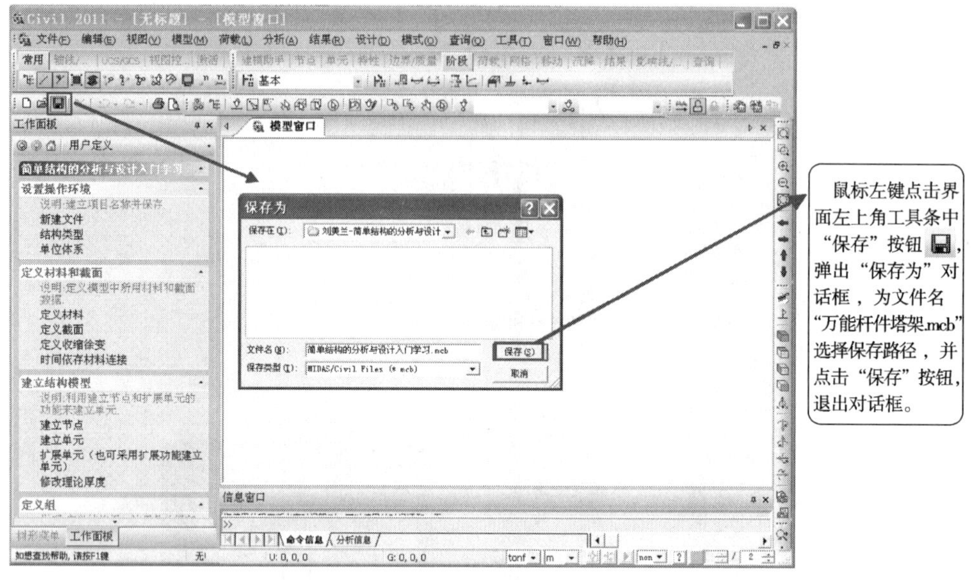

图 3-9 保存新项目

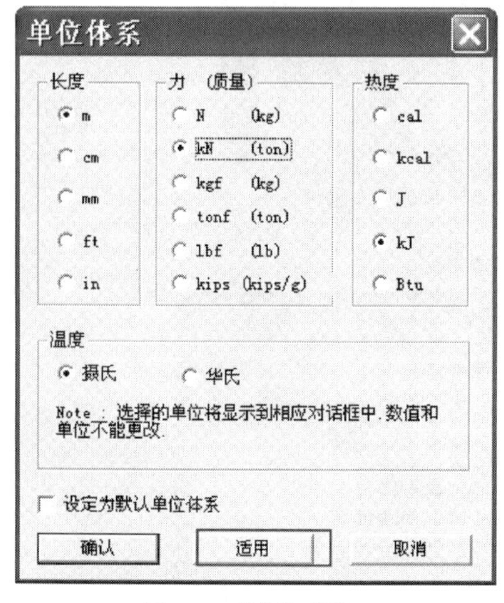

图 3-10 单位体系设置

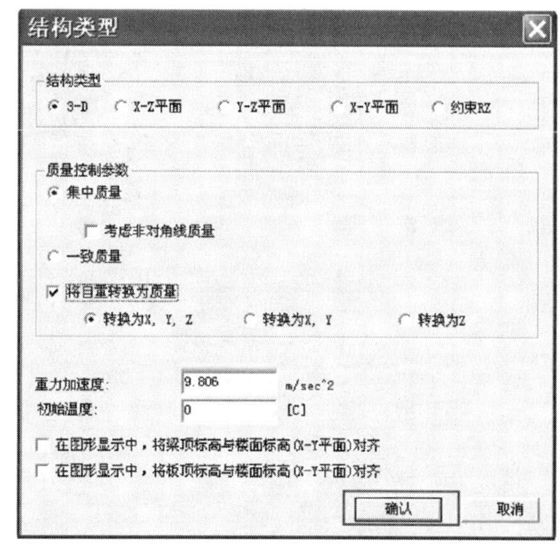

图 3-11 3D 结构类型设置

(3)建立结构模型

步骤一:在“**模型 > 节点 > 建立…**”中,建立节点 1,见图 3-16。点击“适用”按钮,在“模型窗口”中生成节点 1;点击“关闭”按钮,退出对话框。

步骤二:选中模型中的节点 1,在“**模型 > 单元 > 扩展…**”中,扩展生成节点(节点号 1to3)间距为 2@1 的 2 个立杆单元(单元号 1to2),见图 3-17。

步骤三:选中模型中“1to2 单元”,在“**模型 > 单元 > 复制和移动…**”中,进行复制生成“节点 4to6” 和“单元 3to4”,见图 3-18。

步骤四:选中模型中“1to4 单元”,在“**模型 > 单元 > 复制和移动…**”中,进行复制生成“节点 7to12” 和“单元 5to8”,见图 3-19。

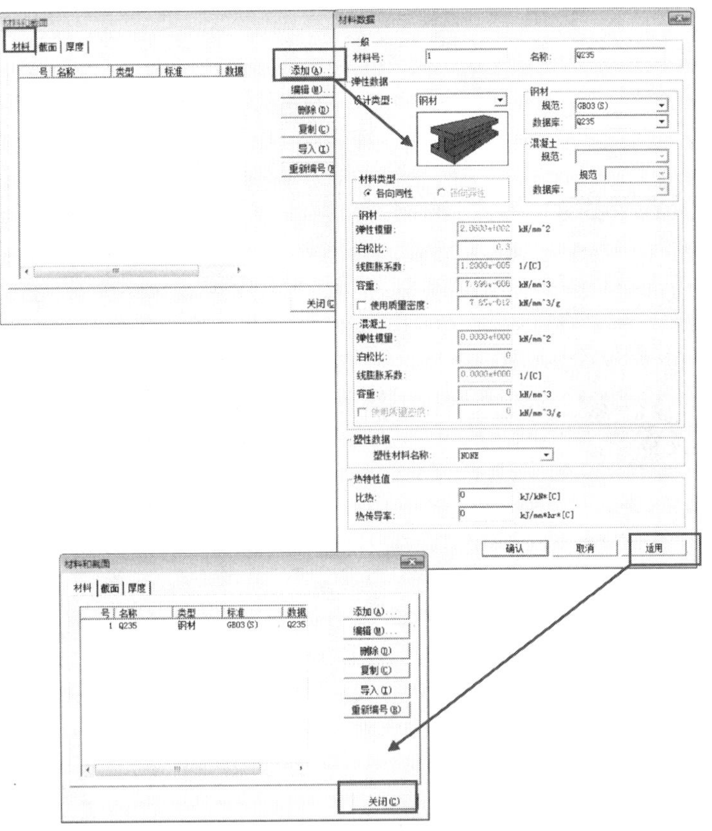

图 3-12　定义 Q235 钢材材料

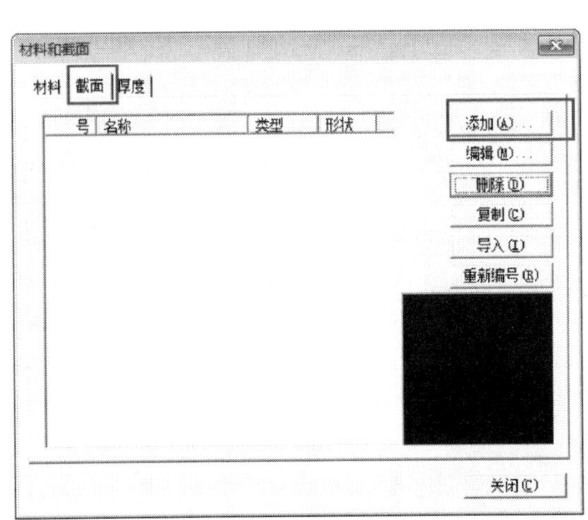

图 3-13　定义截面

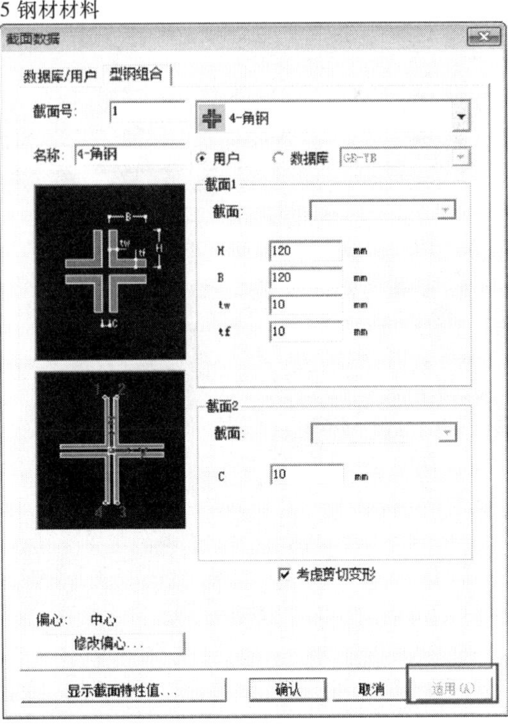

图 3-14　定义“4-角钢”截面

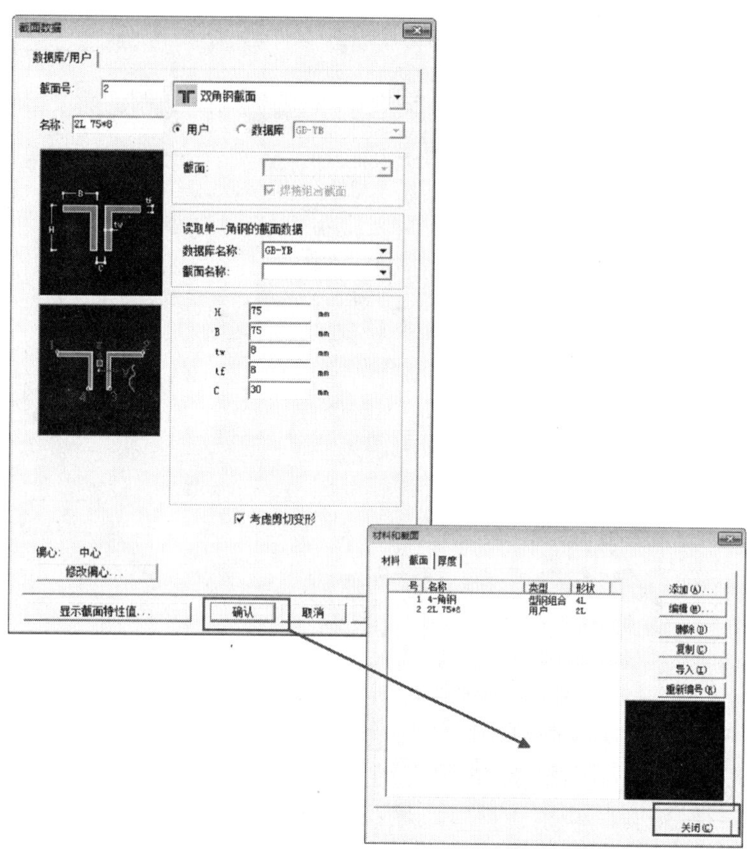

图 3-15 定义“双角钢截面”

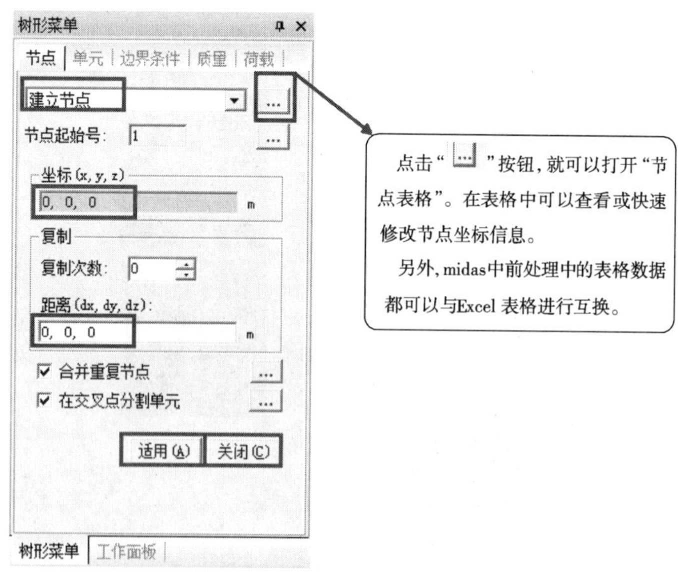

图 3-16 建立节点 1

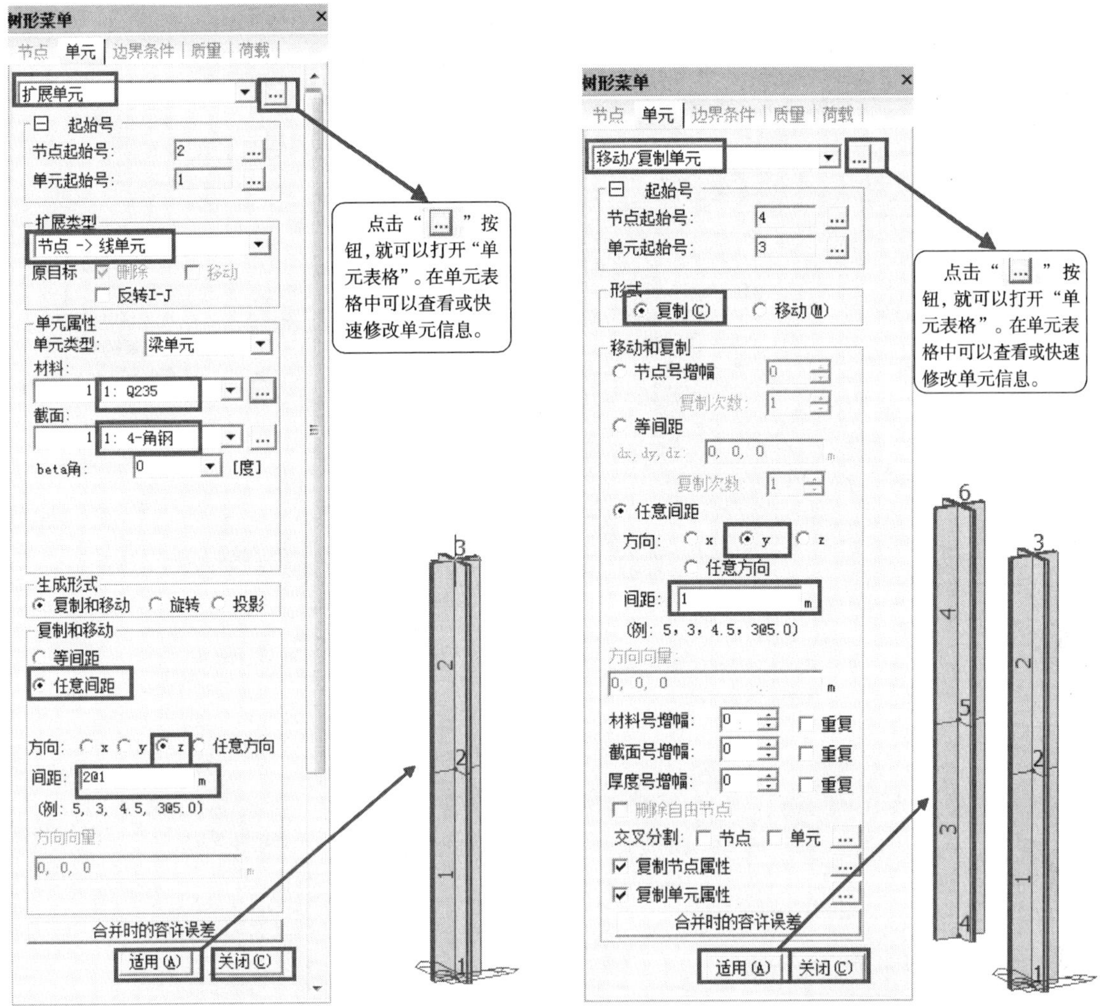

图 3-17　扩展生成立杆构件　　　　图 3-18　复制生成立杆构件-1

步骤五：在"**模型 > 单元 > 建立…**"中，在模型中用鼠标左键点击"节点 1"和"节点 7"，生成"单元 9"，见图 3-20。

步骤六：在"**模型 > 单元 > 建立…**"中，按照"步骤五"的方法在模型中用鼠标左键点击"节点 1"和"节点 4"，生成"单元 10"，"单元 11 to 单元 31"的生成所点击的相应节点见图 3-21。

步骤七：对于万能塔架构件采用"桁架单元"模拟相对会比较快捷合理些。由于在开始建立单元时采用的是程序默认的"梁单元"类型，在"步骤六"调取单元表格时发现了此处错误，因此在单元表格中，将"单元 1"类型修改为"桁架单元"，见图 3-22。

鼠标左键选中单元表格中"单元 1"类型"桁架单元"，见图 3-23。接着按下电脑键盘"Ctrl + C"键，将"桁架单元"复制到了粘贴板中。

按住鼠标左键同时选中单元表格中的"单元 2to31"中的"梁单元"类型，接着按下电脑键盘"Ctrl + V"键，将"桁架单元"类型全部粘贴给"单元 2to31"，见图 3-24。

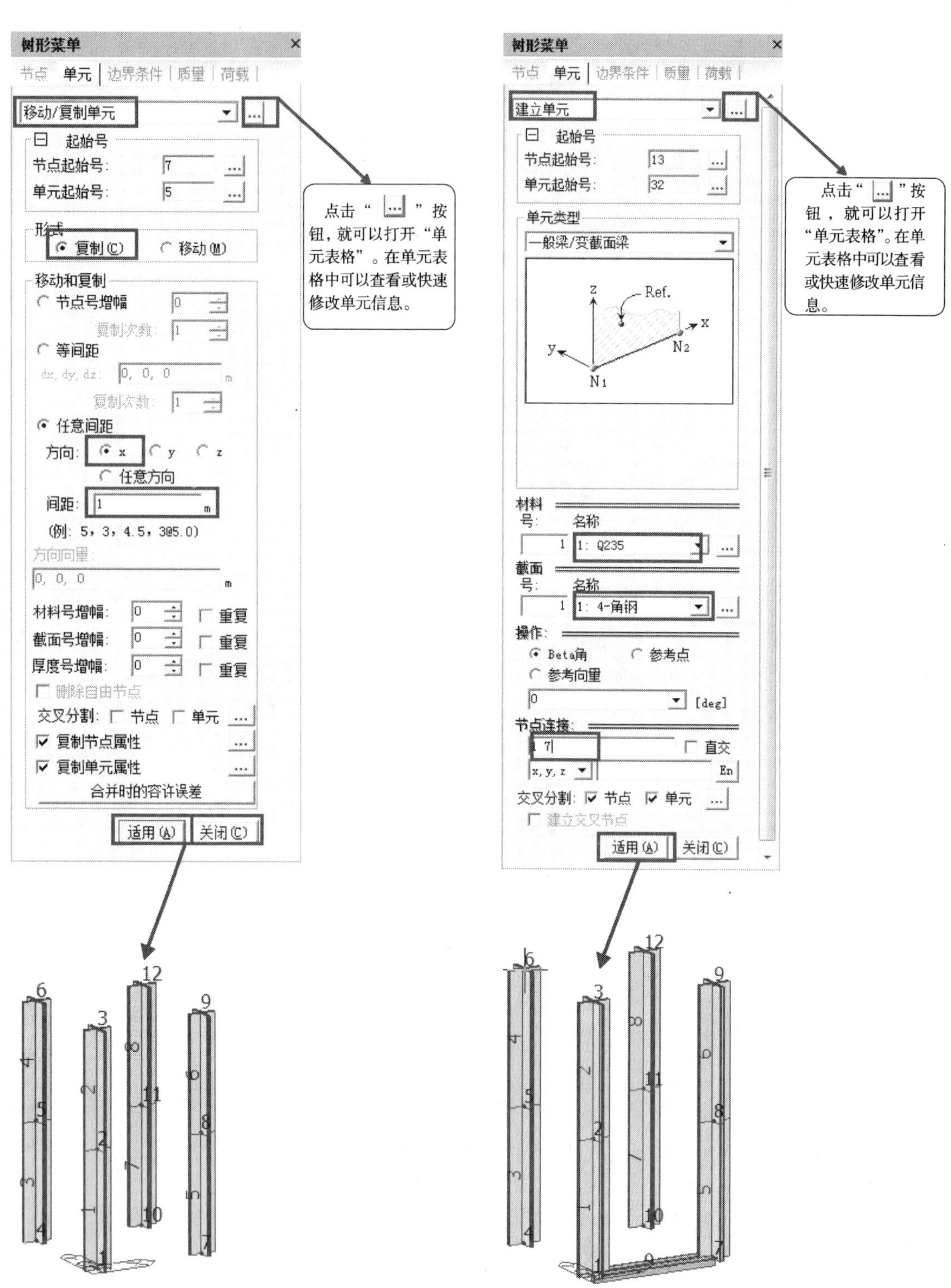

图 3-19 复制生成立杆构件-2

图 3-20 建立生成角钢构件-1

单元	节点1	节点2
8	11	12
9	1	7
10	1	4
11	4	10
12	7	10
13	7	4
14	1	8
15	1	5
16	10	5
17	10	8
18	2	8
19	2	5
20	5	11
21	8	11
22	8	5
23	5	3
24	5	12
25	8	3
26	8	12
27	3	9
28	3	6
29	6	12
30	9	12
31	9	6

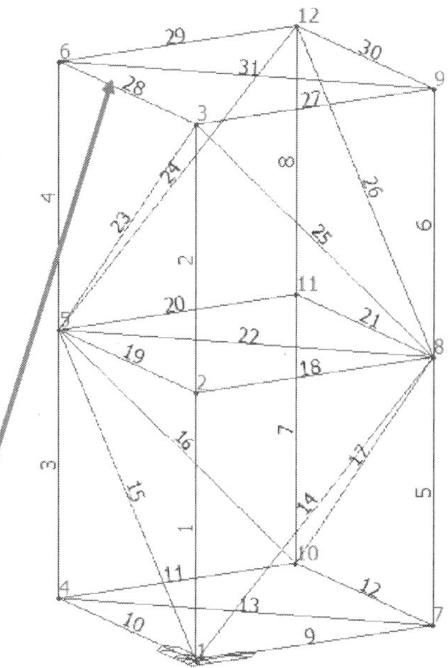

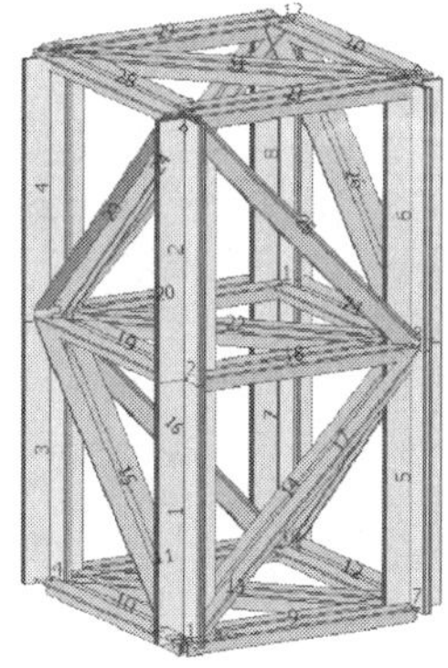

图 3-21　建立生成角钢构件-2

单元	类型	辅助类型	材料	截面	β角([deg])	节点1	节点2	节点3	节点4	节点5	节点6	节点7	节点8	种类
1	桁架单元		1	1	0.00	1	2	0	0	0	0	0	0	Lu
2	桁架单元		1	1	0.00	2	3	0	0	0	0	0	0	Lu
3	只受拉桁架单元 只受压桁架单元		1	1	0.00	4	5	0	0	0	0	0	0	Lu
4	梁单元		1	1	0.00	5	6	0	0	0	0	0	0	Lu
5	板单元		1	1	0.00	7	8	0	0	0	0	0	0	Lu
6	平面应力单元		1	1	0.00	8	9	0	0	0	0	0	0	Lu
7	平面应变单元		1	1	0.00	10	11	0	0	0	0	0	0	Lu
8	轴对称单元		1	1	0.00	11	12	0	0	0	0	0	0	Lu
9	实体单元		1	2	0.00	1	7	0	0	0	0	0	0	Lu
10	梁单元		1	2	0.00	1	4	0	0	0	0	0	0	Lu
11	梁单元		1	2	0.00	4	10	0	0	0	0	0	0	Lu
12	梁单元		1	2	0.00	7	10	0	0	0	0	0	0	Lu
13	梁单元		1	2	0.00	7	4	0	0	0	0	0	0	Lu
14	梁单元		1	2	0.00	1	8	0	0	0	0	0	0	Lu
15	梁单元		1	2	0.00	1	5	0	0	0	0	0	0	Lu
16	梁单元		1	2	0.00	10	5	0	0	0	0	0	0	Lu
17	梁单元		1	2	0.00	10	8	0	0	0	0	0	0	Lu
18	梁单元		1	2	0.00	2	8	0	0	0	0	0	0	Lu
19	梁单元		1	2	0.00	2	5	0	0	0	0	0	0	Lu
20	梁单元		1	2	0.00	5	11	0	0	0	0	0	0	Lu
21	梁单元		1	2	0.00	8	11	0	0	0	0	0	0	Lu
22	梁单元		1	2	0.00	8	5	0	0	0	0	0	0	Lu
23	梁单元		1	2	0.00	5	3	0	0	0	0	0	0	Lu
24	梁单元		1	2	0.00	5	12	0	0	0	0	0	0	Lu
25	梁单元		1	2	0.00	8	3	0	0	0	0	0	0	Lu
26	梁单元		1	2	0.00	8	12	0	0	0	0	0	0	Lu
27	梁单元		1	2	0.00	3	9	0	0	0	0	0	0	Lu
28	梁单元		1	2	0.00	3	6	0	0	0	0	0	0	Lu
29	梁单元		1	2	0.00	6	12	0	0	0	0	0	0	Lu
30	梁单元		1	2	0.00	9	12	0	0	0	0	0	0	Lu
31	梁单元		1	2	0.00	9	6	0	0	0	0	0	0	Lu

图 3-22　将“梁单元”类型修改为“桁架单元”类型-1

步骤八：选中模型中的“单元1to8”和“单元14to31”，在“**模型＞单元＞复制和移动…**”中，选择复制生成“单元32to135”，并附加生成“节点13to44”，见图3-25。

	单元	类型	辅助类型	材料	截面	β角([deg])	节点1	节点2	节点3	节点4	节点5	节点6	节点7	节点8	种类
▶	1	桁架单元		1	1	0.00	1	2	0	0	0	0	0	0	Lu

图3-23　将“梁单元”类型修改为“桁架单元”类型-2

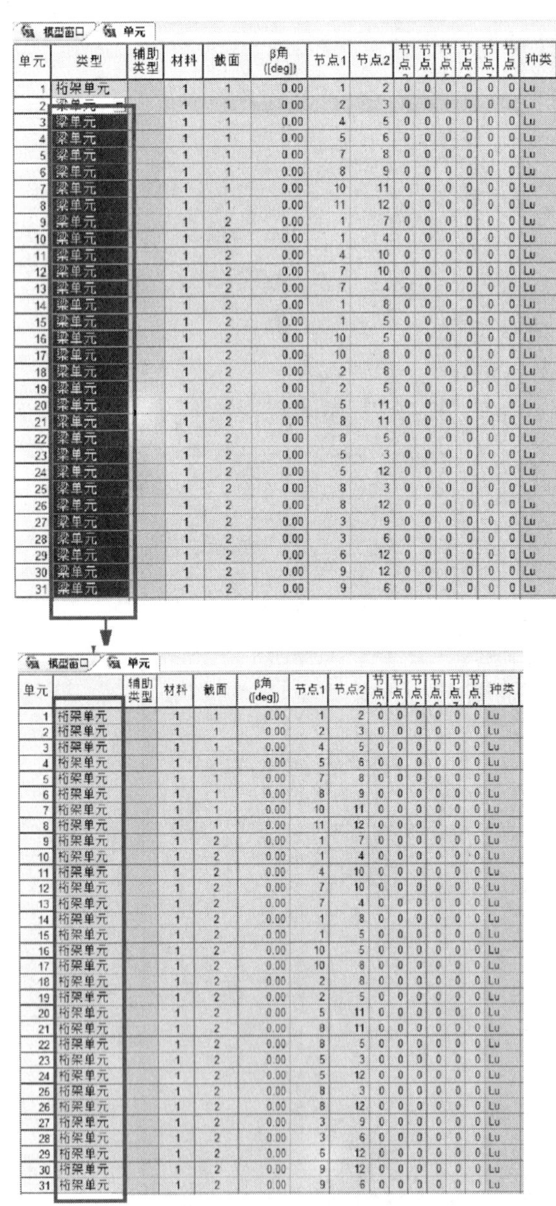

单元	类型	辅助类型	材料	截面	β角([deg])	节点1	节点2	节点3	节点4	节点5	节点6	节点7	节点8	种类
1	桁架单元		1	1	0.00	1	2	0	0	0	0	0	0	Lu
2	梁单元		1	1	0.00	2	3	0	0	0	0	0	0	Lu
3	梁单元		1	1	0.00	4	5	0	0	0	0	0	0	Lu
4	梁单元		1	1	0.00	5	6	0	0	0	0	0	0	Lu
5	梁单元		1	1	0.00	7	8	0	0	0	0	0	0	Lu
6	梁单元		1	1	0.00	8	9	0	0	0	0	0	0	Lu
7	梁单元		1	1	0.00	10	11	0	0	0	0	0	0	Lu
8	梁单元		1	1	0.00	11	12	0	0	0	0	0	0	Lu
9	梁单元		1	2	0.00	1	7	0	0	0	0	0	0	Lu
10	梁单元		1	2	0.00	1	4	0	0	0	0	0	0	Lu
11	梁单元		1	2	0.00	4	10	0	0	0	0	0	0	Lu
12	梁单元		1	2	0.00	7	10	0	0	0	0	0	0	Lu
13	梁单元		1	2	0.00	7	4	0	0	0	0	0	0	Lu
14	梁单元		1	2	0.00	1	8	0	0	0	0	0	0	Lu
15	梁单元		1	2	0.00	1	5	0	0	0	0	0	0	Lu
16	梁单元		1	2	0.00	10	5	0	0	0	0	0	0	Lu
17	梁单元		1	2	0.00	10	8	0	0	0	0	0	0	Lu
18	梁单元		1	2	0.00	2	8	0	0	0	0	0	0	Lu
19	梁单元		1	2	0.00	2	5	0	0	0	0	0	0	Lu
20	梁单元		1	2	0.00	5	11	0	0	0	0	0	0	Lu
21	梁单元		1	2	0.00	8	11	0	0	0	0	0	0	Lu
22	梁单元		1	2	0.00	8	5	0	0	0	0	0	0	Lu
23	梁单元		1	2	0.00	5	3	0	0	0	0	0	0	Lu
24	梁单元		1	2	0.00	5	12	0	0	0	0	0	0	Lu
25	梁单元		1	2	0.00	8	3	0	0	0	0	0	0	Lu
26	梁单元		1	2	0.00	8	12	0	0	0	0	0	0	Lu
27	梁单元		1	2	0.00	3	9	0	0	0	0	0	0	Lu
28	梁单元		1	2	0.00	3	6	0	0	0	0	0	0	Lu
29	梁单元		1	2	0.00	6	12	0	0	0	0	0	0	Lu
30	梁单元		1	2	0.00	9	12	0	0	0	0	0	0	Lu
31	梁单元		1	2	0.00	9	6	0	0	0	0	0	0	Lu

单元	类型	辅助类型	材料	截面	β角([deg])	节点1	节点2	节点3	节点4	节点5	节点6	节点7	节点8	种类
1	桁架单元		1	1	0.00	1	2	0	0	0	0	0	0	Lu
2	桁架单元		1	1	0.00	2	3	0	0	0	0	0	0	Lu
3	桁架单元		1	1	0.00	4	5	0	0	0	0	0	0	Lu
4	桁架单元		1	1	0.00	5	6	0	0	0	0	0	0	Lu
5	桁架单元		1	1	0.00	7	8	0	0	0	0	0	0	Lu
6	桁架单元		1	1	0.00	8	9	0	0	0	0	0	0	Lu
7	桁架单元		1	1	0.00	10	11	0	0	0	0	0	0	Lu
8	桁架单元		1	1	0.00	11	12	0	0	0	0	0	0	Lu
9	桁架单元		1	2	0.00	1	7	0	0	0	0	0	0	Lu
10	桁架单元		1	2	0.00	1	4	0	0	0	0	0	0	Lu
11	桁架单元		1	2	0.00	4	10	0	0	0	0	0	0	Lu
12	桁架单元		1	2	0.00	7	10	0	0	0	0	0	0	Lu
13	桁架单元		1	2	0.00	7	4	0	0	0	0	0	0	Lu
14	桁架单元		1	2	0.00	1	8	0	0	0	0	0	0	Lu
15	桁架单元		1	2	0.00	1	5	0	0	0	0	0	0	Lu
16	桁架单元		1	2	0.00	10	5	0	0	0	0	0	0	Lu
17	桁架单元		1	2	0.00	10	8	0	0	0	0	0	0	Lu
18	桁架单元		1	2	0.00	2	8	0	0	0	0	0	0	Lu
19	桁架单元		1	2	0.00	2	5	0	0	0	0	0	0	Lu
20	桁架单元		1	2	0.00	5	11	0	0	0	0	0	0	Lu
21	桁架单元		1	2	0.00	8	11	0	0	0	0	0	0	Lu
22	桁架单元		1	2	0.00	8	5	0	0	0	0	0	0	Lu
23	桁架单元		1	2	0.00	5	3	0	0	0	0	0	0	Lu
24	桁架单元		1	2	0.00	5	12	0	0	0	0	0	0	Lu
25	桁架单元		1	2	0.00	8	3	0	0	0	0	0	0	Lu
26	桁架单元		1	2	0.00	8	12	0	0	0	0	0	0	Lu
27	桁架单元		1	2	0.00	3	9	0	0	0	0	0	0	Lu
28	桁架单元		1	2	0.00	3	6	0	0	0	0	0	0	Lu
29	桁架单元		1	2	0.00	6	12	0	0	0	0	0	0	Lu
30	桁架单元		1	2	0.00	9	12	0	0	0	0	0	0	Lu
31	桁架单元		1	2	0.00	9	6	0	0	0	0	0	0	Lu

图3-24　在单元表格中修改单元类型为“桁架单元”-2

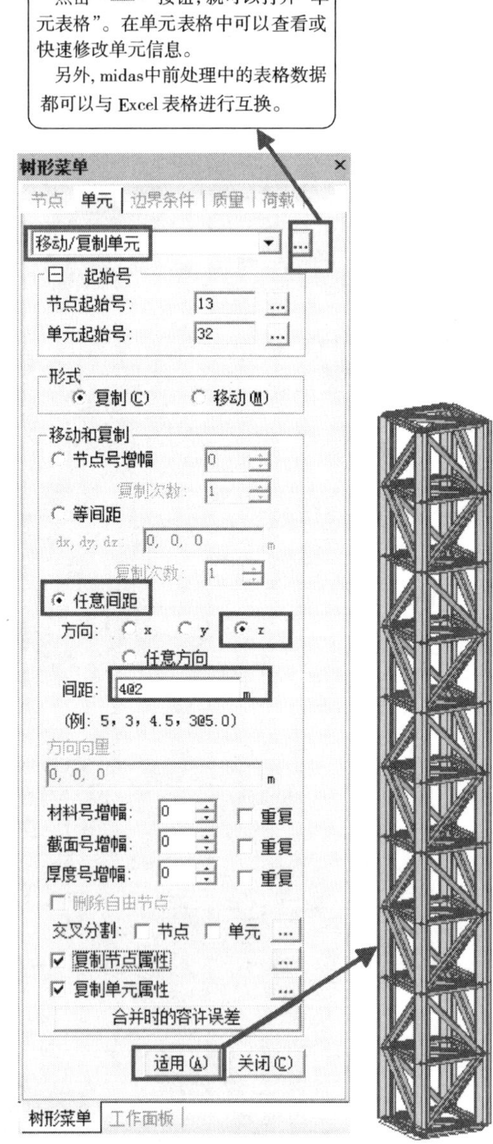

图3-25　复制完成塔架模型结构的建立

(4)定义边界条件

在“**模型 > 边界条件 > 一般支承…**”中,对支撑位置的节点3(选择模型中的节点3)和节点25(选择模型中的节点25)分别定义边界条件,见图3-26。

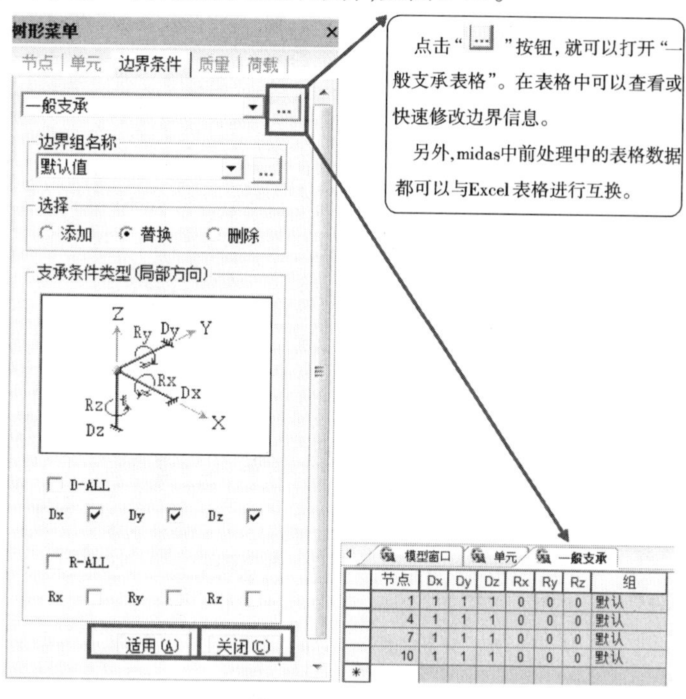

节点	Dx	Dy	Dz	Rx	Ry	Rz	组
1	1	1	1	0	0	0	默认
4	1	1	1	0	0	0	默认
7	1	1	1	0	0	0	默认
10	1	1	1	0	0	0	默认

图3-26 边界的定义

(5)定义静力荷载

步骤一:在“**荷载 > 静力荷载工况…**”中,分别添加“自重”、“塔架顶部竖向力”和“塔架顶部水平力”静力荷载工况类型,见图3-27。

静力荷载工况

名称: 塔架顶部竖向力

类型: 恒荷载 (D)

说明:

添加(A) 编辑(M) 删除(D)

号	名称	类型	说明
1	自重	恒荷载 (D)	
2	塔架顶部竖向力	恒荷载 (D)	
3	塔架顶部水平向力	恒荷载 (D)	考虑塔架顶部可能产生的水

关闭(C)

图3-27 静力荷载工况的定义

步骤二:在"**荷载 > 自重…**"中,添加自重荷载,见图 3-28。

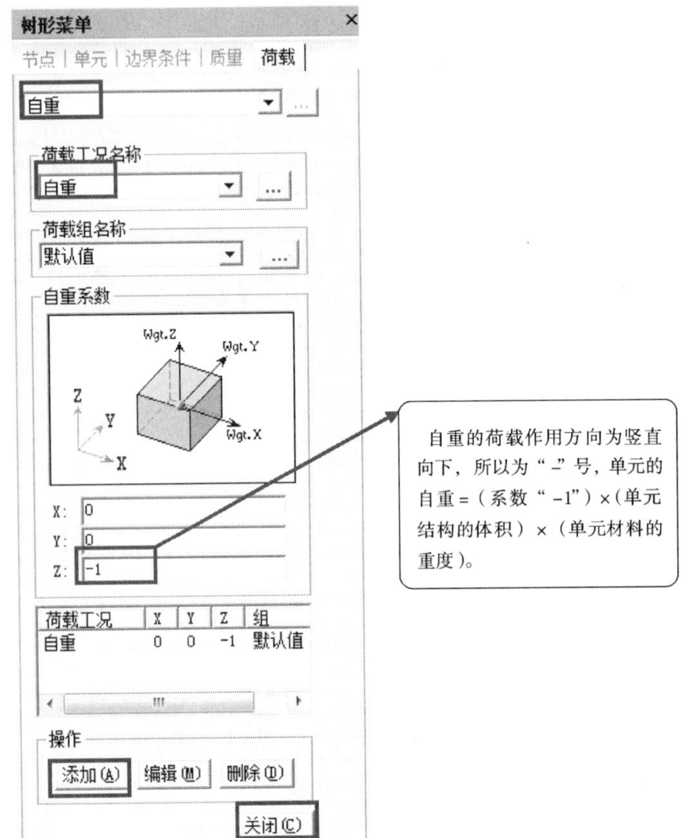

图 3-28 定义自重

步骤三:选中模型中的塔架顶部"节点 38to44by2",在"**荷载 > 节点荷载…**"中,添加塔架顶部竖向荷载,见图 3-29。

步骤四:选中模型中的塔架顶部"节点 38to44by2",在"**荷载 > 节点荷载…**"中,添加塔架顶部水平向荷载,见图 3-30。

3.2.3 塔架稳定分析

(1) midas Civil 中的屈曲分析

midas Civil 中屈曲分析指的是线性屈曲分析。该功能可计算包含桁架单元、梁单元、板单元、实体单元结构的临界荷载系数和相应的屈曲模态。

结构的静力平衡方程如下:

$$[K]\{U\}+[K_G]\{U\}=\{P\} \tag{3-1}$$

式中:$[K]$——结构的弹性刚度矩阵;

$[K_G]$——结构的几何刚度矩阵;

$\{U\}$——结构位移;

$\{P\}$——作用在结构上的荷载。

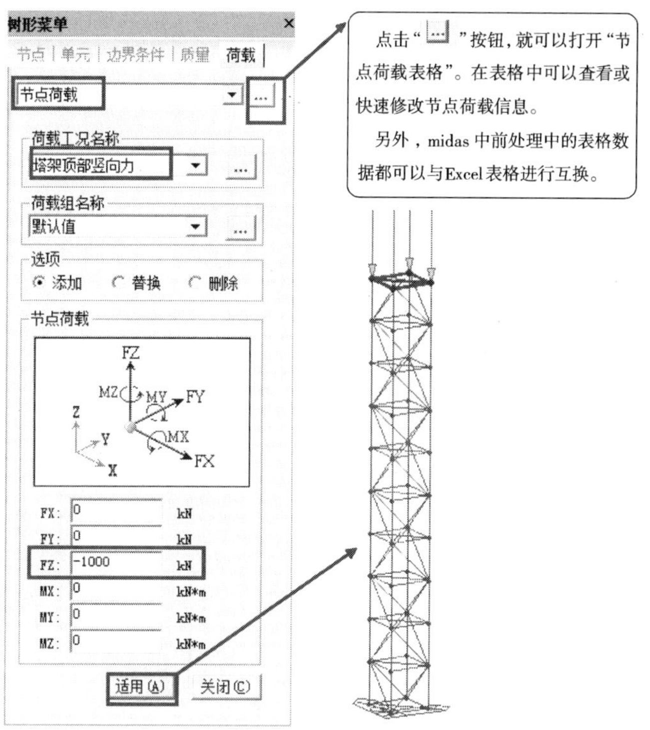

图 3-29　定义塔架顶部竖向荷载

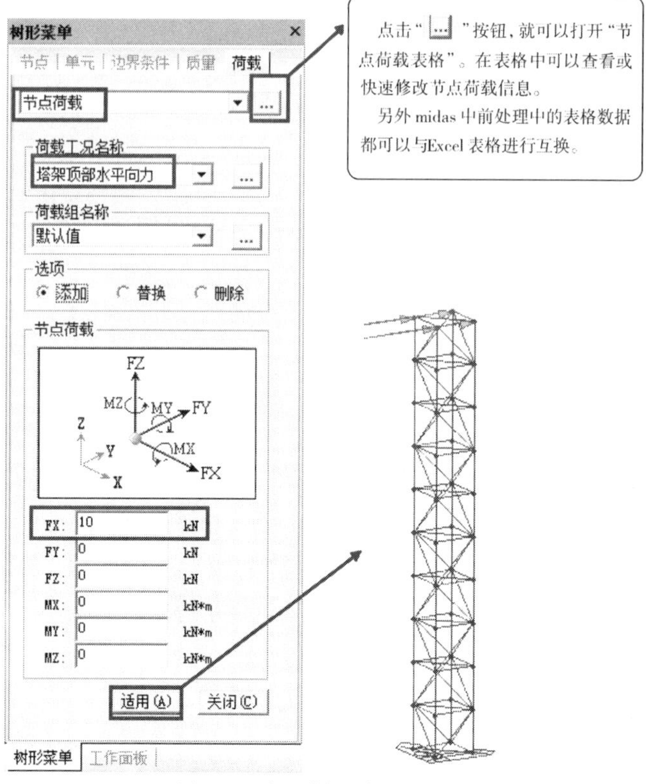

图 3-30　定义塔架顶部竖向荷载

其中结构的几何刚度矩阵[K_G]是由外荷载作用在结构上产生的。当结构受拉时,几何刚度矩阵为正值;当结构受压时,几何刚度矩阵为负值。

结构的有效刚度矩阵计算式如下:

$$[K_{eff}] = [K] + [K_G] \tag{3-2}$$

结构的临界失稳状态实际是结构的有效刚度矩阵[K_{eff}]等于0的状态。将几何刚度矩阵用临界荷载系数与使用初始荷载计算的几何刚度矩阵的乘积表示如下:

$$[K_G] = \alpha[\overline{K}_G] \tag{3-3}$$

式中:α——临界荷载系数;

[$\overline{K}_G$]——使用失稳分析所用的初始荷载计算的几何刚度矩阵。

临界荷载系数计算式如下:

$$a = [K]/[\overline{K}_G] \tag{3-4}$$

结构失稳时常伴随大位移变形和材料屈服,所以屈曲分析常要求考虑几何非线性线或材料非线性。下面简单说明下失稳分析在 midas Civil 中的实现方法基本如下。

①第一类失稳问题:也叫欧拉失稳或叫分支点失稳问题,直接使用程序中的线性屈曲分析功能计算。

②第二类失稳问题:也叫极值点失稳问题,可通过几何非线性分析、纤维模型的动力弹塑性分析(加一缓慢增加的直线荷载、阻尼设为零)或 Pushover 分析实现。

③考虑初始缺陷的失稳分析方式。

④扰动力:可加横向荷载。

⑤初始变形:使用更新坐标的方式。

⑥残余应力:目前可施加法向的残余应力,方法是给构件施加一个梁单元预应力荷载,并在屈曲分析中将其设置为“不变”即可。

(2)塔架稳定分析情况 A 定义

在“**分析 > 屈曲分析…**”中,进行塔架稳定分析的定义,见图 3-31。

(3)塔架稳定分析情况 B 定义

在“**分析 > 屈曲分析…**”中,进行塔架稳定分析的定义,见图 3-32。

3.2.4 查看分析结果

(1)查看屈曲分析结果

在“**结果 > 屈曲模态…**”中,查看塔架稳定分析的结果,见图 3-33 和图 3-34。据图显示,可知塔架稳定分析情况 A 的结果小于塔架稳定分析情况 B 的结果。

塔架在分析情况 A 和分析情况 B 的计算公式为:

$$a_A = [K]/([K_{G\text{自重}}] + [K_{G\text{水平力}}] + [K_{G\text{竖向力}}]) \tag{3-5}$$

$$a_B = ([K] - [K_{G\text{自重}}])/([K_{G\text{水平力}}] + [K_{G\text{竖向力}}]) \tag{3-6}$$

式中:a_A——塔架稳定分析情况 A 的临界荷载系数;

a_B——塔架稳定分析情况 B 的临界荷载系数;

[K]——结构的弹性刚度矩阵;

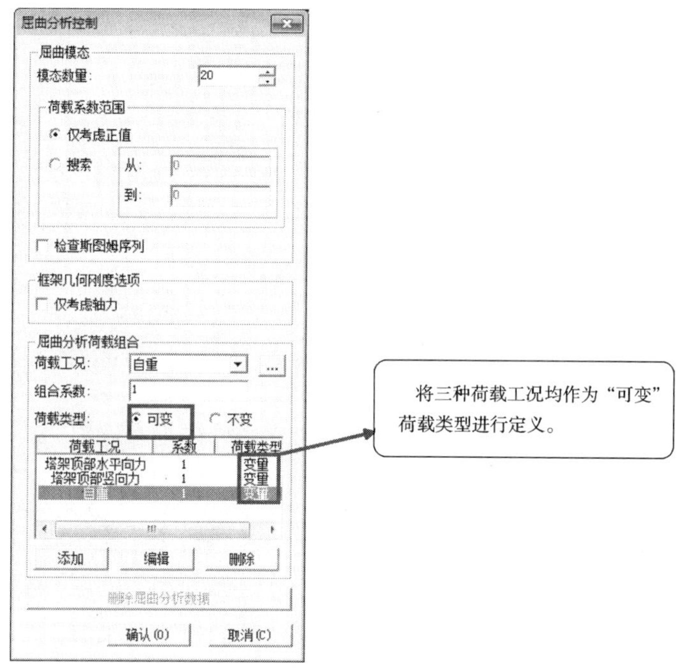

图 3-31 定义塔架稳定分析情况 *A*

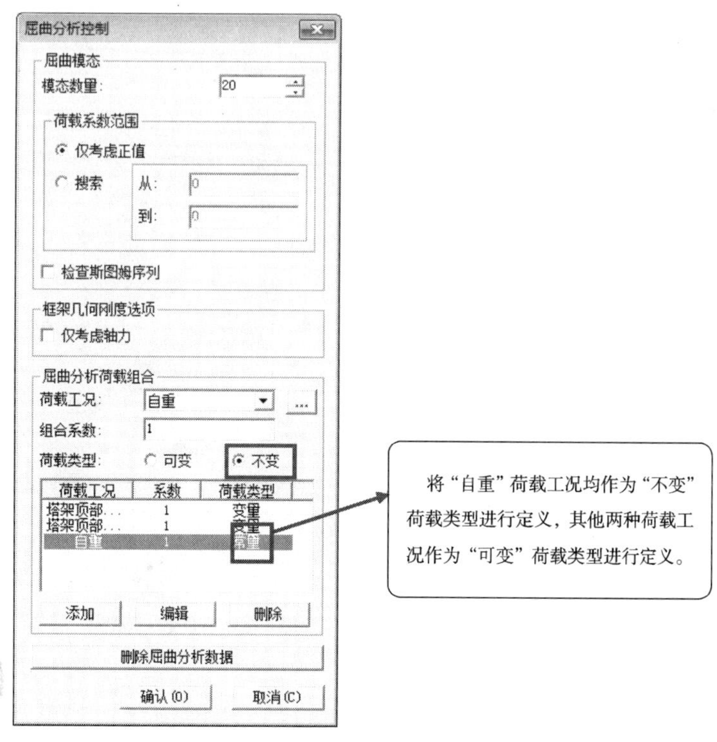

图 3-32 定义塔架稳定分析情况 *B*

$[K_{G自重}]$——自重荷载计算的几何刚度矩阵；
$[K_{G水平力}]$——水平力荷载计算的几何刚度矩阵；
$[K_{G竖向力}]$——竖向力荷载计算的几何刚度矩阵。

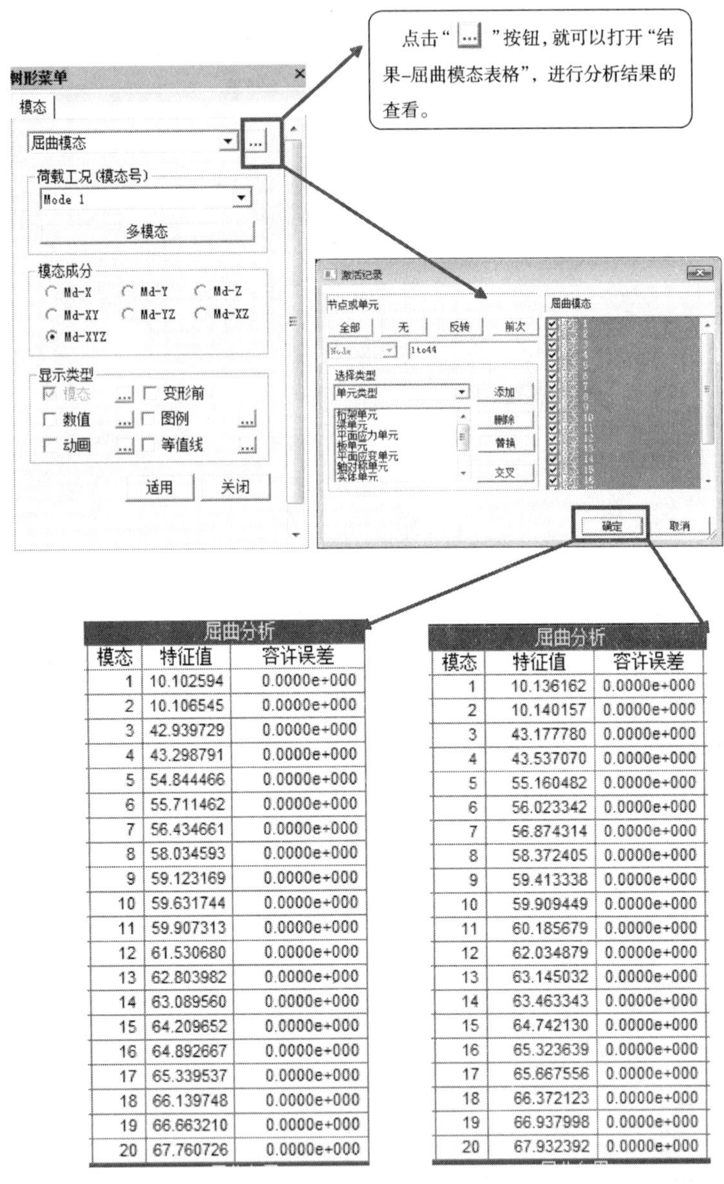

屈曲分析

模态	特征值	容许误差
1	10.102594	0.0000e+000
2	10.106545	0.0000e+000
3	42.939729	0.0000e+000
4	43.298791	0.0000e+000
5	54.844466	0.0000e+000
6	55.711462	0.0000e+000
7	56.434661	0.0000e+000
8	58.034593	0.0000e+000
9	59.123169	0.0000e+000
10	59.631744	0.0000e+000
11	59.907313	0.0000e+000
12	61.530680	0.0000e+000
13	62.803982	0.0000e+000
14	63.089560	0.0000e+000
15	64.209652	0.0000e+000
16	64.892667	0.0000e+000
17	65.339537	0.0000e+000
18	66.139748	0.0000e+000
19	66.663210	0.0000e+000
20	67.760726	0.0000e+000

屈曲分析

模态	特征值	容许误差
1	10.136162	0.0000e+000
2	10.140157	0.0000e+000
3	43.177780	0.0000e+000
4	43.537070	0.0000e+000
5	55.160482	0.0000e+000
6	56.023342	0.0000e+000
7	56.874314	0.0000e+000
8	58.372405	0.0000e+000
9	59.413338	0.0000e+000
10	59.909449	0.0000e+000
11	60.185679	0.0000e+000
12	62.034879	0.0000e+000
13	63.145032	0.0000e+000
14	63.463343	0.0000e+000
15	64.742130	0.0000e+000
16	65.323639	0.0000e+000
17	65.667556	0.0000e+000
18	66.372123	0.0000e+000
19	66.937998	0.0000e+000
20	67.932392	0.0000e+000

图 3-33　查看塔架稳定分析情况 A　　图 3-34　查看塔架稳定分析情况 B

(2)查看单元应力

步骤一：在“**结果＞荷载组合…**”中，自动生成“JTJ 021—1989”规范下的“钢结构设计”荷载组合，见图 3-35。

步骤二：在“**结果＞桁架单元应力…**”中，查看相应“荷载工况/荷载组合”下桁架单元应力，见图 3-36。

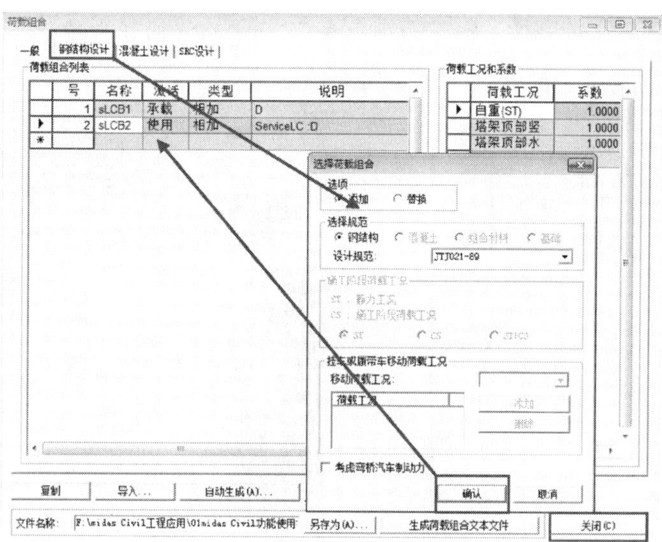

图 3-35　生成荷载组合

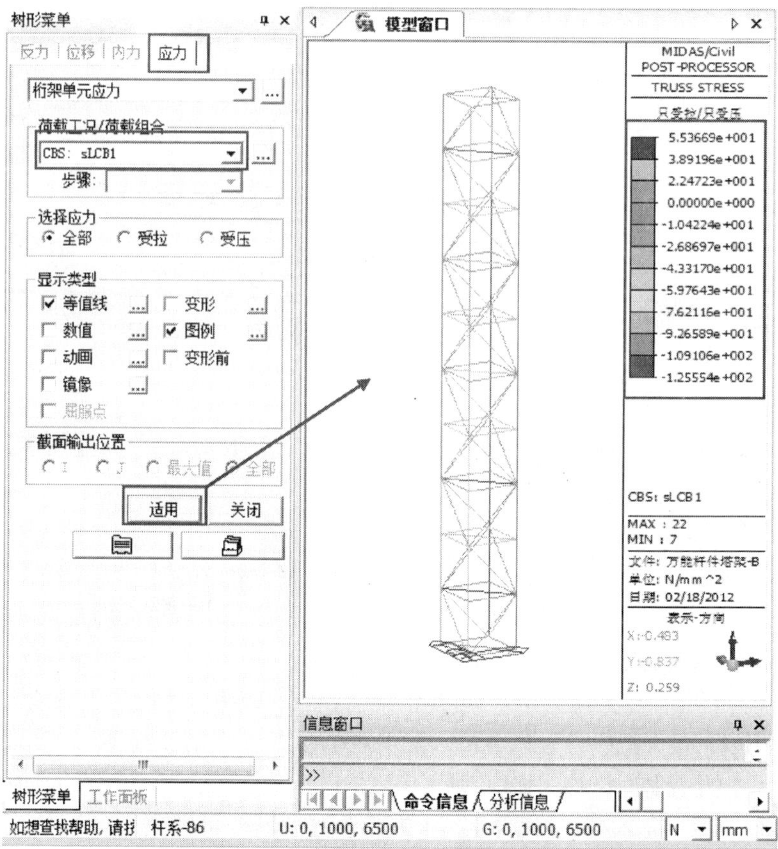

图 3-36　桁架单元应力(单位:MPa)

(3)查看位移

在“**结果 > 位移 > 位移形状…**”中,查看相应“荷载工况/荷载组合”下节点位移,见图3-37和图3-38。

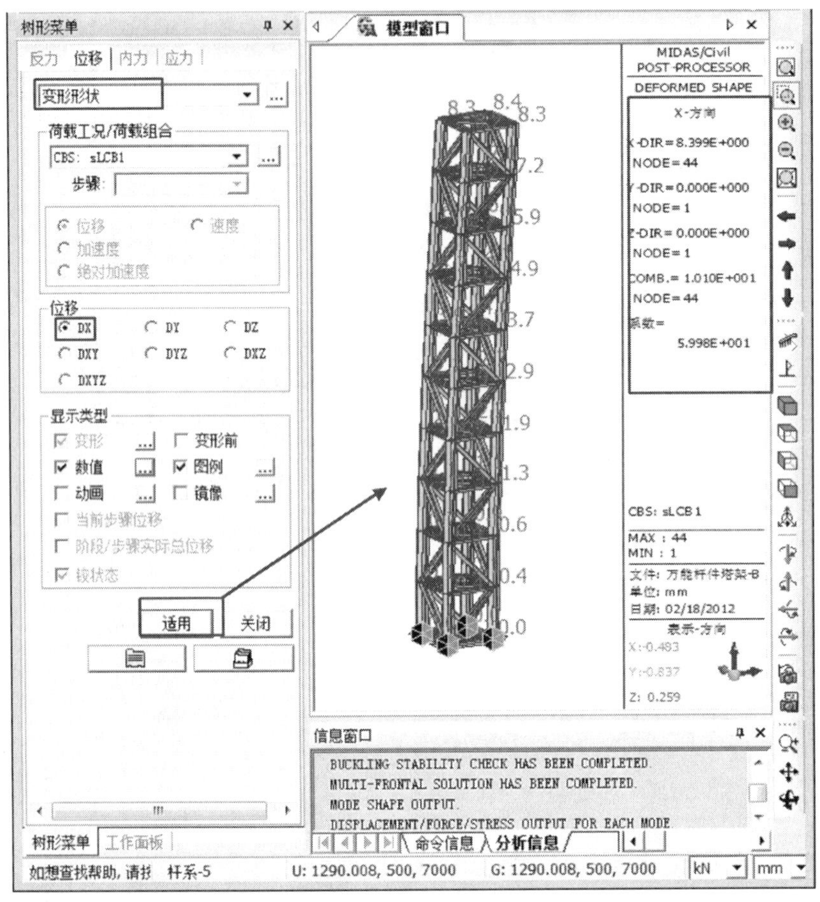

图3-37 DX向位移(单位:mm)

(4)查看支座反力

在“**结果 > 反力…**”中,查看相应“荷载工况/荷载组合”下支点反力,见图3-39~图3-42。

3.2.5 结论

根据图3-33和图3-34中的模态结果,可知塔架稳定分析情况A的结果小于塔架稳定分析情况B的结果,这与实际情况相吻合。两种情况下的临界荷载系数,即稳定系数都大于10,可以认为该临时结构是稳定的。

根据图3-36中的桁架单元应力结果,可知桁架在相应荷载组合下的最大压应力为125.6MPa,发生在单元7的位置,最大拉应力为55.4MPa,发生在单元22的位置。而Q235钢的容许应力值为216.2MPa,因此可以认为临时结构的强度满足《钢结构设计规范》(GB 50017—2003)要求的。

根据图3-39~图3-42中的反力结果,可知水平力是塔架可能发生倾覆的原因,根据各工况及荷载组合下的支点反力结果,可以认为该临时结构是不会发生倾覆的。

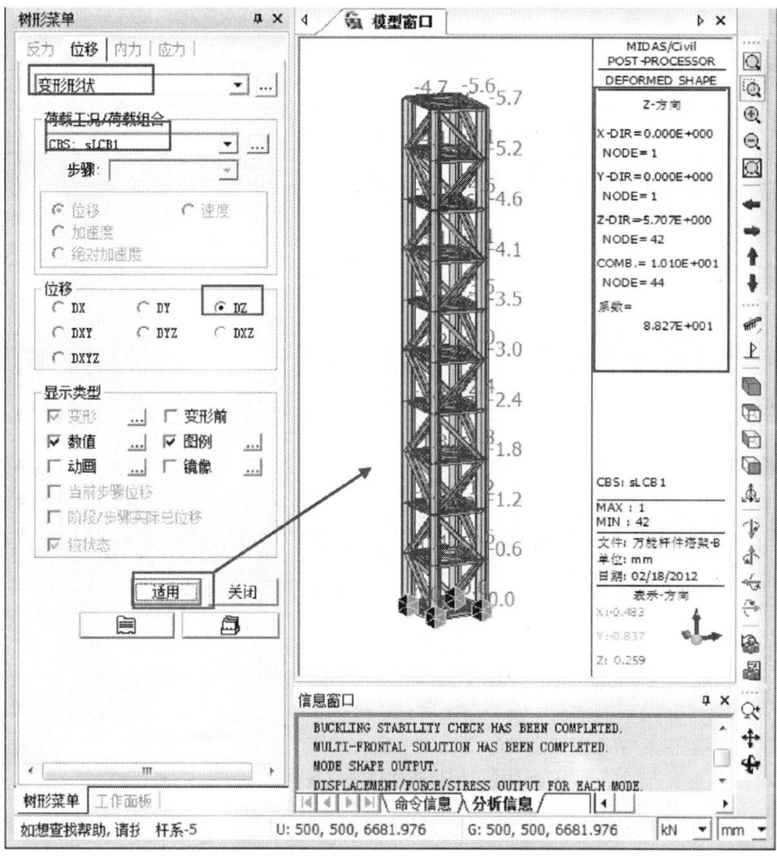

图 3-38 DZ 向位移(单位:mm)

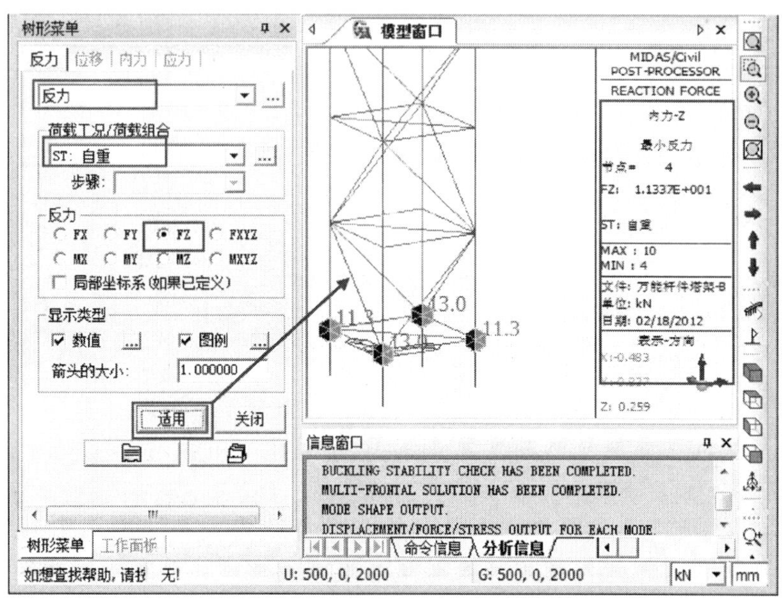

图 3-39 “自重”荷载工况下支座反力(单位:kN)

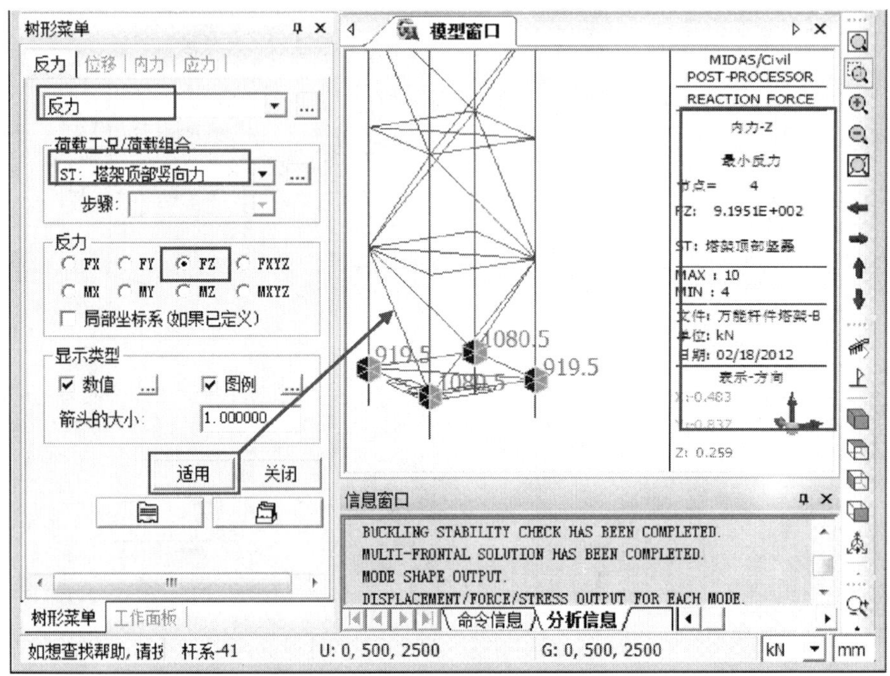

图 3-40 “竖向力”荷载工况下支座反力(单位:kN)

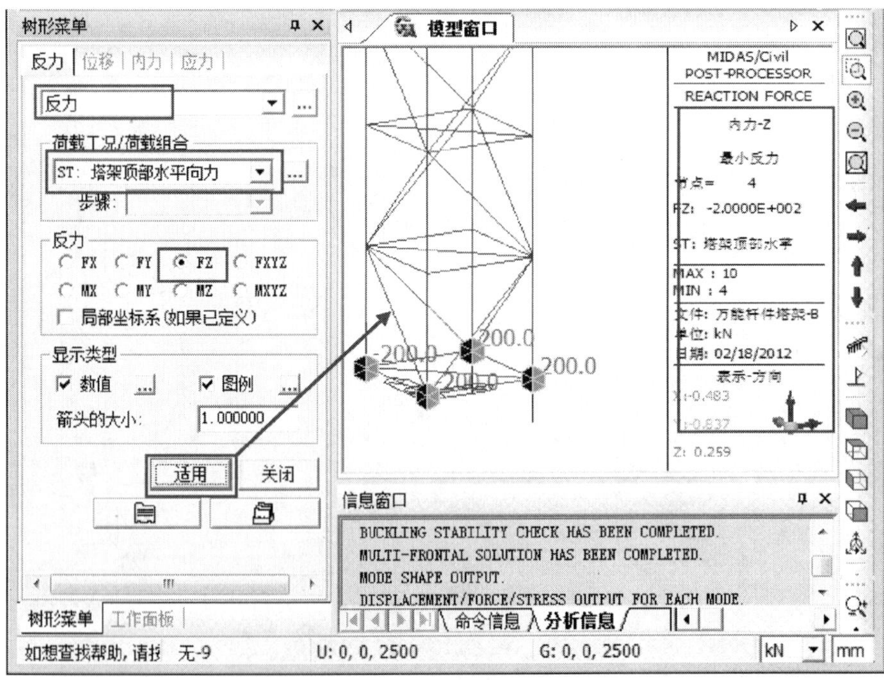

图 3-41 “水平力”荷载工况下支座反力(单位:kN)

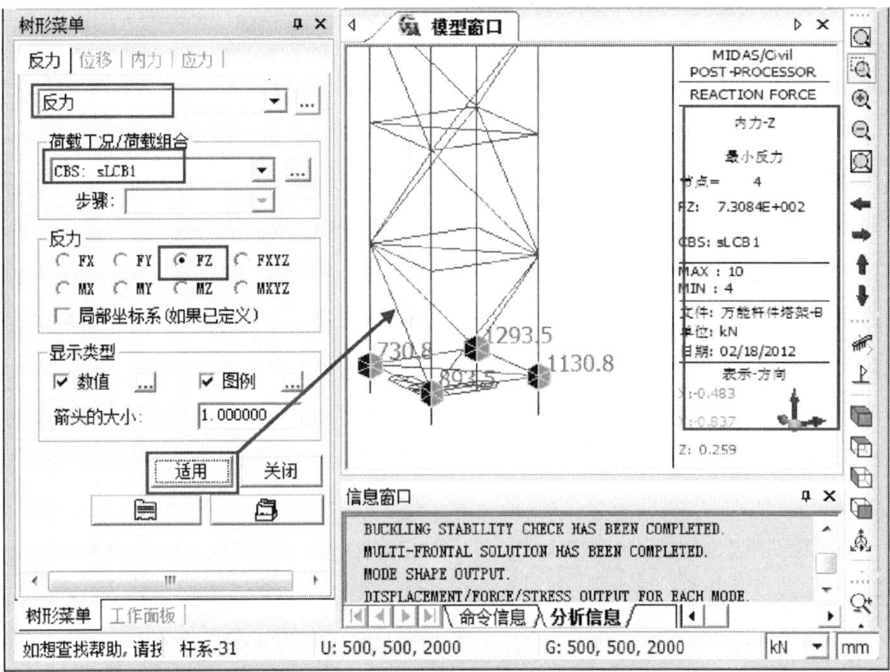

图3-42 “sLCB1”荷载工况组合下支座反力(单位:kN)

第二篇

>>>>>

midas Civil 功能在桥梁工程中的应用

第4章

PC连续刚构桥

4.1 概述

4.1.1 预应力混凝土结构(Prestressed Concrete)

钢筋混凝土构件在使用荷载作用之前,预先用人工方法在构件使用阶段的受拉区施加预压应力,由此而得到的加筋混凝土构件即为预应力混凝土构件。

预应力混凝土结构与钢筋混凝土结构相比,优点是非常明显的。预应力混凝土构件的受力特征如下:

(1)大幅度提高混凝土构件的抗裂能力,改善结构的耐久性。

(2)可以有效地利用高强度钢筋和高强度混凝土,从而减小截面尺寸、减轻构件自重。

(3)在使用荷载下,预应力混凝土构件基本处于弹性工作阶段(未裂)。

(4)施加预应力对构件的正截面承载力无明显影响。

1)预应力混凝土结构的分类

根据制作、设计和施工的特点,预应力混凝土可以有不同的分类。

(1)根据预应力的施加方法分先张构件和后张构件,见图4-1和图4-2。

(2)根据预应力筋与周围混凝土的黏结状态分有黏结预应力混凝土构件和无黏结预应力混凝土构件。

(3)根据使用阶段构件的应力状态分:全预应力混凝土构件、A类部分预应力混凝土构件和B类部分预应力混凝土构件。

①全预应力混凝土构件:在荷载短期效应组合下,构件截面内不出现拉应力,即"压而不拉"。

②A类部分预应力混凝土构件:在荷载短期效应组合下,构件截面内允许出现不超过混凝土抗拉强度的拉应力,但在荷载长期效应组合下,构件截面内不出现拉应力,即"拉而不裂"。

③B 类部分预应力混凝土构件:在荷载短期效应组合下,允许截面出现限值裂缝,即“裂而不宽”。

2)预应力混凝土结构和 PC 箱梁桥的发展概况

几乎在钢筋混凝土结构产生的同时,为提高混凝土结构的抗裂能力,人们就想到采用预应力混凝土。但早期预应力筋的强度过低,同时人们并未意识到预应力损失的存在,致使早期的预应力混凝土结构均以失败而告终。

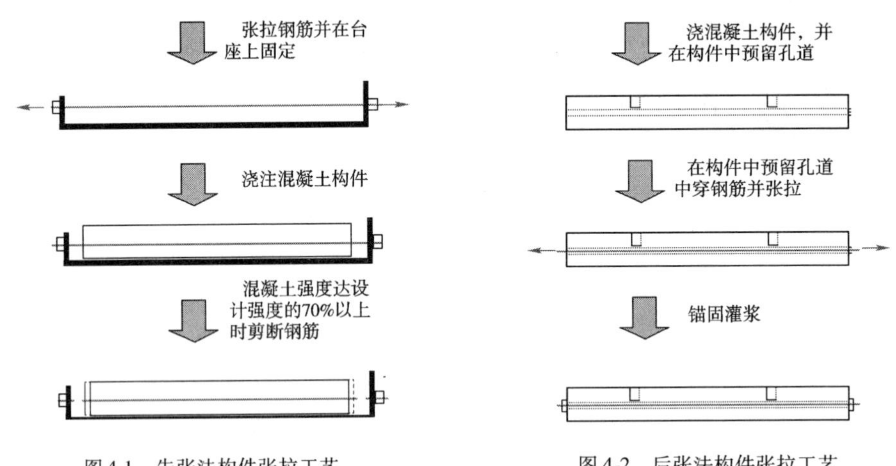

图 4-1 先张法构件张拉工艺

图 4-2 后张法构件张拉工艺

直到 1928 年,法国工程师 Freyssinet 指出预应力混凝土结构中使用高强材料特别是采用高强预应力筋的必要性,并提出预应力损失的计算方法,且成功设计建造了第一座预应力混凝土桥梁,从而标志现代预应力混凝土结构得以诞生。Freyssinet 也被公认为现代预应力混凝土结构之父。林同炎先生是预应力工程理论的研究者及最早实施者,被誉为“预应力先生”。

第二次世界大战以后,预应力混凝土结构得到快速发展,1952 年预应力混凝土梁式桥的跨度突破百米,20 世纪末已超过 300m。

1955 年,我国铁路部门研制成功第一片跨度 12m 的预应力混凝土铁路桥梁,1956 年建成 28 孔 24m 跨的新沂河大桥,从而开始了预应力混凝土技术在我国铁路上应用的篇章。四十多年来,经过铁路系统工程技术人员的辛勤努力,预应力混凝土技术不断扩大,技术水平不断提高,制造架设跨度 32m 以下桥梁三万多孔,桥梁跨度不断突破,大跨径桥梁不断涌现。其中有代表性的工程有主跨为 168m 的攀枝花金沙江铁路连续钢构桥,顶推法施工的跨度 80m 连续箱梁桥杭州钱塘江二桥,此外在南昆铁路线上新建了一大批各种类型的铁路桥梁。

1957 年,公路部门在北京周口店建造第一座预应力混凝土公路试验桥,为单跨 20m 简支 T 梁桥。1959 年在兰州建成七里河黄河桥,为 7 孔主跨 37.5m 悬臂梁桥。后又建成新城黄河桥,桥型为 5 孔 33mT 形简支梁和 66m 系杆拱桥,奠定了我国建造预应力混凝土桥的基础。

城市立交桥中的预应力混凝土技术主要是 70 年代开始起步的。1973 年建成的北京复兴门立交桥,该桥为 8.25m + 25m + 8.25m 三跨 PC 连续箱梁桥,是我国的第一座 PC 箱梁桥。1974 年建造了 4 × 65m 的包头 PC 连续箱梁桥和悬臂法施工建造了 37m + 70m + 37m 的兰州黄河 PC 连续箱梁桥。此后,PC 连续箱梁桥在我国开始迅速发展和广泛应用。世界最大 PC 连续箱梁桥见表 4-1 所列。

世界最大 PC 连续箱梁桥

表 4-1

排 序	桥 名	主跨(m)	桥 址	年份
1	石板坡桥(图 4-3)	330	中国,重庆	2006
2	斯托尔马桥(Stolmasundet)	301	挪威	1998
3	拉脱圣德桥(Raftsundet)	298	Lofoten,挪威	1998
4	虎门辅航道桥	270	珠江,中国	1997
5	瓦罗德 2 号桥(Varodd-2)	260	Kristiamsand,挪威	1994
	门道桥(Gateway)(图 4-4)	260	Brisbane,澳大利亚	1986
6	Schottwien Bridge	250	Schottwien,奥地利	1989
	黄花园嘉陵江桥	250	重庆,中国	1999
	Ponte S. Joao	250	Lisbon,葡萄牙	1991
	Skye Bridge	250	Scotland,英国	1995
	Northumberland Bridge	250	New Brunswick,加拿大	1957
	马鞍石嘉陵江桥	250	重庆,中国	2001

图 4-3 石板坡桥(重庆)

图 4-4 门道桥(Gateway)(澳大利亚)

4.1.2 PC 连续箱梁桥

连续梁桥相对于简支梁桥,结构体系特点非常明显,如下所述:

(1)连续梁桥由于支点负弯矩的卸载作用,跨中正弯矩大大减小,恒载、活载均有卸载作用。由于弯矩绝对值大大减小,因此截面尺寸大大减小,从而减轻了结构的自重,提高了结构的跨越能力。

(2)属于超静定结构,对基础变形及温差荷载较敏感。

(3)桥面连续,减少伸缩缝设置梁,行车条件好。

(4)桥墩上只需布置一排支座,降低了桥墩的宽度。

超静定多跨连续梁结构,其优点是弯矩内力小、刚度大、抗震性能好、安全储备高等。但其缺点是对支座的变形敏感,当支座产生不均匀沉降时,附加内力会比较大。

在地基不太好的地方,为了避免这一缺点,常在跨中部为将梁断开设铰接,使之成为静定梁,T 形刚构桥属于此类桥梁的代表。T 形刚构桥指的是主梁跨中设铰或挂梁的多跨刚构桥,或以 T 形梁为主要承重结构的梁式桥。T 形刚构桥最适宜采用平衡悬臂拼装或浇注法施工,在中国 60 年代首先受到重视和发展。20 世纪 60 年代至 80 年代初,我国修建了几座 T 形刚构桥,如著名的重庆长江大桥和泸州长江大桥。由于该桥跨中挠度大,80 年以后这种桥型基本不再修建了。

连续梁桥是将主梁连续支承在几个桥墩上的梁桥。这种连续梁桥是中等跨径桥梁中常用的一种桥梁结构,PC 连续梁桥是其主要结构形式,它具有接缝少、刚度好、行车平顺舒适等优点,在 30 ~ 120m 跨度内常是桥型方案比选的优胜者。不过连续梁桥的主梁是超静定结构,墩台的不均匀沉降会引起梁体各孔内力发生变化。因此,连续梁一般用于地基条件较好、跨径较大的桥梁上。1966 年建成的美国亚斯托利亚桥,是目前跨径最大的钢桁架连续梁桥,它的跨径为 376m。

PC 连续刚构桥有两个以上主墩采用墩梁固结,同时具有 T 形刚构桥和连续梁桥的优点。连续刚构已成为国内 200m 跨径左右的主力桥型,墩高从几十米已经做到了上百米。连续刚构固结墩常见的形式有两种:一是双肢柔性薄壁墩;一是连体薄壁空心墩。

常见 PC 箱梁桥大致可以分为连续梁桥、T 形刚构桥和连续刚构桥,见图 4-5 ~ 图 4-8。

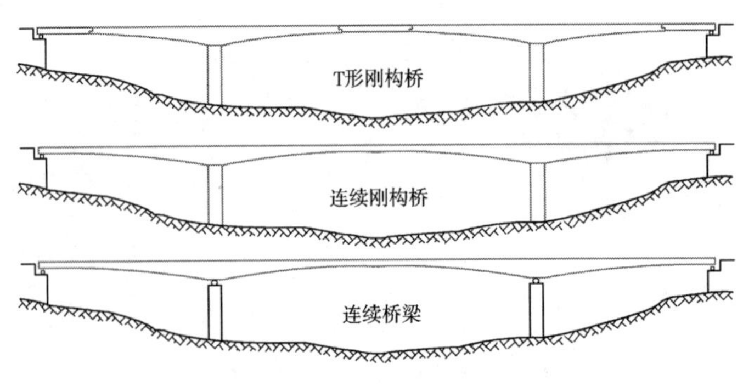

图 4-5 PC 连续梁桥

图4-6 重庆长江大桥(T形刚构桥)

4.1.3 PC连续箱梁桥常见病害及对策

从20世纪70年代开始,我国开始修建大跨度预应力混凝土箱梁桥,进入80年代后,预应力连续箱梁桥和预应力箱梁连续刚构桥得到了迅猛发展,现已成为我国大跨度桥梁的主要桥型。我国高等级公路上已修建了大量大跨度预应力箱形截面桥梁,主跨径达100m以上的桥梁数以百计,200m以上的也已超过了30座。在世界范围内,我国的预应力混凝土箱梁桥的建设已跨入了先进行列。

图4-7 广东省惠州大桥(连续梁桥)

然而,在过去的30多年中,特别是90年代,由于设计、施工和运营管理等方面存在不足和缺陷,预应力连续梁,连续刚构桥箱梁的腹板、顶板、底板、横隔板以及锚固齿板等部位普遍出现了不同形式的裂缝以及跨中挠度过大的现象。有些裂缝在施工期间就已经出现,有些经过一段时间运营后开始出现。这些裂缝对结构的安全性、耐久性和正常使用产生了十分不利的影响。

1)PC连续箱梁桥常见病害

当前预应力混凝土梁式桥存在两大缺陷,一是跨中下挠,二是梁上裂缝。跨中下挠与结构开裂是一对互相影响并促进恶化的孪生缺陷。裂缝越多,跨中下挠也越大;反之,跨中下挠越大,开裂也越严重。

(1)预应力混凝土连续箱梁桥跨中下挠

在大跨度PC连续梁桥中,主跨跨中下挠已成为一种普遍现象,见表4-2。

图 4-8 云南南盘江特大桥(连续刚构桥)

几座大跨径连续刚构桥挠度统计

表 4-2

桥 名	跨径(m)	弹性挠度(m)	弹性挠度与跨径比值	徐变挠度(mm)	徐变挠度与跨径比值	下挠值(mm)	折合跨径比值	运营年	下挠速率(mm/年)
虎门大桥辅航道桥	150 +270 +150	(-176) -232	1/1164	-155	1/1742	-260	1/1038	8	32.5
黄石长江公路大桥	162.5 +3 × 245 +162.5	-141	1/1738	-202	1/1213	-335	1/731	6	55.8
三门峡黄河公路大桥	104.86 +4 × 160 +104.86	-93	1/1720	-92	1/1739	-220	1/636	4	55.0
洛溪大桥	65 +125 + 180 +110	-37	1/4865	-36	1/5000	-60	1/3000	3	20.0
六广河大桥	145.1 +240 + 145.1	-23	1/10435	-12	1/20000	-56	1/4285	2.6	21.5

大跨 PC 连续箱梁桥跨中持续下挠成因比较复杂,设计、施工和监控不好都有可能产生问题。主要原因可归分:

①对混凝土收缩徐变的影响程度及长期性,严重估计不足。

②结构出现裂缝。

③施工的问题(片面强调施工工期而忽略混凝土材龄的影响)。

(2)预应力混凝土连续箱梁桥裂缝

交通部科学研究院对全国公路系统主跨大于 90m 的 200 多座预应力混凝土箱梁桥的裂缝进行了调查与统计分析。调查涵盖了 1980 年以来所建桥梁,桥梁跨径从 80m 到 270m,发现箱梁几乎全都存在开裂现象。

箱梁裂缝绝大多数总是集中分布在顶板、底板、腹板和横隔板的某些部位。调查发现共 7 类具有普遍性的裂缝,分别是:

①腹板斜向、竖向、水平向裂缝。

②顶板纵向、斜向和横向裂缝。

③底板纵向、斜向和横向裂缝。

④横隔板竖向、横向、斜向和过人孔周围辐射状裂缝。

⑤锚下劈裂裂缝。

⑥沿纵向预应力束孔道的裂缝。

⑦齿板局部区域裂缝。

部分箱梁裂缝形式见图 4-9 ~ 图 4-15。

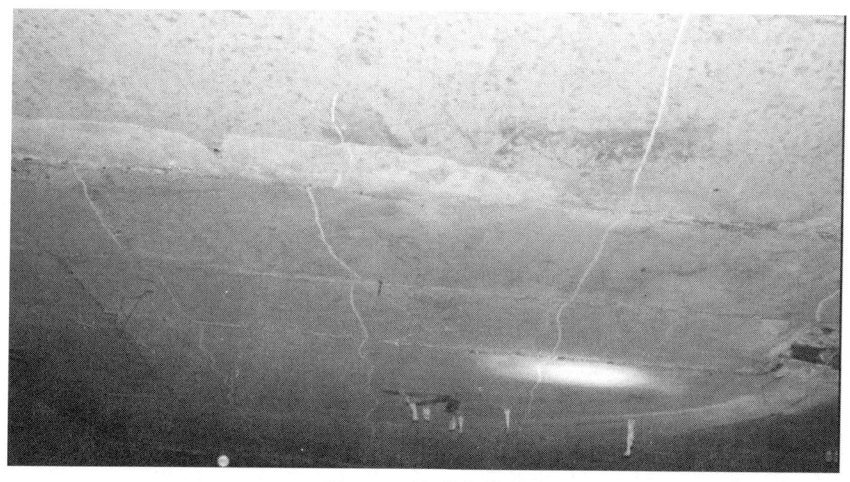

图 4-9 顶板纵向裂缝

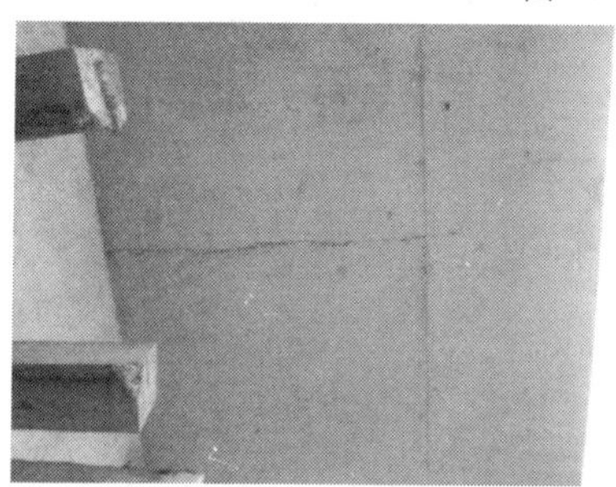

图 4-10 顶板横向裂缝

图 4-11 墩顶横梁裂缝

图 4-12 底板劈裂缝

图 4-13 锚固齿板裂缝

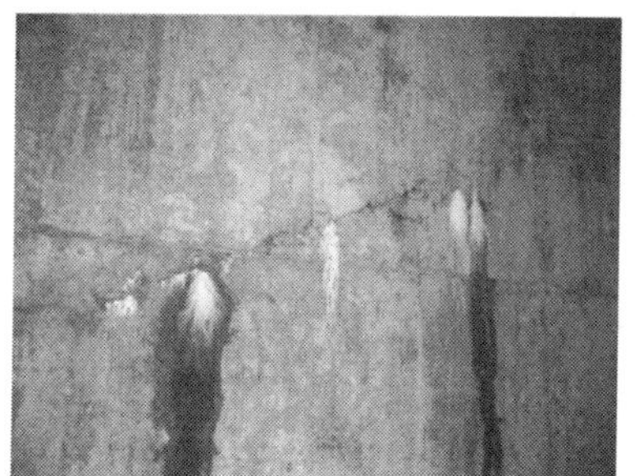

图 4-14 腹板顺管道裂缝

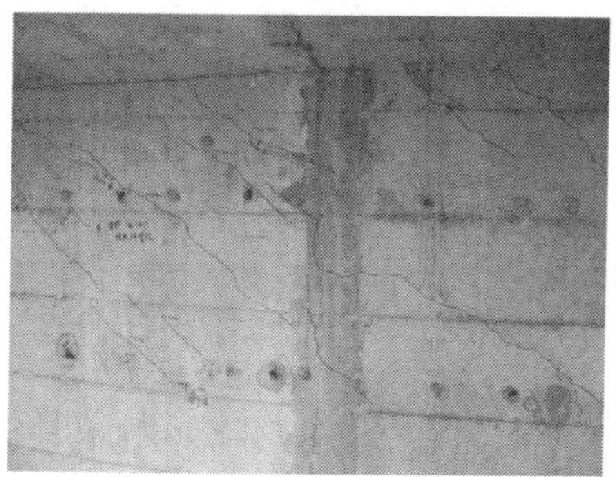

图 4-15 腹板斜裂缝

引起裂缝的原因很多,可归纳为两大类:

①由结构自重、车辆等荷载引起的裂缝,称为结构性裂缝,其裂缝的分布及宽度与外荷载有关。这种裂缝的出现,预示结构承载力可能不足或存在其他严重问题。如腹板斜裂缝、顶底板受弯裂缝、锚下局压裂缝等。结构性裂缝与结构受力有关,一般由设计错误和施工不当造成。

②由变形引起的裂缝,称为非结构性裂缝,如温度变化、混凝土收缩等因素引起的。结构变形受到限制时,在结构内部就会产生拉应力,当拉应力达到混凝土抗拉强度极限值时,就会引起混凝土裂缝。如沿预应力管道裂缝、顶板及底板纵向裂缝、横隔梁裂缝、角隅裂缝等。非结构性裂缝的产生受混凝土材料组成、施工方法、养护条件和环境等多种因素影响。

2)PC 连续箱梁桥常见病害对策

(1)跨中下挠预防对策

①足够的正截面和斜截面强度。鉴于跨中下挠往往与横向裂缝与斜裂缝一起发生,相互促进、恶化,因此保证梁有足够的正截面强度和斜截面强度是首要的。计算中要充分考虑徐变的不利影响。

②控制负弯矩区域截面的应力梯度。

③要适当增加底板合拢束,并预留体外备用钢束,防止因徐变下挠后底板出现横向裂缝。

④加强施工质量管理。

⑤跨中区段结构轻型化。

(2)梁体裂缝预防对策

①提高混凝土材料的性能。混凝土材料的性能决定了桥梁的工作性能和耐久性。若混凝土性能不好,即使设计再先进,施工再精细,也不能保证不发生开裂。

②混凝土施工工艺控制。对于高强混凝土,早期养生是减少混凝土收缩,避免开裂的关键。

③纵向预应力筋施工工艺控制:

a. 保证钢束的定位精度。

b. 曲线管道处加密定位钢筋。

c. 确保预应力钢束的保护层厚度达到设计要求。

④竖向预应力筋施工工艺控制。对竖向预应力筋张拉时,可采用二次张拉甚至更多,来保证竖向预应力筋的强度。

⑤预防墩顶横梁裂缝。在墩顶横梁内设置横向及竖向预应力来避免墩顶横梁裂缝。

⑥预防顶板纵向裂缝。加强顶板横向普通钢筋布置和设置横向预应力。

⑦预防底板纵向裂缝。加强底板横向普通钢筋布置。

⑧为了防止预应力钢束的锈蚀和保证预应力钢束管道的灌浆质量,请采用真空灌浆。

4.2 midas Civil 在大跨 PC 连续刚构桥设计中的应用

大跨 PC 连续刚构桥(图 4-16)由于其良好的结构性能、简单的施工工艺、合理的经济指标和优美流畅的造型在国内外得到广泛的运用,现已成为我国大跨度桥梁的主要桥型之一。

借助 midas Civil 软件而快速、正确地进行 PC 连续箱梁桥的建模及结构分析设计的能力，是很多桥梁工程师们迫切希望掌握的。

本节以一座大跨 PC 连续刚构桥为例，详细介绍 midas Civil 的模型建立、分析功能和结合《公路钢筋混凝土及预应力混凝土桥涵设计规范》(JTG D62—2004)的 PSC 设计验算功能。使桥梁设计者对采用 midas Civil 进行实际 PC 连续箱梁桥工程的建模功能与设计功能有一个整体的掌握。

图 4-16 PC 连续刚构桥

限于篇幅限制，本文选用连续刚构桥为例进行说明，对于支座型的悬臂施工连续箱梁桥等工程实例，用户可参看此桥梁的过程进行相应模拟和分析设计。

4.2.1 桥梁概况

1)主要设计技术指标

(1)桥梁设计基准期 100 年。

(2)结构设计安全等级一级。

(3)桥面宽度:0.5m 护栏 + 14.0m 行车道 +0.5m 护栏 =15.0m。

(4)设计荷载:

①永久荷载

钢结构重度 78.5kN/m^3，钢筋混凝土重度 25kN/m^3，护栏 9.5kN/m。10cm 厚混凝土铺装和 9cm 厚沥青混凝土铺装重度 25kN/m^3。

基础变位作用:考虑边墩 0.01m 和中墩 0.02m 基础不均匀沉降作用。

②可变荷载

汽车荷载：公路—Ⅰ级车道荷载的均布荷载标准值 $q_k = 10.5\text{kN/m}$；车道荷载计算弯矩时，$P_k = 360\text{kN}$，车道荷载计算剪力效应时，$P_k = 1.2 \times 360 = 432\text{kN}$。

汽车冲击力：按《公路桥涵设计通用规范》（JTG D60—2004）规定取值。

由于汽车制动力本例题影响非常小，本例题没有考虑汽车制动力，用户可按《公路桥涵设计通用规范》（JTG D60—2004）规定取值。

温度荷载：均匀温升按 34℃、温降按 －3℃ 考虑；温度梯度按《公路桥涵设计通用规范》（JTG D60—2004）第 4.3.10 条的规定取值。

风荷载：按《公路桥涵设计通用规范》（JTG D60—2004）规定取值。

③偶然荷载

地震荷载：地震烈度为 8 度，地震动峰值加速度为 $0.2g$，场地特征周期为 0.45s；建筑场地较良好。

本例题没有考虑汽车撞击力，用户可按《公路桥涵设计通用规范》（JTG D60—2004）规定取值。

（5）桥面纵坡：2%。

（6）桥面横坡：车行道单向（向外侧）2.0%。

2）主要设计规范

（1）《公路桥涵设计通用规范》（JTG D60—2004）。

（2）《公路钢筋混凝土及预应力混凝土桥涵设计规范》（JTG D62—2004）。

（3）《公路工程技术标准》（JTG B01—2003）。

（4）《公路桥涵地基与基础设计规范》（JTG D63—2007）。

（5）《公路桥梁抗震设计细则》（JTG/T B02-01—2008）。

（6）《公路桥梁抗风设计规范》（JTG/T D60-01—2004）。

3）计算原则

（1）10cm 厚现浇 C50 混凝土和护栏不参与结构受力，仅作为恒载施加；模型模拟时，忽略桥梁横坡、纵坡对结构的影响。

（2）按全预应力构件设计。

（3）边界条件：桥台处滑动支座不考虑摩擦力的影响，按理想状态进行模拟。

4）桥梁结构

该三跨预应力混凝土连续刚构桥全长为 327 m，其跨径为 86 m＋155 m＋86 m。该分离式桥梁单幅桥面宽 15m，在桥台与箱梁衔接处设置伸缩缝。箱梁采用单箱单室断面，箱梁根部断面高度为 9.6m，跨中及边跨合拢段断面梁高为 3.55m，箱梁底板下缘按圆曲线变化。

桥梁下部结构分别采用重力式桥台和桩基承台接高桥墩型式。重力式桥台上设置矩形滑动型高阻尼橡胶支座。主墩墩身纵桥向由两片柔性墩组成，柔性墩上端与箱梁固结，下端与承台固结，墩身高 66m，柔性墩采用宽 8m，高 2.5m，壁厚 0.9m 的等截面的空心方形墩截面。承台厚度为 4m，承台下采用钻孔灌注桩于基岩内。

5）主要材料

（1）混凝土

箱梁、锚固齿板采用C50混凝土、桥面混凝土铺装采用C50防水混凝土。其轴心抗压强度设计值为$f_{cd}=22.4\text{MPa}$，轴心抗拉强度设计值为$f_{td}=1.83\text{MPa}$，弹性模量为$E_c=3.45\times10^4\text{MPa}$；桥墩采用C40混凝土，其轴心抗压强度设计值为$f_{cd}=18.4\text{MPa}$，轴心抗拉强度设计值为$f_{td}=1.65\text{MPa}$，弹性模量为$E_c=3.25\times10^4\text{MPa}$。

(2)预应力钢筋和普通钢筋

预应力钢绞线采用$\phi^j 15.2$高强度低松弛钢绞线，其标准强度为$f_{pk}=1860\text{MPa}$，张拉控制应力采用$0.75f_{pk}=1395\text{MPa}$，弹性模量为$E_h=1.95\times10^5\text{MPa}$。

钢绞线孔道采用预埋桥梁用塑料波纹管。预应力筋与管道壁摩擦系数$\mu=0.17$，管道每米局部偏差对摩擦的影响系数$K=0.0015$，预应力钢绞线松弛系数0.3。锚具采用YM-6、7。钢束两端张拉时，两端锚具变形及钢束回缩变形值均为6mm。

普通钢筋采用HRB335级。HRB335抗拉，抗压强度设计值f_{sd}、f'_{sd}均为285MPa，弹性模量为$E_s=2.05\times10^5\text{MPa}$。

6)施工流程说明

本桥为预应力混凝土变截面连续刚构桥，全桥共三跨，中跨155m，边跨86m，全长327m，采用挂篮悬臂对称施工。上部结构主梁施工流程简单说明见下述：

(1)墩顶0号块施工。

(2)对于1号块~20号块采用挂篮悬臂浇注对称施工。

(3)合龙中跨。

(4)导梁施工边跨现浇段。

(5)最后施工桥面铺装及附属设施。

4.2.2 模型概况

本模型中所有结构均采用梁单元模拟。模型中节点总数156个(节点号1to106，201to211，221to231，251to253，301to311，321to331，351to353)，梁单元总数149个(梁单元号1to105，201to210，221to230，251，252，301to310，321to330，351 352)，见图4-17。

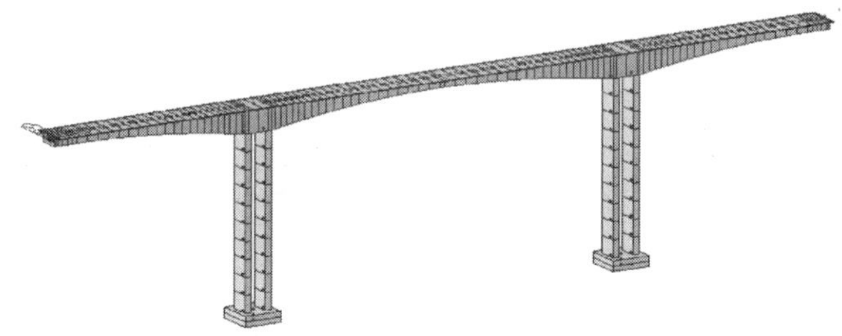

图4-17 结构总体模型

4.2.3 模型建立

1)设置操作环境

步骤一：在“**文件>新项目…**”中，建立新项目，并保存为“大跨PC连续刚构桥.mcb”模型文件。

步骤二:在“**工具 > 单位体系…**”中,进行单位体系的设置。

步骤三:在“**模型 > 结构类型 > 3D 平面…**”中,将模型结构类型设置为三维空间环境,见图 4-18。点击“确认”按钮,退出对话框。

2)定义材料、截面特性和钢束特性值

步骤一:在“**模型 > 材料和截面特性 > 材料…**”中,分别定义 C50 混凝土、C40 混凝土和钢束 Strand1860 材料,见图 4-19 ~ 图 4-21。

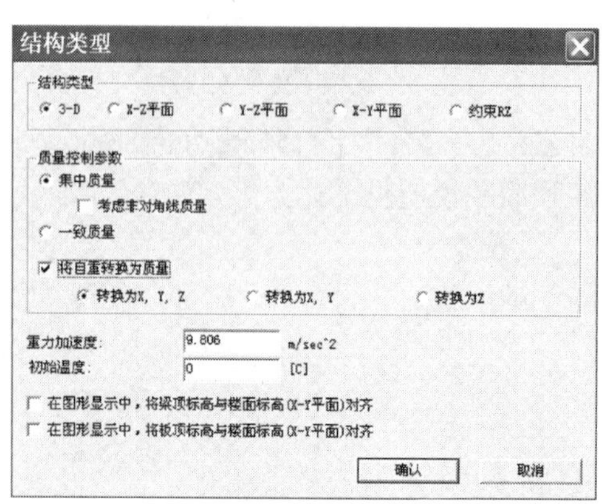

图 4-18 结构类型定义

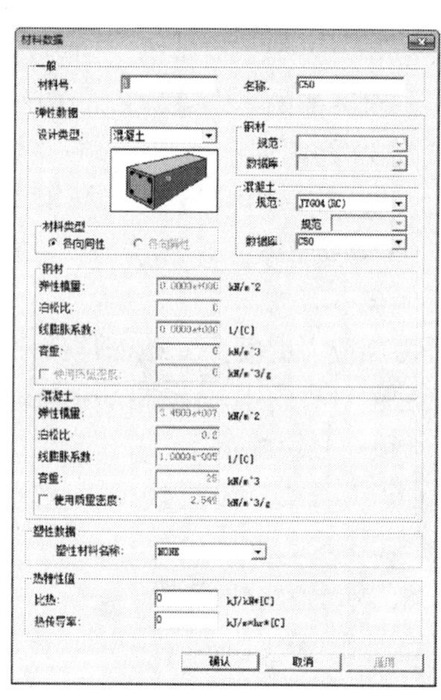

图 4-19 C50 混凝土

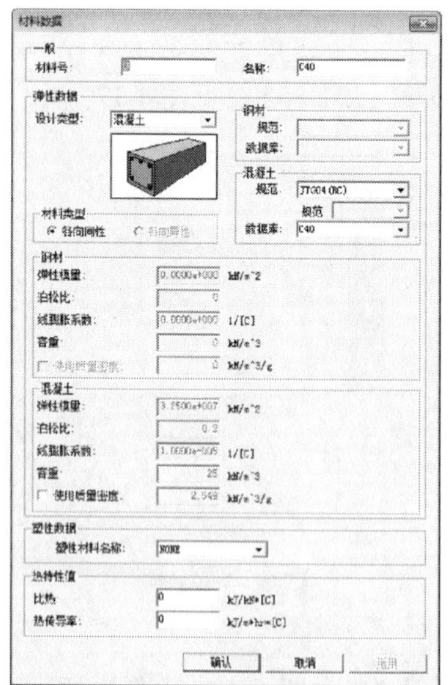

图 4-20 C40 混凝土

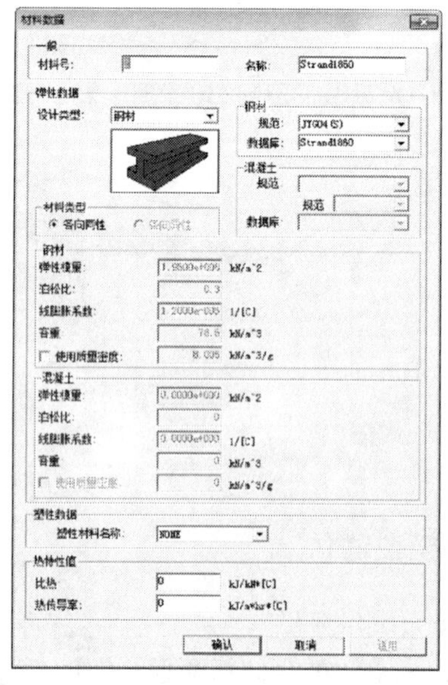

图 4-21 钢束 Strand1860

步骤二:在“**模型>材料和截面特性>截面…**”中,分别选择“数据库/用户”中的“箱形截面”和“实腹长方形截面”进行主墩和承台截面的定义,见图4-22和图4-23。

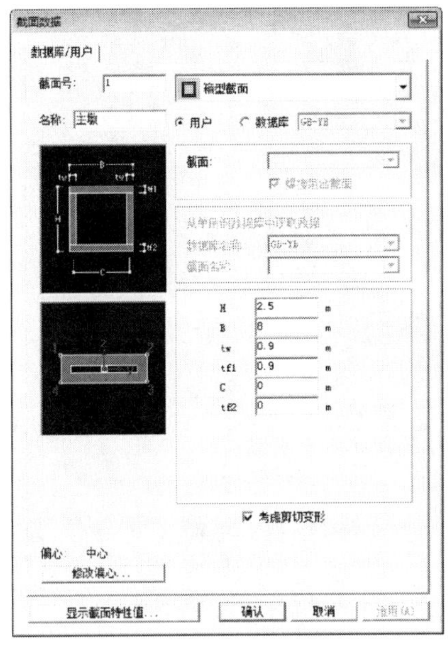

图4-22 主墩截面

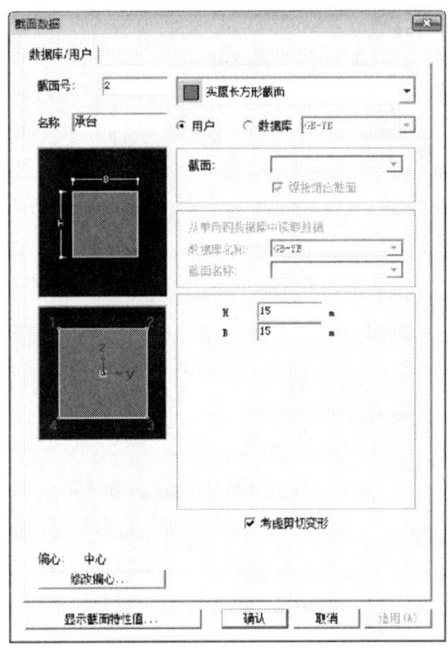

图4-23 承台截面

在“**模型>材料和截面特性>截面…**”中,选择“设计截面”中的“单室、双室”进行主梁截面的定义,见图4-24~图4-27。

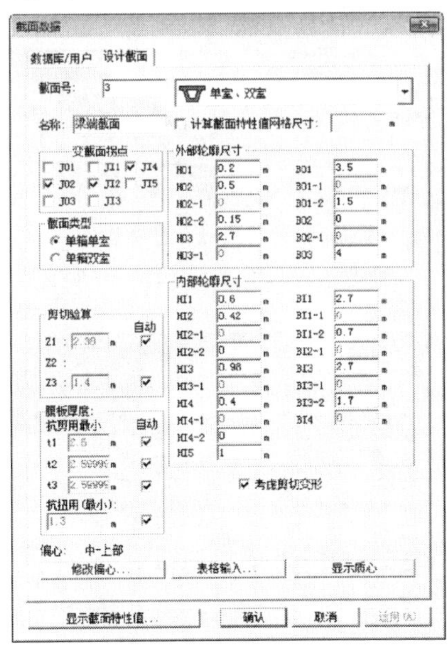

图4-24 梁端截面　　图4-25 跨中标准截面

步骤三:在“**荷载>预应力荷载>钢束特性值…**”中,添加钢束特性值,见图4-28~图4-31。

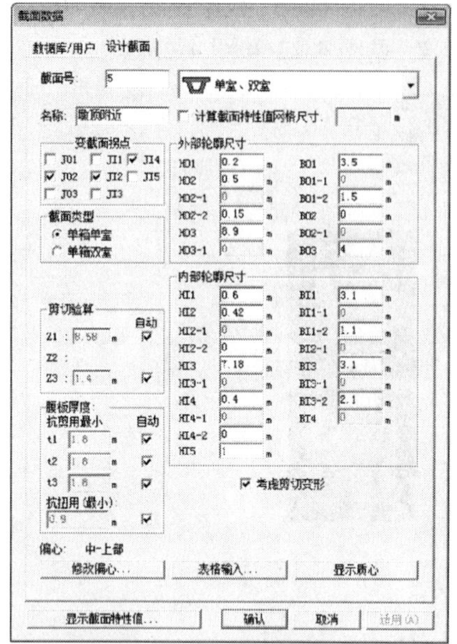

图 4-26　墩顶附近截面

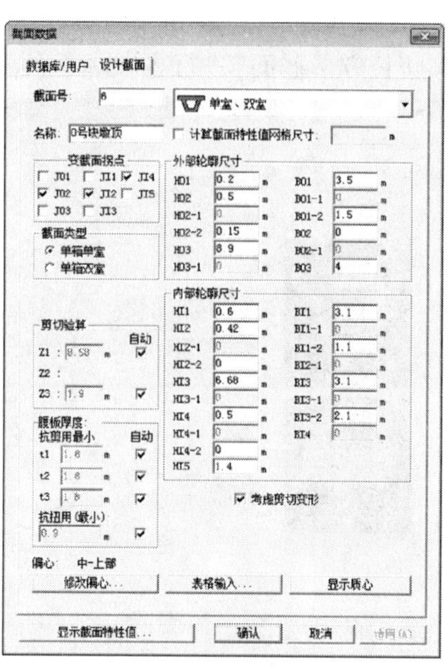

图 4-27　0 号块墩顶截面

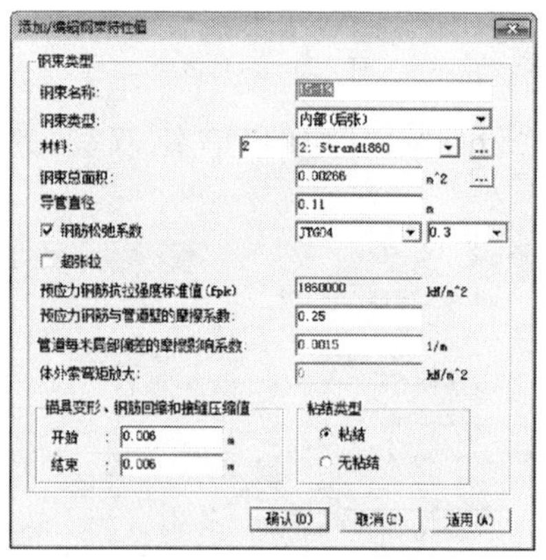

图 4-28　钢束 15-19

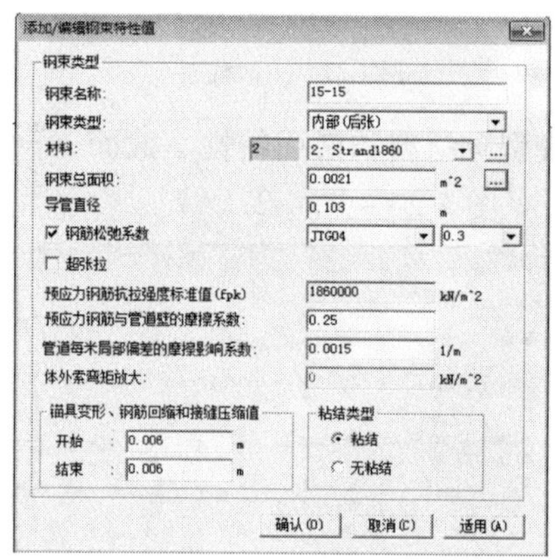

图 4-29　钢束 15-15

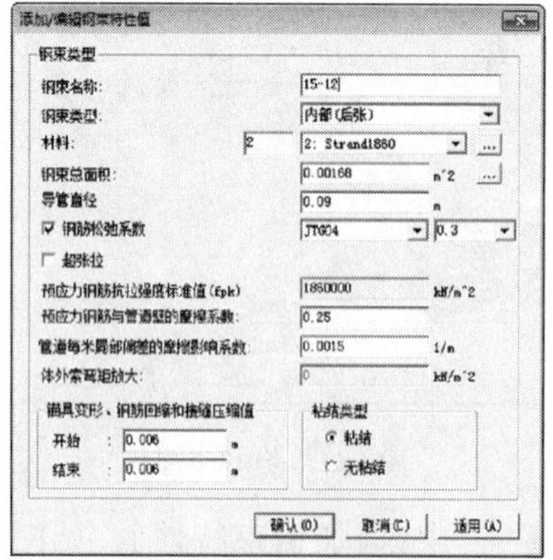

图 4-30　钢束 15-12

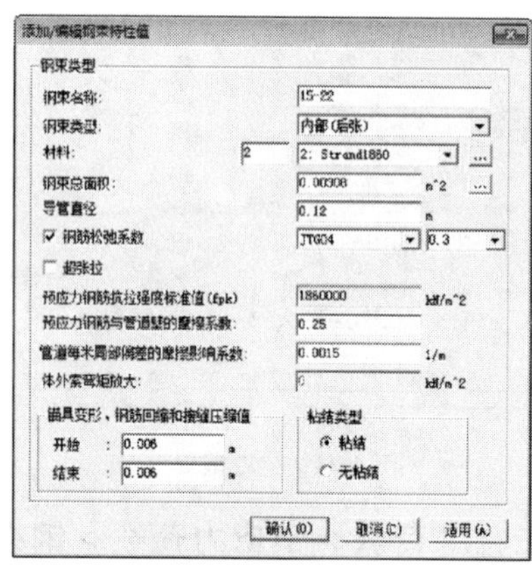

图 4-31　钢束 15-22

3)“悬臂法桥梁建模助手”建立模型

(1)定义模型数据并建立模型

在“**模型 > 结构建模助手 > 悬臂法(FCM)桥梁…**”中,建立连续刚构模型,见图 4-32 ~ 图 4-39。

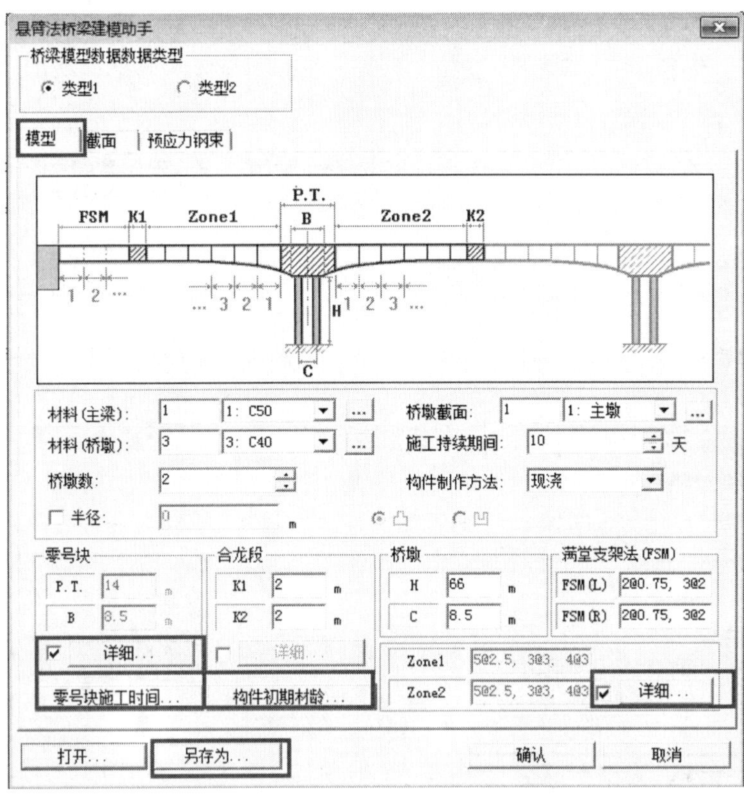

图 4-32 悬臂法桥梁建模助手—模型

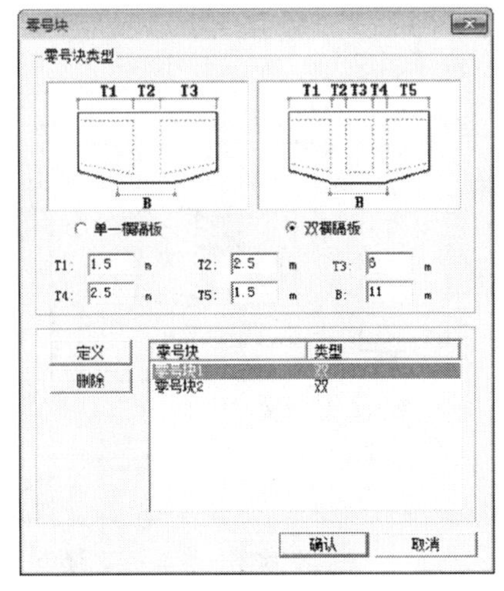

图 4-33 悬臂法桥梁建模助手—模型 1

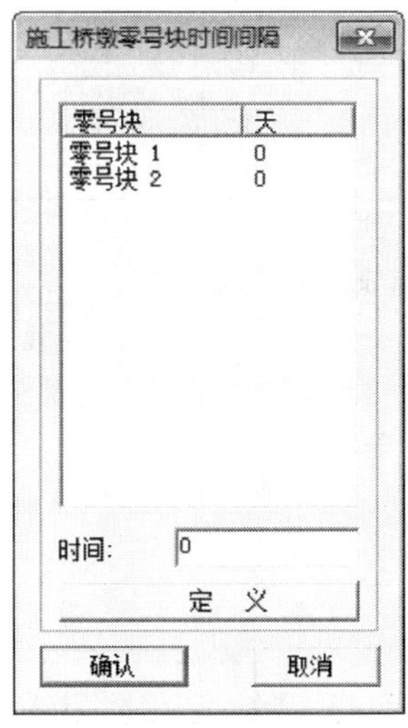

图 4-34 悬臂法桥梁建模助手—模型 2

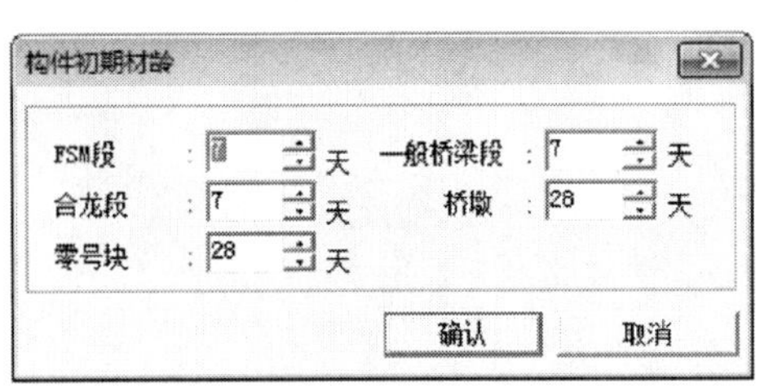

图 4-35 悬臂法桥梁建模助手—模型 3

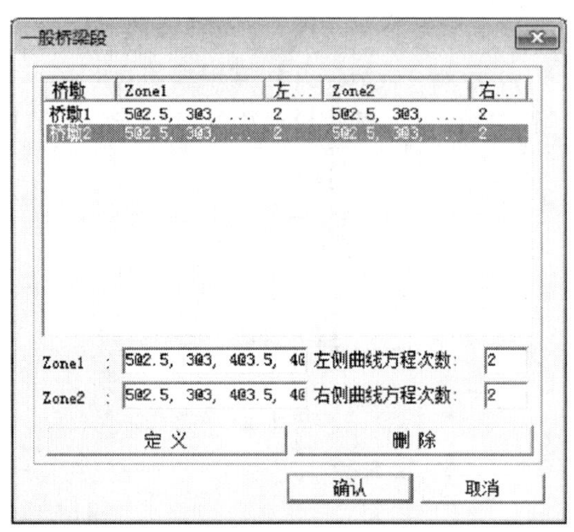

图 4-36 悬臂法桥梁建模助手—模型 4

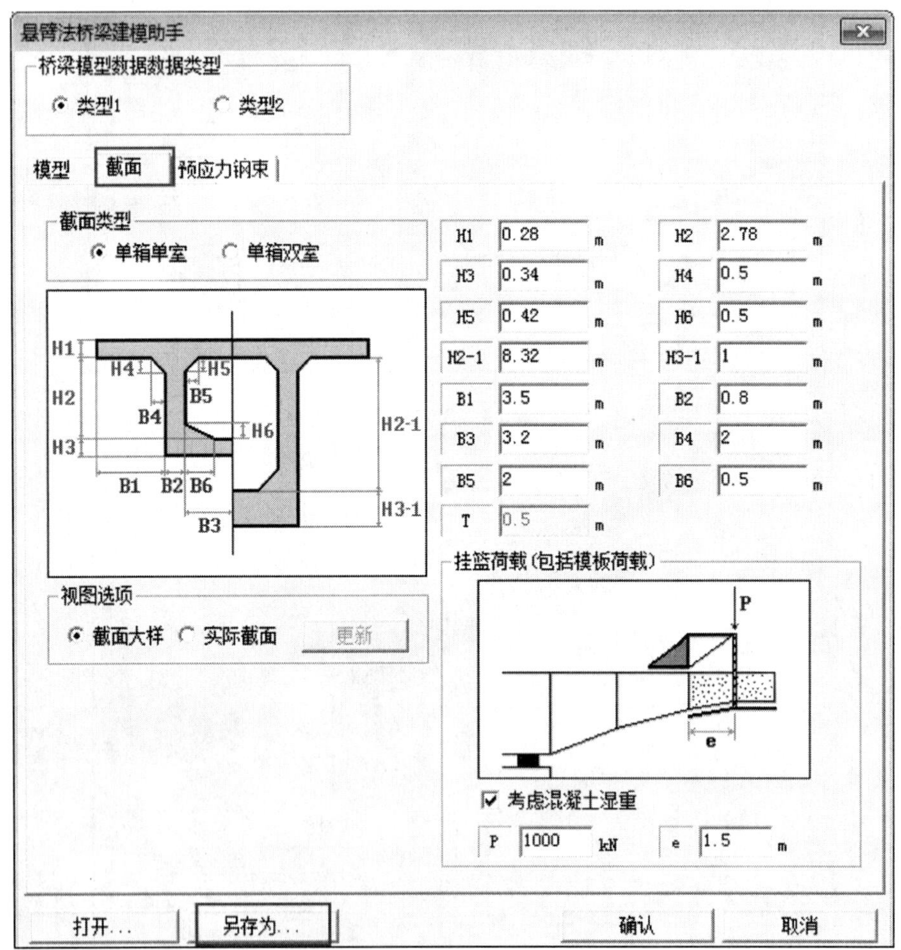

图 4-37 悬臂法桥梁建模助手—截面

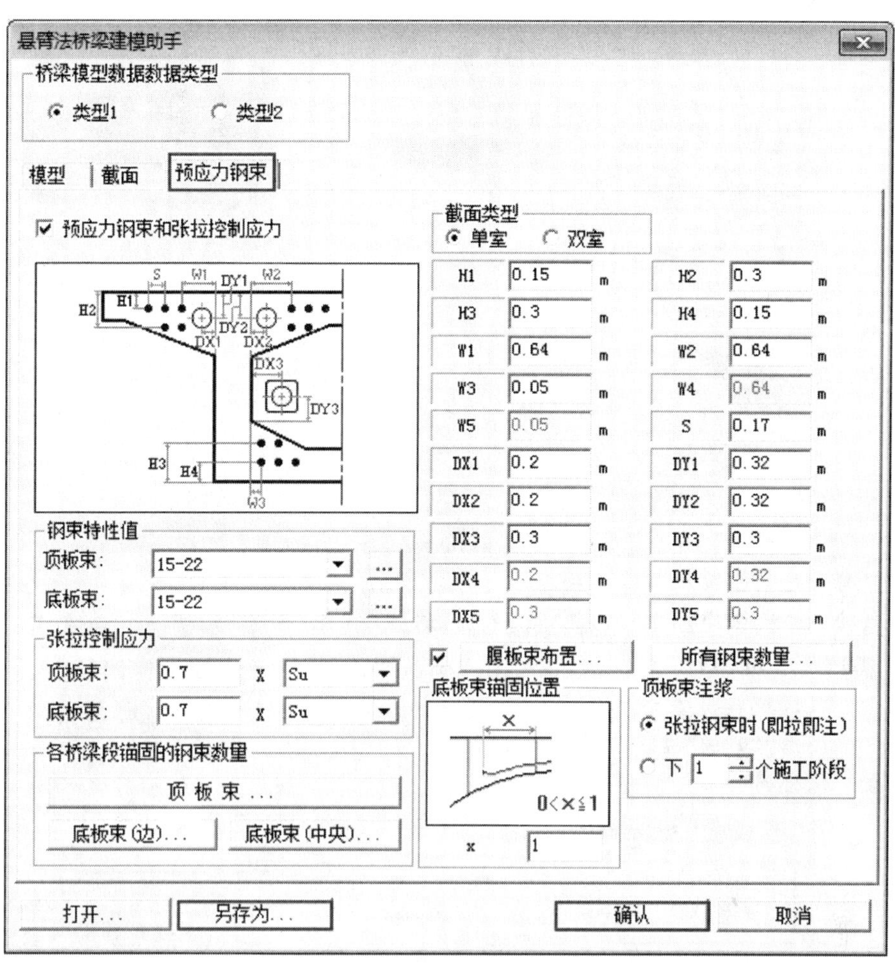

图4-38　悬臂法桥梁建模助手—预应力钢束

图4-39　保存“悬臂法建模助手—类型1. wzd”数据文件

点击"确认"按钮,生成连续刚构模型,见图 4-40。

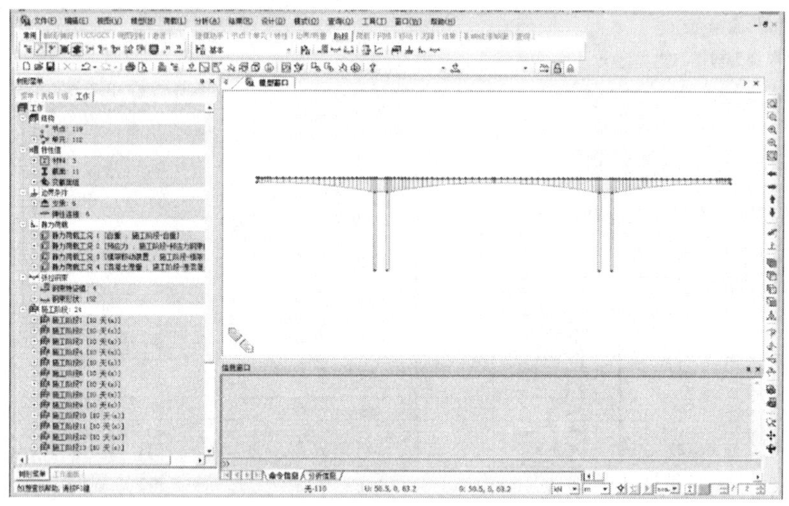

图 4-40 建模助手生成连续刚构模型

(2)打开模型数据文件并建立模型

在"**模型 > 结构建模助手 > 悬臂法(FCM)桥梁…**"中,点击"打开"按钮,打开"悬臂法建模助手—类型 1. wzd"数据文件,然后点击"确认"按钮,建立连续刚构模型,见图 4-41 和

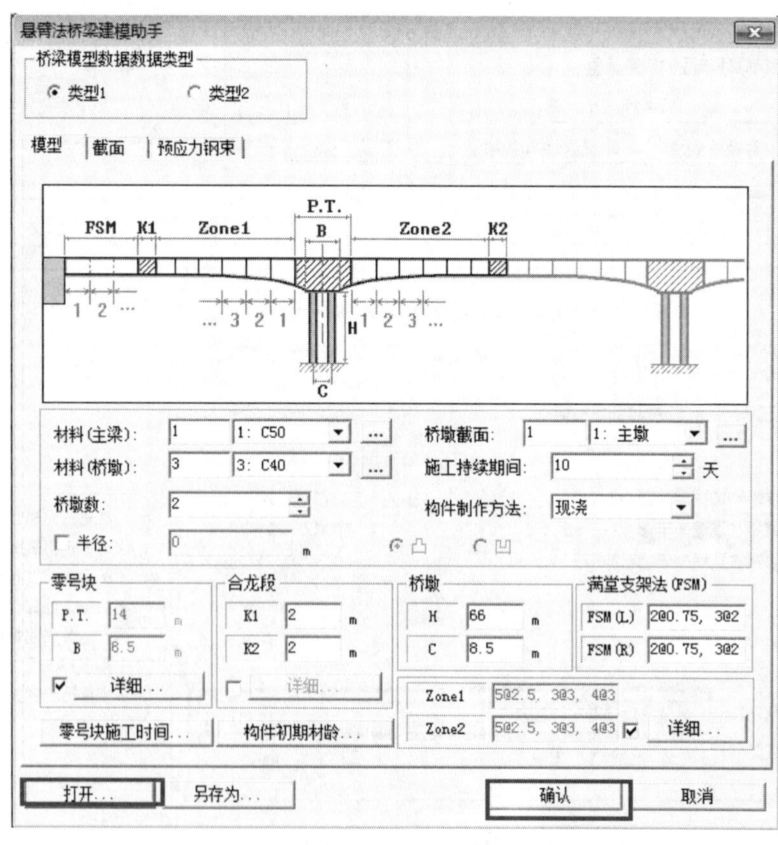

图 4-41 悬臂法桥梁建模助手

图4-42。

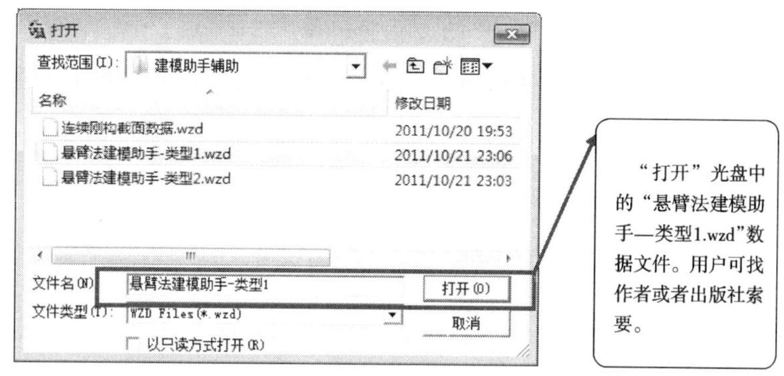

图 4-42 打开“悬臂法建模助手—类型 1. wzd”数据文件

点击“确认”按钮,生成连续刚构模型,见图 4-43。

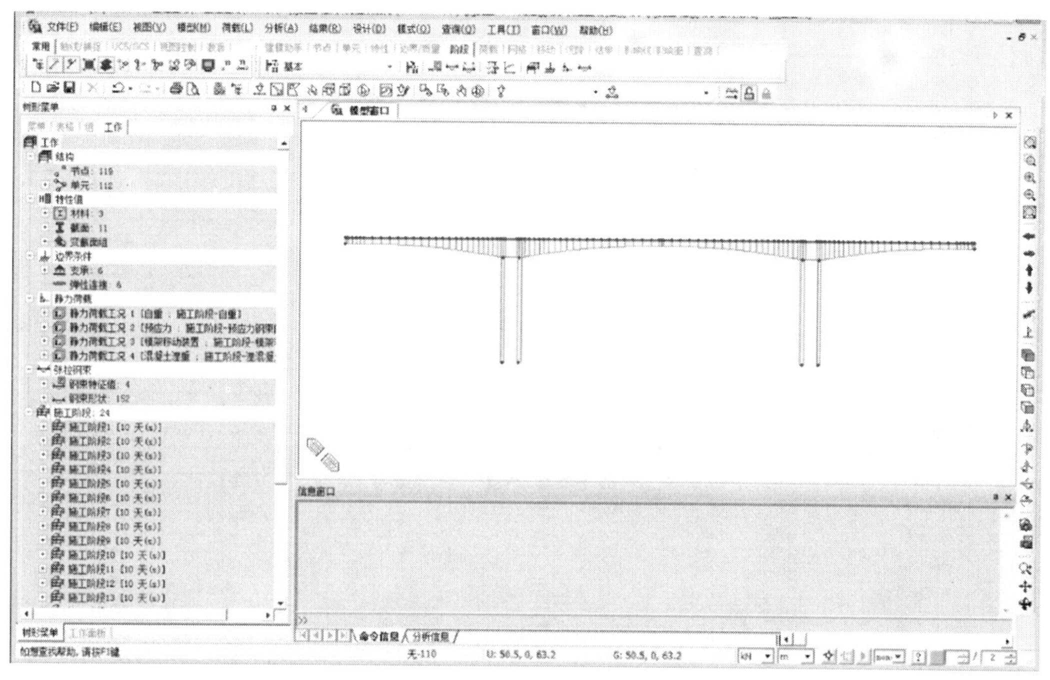

图 4-43 建模助手生成连续刚构模型

4.2.4 模型修改

(1)修改节点和单元

步骤一:在“**模型 > 节点 > 复制和移动…**”中,选择“移动”,将整体模型(节点 1to119)向下移动 75.6m,见图 4-44。

步骤二:在“**模型 > 节点 > 删除节点…**”中,删除节点 118 和节点 119,见图 4-45。或者直接选择模型中的节点 118 和节点 119,直接点击键盘上的“Delete”键进行节点删除。

步骤三:在“模型窗口”中,临时修改主梁单元 1to108 截面为“跨中标准”截面,见图 4-46。

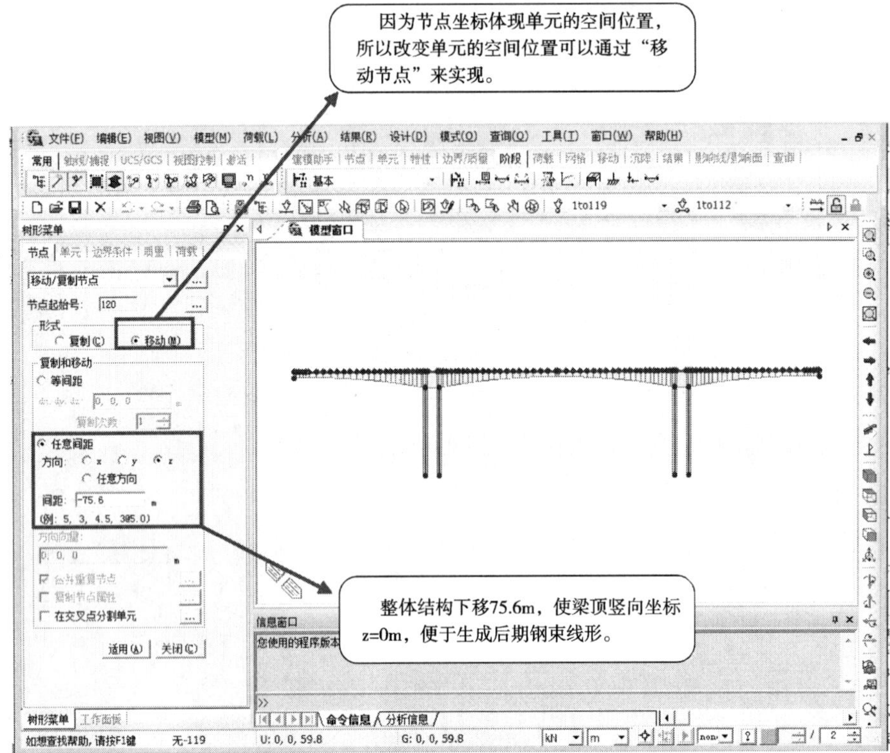

图 4-44　整体结构下移 75.6m

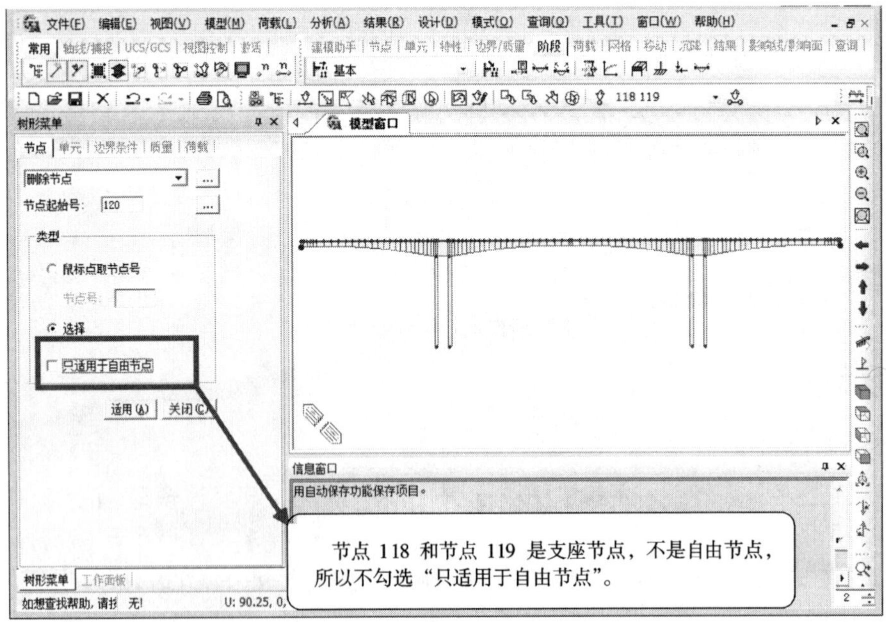

图 4-45　删除节点 118 和节点 119

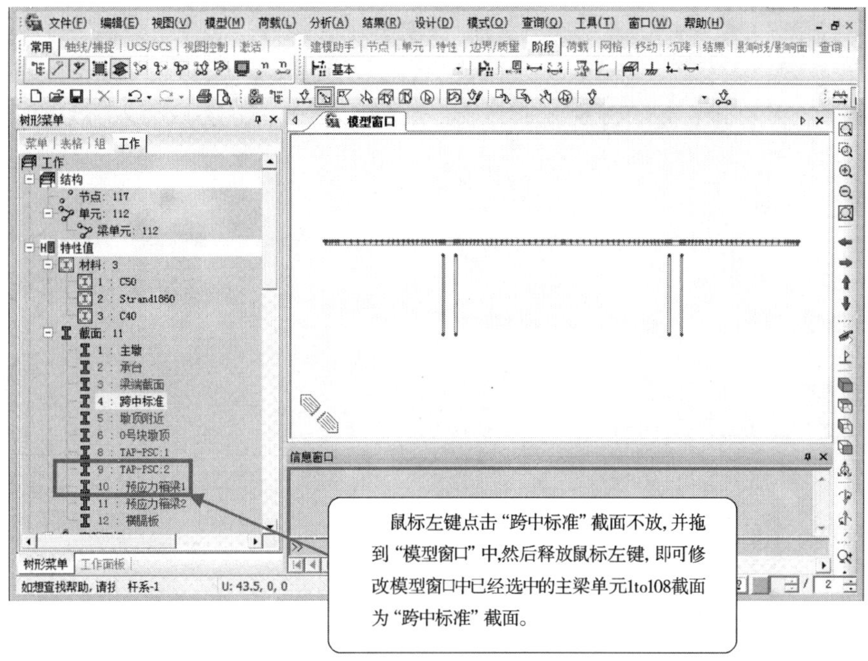

图4-46　临时修改主梁单元1to108截面

步骤四：在“**模型>单元>合并…**”中，分别合并墩顶梁单元29to31、跨中单元54、55和墩顶单元78to80，变成单元29、单元54和单元78，见图4-47。

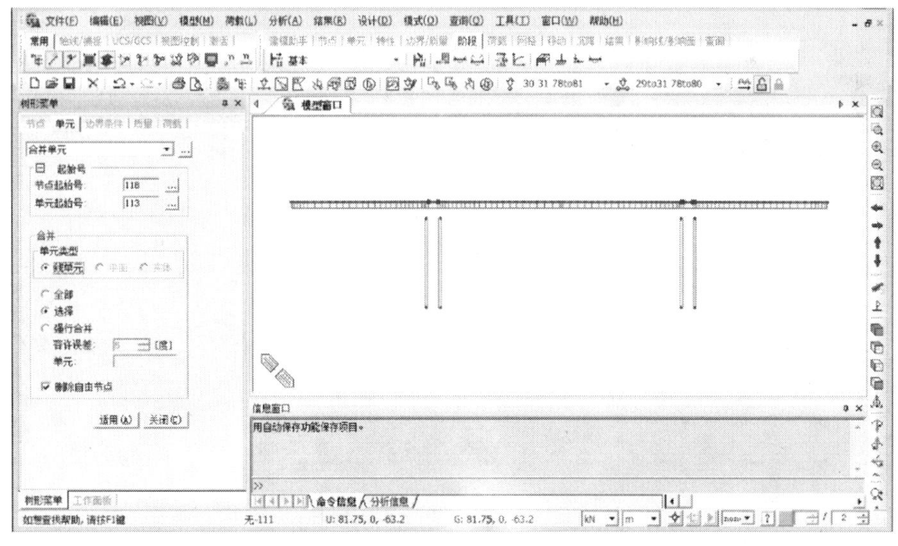

图4-47　合并单元29to31，单元54、55和单元78to80

步骤五：在“**模型>单元>分割…**”中，x方向2等份分割墩顶梁单元29和单元78，见图4-48。

步骤六：在“**模型>单元>分割…**”中，x方向10等份分割桥墩单元109to112，见图4-49。

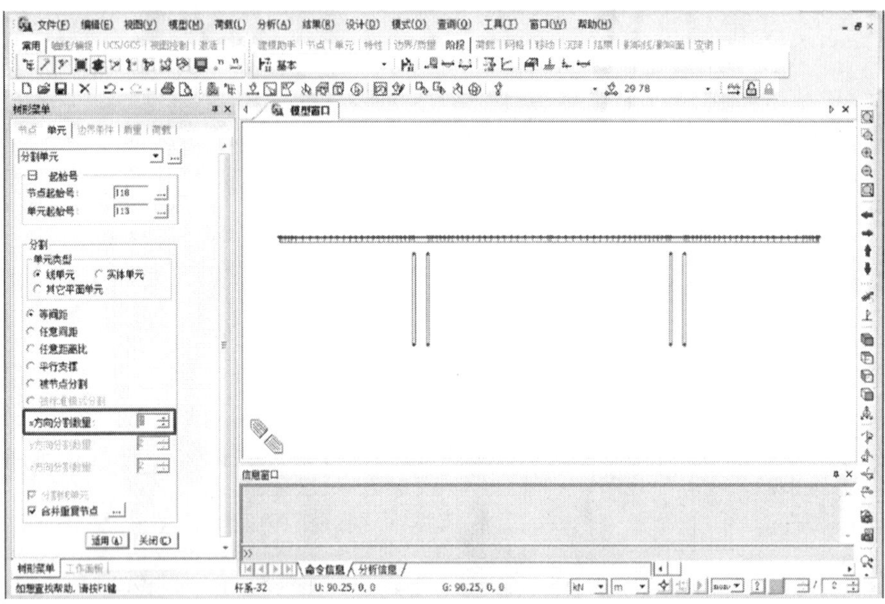

图4-48　分割单元29和单元78

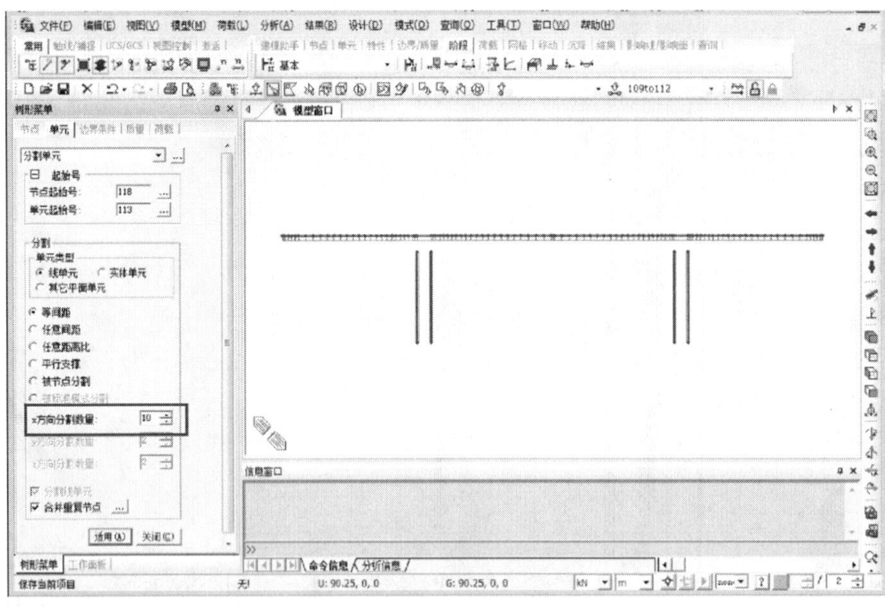

图4-49　分割桥墩单元109to112

步骤七：在“**模型>单元>重编单元号…**”中，将主梁单元沿（$+X$）方向重新编号为1to105；主梁节点沿（$+X$）方向重新编号为1to106，见图4-50。

步骤八：在“**模型>单元>重编单元号…**”中，将桥墩单元沿（$-Z$）方向分别重新编号为201to210、221to230、301to310、321to330；桥墩节点沿（$-Z$）方向分别重新编号为201to211、221to231、301to311、321to331，见图4-51。

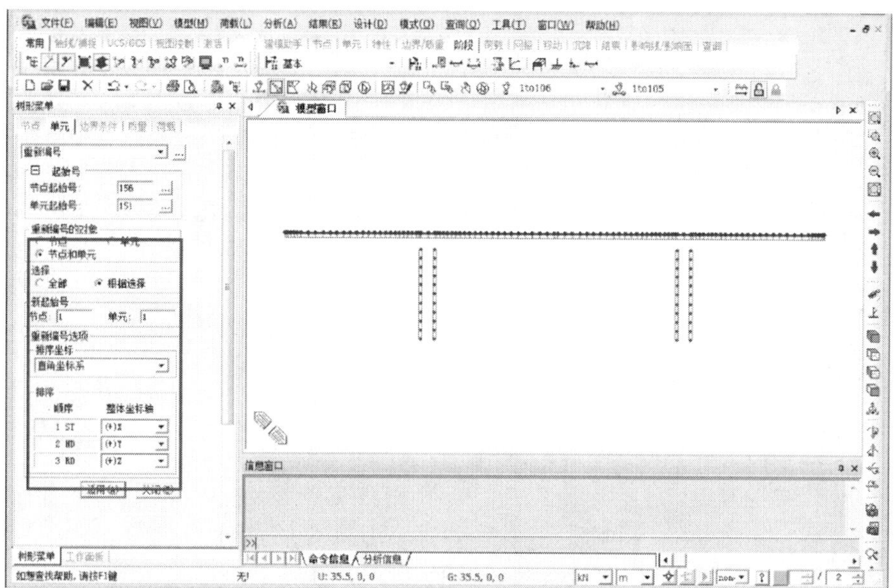

图 4-50　重编主梁节点号和单元号

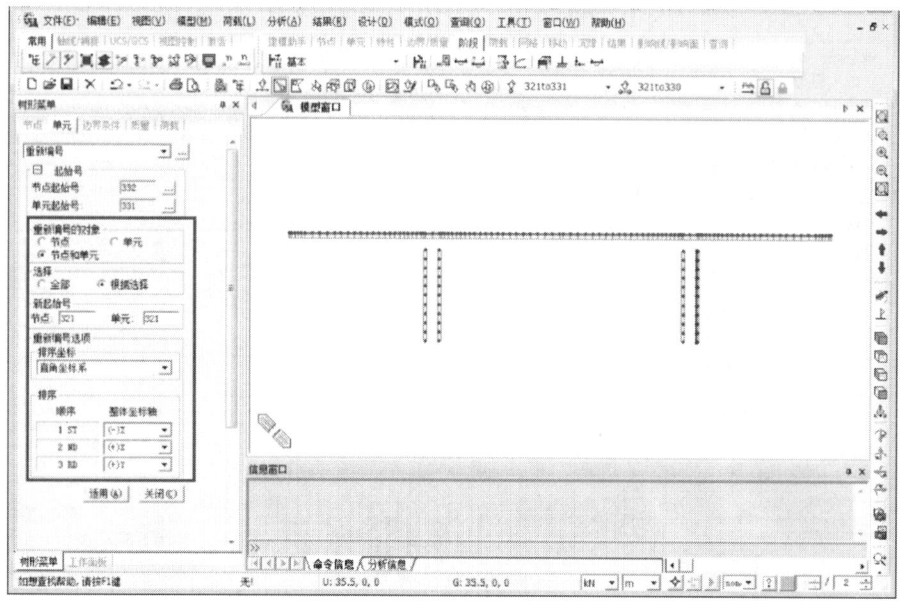

图 4-51　重编桥墩节点号和单元号

步骤九：在“**模型 > 节点 > 复制和移动…**”中，选择“复制”，将节点 211 沿（$+x$）方向偏离 4.25m 进行复制生成承台顶部节点，见图 4-52。

步骤十：在“**模型 > 单元 > 扩展…**”中，承台顶部节点 332 沿（$-z$）方向扩展生成承台单元，见图 4-53。

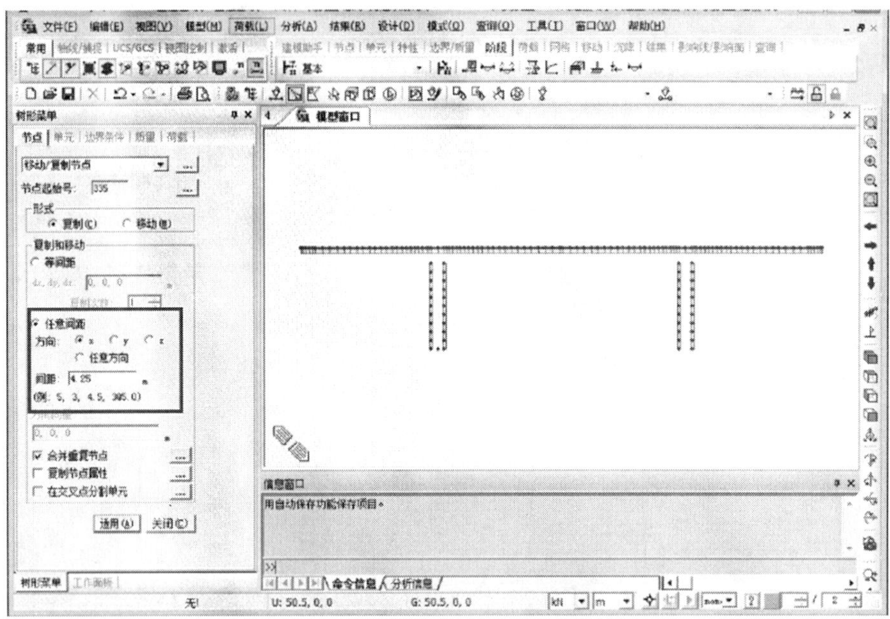

图4-52 复制生成承台顶部节点

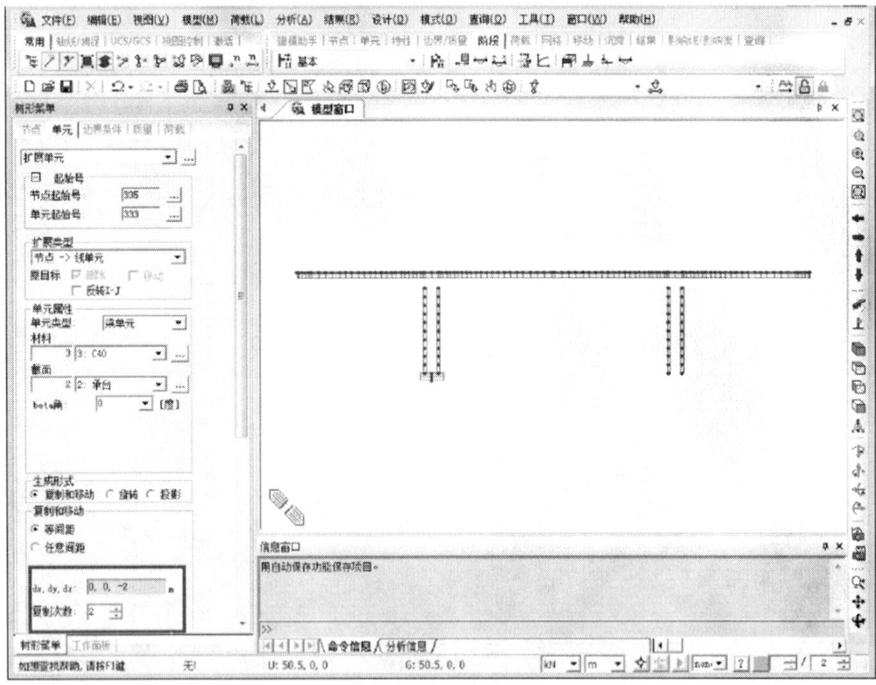

图4-53 扩展生成承台单元

步骤十一：在“**模型>单元>复制和移动…**”中，选择“复制”，将单元331和单元332沿($+x$)方向偏离155m进行复制生成右侧承台单元，见图4-54。

步骤十二：在“**模型>单元>重编单元号…**”中，将承台单元沿($-z$)方向分别重新编号为251to252、351to352；桥墩节点沿($-z$)方向分别重新编号为251to253、351to353，见图4-55。

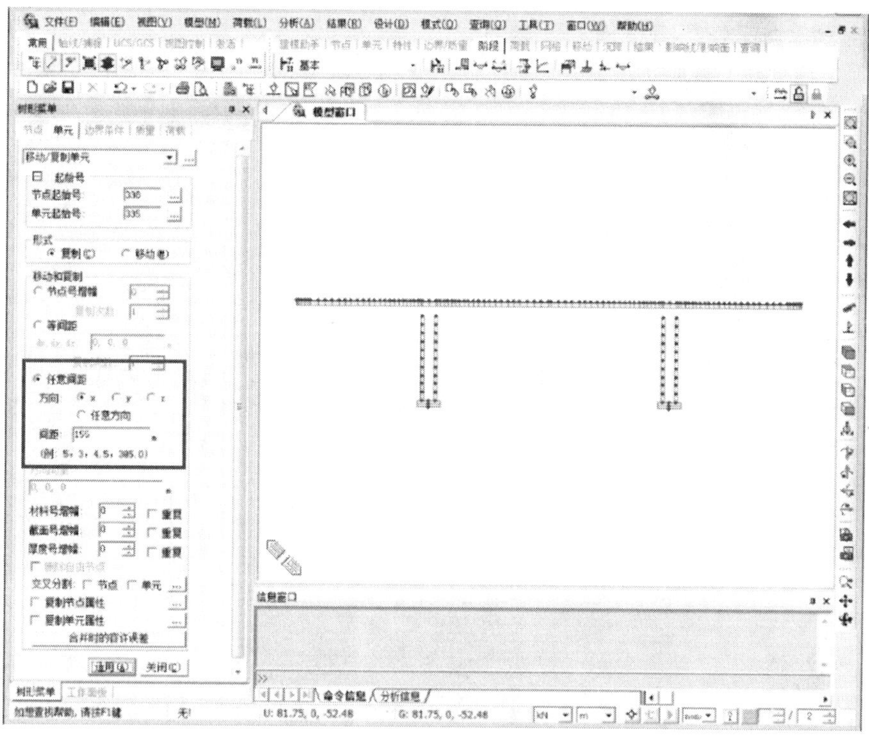

图 4-54 复制生成右侧承台单元

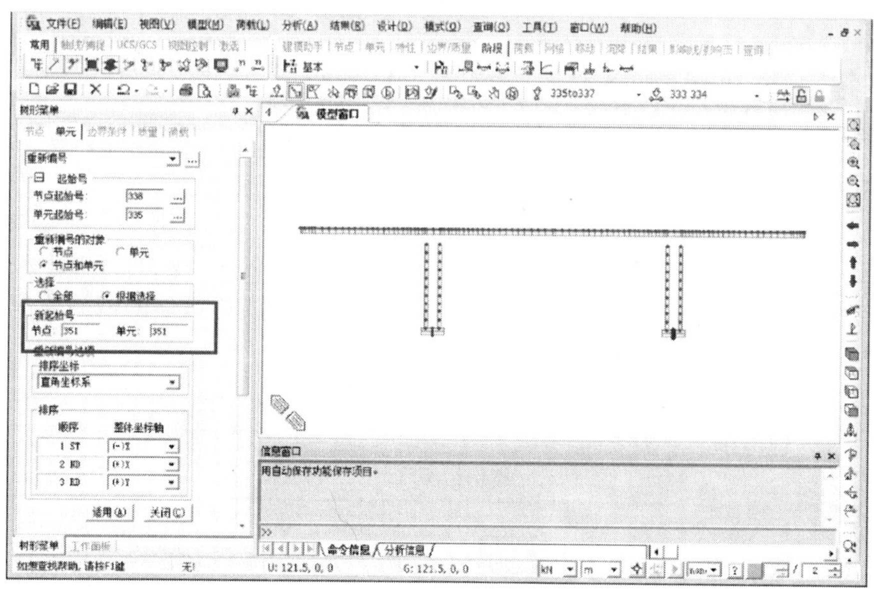

图 4-55 重编承台节点号和单元号

(2)修改材料和截面特性

步骤一:在“**树形菜单 > 工作 > 特性值 > 截面…**”中,单击鼠标右键,删除选中的截面7to11,见图 4-56。

在“**树形菜单 > 工作 > 特性值 > 变截面组…**”中，单击鼠标右键，删除变截面组 1to4，见图 4-57。

步骤二：在“**模型 > 结构建模助手 > PSC 桥梁 > 跨度信息…**”中，建立连续刚构模型，见图 4-58。

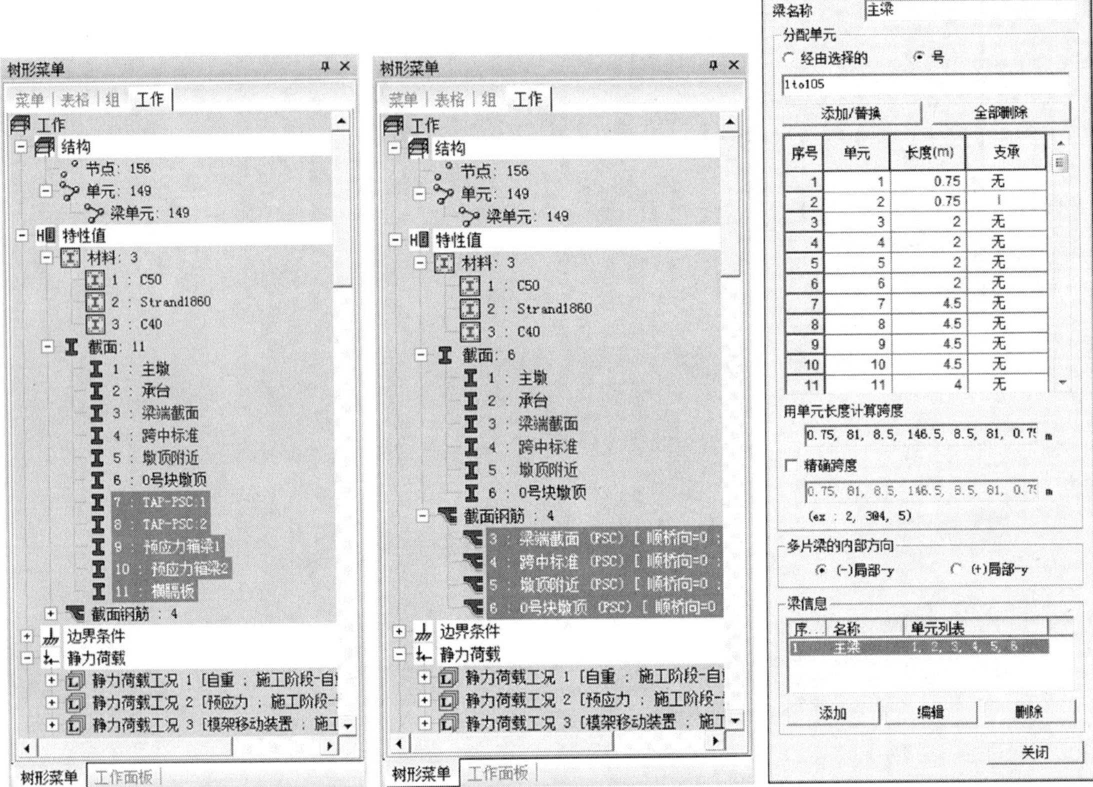

图 4-56 删除截面 7to11

图 4-57 删除变截面组

图 4-58 主梁跨度信息

步骤三：在“**模型 > 结构建模助手 > PSC 桥梁 > 截面和钢筋…**”中，打开截面和钢筋数据文件“连续刚构截面数据. wzd”，进行主梁截面的修改，并生成主梁截面的钢筋数据。建立连续刚构模型，见图 4-59 ~ 图 4-60。

(3)修改组

步骤一：在“**树形菜单 > 组 > 结构组…**”中，对红色区域的结构组修改，修改内容见表 4-3，

结构组修改表 表 4-3

修改前名称	修改后名称	修改后节点	修改后单元
桥墩 1	—	—	201to210,221to230,251,252
桥墩 2	—	—	301to310,321to330,351,352
合龙段 1	左侧现浇合龙段 1	—	1to6
合龙段 2	跨中合龙段 2	—	—
合龙段 3	右侧现浇合龙段 3	—	100to105
桥梁主梁	—	1to106	1to105
支承节点	—	2,29,31,76,78,105	—

并删除结构组“左侧满堂支架区段”和“左侧满堂支架区段”，见图4-61。

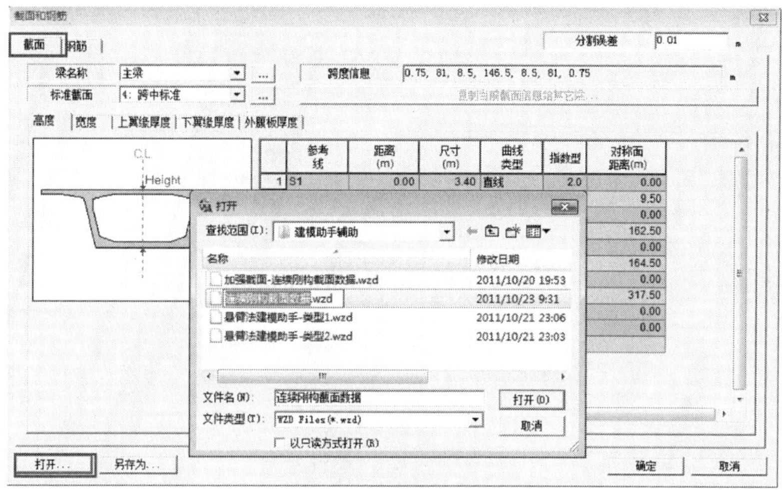

图4-59 截面和钢筋1

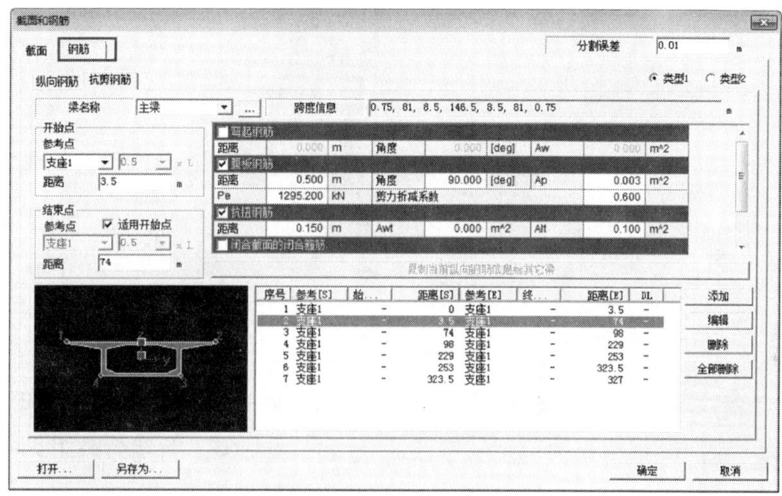

图4-60 截面和钢筋2

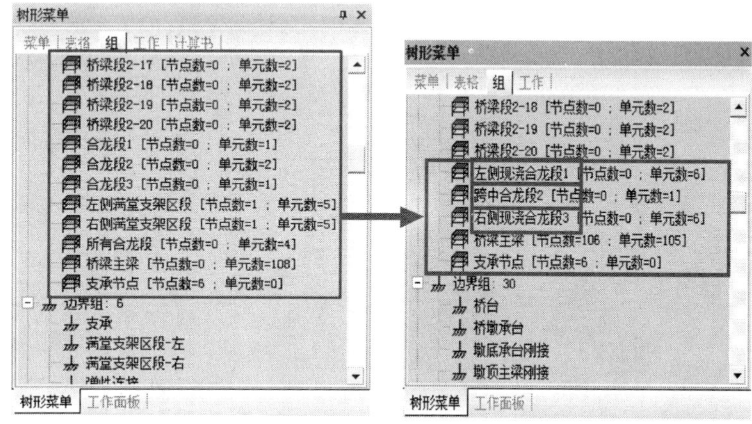

图4-61 结构组修改

步骤二：在“**树形菜单 > 组 > 边界组…**”中，删除原有边界组名称，重新建立边界组名称，见图4-62。

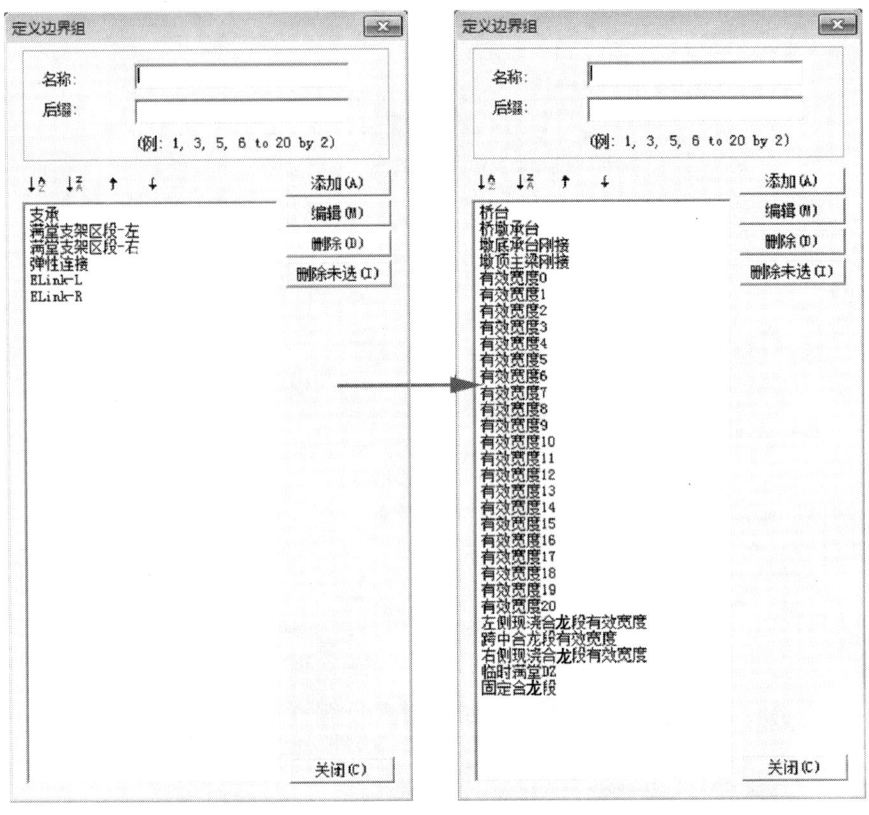

图4-62 边界组修改

步骤三：在“**树形菜单 > 组 > 荷载组…**”中，单击鼠标右键，删除选中的“钢束2-0 ~ 钢束2-20”荷载组以及所有混凝土湿重荷载组。修改荷载组见图4-63。新建荷载组见图4-64。

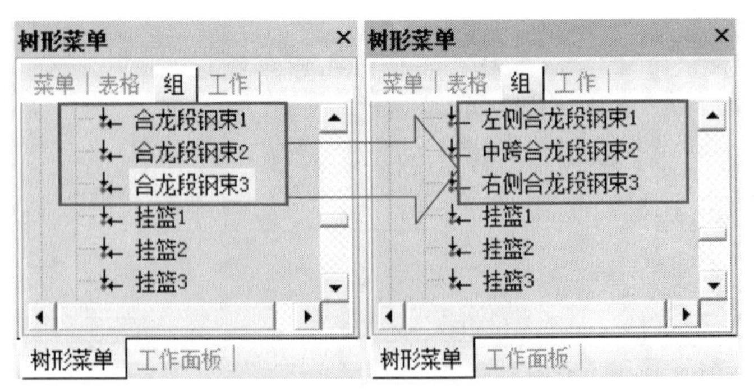

图4-63 修改钢束荷载组

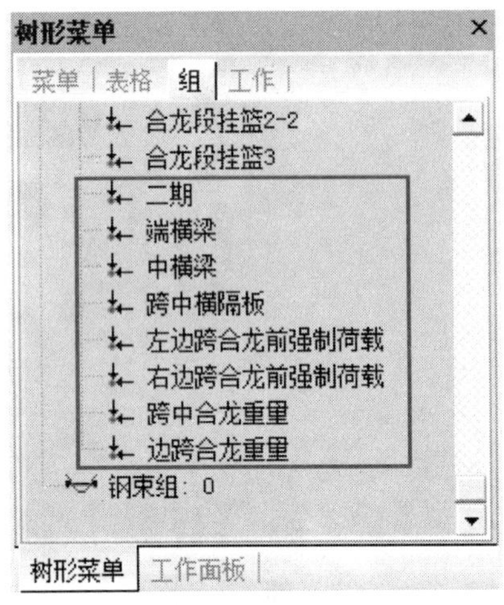

图4-64 新建荷载组

步骤四：在“**树形菜单 > 组 > 钢束组…**”中，单击鼠标右键，删除所有钢束组，见图 4-65。

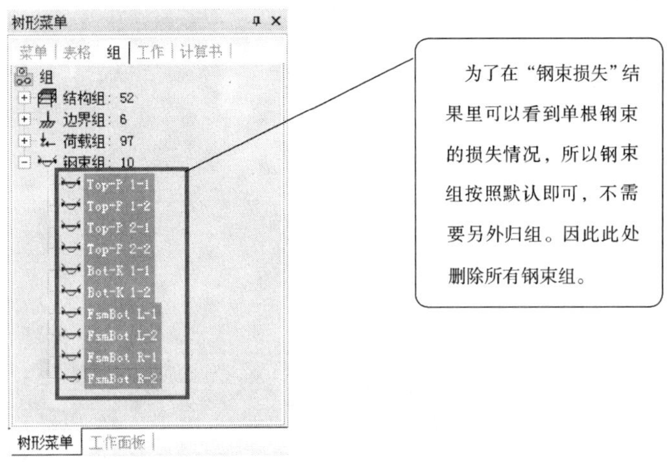

图 4-65 删除钢束组

(4) 修改边界条件

步骤一：在“**模型 > 边界条件 > 一般支承…**”中，鼠标左键单击按钮，打开“一般支承”表格，进行“一般支承”的快速定义，见图 4-66。

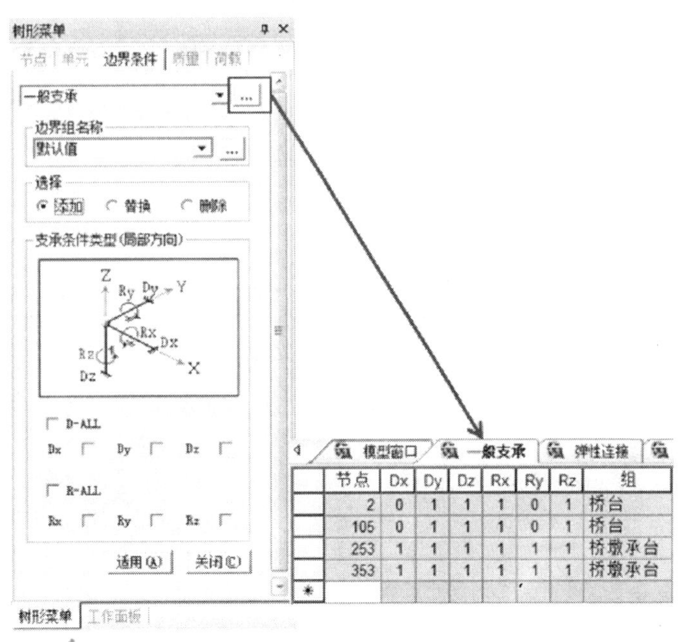

节点	Dx	Dy	Dz	Rx	Ry	Rz	组
2	0	1	1	1	0	1	桥台
105	0	1	1	1	0	1	桥台
253	1	1	1	1	1	1	桥墩承台
353	1	1	1	1	1	1	桥墩承台

图 4-66 一般支承

步骤二：在“**模型 > 边界条件 > 弹性连接…**”中，鼠标左键单击 … 按钮，打开“弹性连接”表格，进行“弹性连接”的快速定义，见图 4-67。

步骤三：在“**模型 > 边界条件 > 节点弹性支承…**”中，鼠标左键单击 … 按钮，打开“节点弹性支承”表格，进行“节点弹性支承”的快速定义，见图 4-68。

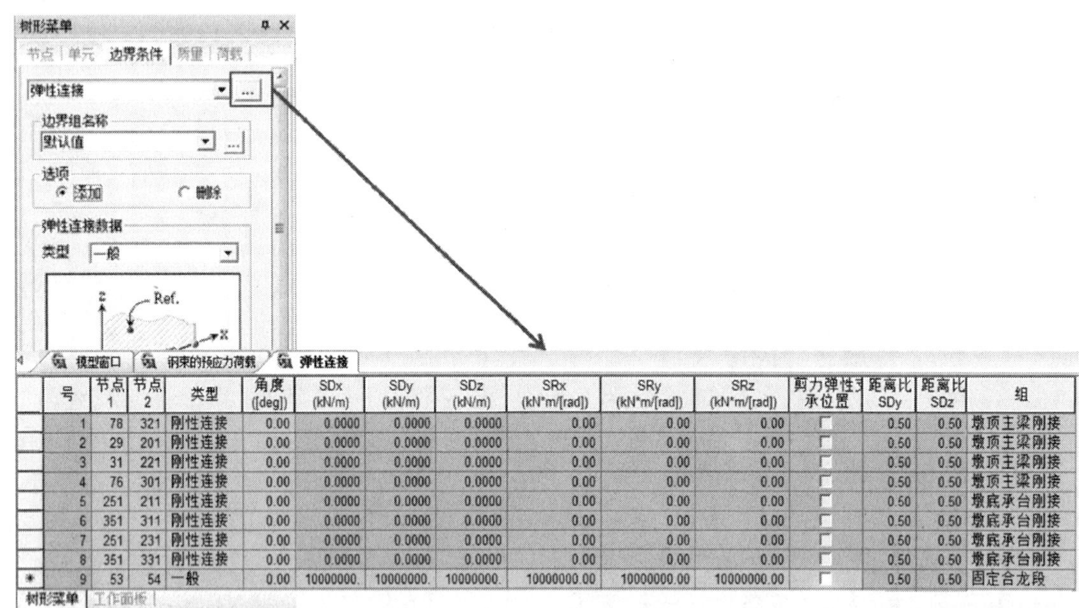

图 4-67 弹性连接

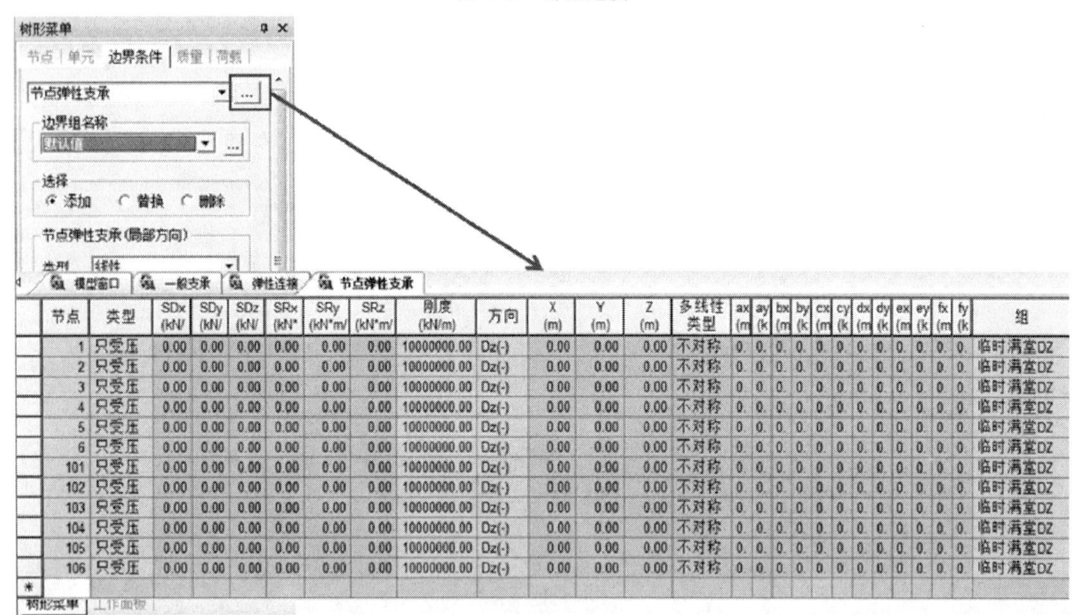

图 4-68 节点弹性支承

(5)修改静力荷载

步骤一:在“**荷载>静力荷载工况…**”中,添加相应“静力荷载工况”,见图4-69。

步骤二:在“**荷载>自重…**”中,修改自重荷载系数,见图4-70。

步骤三:在“**荷载>温度荷载>系统温度…**”中,对整体结构分别进行“系统升温”和“系统降温”的定义,见图4-71。

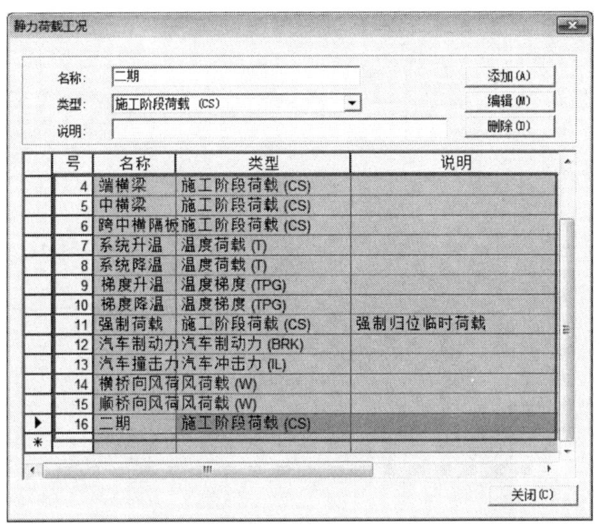

图 4-69　静力荷载工况

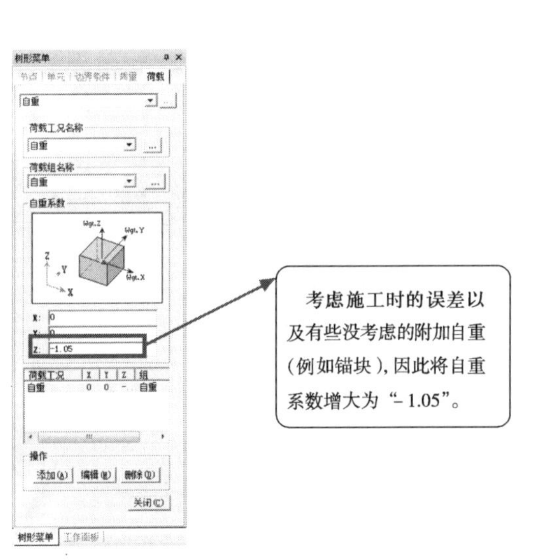

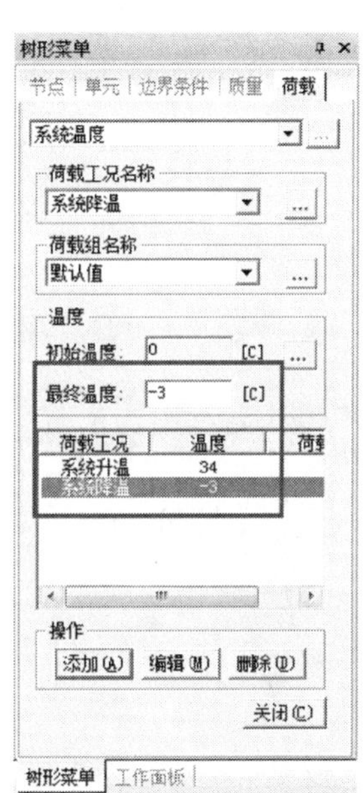

图 4-70　自重　　　　　图 4-71　系统温度

步骤四:在“**荷载 > 温度荷载 > 梁截面温度…**”中,对主梁单元 1to105 分别进行“梯度升温”和“梯度降温”的定义,见图 4-72 ~ 图 4-74。

(6)修改预应力荷载

步骤一:在“**树形菜单 > 工作 > 张拉钢束 > 钢束形状…**”中,单击鼠标右键,删除所有钢束形状,见图 4-75。

步骤二:在“**工具 > MCT 命令窗口…**”中,打开“86m + 155m + 86m 连续刚构钢束形状命令流. mct”文件,然后点击“运行”命令,在模型中快速生成钢束形状,见图 4-76 ~ 图 4-77。

步骤三:在“**荷载 > 预应力荷载 > 钢束预应力荷载…**”中,打开“建模辅助表格. xlsx”文件,复制文件中的钢束预应力荷载,然后在模型中粘贴,快速生成相关“钢束的预应力荷载表格”。

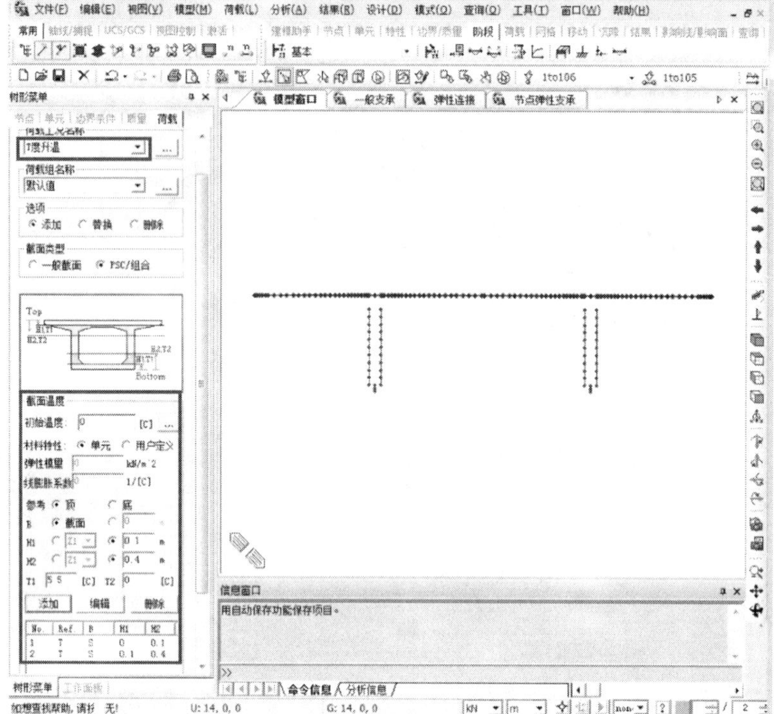

图 4-72 梯度升温

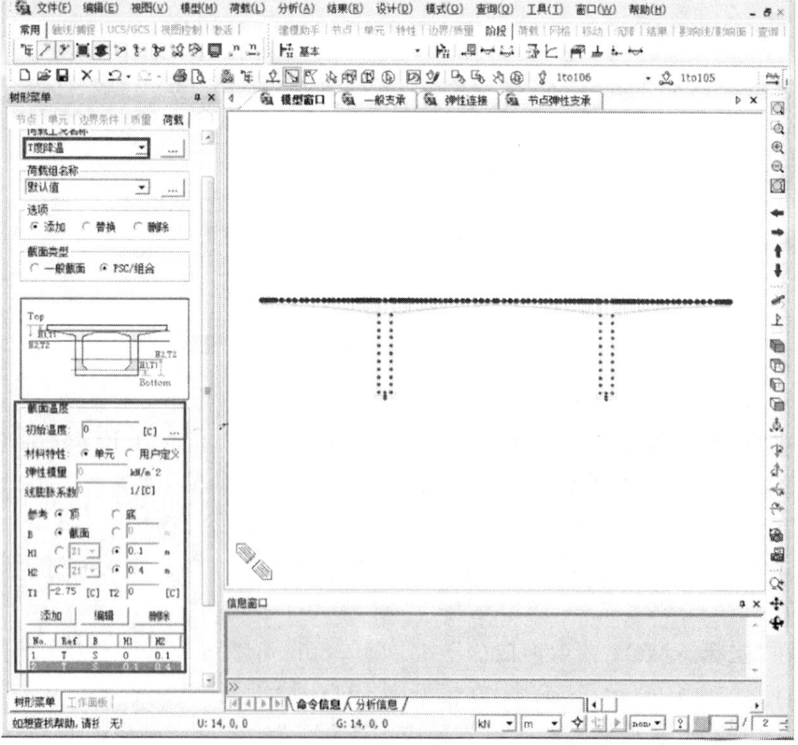

图 4-73 梯度降温

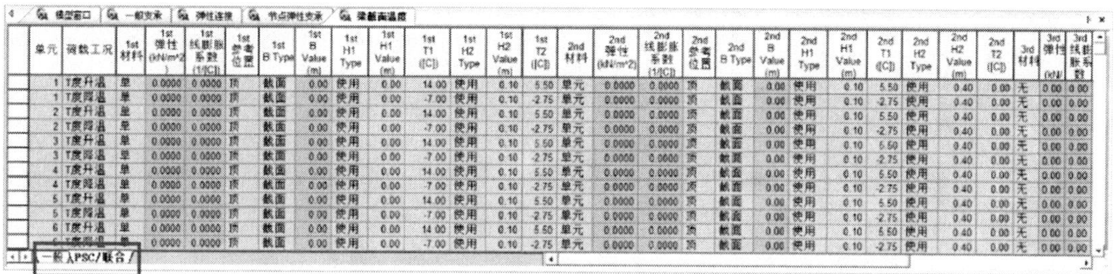

单元	荷载工况	1st 材料	1st 弹性 (kN/m^2)	1st 线膨胀系数 (1/[C])	1st 参考位置	1st B Type	1st B Value (m)	1st H1 Type	1st H1 Value (m)	1st T1 ([C])	1st H2 Type	1st H2 Value (m)	1st T2 ([C])	2nd 材料	2nd 弹性 (kN/m^2)	2nd 线膨胀系数 (1/[C])	2nd 参考位置	2nd B Type	2nd B Value (m)	2nd H1 Type	2nd H1 Value (m)	2nd T1 ([C])	2nd H2 Type	2nd H2 Value (m)	2nd T2 ([C])	3rd 材料	3rd 弹性 (kN/	3rd 线膨胀系数
1	T度升温	单	0.0000	0.0000	顶	截面	0.00	使用	0.00	14.00	使用	0.10	5.50	单元	0.0000	0.0000	顶	截面	0.00	使用	0.10	5.50	使用	0.40	0.00	无	0.00	0.00
1	T度降温	单	0.0000	0.0000	顶	截面	0.00	使用	0.00	-7.00	使用	0.10	-2.75	单元	0.0000	0.0000	顶	截面	0.00	使用	0.10	-2.75	使用	0.40	0.00	无	0.00	0.00
2	T度升温	单	0.0000	0.0000	顶	截面	0.00	使用	0.00	14.00	使用	0.10	5.50	单元	0.0000	0.0000	顶	截面	0.00	使用	0.10	5.50	使用	0.40	0.00	无	0.00	0.00
2	T度降温	单	0.0000	0.0000	顶	截面	0.00	使用	0.00	-7.00	使用	0.10	-2.75	单元	0.0000	0.0000	顶	截面	0.00	使用	0.10	-2.75	使用	0.40	0.00	无	0.00	0.00
3	T度升温	单	0.0000	0.0000	顶	截面	0.00	使用	0.00	14.00	使用	0.10	5.50	单元	0.0000	0.0000	顶	截面	0.00	使用	0.10	5.50	使用	0.40	0.00	无	0.00	0.00
3	T度降温	单	0.0000	0.0000	顶	截面	0.00	使用	0.00	-7.00	使用	0.10	-2.75	单元	0.0000	0.0000	顶	截面	0.00	使用	0.10	-2.75	使用	0.40	0.00	无	0.00	0.00
4	T度升温	单	0.0000	0.0000	顶	截面	0.00	使用	0.00	14.00	使用	0.10	5.50	单元	0.0000	0.0000	顶	截面	0.00	使用	0.10	5.50	使用	0.40	0.00	无	0.00	0.00
4	T度降温	单	0.0000	0.0000	顶	截面	0.00	使用	0.00	-7.00	使用	0.10	-2.75	单元	0.0000	0.0000	顶	截面	0.00	使用	0.10	-2.75	使用	0.40	0.00	无	0.00	0.00
5	T度升温	单	0.0000	0.0000	顶	截面	0.00	使用	0.00	14.00	使用	0.10	5.50	单元	0.0000	0.0000	顶	截面	0.00	使用	0.10	5.50	使用	0.40	0.00	无	0.00	0.00
5	T度降温	单	0.0000	0.0000	顶	截面	0.00	使用	0.00	-7.00	使用	0.10	-2.75	单元	0.0000	0.0000	顶	截面	0.00	使用	0.10	-2.75	使用	0.40	0.00	无	0.00	0.00
6	T度升温	单	0.0000	0.0000	顶	截面	0.00	使用	0.00	14.00	使用	0.10	5.50	单元	0.0000	0.0000	顶	截面	0.00	使用	0.10	5.50	使用	0.40	0.00	无	0.00	0.00
[illegible]	[illegible]	[illegible]	0.0000	0.0000	顶	截面	0.00	使用	0.00	-7.00	使用	0.10	-2.75	单元	0.0000	0.0000	顶	截面	0.00	使用	0.10	-2.75	使用	0.40	0.00	无	0.00	0.00

图 4-74　部分梁截面温度表

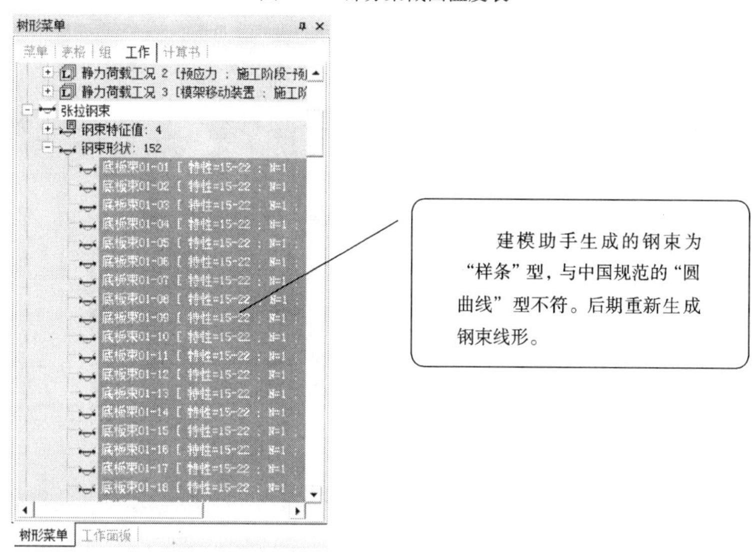

图 4-75　删除钢束形状

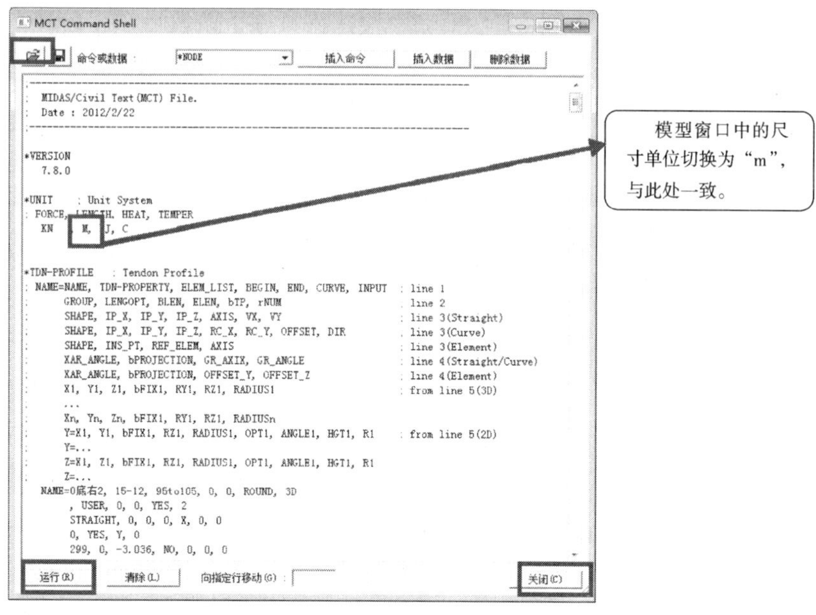

图 4-76　运行钢束形状命令流

图 4-77 钢束形状布置

(7)修改施工阶段

步骤一:在"**荷载>施工阶段分析数据>定义施工阶段…**"中,打开"施工阶段"对话框,选中所有的施工阶段,然后点击"删除",删除所有"施工阶段",见图 4-78。

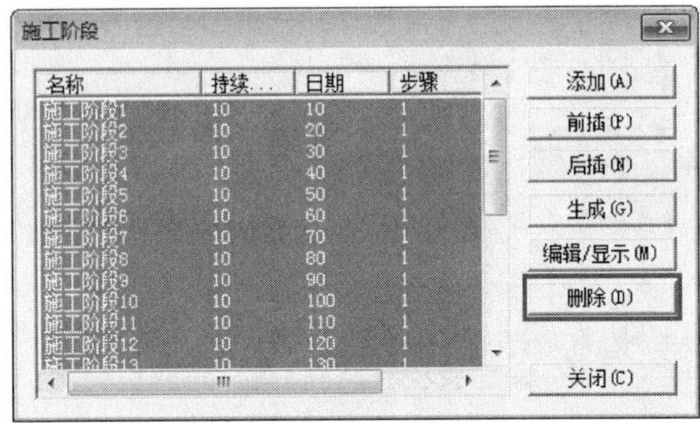

图 4-78 删除施工阶段

步骤二:在"**工具>MCT 命令窗口…**"中,打开"86m+155m+86m 连续刚构施工阶段命令流.mct"文件,然后点击"运行"命令,在模型中快速修改施工阶段。施工阶段流程见表 4-4,施工阶段定义见图 4-79~图 4-81。

施工阶段流程表 表 4-4

序号	施工阶段名称	激活或钝化组	组 名 称
1	浇注桥墩	激活结构	桥墩 1,桥墩 2
		激活边界	桥墩承台,墩底承台刚接
		激活荷载	自重
2	浇注梁段 0	激活结构	组 1-0,组 2-0
		激活边界	有效宽度 0,墩顶主梁刚接
		激活荷载	中横梁
3	张拉钢束 0	激活荷载	钢束 1-0,挂篮 1
4	浇注梁段 1	激活结构	桥梁段 1-1,桥梁段 2-1
		激活边界	有效宽度 1
5	张拉钢束 1	激活荷载	挂篮 2,钢束 1-1
		钝化荷载	挂篮 1

续上表

序号	施工阶段名称	激活或钝化组	组 名 称
6	浇注梁段 2	激活结构	桥梁段 1-2，桥梁段 2-2
		激活边界	有效宽度 2
7	张拉钢束 2	激活荷载	挂篮 3，钢束 1-2
		钝化荷载	挂篮 2
8	浇注梁段 3	激活结构	桥梁段 1-3，桥梁段 2-3
		激活边界	有效宽度 3
9	张拉钢束 3	激活荷载	挂篮 4，钢束 1-3
		钝化荷载	挂篮 3
10	浇注梁段 4	激活结构	桥梁段 1-4，桥梁段 2-4
		激活边界	有效宽度 4
11	张拉钢束 4	激活荷载	挂篮 5，钢束 1-4
		钝化荷载	挂篮 4
12	浇注梁段 5	激活结构	桥梁段 1-5，桥梁段 2-5
		激活边界	有效宽度 5
13	张拉钢束 5	激活荷载	挂篮 6，钢束 1-5
		钝化荷载	挂篮 5
14	浇注梁段 6	激活结构	桥梁段 1-6，桥梁段 2-6
		激活边界	有效宽度 6
15	张拉钢束 6	激活荷载	挂篮 7，钢束 1-6
		钝化荷载	挂篮 6
16	浇注梁段 7	激活结构	桥梁段 1-7，桥梁段 2-7
		激活边界	有效宽度 7
17	张拉钢束 7	激活荷载	挂篮 8，钢束 1-7
		钝化荷载	挂篮 7
18	浇注梁段 18	激活结构	桥梁段 1-8，桥梁段 2-8
		激活边界	有效宽度 8
19	张拉钢束 8	激活荷载	挂篮 9，钢束 1-8
		钝化荷载	挂篮 8
20	浇注梁段 9	激活结构	桥梁段 1-9，桥梁段 2-9
		激活边界	有效宽度 9
21	张拉钢束 9	激活荷载	挂篮 10，钢束 1-9
		钝化荷载	挂篮 9
22	浇注梁段 10	激活结构	桥梁段 1-10，桥梁段 2-10
		激活边界	有效宽度 10
23	张拉钢束 10	激活荷载	挂篮 11，钢束 1-10
		钝化荷载	挂篮 10

续上表

序号	施工阶段名称	激活或钝化组	组 名 称
24	浇注梁段 11	激活结构	桥梁段 1-11,桥梁段 2-11
		激活边界	有效宽度 11
25	张拉钢束 11	激活荷载	挂篮 12,钢束 1-11
		钝化荷载	挂篮 11
26	浇注梁段 12	激活结构	桥梁段 1-12,桥梁段 2-12
		激活边界	有效宽度 12
27	张拉钢束 12	激活荷载	挂篮 13,钢束 1-12
		钝化荷载	挂篮 12
28	浇注梁段 13	激活结构	桥梁段 1-13,桥梁段 2-13
		激活边界	有效宽度 13
29	张拉钢束 13	激活荷载	挂篮 14,钢束 1-13
		钝化荷载	挂篮 13
30	浇注梁段 14	激活结构	桥梁段 1-14,桥梁段 2-14
		激活边界	有效宽度 14
31	张拉钢束 14	激活荷载	挂篮 15,钢束 1-14
		钝化荷载	挂篮 14
32	浇注梁段 15	激活结构	桥梁段 1-15,桥梁段 2-15
		激活边界	有效宽度 15
33	张拉钢束 15	激活荷载	挂篮 16,钢束 1-15
		钝化荷载	挂篮 15
34	浇注梁段 16	激活结构	桥梁段 1-16,桥梁段 2-16
		激活边界	有效宽度 16
35	张拉钢束 16	激活荷载	挂篮 17,钢束 1-16
		钝化荷载	挂篮 16
36	浇注梁段 17	激活结构	桥梁段 1-17,桥梁段 2-17
		激活边界	有效宽度 17
37	张拉钢束 17	激活荷载	挂篮 18,钢束 1-17
		钝化荷载	挂篮 17
38	浇注梁段 18	激活结构	桥梁段 1-18,桥梁段 2-18
		激活边界	有效宽度 18
39	张拉钢束 18	激活荷载	挂篮 19,钢束 1-18
		钝化荷载	挂篮 18
40	浇注梁段 19	激活结构	桥梁段 1-19,桥梁段 2-19
		激活边界	有效宽度 19
41	张拉钢束 19	激活荷载	挂篮 20-1,挂篮 20-2,挂篮 20-3,挂篮 20-4,钢束 1-19
		钝化荷载	挂篮 19

续上表

序号	施工阶段名称	激活或钝化组	组 名 称
42	现浇梁段 20	激活结构	桥梁段 1-20,桥梁段 2-20
		激活边界	有效宽度 20
43	张拉钢束 20	激活荷载	钢束 1-20,合龙段挂篮 1,合龙段挂篮 2-1,合龙段挂篮 2-2,合龙段挂篮 3
		钝化荷载	挂篮 20-1,挂篮 20-2,挂篮 20-3,挂篮 20-4
44	中跨合龙前重力	激活荷载	跨中合龙重力
		激活边界	固定合龙段
45	中跨合龙	激活结构	跨中合龙段 2
		激活边界	跨中合龙段有效宽度
		钝化边界	固定合龙段
		激活荷载	中跨合龙段钢束 2,跨中横隔板
		钝化荷载	合龙段挂篮 2-1,合龙段挂篮 2-2,跨中合龙重力
46	导梁现浇合龙段	激活结构	左侧现浇合龙段 1,右侧现浇合龙段 3
		激活边界	临时满堂 DZ,左侧现浇合龙段有效宽度,右侧现浇合龙段有效宽度
		激活荷载	端横梁
47	张拉边跨现浇段钢束	激活荷载	合龙段钢束 1,合龙段钢束 3
		钝化荷载	合龙段挂篮 1,合龙段挂篮 3
48	边跨合龙前强制归位	钝化边界	临时满堂 DZ
		激活荷载	左边跨合龙前强制荷载,右边跨合龙前强制荷载
49	激活桥台边界	激活边界	桥台
		钝化荷载	左边跨合龙前强制荷载,右边跨合龙前强制荷载
50	二期	激活荷载	二期,中跨合龙段钢束 2
51	十年收缩徐变		

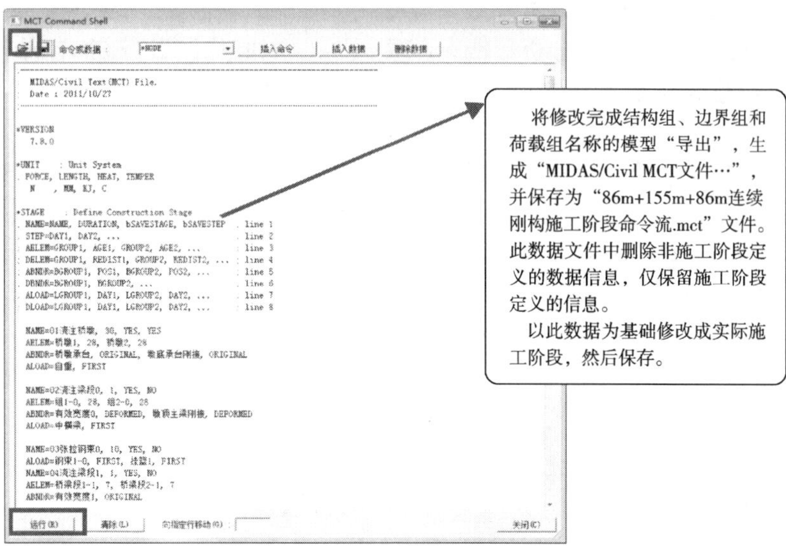

图 4-79 施工阶段命令流

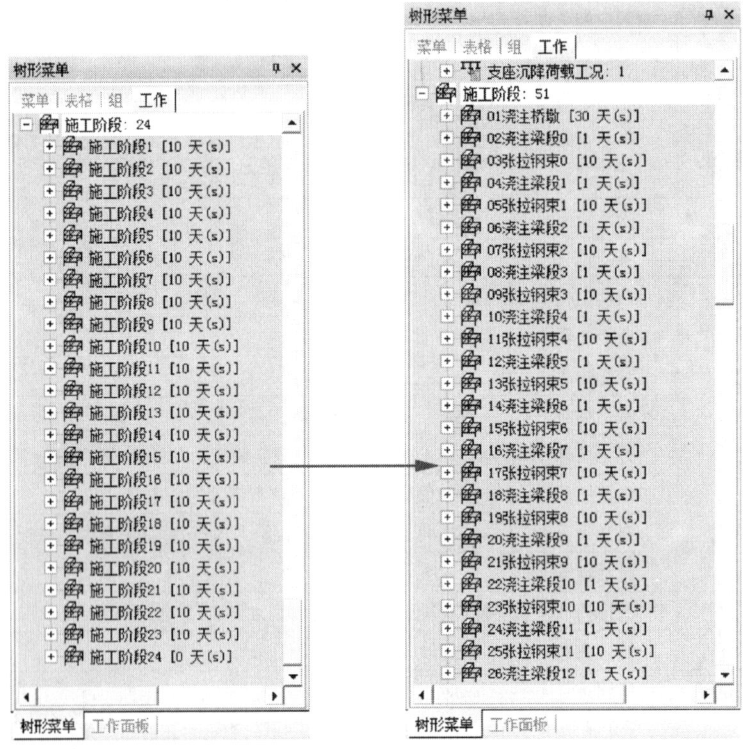

图 4-80 修改前的施工阶段　　　　图 4-81 修改后的施工阶段

4.2.5 定义移动荷载

步骤一:在“**荷载 > 移动荷载分析数据 > 移动荷载规范…**”中,选择“China”规范。

步骤二:在“**荷载 > 移动荷载分析数据 > 车道…**”中,添加车道,见图 4-82 ~ 图 4-89。

步骤三:在“**荷载 > 移动荷载分析数据 > 车辆…**”中,添加“CH-CD”标准车辆,见图 4-90。

步骤四:在“**荷载 > 移动荷载分析数据 > 车辆组…**”中,添加“公路一级”车辆组,见图 4-91。

步骤五:在“**荷载 > 移动荷载分析数据 > 移动荷载工况…**”中,添加“车载偏与中”移动荷载工况,见图 4-92 和图 4-93。

步骤六:在“**荷载 > 移动荷载分析数据 > 并发反力组…**”中,进行移动荷载工况下的并发反力组的定义,见图 4-94。

定义好的移动荷载分析数据见图 4-95。

4.2.6 定义支座沉降

在 midas Civil 中,分析支座变形对结构的影响时,可采用“支座强制位移”或“支座沉降”荷载工况进行模拟。

1)两种荷载工况相同点事项

(1)两者都是将变形荷载施加在节点上进行支座变形的模拟。

(2)如果施加变形的节点不是支座,则程序会在该节点上自动施加支座(支座约束方向与变形方向一致)。该自动施加的支座在所有荷载工况中均起作用,请用户定义变形点时务必小心注意。

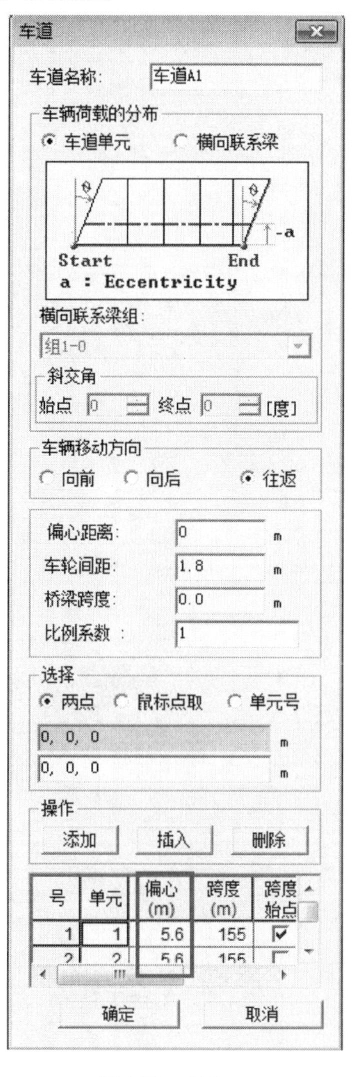

图4-82　车道A1

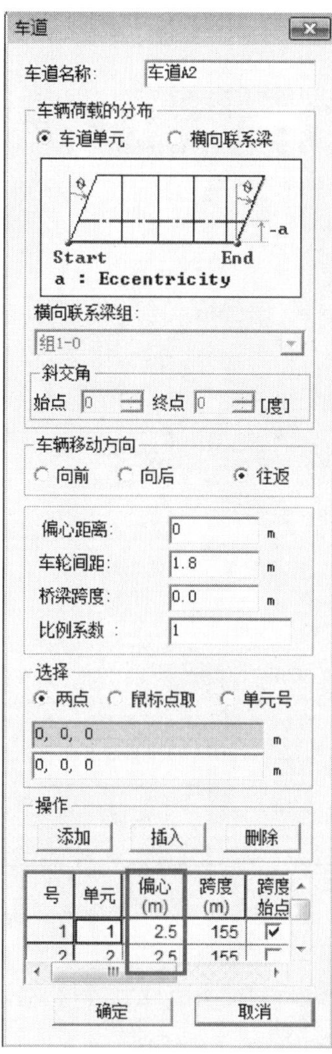

图4-83　车道A2

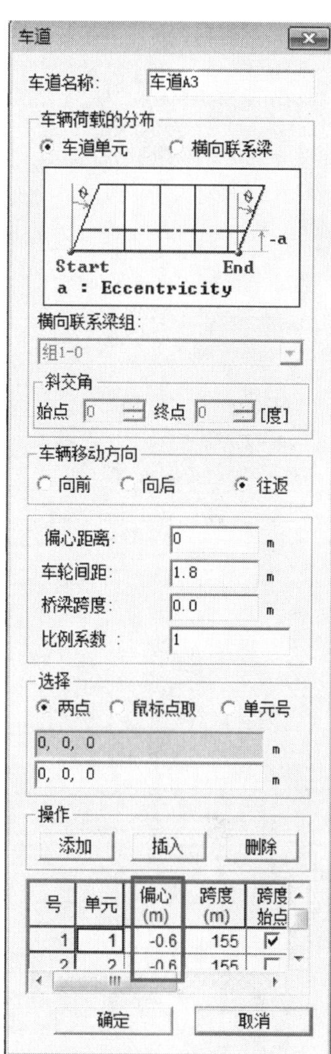

图4-84　车道A3

2)两种荷载工况不同点事项

(1)“支座强制位移”荷载工况。“支座强制位移”荷载工况用来分析已知支座沉降变形情况,属于静力荷载工况。

(2)“支座沉降”荷载工况。“支座沉降”荷载工况用来分析不确定的支座沉降变形情况。通过预估的方法模拟有可能发生各种情况的包络组合情况,属于非线性荷载工况。

(3)“支座沉降”荷载工况仅在成桥阶段分析起作用;而“支座强制位移”荷载工况不仅可以在施工阶段进行分析,还可以在成桥阶段进行分析。

步骤一:在“**荷载 > 支座沉降分析数据 > 支座沉降组…**”中,添加“支座沉降组”,见图4-96。

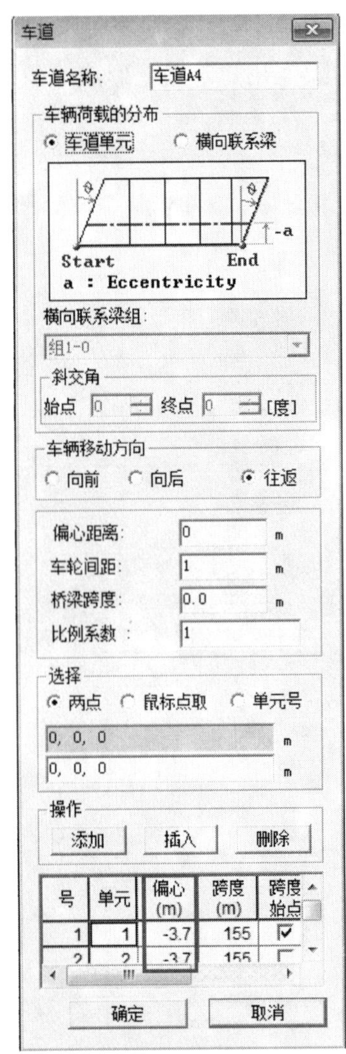

图 4-85 车道 A4

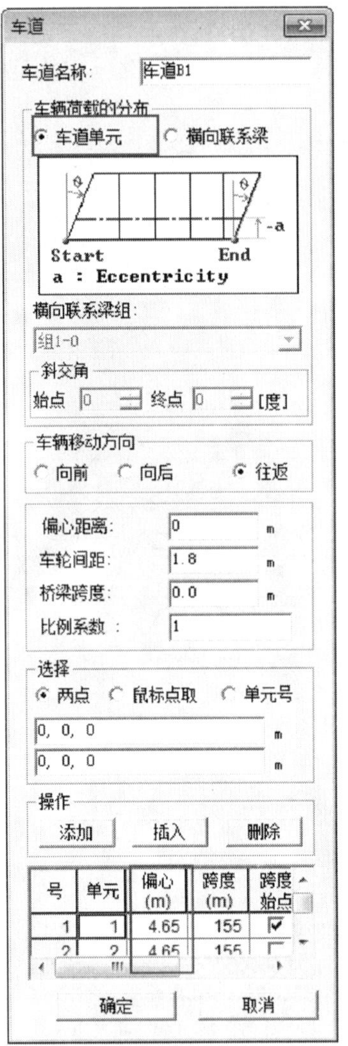

图 4-86 车道 B1

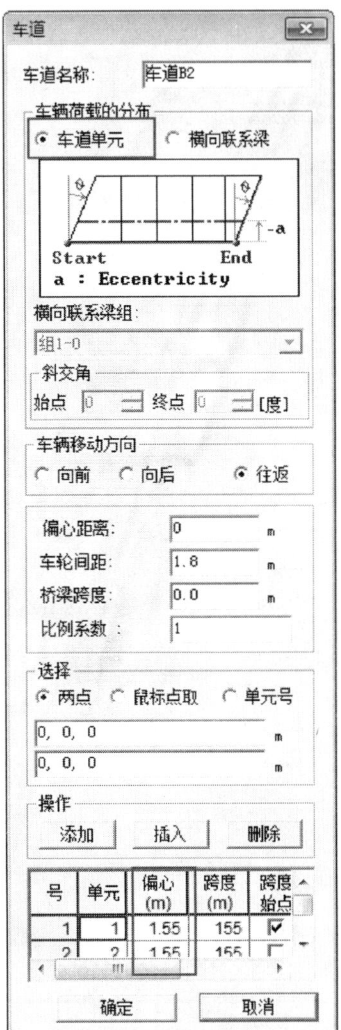

图 4-87 车道 B2

步骤二：在“**荷载 > 支座沉降分析数据 > 支座沉降荷载工况…**”中，添加“支座沉降荷载工况”，见图 4-97。

步骤三：在“**荷载 > 支座沉降分析数据 > 反力组…**”中，进行支座沉降荷载工况下的并发反力组的定义，见图 4-98。

4.2.7 将荷载转化成质量

在“**模型 > 结构类型**”中，将“自重”转化为“质量”，见图 4-99。

在“**模型 > 质量 > 将荷载转化为质量**”中，将带有质量块的荷载“端横梁、中横梁、跨中横隔板、二期”转化为质量（规范中说可不需转化，此处请用户自己判断）。

4.2.8 定义材料高级属性

步骤一：在“**模型 > 材料和截面特性 > 时间依存性材料（徐变/收缩）…**”中，定义“C50 收

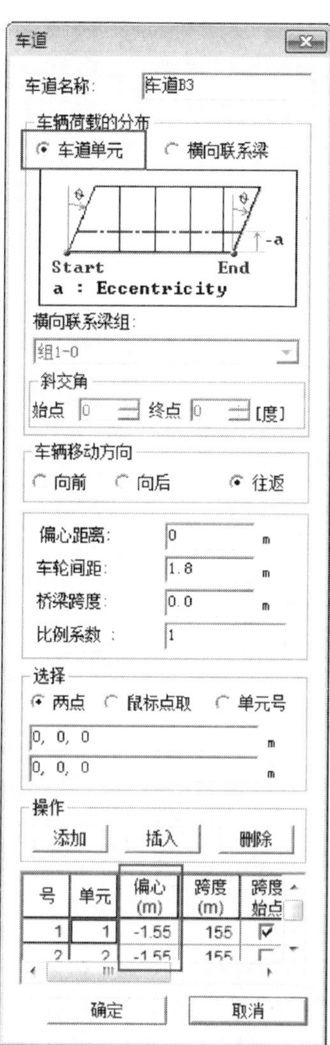

图 4-88 车道 B3

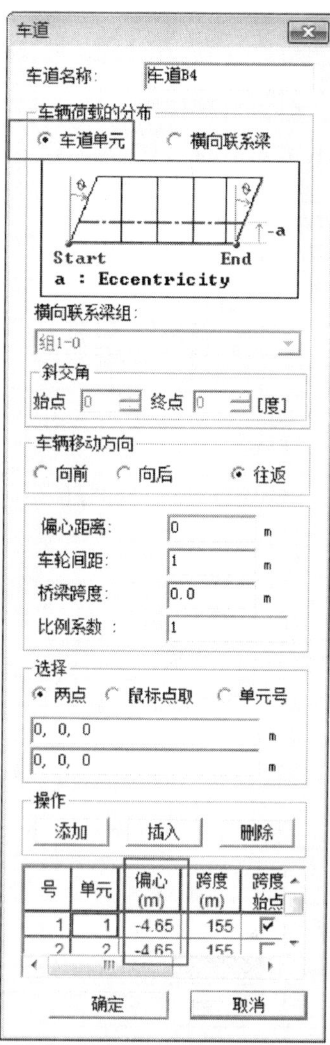

图 4-89 车道 B4

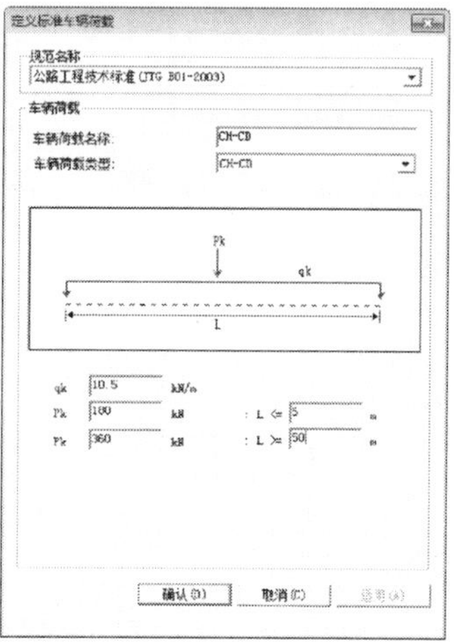

图 4-90 标准车辆荷载

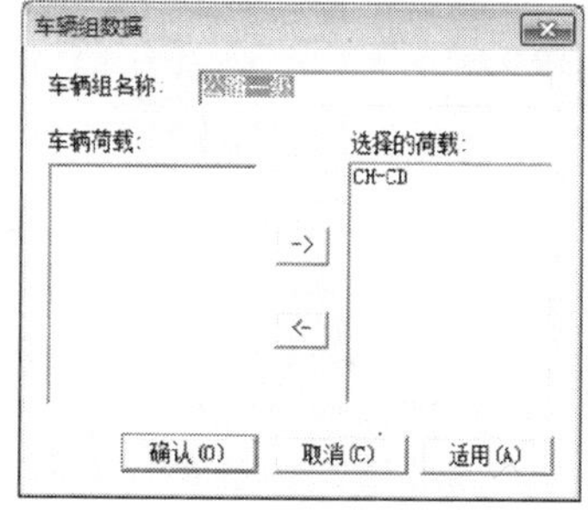

图 4-91 车辆组

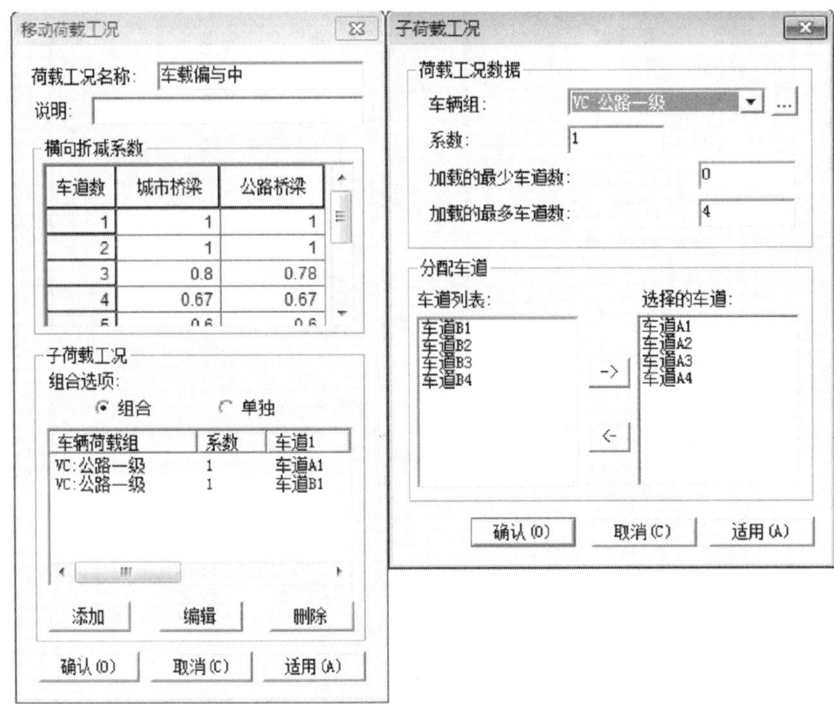

图 4-92　移动荷载工况-1

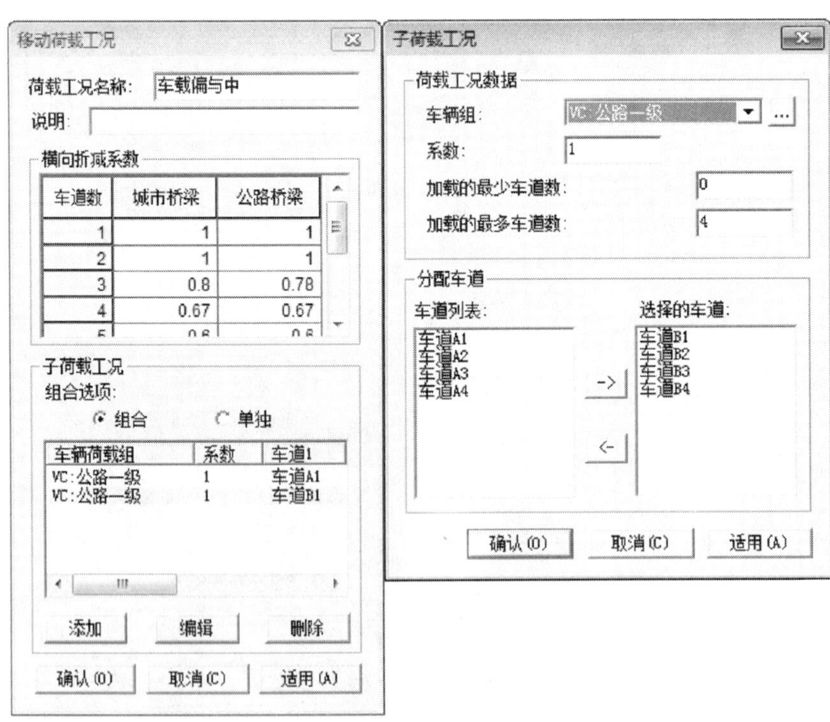

图 4-93　移动荷载工况-2

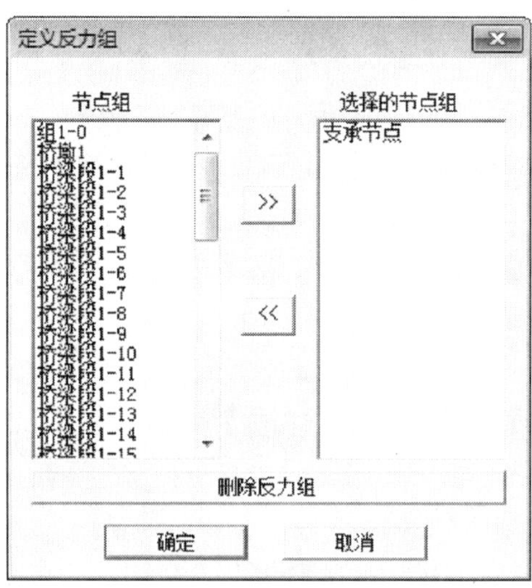

图 4-94　移动荷载并发反力组

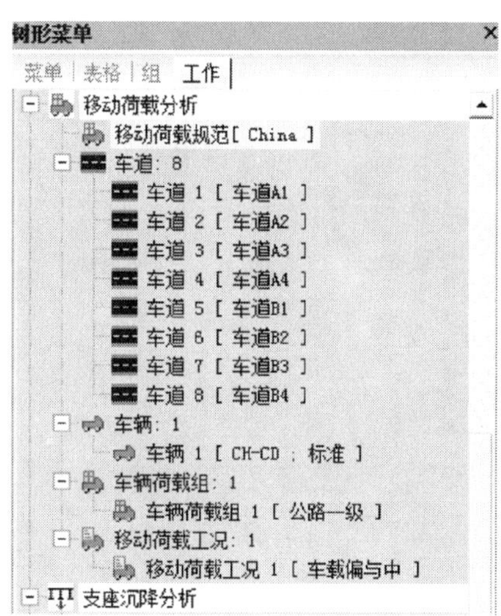

图 4-95　移动荷载分析数据

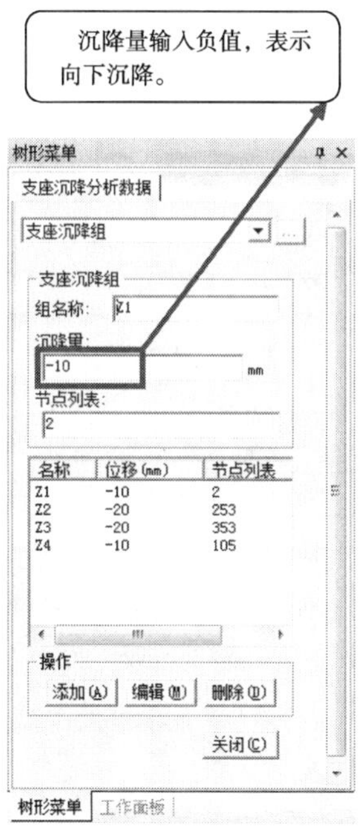

图 4-96　支座沉降组

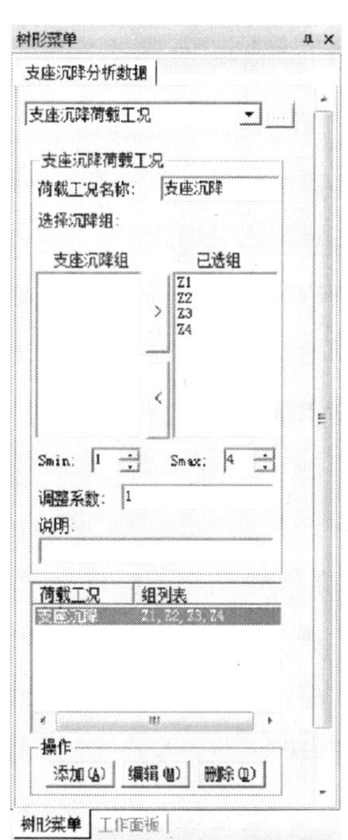

图 4-97　支座沉降荷载工况

缩徐变”和“C40 收缩徐变”，见图 4-100。

步骤二：在“**模型 > 材料和截面特性 > 时间依存性材料连接…**”中，进行“C50 时间依存性材料连接”和“C40 时间依存性材料连接”，见图 4-101 和图 4-102。

步骤三：在“**模型 > 材料和截面特性 > 修改单元依存材料特性…**”中，修改模型中所有混凝土单元的理论厚度，见图 4-103。

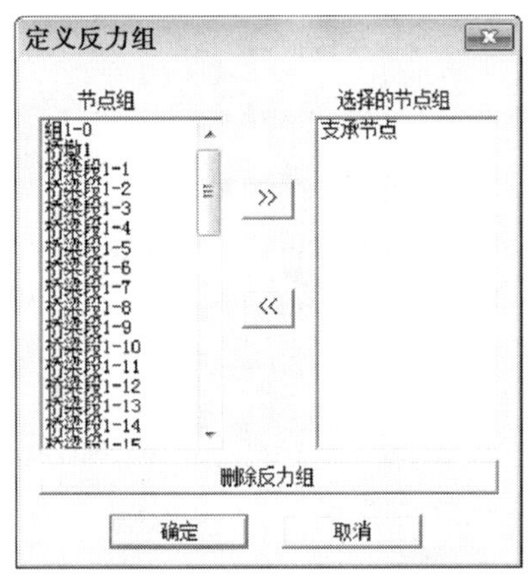

图 4-98 支座沉降并发反力组

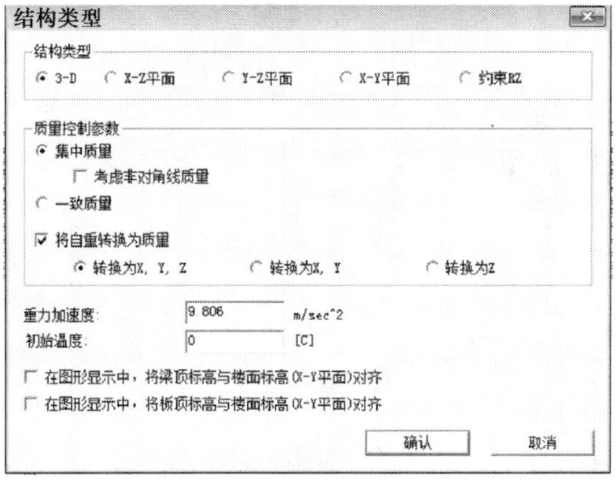

图 4-99 自重转化为质量图

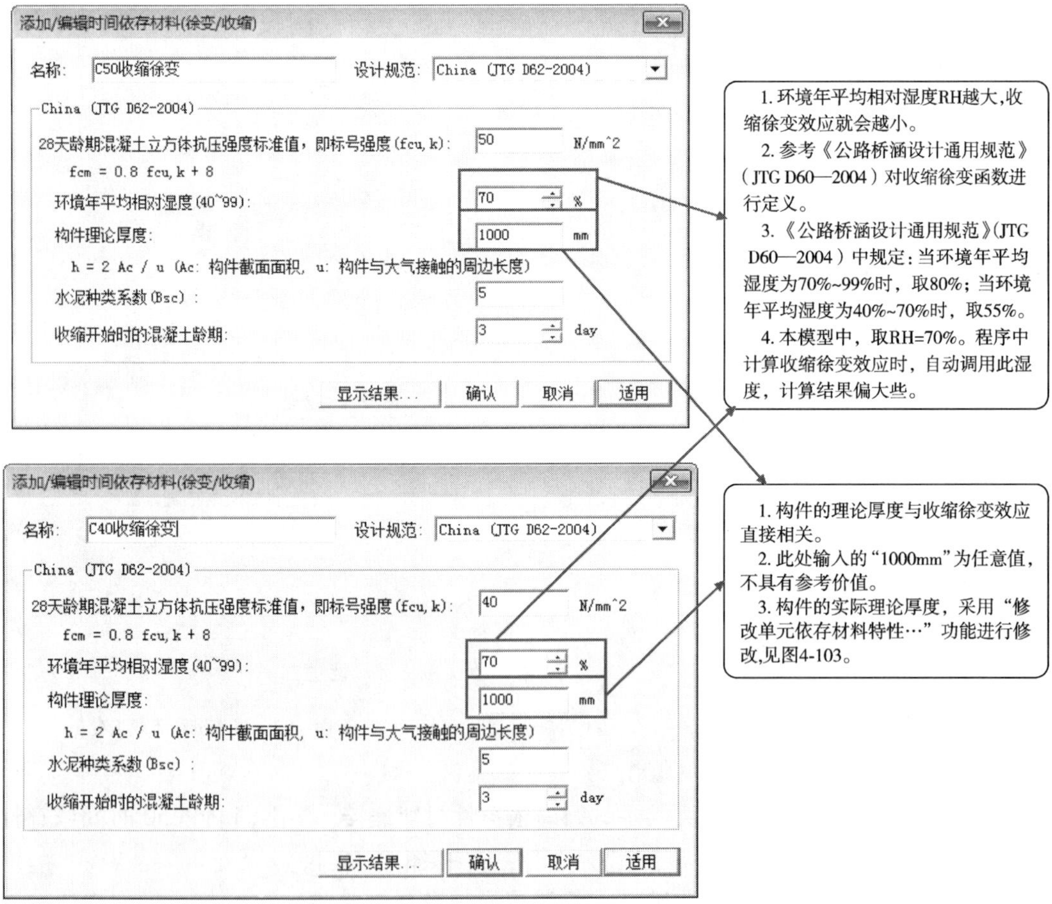

1. 环境年平均相对湿度RH越大，收缩徐变效应就会越小。

2. 参考《公路桥涵设计通用规范》（JTG D60—2004）对收缩徐变函数进行定义。

3. 《公路桥涵设计通用规范》（JTG D60—2004）中规定：当环境年平均湿度为70%~99%时，取80%；当环境年平均湿度为40%~70%时，取55%。

4. 本模型中，取RH=70%。程序中计算收缩徐变效应时，自动调用此湿度，计算结果偏大些。

1. 构件的理论厚度与收缩徐变效应直接相关。

2. 此处输入的“1000mm”为任意值，不具有参考价值。

3. 构件的实际理论厚度，采用“修改单元依存材料特性…”功能进行修改,见图4-103。

图 4-100 定义收缩徐变

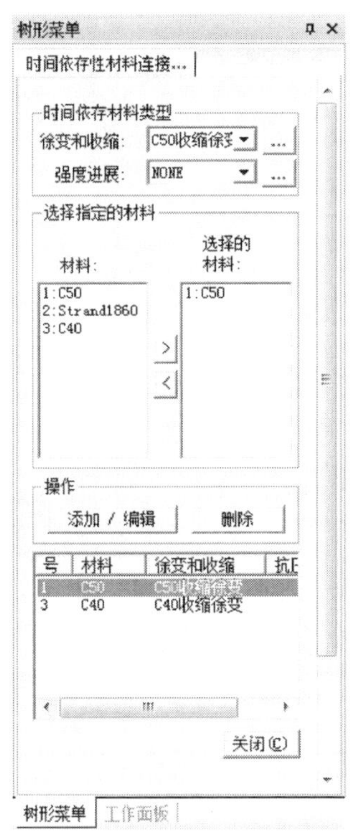

图 4-101　C50 时间依存性材料连接

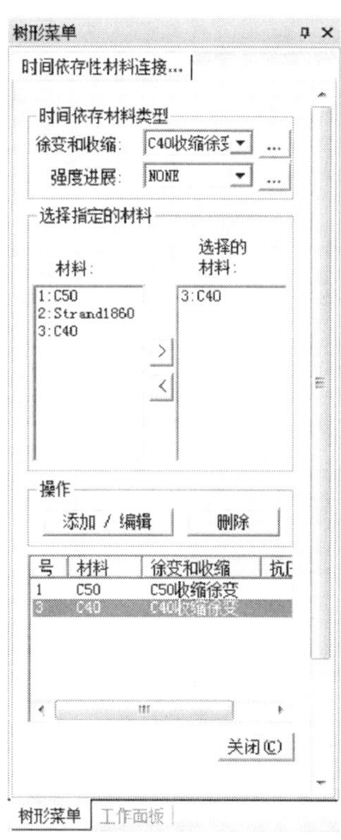

图 4-102　C40 时间依存性材料连接

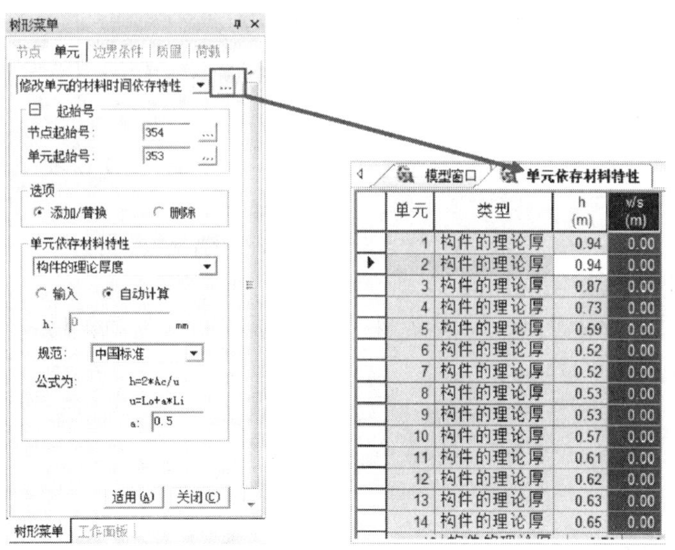

单元	类型	h (m)	v/s (m)
1	构件的理论厚	0.94	0.00
2	构件的理论厚	0.94	0.00
3	构件的理论厚	0.87	0.00
4	构件的理论厚	0.73	0.00
5	构件的理论厚	0.59	0.00
6	构件的理论厚	0.52	0.00
7	构件的理论厚	0.52	0.00
8	构件的理论厚	0.53	0.00
9	构件的理论厚	0.53	0.00
10	构件的理论厚	0.57	0.00
11	构件的理论厚	0.61	0.00
12	构件的理论厚	0.62	0.00
13	构件的理论厚	0.63	0.00
14	构件的理论厚	0.65	0.00

图 4-103　修改单元理论厚度

4.2.9 分析控制定义

(1)定义施工阶段分析控制对话框

在“**分析 > 施工阶段分析控制**”中定义，见图 4-104。

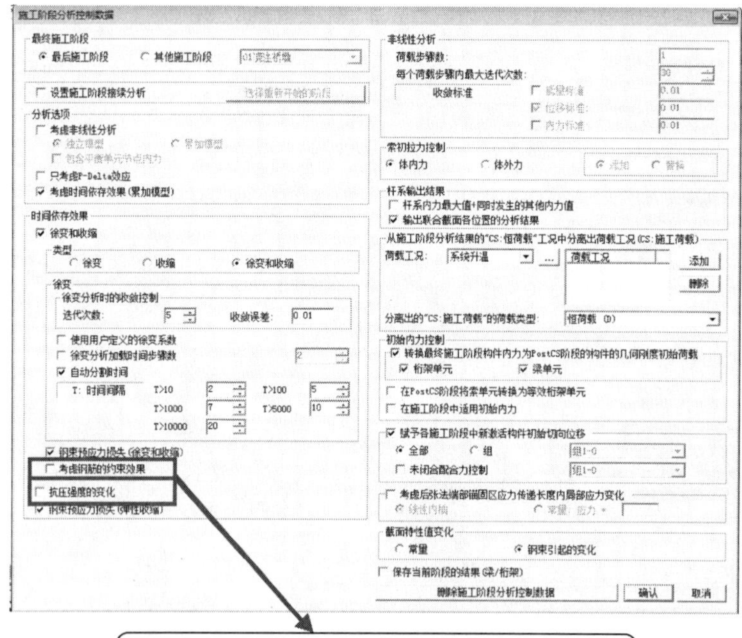

1. midas Civil目前只提供国外的抗压强度变化的函数。此函数不具有参考价值（中国的混凝土标号采用的是立方体的，美国、韩国等采用的是圆柱体的）。

2. 如果用户要考虑混凝土强度随时间变化的函数，可根据混凝土的实际情况，自定义强度发展函数。

3. 本工程设计时，强调混凝土施工养护强度达到95%以上后拆模，因此没考虑混凝土强度的变化。

4. 本工程设计时，暂“不勾选”“考虑钢筋约束效果”进行设计，并与后期“勾选”“考虑钢筋约束效果”进行比较。

5. 建议用户“勾选”“考虑钢筋约束效果”进行实际桥梁工程的设计。

图 4-104　定义施工阶段分析控制数据

(2)定义特征值分析控制对话框，得到竖向基频

在“**分析 > 特征值分析控制**”中，定义“特征值分析控制”，见图 4-105。通过特征值分析，得到主梁的竖向基频为 1.1Hz。

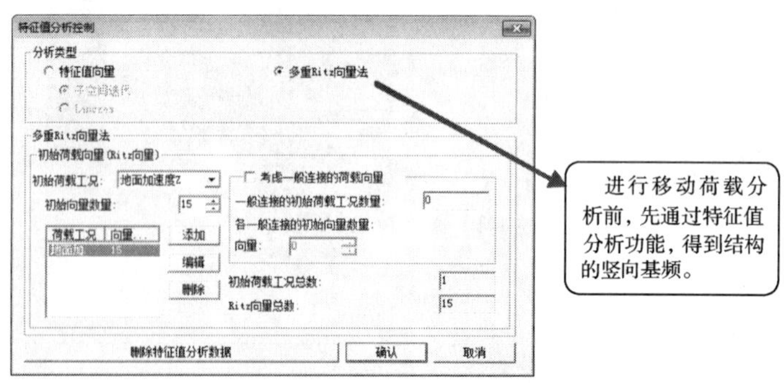

图 4-105　定义特征值分析控制

(3)定义主控数据分析控制对话框

在"**分析 > 主控数据**"中定义,见图 4-106。

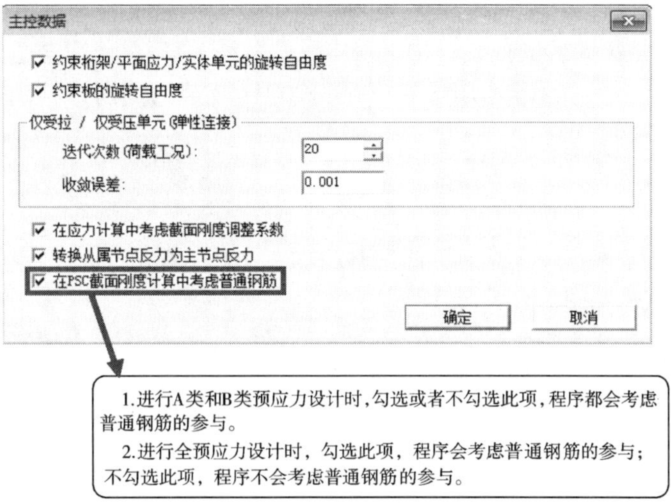

主控数据

☑ 约束桁架/平面应力/实体单元的旋转自由度

☑ 约束板的旋转自由度

仅受拉 / 仅受压单元(弹性连接)

迭代次数(荷载工况): 20

收敛误差: 0.001

☑ 在应力计算中考虑截面刚度调整系数

☑ 转换从属节点反力为主节点反力

☑ 在PSC截面刚度计算中考虑普通钢筋

确定 取消

1.进行A类和B类预应力设计时,勾选或者不勾选此项,程序都会考虑普通钢筋的参与。

2.进行全预应力设计时,勾选此项,程序会考虑普通钢筋的参与;不勾选此项,程序不会考虑普通钢筋的参与。

图 4-106 定义主控数据

(4)定义移动荷载分析控制对话框

在"**分析 > 移动荷载分析控制数据**"中定义,结构的冲击系数 $\mu=0.05$,见图 4-107。

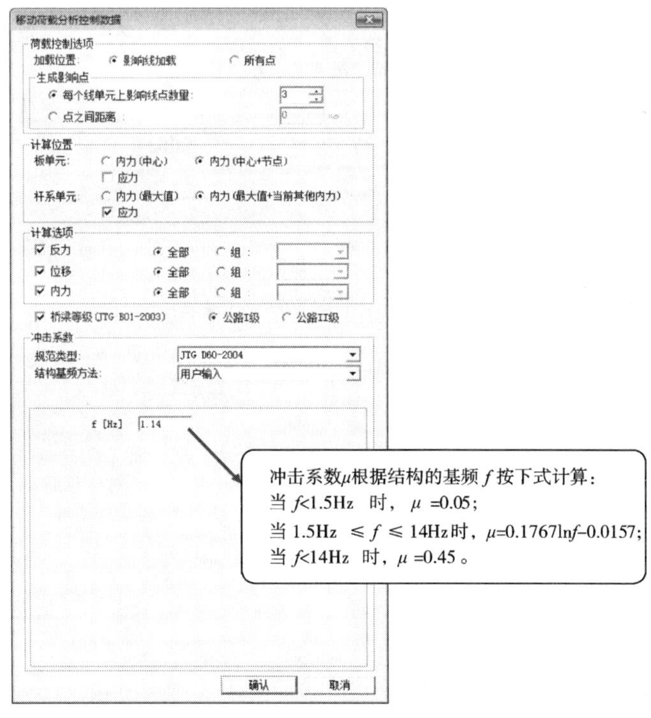

图 4-107 定义移动荷载分析控制数据

4.2.10 模型设计

本连续刚构桥的设计参考"JTG D60—2004"规范。规范是工程师进行公路桥梁设计的基本规范或依据,但不是法律。规范是以往工程实践的总结,但不可能完全适用各种情况。因此工程师进行桥梁设计时,在参考选用"JTG D60—2004"规范的同时,可以根据自己个人的经验,进行相应的设计控制。

1)模型设计定义

(1)荷载组合定义

在"**结果 > 荷载组合…**"中,自动生成"JTG D60—2004"规范下的"一般组合"和"混凝土设计组合",见图4-108和图4-109。

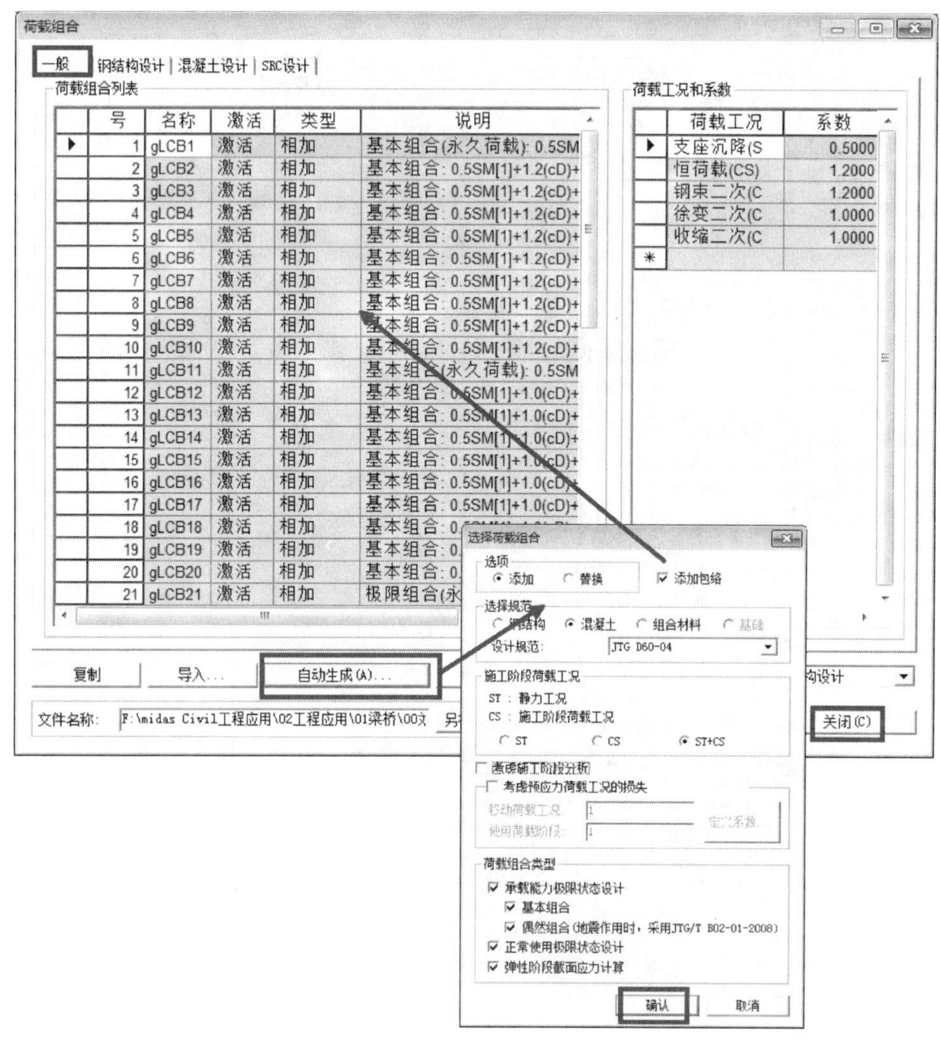

图4-108 自动生成"JTG D60—2004"规范下的"一般组合"

midas Civil自动生成的荷载组合完全与规范规定相吻合(例如:按照JTG D60—2004规范做公路混凝土桥梁设计,那么自动生成的荷载组合就是按照《公路桥涵设计通用规范》(JTG

D60—2004)生成的)。如果要结合规范做混凝土设计的话,程序只调取“混凝土设计”列表中的荷载组合,然后结合规范进行设计。

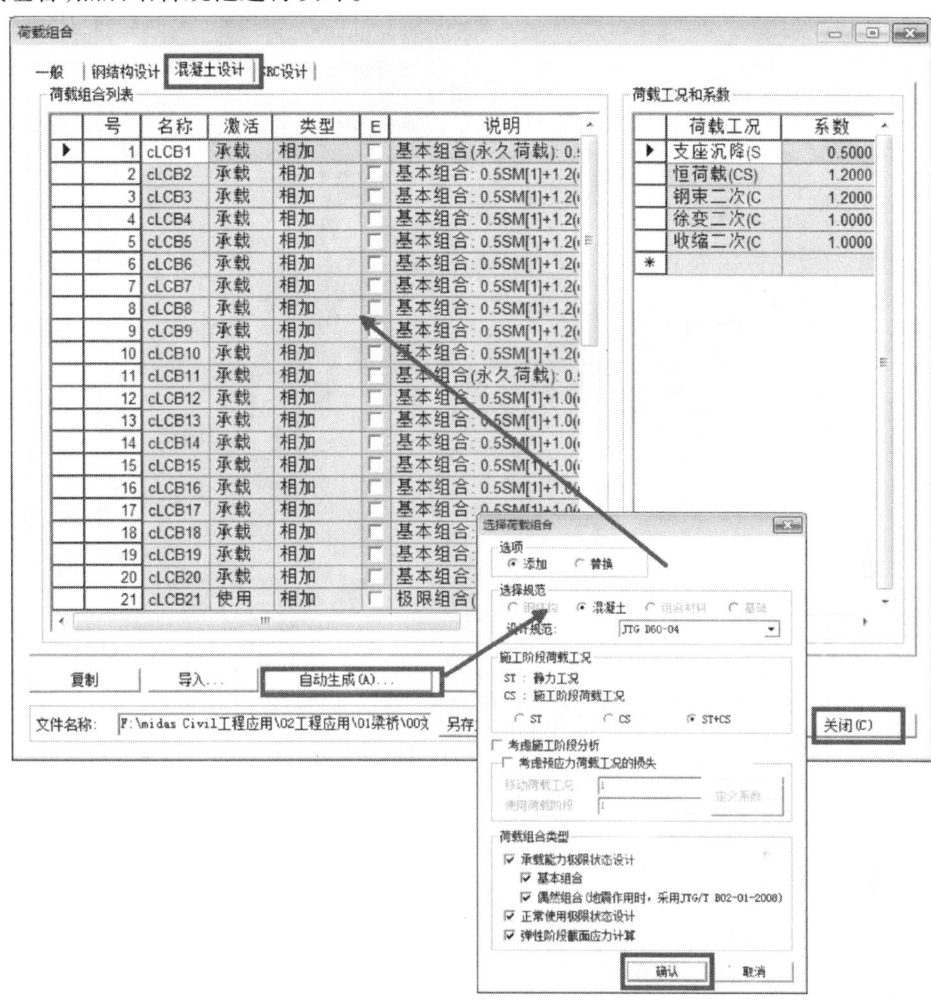

图4-109 自动生成“JTG D60—2004”规范下的“混凝土设计组合”

“承载能力”荷载组合用来进行结构的承载力(正截面抗弯、斜截面抗剪、抗扭等)验算。“使用性能”荷载组合不勾选“E”用来进行结构的截面抗裂验算(对于A类预应力混凝土构件进行正截面抗裂验算时,要考虑在荷载长期效应组合下的验算,但此时规定的荷载长期效应系指结构恒载和直接施加于桥上的活荷载产生的效应组合,不考虑间接施加于桥上其他作用效应。此时程序在验算时,会自动屏蔽掉间接荷载效应)。“使用性能”荷载组合勾选“E”(表示弹性验算荷载组合)用来进行结构的截面抗压验算、受拉区钢筋的拉应力验算。

(2)PSC设计定义

步骤一:在“**设计 >PSC设计 > PSC设计参数**”中,选择设计规范,进行设计参数定义,见图4-110。

步骤二:在“**设计 >PSC设计 > PSC设计材料**”中,选择设计规范,进行设计参数定义,见图4-111。

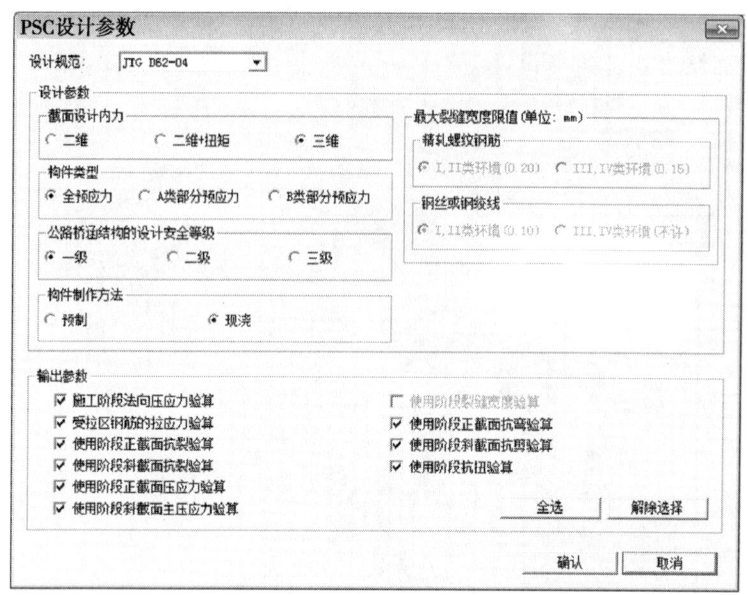

图 4-110 PSC 设计参数定义图

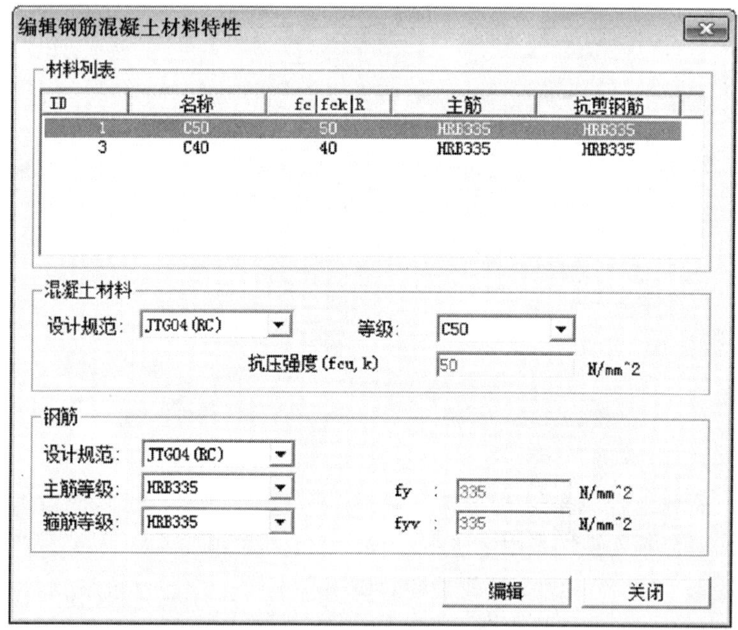

图 4-111 PSC 设计材料定义图

步骤三:在“**设计 > PSC 设计 > PSC 设计截面位置**”中,选择相应单元进行设计验算定义,见图 4-112。

步骤四:在“**设计 > PSC 设计 > PSC 设计计算书输出内容**”中,选择相应单元进行计算书输出内容定义,见图 4-113。

2)运行 PSC 梁的设计

在“**设计 > PSC 设计 > 运行 PSC 设计 > 梁的设计**”中,运行 PSC 梁的设计。

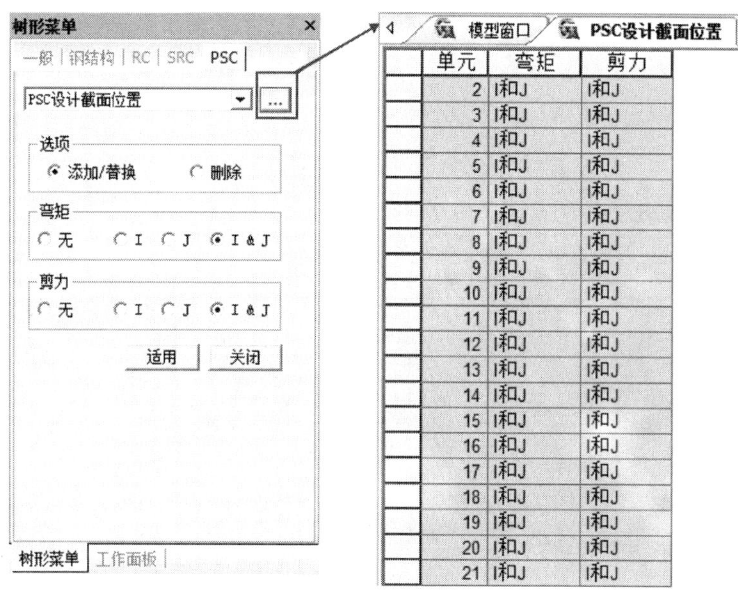

图 4-112 PSC 设计截面位置定义

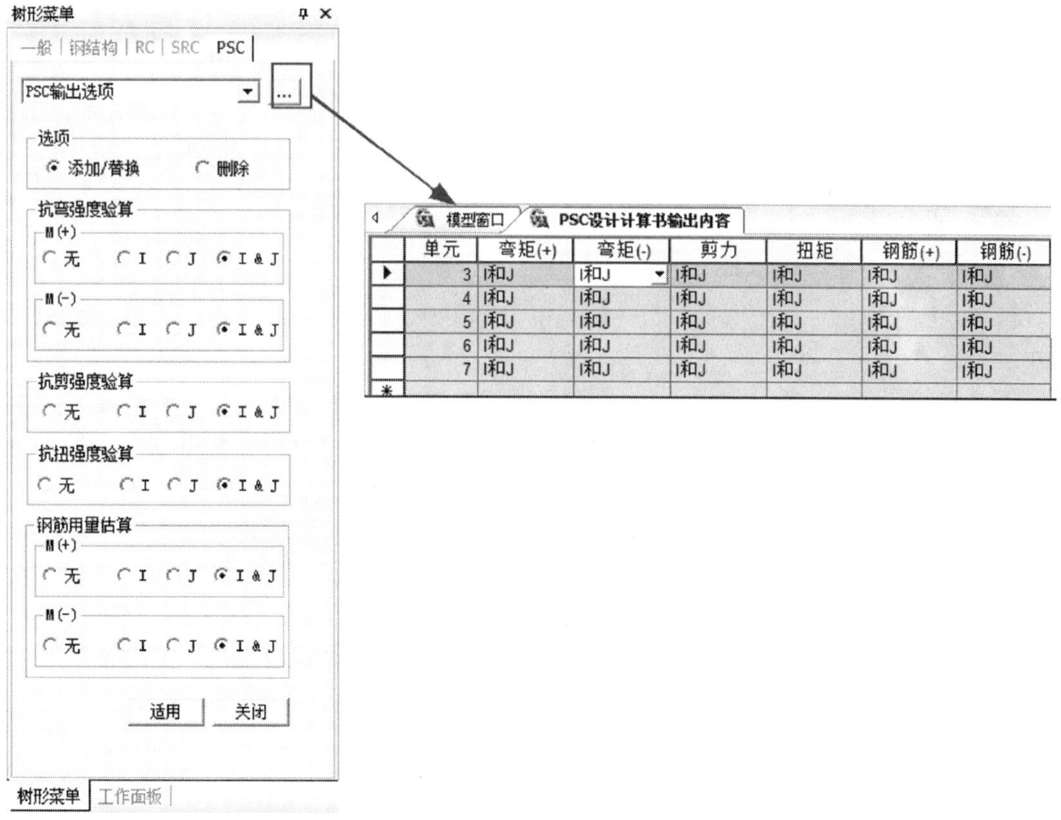

图 4-113 PSC 设计计算书输出选项定义

3)查看 PSC 设计验算结果

步骤一:在"**树形菜单 >表格>设计表格> PSC 设计>施工阶段法向压应力验算…(设计 > PSC 设计 > PSC 设计结果表格>施工阶段法向压应力验算…)**"中,查看主梁单元的施工阶段法向压应力验算结果表格,见图 4-114。

模型窗口 / 施工阶段法向压应力验算

单元	位置	最大/最小	阶段	验算	Sig_T (N/mm^2)	Sig_B (N/mm^2)	Sig_TL (N/mm^2)	Sig_BL (N/mm^2)	Sig_TR (N/mm^2)	Sig_BR (N/mm^2)	Sig_MAX (N/mm^2)	Sig_ALW (N/mm^2)
29	J[30]	最小	19张拉钢束	OK	8.3837	-1.6058	8.3837	-1.6058	8.3837	-1.6058	-1.6058	-2.4380
30	I[30]	最小	19张拉钢束	OK	8.3837	-1.6058	8.3837	-1.6058	8.3837	-1.6058	-1.6058	-2.4380
53	I[53]	最小	45中跨合拢	OK	-1.1632	1.8460	-1.1632	1.8460	-1.1632	1.8460	-1.1632	-2.4380
53	J[54]	最小	45中跨合拢	OK	-1.1632	1.8460	-1.1632	1.8460	-1.1632	1.8460	-1.1632	-2.4380
52	J[53]	最小	45中跨合拢	OK	-1.1563	3.0923	-1.1563	3.0923	-1.1563	3.0923	-1.1563	-2.4380
52	I[52]	最小	45中跨合拢	OK	-0.5185	2.3048	-0.5185	2.3048	-0.5185	2.3048	-0.5185	-2.4380
51	J[52]	最小	45中跨合拢	OK	-0.5015	3.4904	-0.5015	3.4904	-0.5015	3.4904	-0.5015	-2.4380
28	J[29]	最小	15张拉钢束	OK	5.3748	-0.2996	5.3748	-0.2996	5.3748	-0.2996	-0.2996	-2.4380
29	I[29]	最小	15张拉钢束	OK	5.3575	-0.2819	5.3575	-0.2819	5.3575	-0.2819	-0.2819	-2.4380
24	I[24]	最大	39张拉钢束	OK	10.5355	6.3350	10.5355	6.3350	10.5355	6.3350	10.5355	18.1440
34	I[34]	最大	39张拉钢束	OK	10.7381	6.0943	10.7381	6.0943	10.7381	6.0943	10.7381	18.1440
25	J[26]	最大	39张拉钢束	OK	10.7418	6.0901	10.7418	6.0901	10.7418	6.0901	10.7418	18.1440
34	J[35]	最大	39张拉钢束	OK	10.8632	6.4047	10.8632	6.4047	10.8632	6.4047	10.8632	18.1440
25	I[25]	最大	39张拉钢束	OK	10.8671	6.4003	10.8671	6.4003	10.8671	6.4003	10.8671	18.1440
29	J[30]	最大	35张拉钢束	OK	10.9558	1.8868	10.9558	1.8868	10.9558	1.8868	10.9558	18.1440
30	I[30]	最大	35张拉钢束	OK	10.9558	1.8868	10.9558	1.8868	10.9558	1.8868	10.9558	18.1440
33	J[34]	最大	39张拉钢束	OK	11.2304	6.3955	11.2304	6.3955	11.2304	6.3955	11.2304	18.1440
26	I[26]	最大	39张拉钢束	OK	11.2342	6.3914	11.2342	6.3914	11.2342	6.3914	11.2342	18.1440

图 4-114 施工阶段法向压应力验算

施工阶段主梁最大拉应力为"－1.6058MPa"、最大压应力为"11.2342MPa",均满足规范要求。

步骤二:在"**树形菜单 >表格>设计表格> PSC 设计>受拉区钢筋拉应力验算…(设计 > PSC 设计 > PSC 设计结果表格>受拉区钢筋拉应力验算…)**"中,查看预应力钢束拉应力验算结果表格,见图 4-115。

施工阶段预应力张拉应力"Sig_DL"均满足规范要求;使用阶段顶底板位置的直线束由于预应力损失少,稍微超出规范要求,其中预应力最大张拉应力"Sig_LL"为"1239.2MPa",超出规范 2.5%,基本可以接受。

步骤三:在"**树形菜单 >表格>设计表格> PSC 设计>使用阶段正截面抗裂验算…(设计 > PSC 设计 > PSC 设计结果表格>使用阶段正截面抗裂验算…)**"中,查看主梁单元的施工阶段法向压应力验算结果表格,见图 4-116。

正截面的边跨梁顶应力、主墩支点应力以及跨中部分顶、底部应力验算不满足规范要求,需要后期微调。

模型窗口　受拉区钢筋的拉应力验算

钢束	验算	Sig_DL (N/mm^2)	Sig_LL (N/mm^2)	Sig_ADL (N/mm^2)	Sig_ALL (N/mm^2)
0底右2	NG	1233.1642	1217.3160	1395.0000	1209.0000
0底右腹1	NG	1235.9713	1213.6860	1395.0000	1209.0000
0底中1	NG	1235.1335	1218.7811	1395.0000	1209.0000
0底左腹1	NG	1235.5818	1215.5950	1395.0000	1209.0000
0底左腹2	NG	1229.5665	1212.9528	1395.0000	1209.0000
顶06	NG	1244.5459	1211.2283	1395.0000	1209.0000
顶06-复制	NG	1244.5460	1211.2242	1395.0000	1209.0000
顶07	NG	1264.9896	1229.4271	1395.0000	1209.0000
顶07-复制	NG	1264.9895	1229.4228	1395.0000	1209.0000
顶08	NG	1264.9896	1232.1621	1395.0000	1209.0000
顶08-复制	NG	1264.9896	1232.1578	1395.0000	1209.0000
顶09	NG	1264.8904	1230.9470	1395.0000	1209.0000
顶09-复制	NG	1264.8904	1230.9427	1395.0000	1209.0000
顶10	NG	1264.9597	1229.6830	1395.0000	1209.0000
顶10-复制	NG	1264.9597	1229.6787	1395.0000	1209.0000
顶11	NG	1264.9597	1227.8327	1395.0000	1209.0000
顶11-复制	NG	1264.9597	1227.8284	1395.0000	1209.0000
顶12	NG	1264.9597	1227.5447	1395.0000	1209.0000
顶12-复制	NG	1264.9597	1227.5387	1395.0000	1209.0000
顶13	NG	1264.7644	1231.7510	1395.0000	1209.0000
顶13-复制	NG	1264.7644	1231.7443	1395.0000	1209.0000
顶14	NG	1264.8542	1236.1368	1395.0000	1209.0000
顶14-复制	NG	1264.8542	1236.1297	1395.0000	1209.0000
顶15	NG	1264.8543	1238.0687	1395.0000	1209.0000
顶15-复制	NG	1264.8543	1238.0613	1395.0000	1209.0000
顶16	NG	1264.8543	1239.1949	1395.0000	1209.0000
顶16-复制	NG	1264.8543	1239.1873	1395.0000	1209.0000
顶17	NG	1265.0070	1238.3737	1395.0000	1209.0000
顶17-复制	NG	1265.0070	1238.3659	1395.0000	1209.0000
顶18	NG	1264.9527	1235.8543	1395.0000	1209.0000
顶18-复制	NG	1264.9527	1235.8465	1395.0000	1209.0000
0底中2	OK	1220.0965	1185.0349	1395.0000	1209.0000
⋮	⋮	⋮	⋮	⋮	⋮
腹板17-复制	OK	1121.6085	1120.9753	1395.0000	1209.0000
腹板18	OK	1121.8499	1126.0313	1395.0000	1209.0000
腹板18-复制	OK	1121.8498	1126.0130	1395.0000	1209.0000
腹板19	OK	1121.8499	1127.8942	1395.0000	1209.0000
腹板19-复制	OK	1121.8498	1127.8808	1395.0000	1209.0000
腹板20	OK	1121.8499	1138.1105	1395.0000	1209.0000
腹板20-复制	OK	1121.8498	1138.0976	1395.0000	1209.0000

图 4-115　受拉区钢筋拉应力验算

步骤四:在“**树形菜单 >表格>设计表格> PSC 设计>使用阶段斜截面抗裂验算…(设计 > PSC 设计 > PSC 设计结果表格>使用阶段斜截面抗裂验算…)**”中,查看主梁单元的施工阶段法向压应力验算结果表格,见图 4-117。

斜截面在单元“49to51”位置由于底板拉应力过大而无法通过。需要通过跨中底板的调整来通过验算。

步骤五:在“**树形菜单 >表格>设计表格> PSC 设计>使用阶段正截面压应力验算…(设计 > PSC 设计 > PSC 设计结果表格>使用阶段正截面压应力验算…)**”中,查看主梁单元的使用阶段正截面压应力验算结果表格,见图 4-118。

主梁单元的使用阶段使用阶段正截面压应力验算结果均满足规范要求。

模型窗口 / 使用阶段正截面抗裂验算

单元	位置	组合名称	短/长	类型	验算	Sig_T (N/mm^2)	Sig_B (N/mm^2)	Sig_TL (N/mm^2)	Sig_BL (N/mm^2)	Sig_TR (N/mm^2)	Sig_BR (N/mm^2)	Sig_MAX (N/mm^2)	Sig_ALW (N/mm^2)
4	I[4]	cLCB28	短期	FY-MIN	NG	-0.8627	0.7129	-0.6529	0.8248	-1.0725	0.6010	-1.0725	-0.0000
4	J[5]	cLCB28	短期	FY-MIN	NG	-0.8762	1.0543	-0.6591	1.1701	-1.0932	0.9385	-1.0932	-0.0000
5	I[5]	cLCB28	短期	FY-MIN	NG	-0.8298	1.0319	-0.6105	1.1489	-1.0492	0.9149	-1.0492	-0.0000
5	J[6]	cLCB28	短期	MY-MIN	NG	-1.1305	2.1131	-1.0876	2.1360	-1.1734	2.0903	-1.1734	-0.0000
6	I[6]	cLCB28	短期	MY-MIN	NG	-1.1083	2.1366	-1.0657	2.1593	-1.1509	2.1139	-1.1509	-0.0000
6	J[7]	cLCB28	短期	MY-MIN	NG	-1.2919	2.4719	-1.2509	2.4938	-1.3329	2.4500	-1.3329	-0.0000
7	I[7]	cLCB28	短期	MY-MIN	NG	-1.2865	3.3799	-1.2455	3.4018	-1.3275	3.3580	-1.3275	-0.0000
7	J[8]	cLCB28	短期	MY-MIN	NG	-1.0568	3.2366	-1.0195	3.2565	-1.0941	3.2167	-1.0941	-0.0000
8	I[8]	cLCB28	短期	MY-MIN	NG	-1.0455	4.1157	-1.0083	4.1356	-1.0827	4.0959	-1.0827	-0.0000
8	J[9]	cLCB28	短期	MY-MIN	NG	-1.0637	4.3022	-1.0304	4.3200	-1.0971	4.2844	-1.0971	-0.0000
9	I[9]	cLCB28	短期	MY-MIN	NG	-0.2919	5.1132	-0.2586	5.1310	-0.3252	5.0954	-0.3252	-0.0000
9	J[10]	cLCB28	短期	MY-MIN	NG	-0.3814	5.2391	-0.3521	5.2548	-0.4108	5.2235	-0.4108	-0.0000
10	J[11]	cLCB28	短期	MY-MIN	NG	-0.1335	4.2427	-0.1100	4.2553	-0.1571	4.2302	-0.1571	-0.0000
11	J[12]	cLCB28	短期	MY-MIN	NG	-0.0265	5.1520	-0.0063	5.1628	-0.0467	5.1412	-0.0467	-0.0000
15	J[16]	cLCB28	短期	MY-MIN	NG	-0.1806	8.8696	-0.1728	8.8737	-0.1884	8.8654	-0.1884	-0.0000
16	J[17]	cLCB28	短期	MY-MIN	NG	-0.1174	9.4678	-0.1115	9.4710	-0.1233	9.4647	-0.1233	-0.0000
17	J[18]	cLCB28	短期	MY-MIN	NG	-0.1495	10.0099	-0.1457	10.0120	-0.1534	10.0079	-0.1534	-0.0000
18	J[19]	cLCB28	短期	MY-MIN	NG	-0.0559	10.3398	-0.0542	10.3407	-0.0575	10.3390	-0.0575	-0.0000
28	J[29]	cLCB28	短期	MY-MIN	NG	-1.0637	11.0878	-1.0776	11.0804	-1.0498	11.0953	-1.0776	-0.0000
29	I[29]	cLCB28	短期	MY-MIN	NG	-1.1526	11.1854	-1.1659	11.1783	-1.1393	11.1924	-1.1659	-0.0000
29	J[30]	cLCB28	短期	MY-MIN	NG	-2.5718	12.6329	-2.5851	12.6258	-2.5585	12.6400	-2.5851	-0.0000
30	I[30]	cLCB28	短期	MY-MIN	NG	-2.5718	12.6329	-2.5851	12.6258	-2.5585	12.6400	-2.5851	-0.0000
30	J[31]	cLCB30	短期	MY-MIN	NG	-0.5563	10.5830	-0.5709	10.5752	-0.5417	10.5908	-0.5709	-0.0000
31	I[31]	cLCB28	短期	MY-MIN	NG	-0.5971	10.6526	-0.6111	10.6452	-0.5831	10.6601	-0.6111	-0.0000
40	I[40]	cLCB28	短期	MY-MIN	NG	-0.1193	10.9142	-0.1303	10.9084	-0.1083	10.9201	-0.1303	-0.0000
41	I[41]	cLCB28	短期	MY-MIN	NG	-0.2969	10.6928	-0.3079	10.6870	-0.2860	10.6987	-0.3079	-0.0000
42	I[42]	cLCB28	短期	MY-MIN	NG	-0.3461	10.3162	-0.3570	10.3104	-0.3351	10.3220	-0.3570	-0.0000
43	I[43]	cLCB28	短期	MY-MIN	NG	-0.2566	9.7084	-0.2674	9.7026	-0.2457	9.7142	-0.2674	-0.0000
44	I[44]	cLCB28	短期	MY-MIN	NG	-0.2477	9.0216	-0.2584	9.0160	-0.2371	9.0273	-0.2584	-0.0000
49	I[49]	cLCB29	短期	MY-MA	NG	7.1953	-0.4748	7.1811	-0.4825	7.2096	-0.4672	-0.4825	-0.0000
49	J[50]	cLCB29	短期	MY-MA	NG	8.1287	-1.5975	8.1123	-1.6062	8.1451	-1.5888	-1.6062	-0.0000
50	I[50]	cLCB29	短期	MY-MA	NG	7.2329	-0.6999	7.2166	-0.7086	7.2493	-0.6912	-0.7086	-0.0000
50	J[51]	cLCB29	短期	MY-MA	NG	7.4400	-1.0860	7.4246	-1.0942	7.4555	-1.0777	-1.0942	-0.0000
51	I[51]	cLCB28	短期	MY-MIN	NG	-0.3853	3.7347	-0.3992	3.7273	-0.3714	3.7421	-0.3992	-0.0000
51	J[52]	cLCB28	短期	MY-MIN	NG	-0.5649	3.9313	-0.5785	3.9240	-0.5513	3.9386	-0.5785	-0.0000
52	I[52]	cLCB28	短期	MY-MIN	NG	-0.6657	4.5975	-0.6794	4.5903	-0.6521	4.6048	-0.6794	-0.0000
52	J[53]	cLCB28	短期	MY-MIN	NG	-1.1337	5.2036	-1.1471	5.1965	-1.1203	5.2108	-1.1471	-0.0000
53	I[53]	cLCB28	短期	MY-MIN	NG	-1.1364	4.3031	-1.1498	4.2960	-1.1230	4.3103	-1.1498	-0.0000
53	J[54]	cLCB28	短期	MY-MIN	NG	-1.1371	4.3083	-1.1505	4.3012	-1.1237	4.3155	-1.1505	-0.0000

使用阶段正截面抗裂验算

图 4-116 使用阶段正截面抗裂验算

模型窗口 / 使用阶段斜截面抗裂验算

单元	位置	组合名称	类型	验算	Sig_P1 (N/mm^2)	Sig_P2 (N/mm^2)	Sig_P3 (N/mm^2)	Sig_P4 (N/mm^2)	Sig_P5 (N/mm^2)	Sig_P6 (N/mm^2)	Sig_P7 (N/mm^2)	Sig_P8 (N/mm^2)	Sig_P9 (N/mm^2)	Sig_P10 (N/mm^2)	Sig_MAX (N/mm^2)	Sig_AP (N/mm^2)
49	J[50]	cLCB29	MY-MAX	NG	-0.0000	-0.0000	-1.8784	-1.8958	1.4356	1.4348	1.2976	1.2975	-0.4895	-0.4749	-1.8958	-1.0600
6	J[7]	cLCB28	MY-MIN	NG	-1.3465	-1.4285	-0.0000	-0.0000	0.8412	0.7994	1.1273	1.0954	1.4274	1.4166	-1.4285	-1.0600
7	I[7]	cLCB28	MY-MIN	NG	-1.3394	-1.4214	-0.0000	-0.0000	0.9179	0.9035	1.2093	1.2075	1.4482	1.4512	-1.4214	-1.0600
5	J[6]	cLCB28	MY-MIN	NG	-1.1539	-1.2398	-0.0000	-0.0000	0.3664	0.3333	0.5510	0.5223	1.0255	1.0079	-1.2398	-1.0600
6	I[6]	cLCB28	MY-MIN	NG	-1.1328	-1.2181	-0.0000	-0.0000	0.7500	0.7098	0.9528	0.9191	1.2973	1.2798	-1.2181	-1.0600
2	I[2]	cLCB30	FY-MIN	NG	-0.7160	-1.1247	-0.0064	-0.0050	0.5887	0.6329	0.5720	0.6120	0.5681	0.6047	-1.1247	-1.0600
4	J[5]	cLCB28	FY-MIN	NG	-0.6750	-1.1065	-0.0031	-0.0027	0.7353	0.4795	0.7647	0.5189	0.8816	0.6594	-1.1065	-1.0600
53	J[54]	cLCB28	MY-MIN	NG	-1.0990	-1.0722	-0.0000	-0.0000	1.5496	1.5496	1.5532	1.5531	1.5539	1.5539	-1.0990	-1.0600
53	I[53]	cLCB28	MY-MIN	NG	-1.0982	-1.0713	-0.0000	-0.0000	1.5495	1.5495	1.5532	1.5531	1.5539	1.5539	-1.0982	-1.0600
52	J[53]	cLCB28	MY-MIN	NG	-1.0946	-1.0678	-0.0000	-0.0000	0.8077	0.8141	1.0791	1.0826	1.3717	1.3727	-1.0946	-1.0600
3	I[3]	cLCB28	FY-MIN	NG	-0.6857	-1.0921	-0.0058	-0.0045	0.8576	0.7779	0.8569	0.7598	0.8557	0.7440	-1.0921	-1.0600
2	J[3]	cLCB28	FY-MIN	NG	-0.6790	-1.0823	-0.0066	-0.0050	0.7293	0.7845	0.7145	0.7597	0.7062	0.7415	-1.0823	-1.0600
3	J[4]	cLCB28	FY-MIN	NG	-0.6510	-1.0653	-0.0047	-0.0038	0.8553	0.6223	0.8498	0.6180	0.8720	0.6494	-1.0653	-1.0600
5	I[5]	cLCB28	FY-MIN	NG	-0.6252	-1.0616	-0.0026	-0.0022	0.6194	0.3809	0.6343	0.4024	0.7354	0.5156	-1.0616	-1.0600
4	I[4]	cLCB28	FY-MIN	OK	-0.6156	-1.0325	-0.0043	-0.0035	0.8094	0.5875	0.7955	0.5710	0.8028	0.5764	-1.0325	-1.0600
49	I[49]	cLCB29	MY-MAX	OK	-0.0000	-0.0000	-1.0127	-1.0279	0.9289	0.9319	0.7656	0.7715	-0.1691	-0.1534	-1.0279	-1.0600
7	J[8]	cLCB28	MY-MIN	OK	-0.9349	-1.0095	-0.0000	-0.0000	1.3858	1.3561	1.4962	1.4863	1.5382	1.5356	-1.0095	-1.0600

图 4-117 使用阶段斜截面抗裂验算

模型窗口 / 使用阶段正截面压应力验算

单元	位置	组合名称	类型	验算	Sig_T (N/mm^2)	Sig_B (N/mm^2)	Sig_TL (N/mm^2)	Sig_BL (N/mm^2)	Sig_TR (N/mm^2)	Sig_BR (N/mm^2)	Sig_MAX (N/mm^2)	Sig_ALW (N/mm^2)
2	I[2]	cLCB41	FY-MIN	OK	4.2989	1.3371	4.6073	1.5016	3.9905	1.1726	4.6073	16.2000
3	I[3]	cLCB43	MZ-MIN	OK	4.3434	1.2401	4.6499	1.4036	4.0368	1.0767	4.6499	16.2000
2	J[3]	cLCB43	FY-MIN	OK	4.3750	1.2493	4.6794	1.4117	4.0706	1.0870	4.6794	16.2000
4	I[4]	cLCB43	MX-MAX	OK	4.5551	1.1160	4.8267	1.2608	4.2836	0.9712	4.8267	16.2000
3	J[4]	cLCB43	MX-MAX	OK	4.6346	1.1384	4.9023	1.2811	4.3669	0.9956	4.9023	16.2000
5	I[5]	cLCB43	MX-MAX	OK	4.6421	1.2290	4.9337	1.3845	4.3505	1.0735	4.9337	16.2000
4	J[5]	cLCB43	MX-MAX	OK	4.7403	1.2537	5.0247	1.4054	4.4559	1.1020	5.0247	16.2000
6	I[6]	cLCB43	MY-MAX	OK	4.9999	1.2493	5.0441	1.2729	4.9558	1.2258	5.0441	16.2000
5	J[6]	cLCB43	MY-MAX	OK	5.0749	1.2313	5.1206	1.2556	5.0293	1.2069	5.1206	16.2000
6	J[7]	cLCB43	MY-MAX	OK	5.1497	1.0792	5.1932	1.1024	5.1062	1.0560	5.1932	16.2000
7	I[7]	cLCB43	MY-MAX	OK	5.1632	2.2203	5.2066	2.2435	5.1197	2.1971	5.2066	16.2000
7	J[8]	cLCB43	MY-MAX	OK	6.2948	0.7191	6.3364	0.7413	6.2532	0.6970	6.3364	16.2000
8	I[8]	cLCB43	MY-MAX	OK	6.3198	1.8257	6.3613	1.8478	6.2784	1.8036	6.3613	16.2000
8	J[9]	cLCB43	MY-MAX	OK	7.0800	0.8649	7.1187	0.8856	7.0412	0.8442	7.1187	16.2000
53	J[54]	cLCB43	MY-MAX	OK	7.2734	0.4174	7.2503	0.4051	7.2965	0.4297	7.2965	16.2000
27	I[27]	cLCB43	MY-MAX	OK	13.0635	7.5426	13.0600	7.5408	13.0669	7.5445	13.0669	16.2000
34	J[35]	cLCB43	MY-MAX	OK	13.0690	8.9148	13.0691	8.9149	13.0688	8.9147	13.0691	16.2000
24	J[25]	cLCB43	MY-MAX	OK	13.0880	8.0438	13.0849	8.0421	13.0911	8.0454	13.0911	16.2000
24	I[24]	cLCB43	MY-MAX	OK	13.2934	8.2977	13.2906	8.2962	13.2962	8.2992	13.2962	16.2000
25	J[26]	cLCB43	MY-MAX	OK	13.3840	8.0946	13.3807	8.0929	13.3873	8.0964	13.3873	16.2000
33	J[34]	cLCB43	MY-MAX	OK	13.4437	8.8696	13.4446	8.8701	13.4427	8.8691	13.4446	16.2000
25	I[25]	cLCB43	MY-MAX	OK	13.5665	8.3742	13.5634	8.3725	13.5696	8.3758	13.5696	16.2000
26	I[26]	cLCB43	MY-MAX	OK	13.9246	8.3539	13.9212	8.3520	13.9281	8.3557	13.9281	16.2000

图 4-118 使用阶段正截面压应力验算

步骤六:在"**树形菜单 >表格>设计表格> PSC 设计>使用阶段斜截面主压应力验算…(设计 > PSC 设计 > PSC 设计结果表格>使用阶段斜截面主压应力验算…)**"中,查看主梁单元的使用阶段斜截面主压应力验算结果表格,见图 4-119。

模型窗口 / 使用阶段斜截面主压应力验算

单元	位置	组合名称	类型	验算	Sig_P1 (N/mm^2)	Sig_P2 (N/mm^2)	Sig_P3 (N/mm^2)	Sig_P4 (N/mm^2)	Sig_P5 (N/mm^2)	Sig_P6 (N/mm^2)	Sig_P7 (N/mm^2)	Sig_P8 (N/mm^2)	Sig_P9 (N/mm^2)	Sig_P10 (N/mm^2)	Sig_MAX (N/mm^2)	Sig_AP (N/mm^2)
2	I[2]	cLCB41	FY-MIN	OK	4.6097	3.9932	1.1818	1.5088	1.1208	0.9368	1.2090	0.9678	1.2942	0.9989	4.6097	19.4400
3	I[3]	cLCB43	MZ-MIN	OK	4.6519	4.0392	1.0854	1.4104	1.0378	0.8984	1.1035	0.9136	1.1721	0.9288	4.6519	19.4400
2	J[3]	cLCB43	FY-MIN	OK	4.6817	4.0732	1.0965	1.4190	1.0929	0.9213	1.1699	0.9450	1.2442	0.9681	4.6817	19.4400
4	I[4]	cLCB43	MX-MAX	OK	4.8336	4.2914	1.0045	1.2868	1.1600	1.0136	1.2067	1.0137	1.2777	1.0136	4.8336	19.4400
3	J[4]	cLCB43	MX-MAX	OK	4.9094	4.3749	1.0296	1.3079	1.2282	1.0176	1.2827	1.0199	1.3228	1.0196	4.9094	19.4400
5	I[5]	cLCB43	MX-MAX	OK	4.9408	4.3585	1.1050	1.4093	1.2338	1.2913	1.2357	1.3084	1.2515	1.3458	4.9408	19.4400
4	J[5]	cLCB43	MX-MAX	OK	5.0323	4.4644	1.1357	1.4321	1.2858	1.2507	1.3063	1.2565	1.3443	1.2686	5.0323	19.4400
6	I[6]	cLCB43	MY-MAX	OK	5.0442	4.9559	1.2263	1.2733	1.5628	1.5564	1.5650	1.5570	1.5700	1.5575	5.0442	19.4400
5	J[6]	cLCB43	MX-MAX	OK	5.1225	4.4977	1.5260	1.8549	1.5622	1.6259	1.5649	1.6467	1.5951	1.6927	5.1225	19.4400
6	J[7]	cLCB43	MY-MAX	OK	5.1932	5.1063	1.0564	1.1027	1.5976	1.5823	1.6060	1.5881	1.6122	1.5898	5.1932	19.4400
7	I[7]	cLCB43	MY-MAX	OK	5.2067	5.1198	2.1973	2.2436	2.4282	2.3747	2.5915	2.5333	2.7938	2.7279	5.2067	19.4400
7	J[8]	cLCB43	MY-MAX	OK	6.3364	6.2533	0.6971	0.7414	1.8489	1.8131	1.8121	1.7806	1.7041	1.6827	6.3364	19.4400
8	I[8]	cLCB43	MY-MAX	OK	6.3613	6.2784	1.8036	1.8479	2.9826	2.9387	3.0531	3.0088	2.9328	2.8873	6.3613	19.4400
8	J[9]	cLCB43	MY-MAX	OK	7.1187	7.0412	0.8442	0.8856	2.0776	2.0437	1.8566	1.8317	1.6200	1.6171	7.1187	19.4400
53	J[54]	cLCB43	MY-MAX	OK	7.2503	7.2966	0.4308	0.4063	2.1173	2.1090	1.8449	1.8170	1.6151	1.5955	7.2966	19.4400
27	I[27]	cLCB43	MY-MAX	OK	13.0600	13.0669	7.5445	7.5408	8.1748	8.1778	7.8990	7.9016	7.6653	7.6680	13.0669	19.4400
34	J[35]	cLCB43	MY-MAX	OK	13.0691	13.0688	8.9147	8.9149	8.2919	8.2919	8.5991	8.5992	8.8335	8.8336	13.0691	19.4400
24	J[25]	cLCB43	MY-MAX	OK	13.0849	13.0911	8.0454	8.0421	8.2571	8.2600	8.1516	8.1544	8.0690	8.0719	13.0911	19.4400
24	I[24]	cLCB43	MY-MAX	OK	13.2906	13.2962	8.2992	8.2962	8.4692	8.4735	8.4013	8.4061	8.3275	8.3320	13.2962	19.4400
25	J[26]	cLCB43	MY-MAX	OK	13.3808	13.3873	8.0964	8.0929	8.5333	8.5367	8.3246	8.3279	8.1574	8.1607	13.3873	19.4400
33	J[34]	cLCB43	MY-MAX	OK	13.4446	13.4427	8.8691	8.8701	8.6454	8.6444	8.7469	8.7460	8.8210	8.8201	13.4446	19.4400
25	I[25]	cLCB43	MY-MAX	OK	13.5634	13.5696	8.3759	8.3725	8.7297	8.7344	8.5852	8.5906	8.4404	8.4454	13.5696	19.4400
26	I[26]	cLCB43	MY-MAX	OK	13.9212	13.9281	8.3557	8.3520	9.0467	9.0510	8.7326	8.7371	8.4636	8.4680	13.9281	19.4400

图 4-119 使用阶段斜截面主压应力验算

主梁单元的使用阶段使用阶段斜截面主压应力验算结果均满足规范要求。

步骤七:在"**树形菜单 >表格>设计表格> PSC 设计>使用阶段正截面抗弯验算…(设计 > PSC 设计 > PSC 设计结果表格>使用阶段正截面抗弯验算…)**"中,查看主梁单元的使用阶段正截面抗弯验算结果表格,见图 4-120。

主梁单元的使用阶段正截面抗弯验算结果均满足规范要求。

模型窗口 / 使用阶段正截面抗弯验算

单元	位置	最大/最小	组合名称	类型	验算	rMu (kN*m)	Mn (kN*m)
31	I[31]	最小	cLCB8	FZ-MIN	OK	-1747278.7019	2573283.4908
30	J[31]	最小	cLCB10	MY-MIN	OK	-1739862.9051	2573283.4908
29	I[29]	最小	cLCB8	MY-MIN	OK	-1705238.1709	2573283.4908
29	J[30]	最小	cLCB8	MY-MIN	OK	-1701611.5510	2583059.6196
30	I[30]	最小	cLCB8	MY-MIN	OK	-1701611.5510	2583059.6196
28	J[29]	最小	cLCB8	FY-MIN	OK	-1694499.4814	2573283.4908
31	J[32]	最小	cLCB8	FZ-MIN	OK	-1674755.6033	2563592.7661
32	I[32]	最小	cLCB8	FZ-MIN	OK	-1674750.6471	2546979.1106
27	J[28]	最小	cLCB8	FX-MIN	OK	-1623191.2498	2546979.1106
28	I[28]	最小	cLCB8	FY-MIN	OK	-1623191.2498	2563592.7661
32	J[33]	最小	cLCB8	FZ-MIN	OK	-1592953.8253	2412002.9213
33	I[33]	最小	cLCB8	FZ-MIN	OK	-1592953.8253	2412002.7585
26	J[27]	最小	cLCB8	FX-MIN	OK	-1542798.0601	2412002.7630
27	I[27]	最小	cLCB8	FX-MIN	OK	-1542798.0601	2412002.9257
34	I[34]	最小	cLCB8	FZ-MIN	OK	-1462701.6535	2063398.2692
33	J[34]	最小	cLCB8	FZ-MIN	OK	-1462701.3443	2035075.3936
25	J[26]	最小	cLCB8	FX-MIN	OK	-1414922.6978	2063398.2692
26	I[26]	最小	cLCB8	FX-MIN	OK	-1414922.6978	2035053.6156
35	I[35]	最小	cLCB8	FZ-MIN	OK	-1339463.2896	1890802.0500

图 4-120 使用阶段正截面抗弯验算

步骤八：在“**树形菜单 >表格>设计表格> PSC 设计>使用阶段斜截面抗剪验算…（设计 > PSC 设计 > PSC 设计结果表格>使用阶段斜截面抗剪验算…）**”中，查看主梁单元的使用阶段斜截面抗剪验算结果表格，见图 4-121。

模型窗口 / 使用阶段斜截面抗剪验算

单元	位置	最大/最小	组合名称	类型	验算	rVd (kN)	Vn (kN)	截面验算	剪力验算
31	I[31]	最小	cLCB7	FZ-MIN	OK	-59661.7448	85873.8647	OK	验算
31	J[32]	最小	cLCB7	FZ-MIN	OK	-57978.0302	88028.1419	OK	验算
32	I[32]	最小	cLCB10	FZ-MIN	OK	-56145.5624	104542.0361	OK	验算
33	I[33]	最小	cLCB10	FZ-MIN	OK	-54285.0215	105126.2491	OK	验算
32	J[33]	最小	cLCB10	FZ-MIN	OK	-54271.7177	105591.6478	OK	验算
33	J[34]	最小	cLCB10	FZ-MIN	OK	-51407.0222	106251.6651	OK	验算
34	I[34]	最小	cLCB10	FZ-MIN	OK	-51356.1461	103169.0789	OK	验算
35	I[35]	最小	cLCB10	FZ-MIN	OK	-48696.0483	97816.9694	OK	验算
34	J[35]	最小	cLCB10	FZ-MIN	OK	-48679.5168	104094.7053	OK	验算
36	I[36]	最小	cLCB10	FZ-MIN	OK	-46120.8892	92392.8441	OK	验算
35	J[36]	最小	cLCB10	FZ-MIN	OK	-46106.0473	98543.6528	OK	验算
31	I[31]	最大	cLCB20	FZ-MAX	OK	-44835.8203	85873.8647	OK	验算
37	I[37]	最小	cLCB10	FZ-MIN	OK	-43627.4766	86908.4079	OK	验算
36	J[37]	最小	cLCB10	FZ-MIN	OK	-43614.1931	92973.9873	OK	验算
31	J[32]	最大	cLCB20	FZ-MAX	OK	-43482.0393	88028.1419	OK	验算
32	I[32]	最大	cLCB17	FZ-MAX	OK	-41935.5425	104542.0361	OK	验算

图 4-121 使用阶段斜截面抗剪验算

主梁单元的使用阶段斜截面抗剪验算结果均满足规范要求。

步骤九：在“**树形菜单 >表格>设计表格> PSC 设计>使用阶段抗扭验算…（设计 > PSC 设计 > PSC 设计结果表格>使用阶段抗扭验算…）**”中，查看主梁单元的使用阶段抗扭验算结果表格。本连续刚构桥为直线桥梁，可不做抗扭验算。

步骤十：在“**设计 > PSC 设计 > 输出 PSC 设计计算书**”中，输出 PSC 设计计算书，见图 4-122。

步骤十一：在“**设计 > PSC 设计 > PSC 设计结果图形…**”中，查看主梁单元的正截面抗弯承载力验算包络结果图形，见图 4-123。

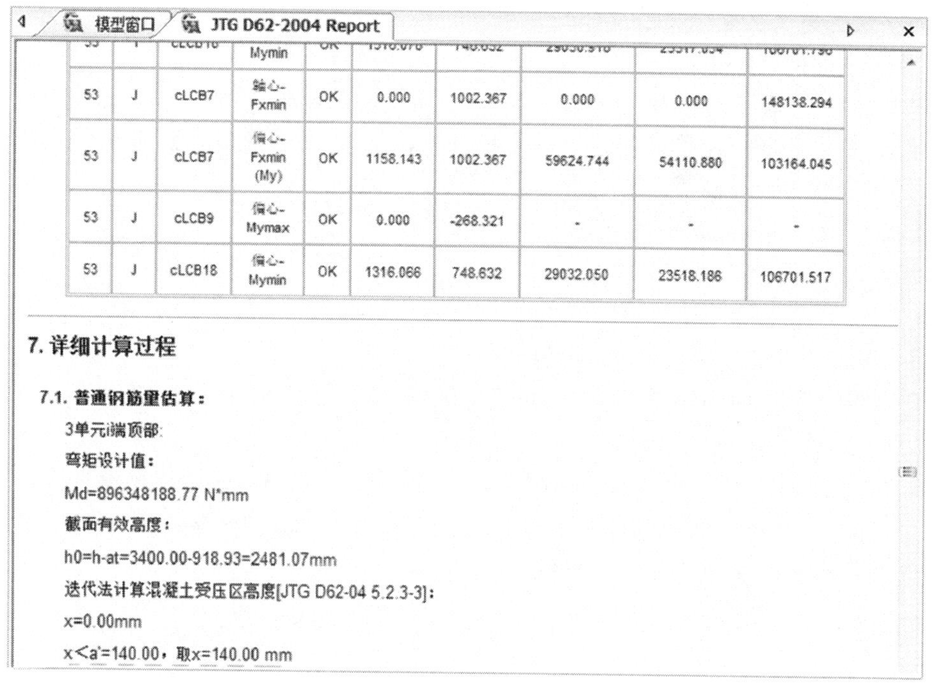

53	J	cLCB7	轴心-Fxmin	OK	0.000	1002.367	0.000	0.000	148138.294
53	J	cLCB7	偏心-Fxmin (My)	OK	1158.143	1002.367	59624.744	54110.880	103164.045
53	J	cLCB9	偏心-Mymax	OK	0.000	-268.321	-	-	-
53	J	cLCB18	偏心-Mymin	OK	1316.066	748.632	29032.050	23518.186	106701.517

7. 详细计算过程

7.1. 普通钢筋量估算：

3单元i端顶部:

弯矩设计值：

Md=896348188.77 N*mm

截面有效高度：

h0=h-at=3400.00-918.93=2481.07mm

迭代法计算混凝土受压区高度[JTG D62-04 5.2.3-3]：

x=0.00mm

x<a'=140.00，取x=140.00 mm

图 4-122 输出 PSC 设计计算书

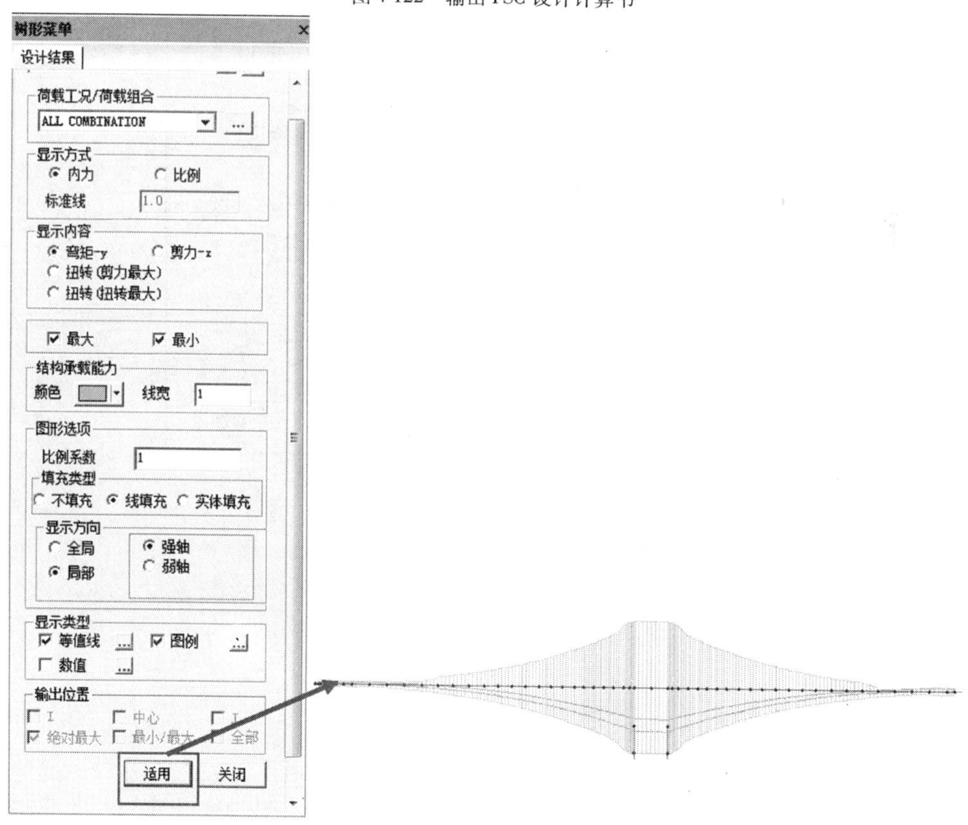

图 4-123 输出 PSC 设计结果图形

4)调整主梁钢束配置及 PSC 设计验算

(1)调整主梁钢束配置

根据本书"3)查看 PSC 设计验算结果"章节的主梁验算结果,可知主梁初步配束的情况还比较理想,有些局部验算不通过的地方,需要根据验算结果,对主梁预应力钢束进行优化调整。主梁钢束主要调整步骤见下述:

①微调边跨底板束的线形。

②微调中跨底板束线形,并分散布置中跨底板束。

③在主梁跨中顶部增加顶板束的配置,并在跨中合龙时,张拉跨中顶部束。

④在主梁顶部增加通长束来改善全桥梁顶的受力情况。

⑤在主墩顶部增加备用顶板体外束,在成桥运营一段时间后,根据桥梁实际情况进行判断墩顶备用束的张拉方案。

增加的备用体外束"钢束特性值"见图 4-124。调整后的钢束形状布置见图 4-125。

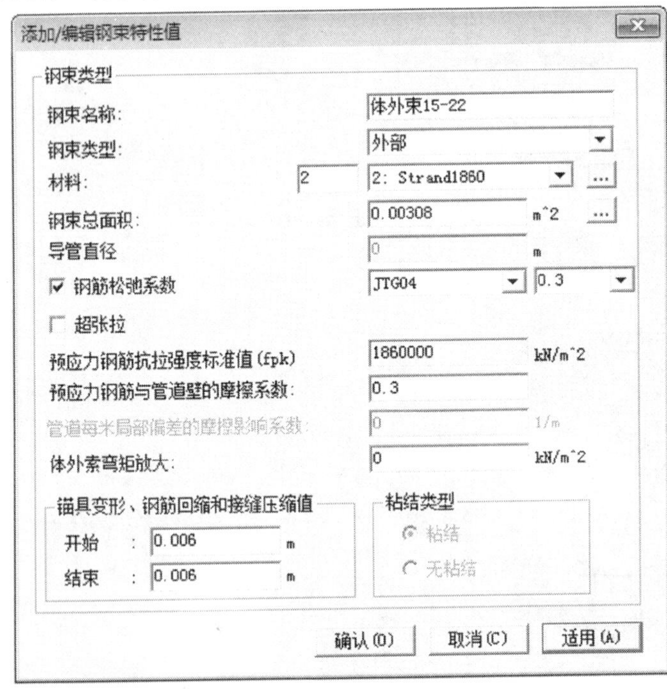

图 4-124 体外束 15-22

图 4-125 钢束形状布置

(2)查看 PSC 设计验算结果

主梁钢束配置调整后,进行 PSC 设计验算均满足规范要求。由于篇幅限制,本文只给出各项验算排序后的最不利结果,见图 4-126 ~ 图 4-130。图中的验算结果均满足规范要求。

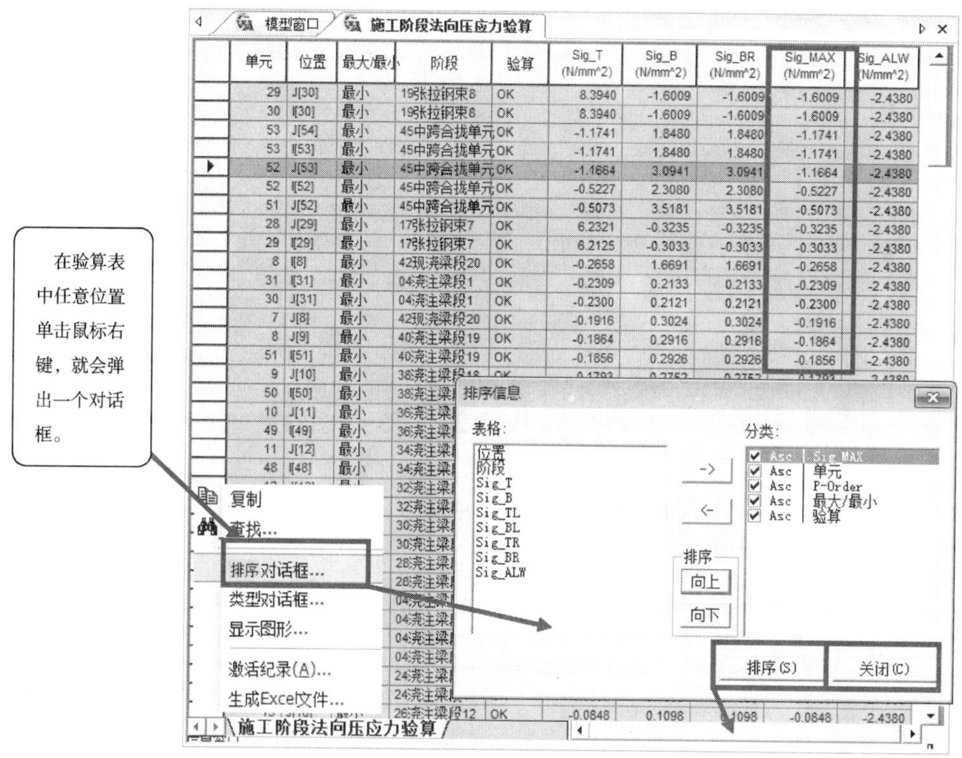

图 4-126　施工阶段法向压应力验算

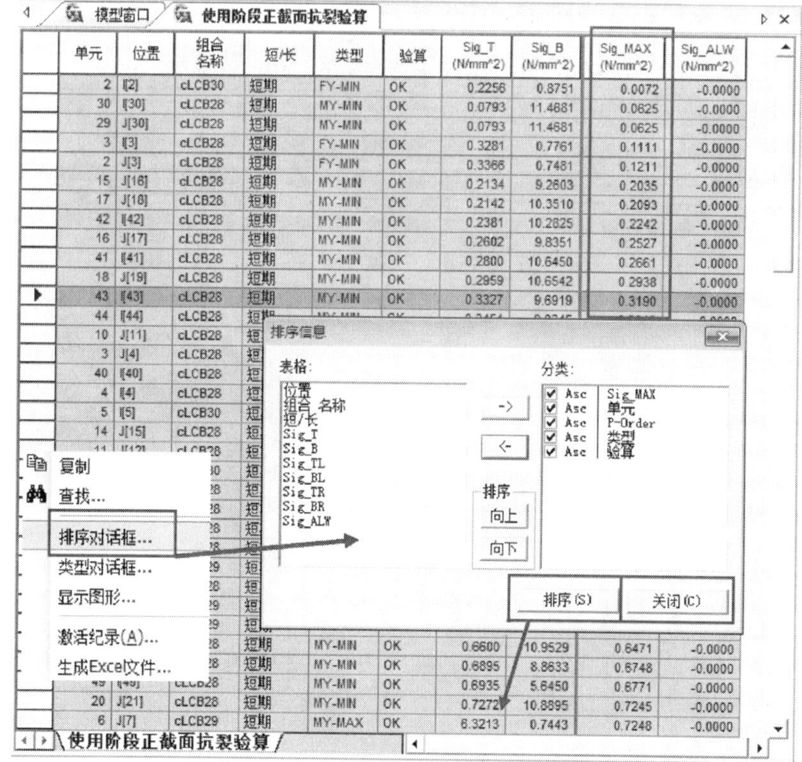

图 4-127　使用阶段正截面抗裂验算

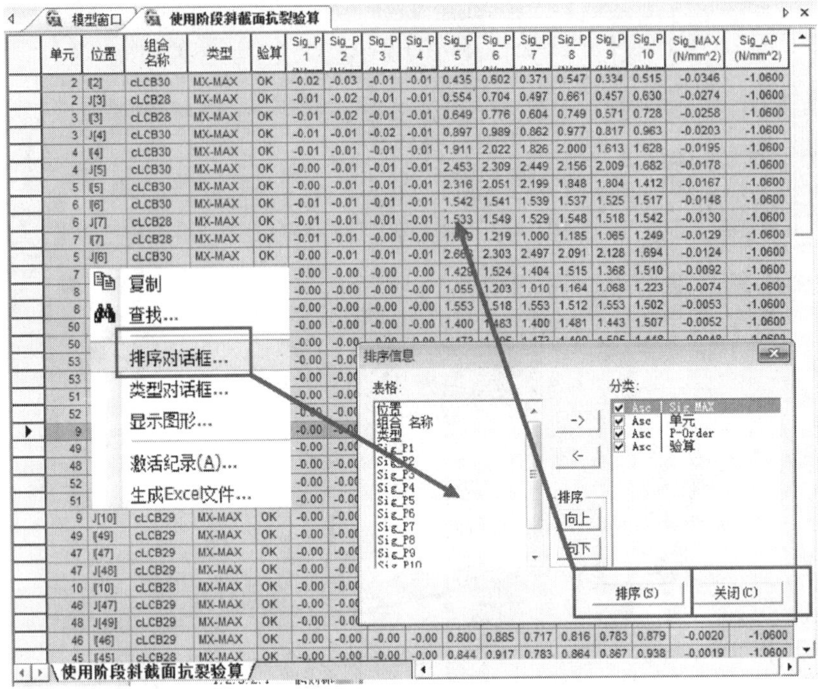

图 4-128 使用阶段斜截面抗裂验算

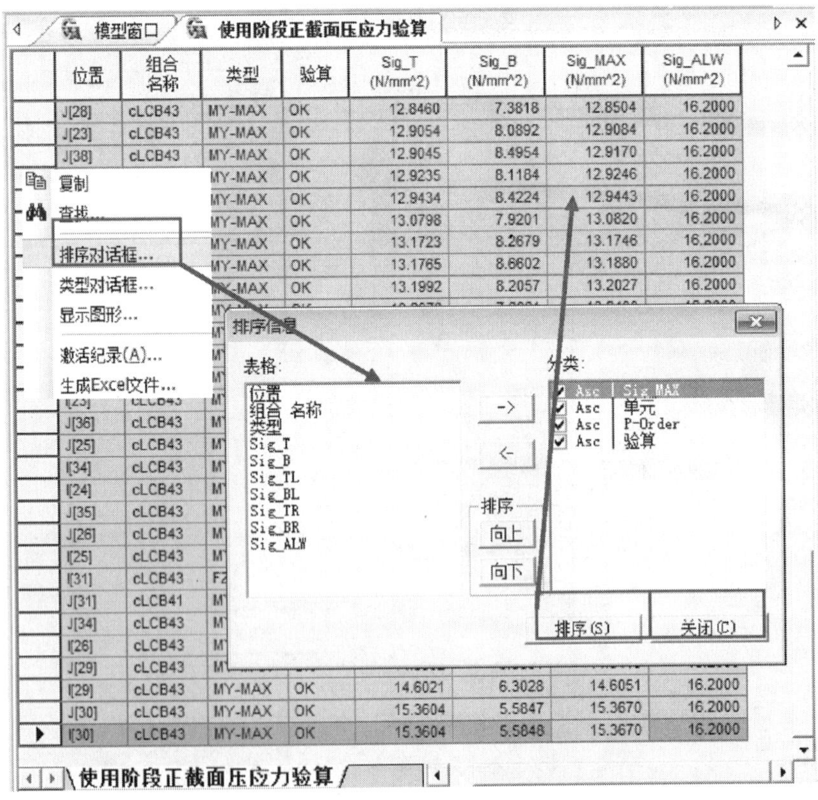

图 4-129 使用阶段正截面压应力验算

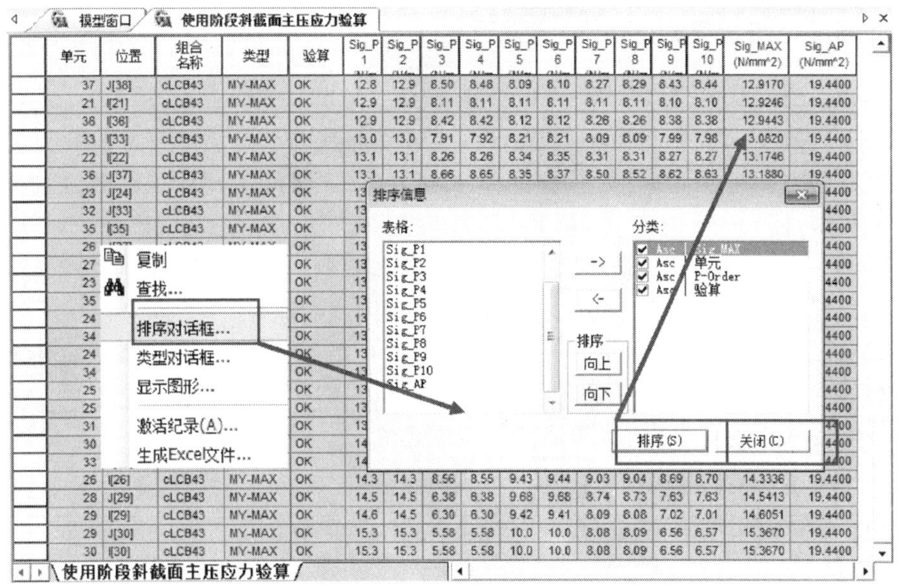

图 4-130 使用阶段斜截面主压应力验算

另外其他各项的验算结果也均满足规范要求,此处就不再列举了。

在"**设计 > PSC 设计 > PSC 设计结果图形…**"中,查看主梁正截面抗弯承载力验算包络结果图形,见图 4-131。

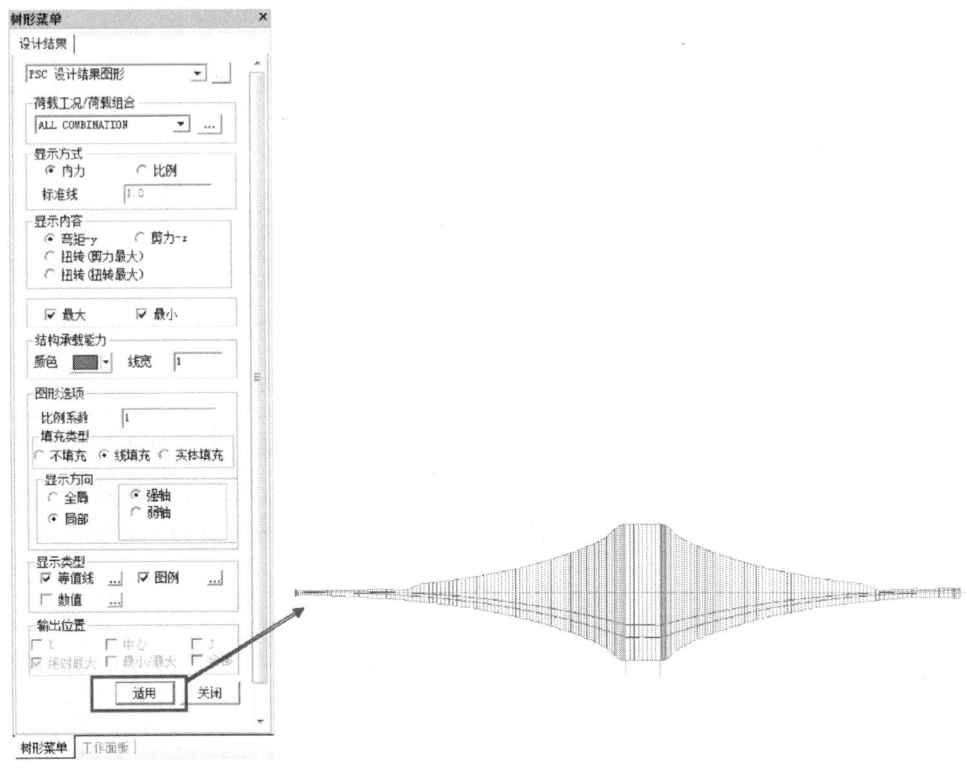

图 4-131 正截面抗弯承载力验算包络结果图形

4.2.11 midas Civil 中 PSC 设计补充说明

1)斜截面抗剪承载能力设计验算

(1)在"JTG D60—2004"规范中,规定混凝土和箍筋共同承担设计剪力不少于60%,弯起钢筋承担设计剪力不超过40%。但 midas Civil 验算时,无法体现此承担系数,用户在进行配筋设置时,请自行控制。

(2)在"JTG D60—2004"规范中,进行截面抗剪验算时,截面 h_0(纵向受拉钢筋的合力点至截面受压边缘的距离)的高度取值一直是用户比较困惑的地方。

此处 h_0 的取值,在 midas Civil 中比较偏保守,取值偏小,在预应力钢束弯起处尤其明显。用户在此处进行截面验算时,可以根据自己的经验或者参考《公路桥梁设计规范答疑汇编》中的相关建议进行手动计算。

2)适筋梁与超筋梁的界限验算

受弯构件的截面受压区高度应符合下列要求:

$$x \leqslant \xi_b h_0 \tag{4-1}$$

为防止受弯构件的超筋设计,规范规定了截面受压区高度的限制条件,其中相对界限受压区高度,见表4-5。

相对界限受压区高度(超筋限制) 表4-5

钢筋种类 \ 混凝土强度等级	C50及以下	C55 C60	C65 C70	C75 C80
R235	0.62	0.6	0.58	—
HRB335	0.56	0.54	0.52	—
HRB400、KL400	0.53	0.51	0.49	—
钢绞线、钢丝	0.4	0.38	0.36	0.35
精轧螺纹钢筋	0.4	0.38	0.36	—

当给定钢筋种类和混凝土强度等级,根据截面及受压区高度临界值可求得相应的受拉钢筋配筋率,这个即为受弯构件界限(最大)配筋率。因此,截面受压区高度的限制条件也就是限制受弯构件的配筋率。超过这个限制条件,受弯构件有可能出现超筋破坏,也有可能出现脆性破坏。

一般来说,当设计计算的受压区高度不能满足上述要求时,表明受拉区纵向钢筋配置过多或构件高度不足,需要进行调整。在实际工程中,请用户根据既有经验,选定比较合适的受压区高度,应尽量避免出现超筋梁的情况。

在 midas Civil 中,没有超筋梁验算的功能。用户在此处进行超筋梁验算时,可以根据自己的经验进行手动计算。

3)适筋梁与少筋梁的界限验算

钢筋混凝土构件中纵向受力钢筋的最小配筋百分率应符合下列要求:

(1)轴心受压构件、偏心受压构件全部纵向钢筋的配筋百分率不应小于0.5,当混凝土强度等级C50及以上时不应小于0.6。

(2)受弯构件、偏心受拉构件及轴心受拉构件的一侧受拉钢筋的配筋百分率不应小于45×混凝土抗拉强度设计值/钢筋抗拉强度设计值,同时不应小于0.20。

(3)预应力混凝土受弯构件最小配筋率应满足受弯构件正截面抗弯承载力设计值大于或等于受弯构件正截面开裂弯矩值。

(4)部分预应力混凝土受弯构件中普通受拉钢筋的截面面积,不宜小于$0.003bh_0$。

在midas Civil中,没有少筋梁验算的功能。用户在此处进行超筋梁验算时,可以根据自己的经验进行手动计算。

4.2.12 结果查看

1)预应力钢束

在“**结果>分析结果表格>预应力钢束**”中,查看预应力钢束结果表格,见图4-132。

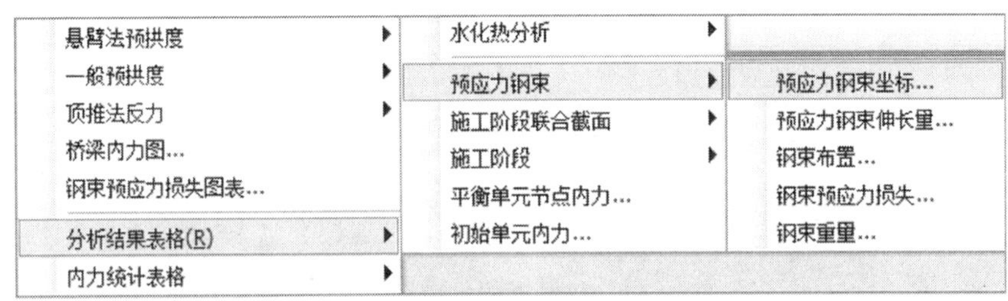

图4-132 预应力钢束结果表格

(1)预应力钢束坐标

在“**结果>分析结果表格>预应力钢束>预应力钢束坐标…**”中,使用电子表格形式查看预应力钢束的坐标,见图4-133。

(2)预应力钢束伸长量

在“**结果>分析结果表格>预应力钢束>预应力钢束伸长量…**”中,使用电子表格形式查看预应力钢束的伸长量,见图4-134。

(3)预应力钢束布置

在“**结果>分析结果表格>预应力钢束>钢束布置…**”中,使用电子表格形式查看预应力钢束的布置。

按每根钢束及施工阶段分别输出钢束的有效应力、有效预应力。可以输出每根钢束的中心至截面型心的距离、钢束布置方向的COS(三角函数)值等,能够非常简单地计算出钢束的垂直、水平分量,见图4-135。

(4)预应力钢束损失

在“**结果>分析结果表格>预应力钢束>钢束预应力损失…**”中,使用电子表格形式查看预应力钢束伸长量,见图4-136。

模型窗口 预应力钢束的坐标

预应力钢束名称	号	x (m)	y (m)	z (m)
0底右1	2	3.3750	0.0000	-2.9463
0底右1	3	4.5000	0.0000	-3.0534
0底右1	4	5.6250	0.0000	-3.1605
0底右1	5	6.7500	0.0000	-3.2650
0底右1	6	7.8750	0.0000	-3.3222
0底右1	7	9.0000	0.0000	-3.3205
0底右1	8	10.1250	0.0000	-3.3066
0底右1	9	11.2500	0.0000	-3.2927
0底右1	10	12.3750	0.0000	-3.2789
0底右1	11	13.5000	0.0000	-3.2650
0底右1	12	14.6250	0.0000	-3.2599
0底右1	13	15.7500	0.0000	-3.2548
0底右1	14	16.8750	0.0000	-3.2497
0底右1	15	18.0000	0.0000	-3.2435
0底右1	16	18.5000	0.0000	-3.2299
0底右1	17	19.0000	0.0000	-3.2038
0底右1	18	19.5000	0.0000	-3.1651
0底右1	19	20.0000	0.0000	-3.1137
0底右1	20	20.5000	0.0000	-3.0520
0底右1	21	21.0000	0.0000	-2.9894
0底右1	22	21.5000	0.0000	-2.9267
0底右1	23	22.0000	0.0000	-2.8641
0底右1	24	22.5000	0.0000	-2.8014
0底右1	25	23.0000	0.0000	-2.7388
0底右1	26	23.5000	0.0000	-2.6761
0底右1	27	24.0000	0.0000	-2.6135
0底右1	28	24.5000	0.0000	-2.5508

预应力钢束坐标

图4-133 预应力钢束“0底右1”坐标

模型窗口 预应力钢束的伸长量

预应力钢束名称	阶段	步骤	预应力钢束延伸长度		混凝土压缩长度		合计	
			开始 (m)	结束 (m)	开始 (m)	结束 (m)	开始 (m)	结束 (m)
0底右1	47张拉边跨	001(first	0.0897	0.0845	0.0001	0.0001	0.0898	0.0845
0底右2	47张拉边跨	001(first	0.0787	0.1153	0.0001	0.0001	0.0788	0.1154
0底右3	47张拉边跨	001(first	0.0937	0.1270	0.0001	0.0001	0.0937	0.1271
0底中1	50二期	001(first	0.0702	0.0702	0.0001	0.0001	0.0702	0.0702
0底中2	50二期	001(first	0.1009	0.1009	0.0001	0.0001	0.1010	0.1010
0底中3	50二期	001(first	0.1170	0.1170	0.0001	0.0001	0.1171	0.1171
0底中4	50二期	001(first	0.1316	0.1348	0.0001	0.0001	0.1317	0.1349
0底中5	50二期	001(first	0.1579	0.1611	0.0001	0.0001	0.1581	0.1612
0底左1	47张拉边跨	001(first	0.0817	0.0924	0.0001	0.0001	0.0818	0.0925
0底左2	47张拉边跨	001(first	0.1122	0.0782	0.0001	0.0001	0.1124	0.0783
0底左3	47张拉边跨	001(first	0.1270	0.0901	0.0001	0.0001	0.1271	0.0902
0顶右1	47张拉边跨	001(first	0.0000	0.1600	0.0000	0.0001	0.0000	0.1602
0顶中1	张拉合拢顶	001(first	0.0707	0.0707	0.0001	0.0001	0.0708	0.0708
0顶左1	47张拉边跨	001(first	0.1600	0.0000	0.0001	0.0000	0.1602	0.0000
D顶板通长	50二期	001(first	1.0203	1.0203	0.0007	0.0007	1.0210	1.0210
顶01	05张拉钢束	001(first	0.0662	0.0662	0.0000	0.0000	0.0662	0.0662
顶01-复制	05张拉钢束	001(first	0.0662	0.0662	0.0000	0.0000	0.0662	0.0662
顶02	07张拉钢束	001(first	0.0833	0.0833	0.0000	0.0000	0.0834	0.0834
顶02-复制	07张拉钢束	001(first	0.0833	0.0833	0.0000	0.0000	0.0834	0.0834
顶03	09张拉钢束	001(first	0.1004	0.1004	0.0001	0.0001	0.1005	0.1005
顶03-复制	09张拉钢束	001(first	0.1004	0.1004	0.0001	0.0001	0.1005	0.1005
顶04	11张拉钢束	001(first	0.1175	0.1175	0.0001	0.0001	0.1175	0.1175
顶04-复制	11张拉钢束	001(first	0.1175	0.1175	0.0001	0.0001	0.1175	0.1175

预应力钢束伸长量

图4-134 预应力钢束“0底右1”伸长量

模型窗口 / 结果-[钢束布置(钢束组)]

单元	位置	钢束数	Yp (mm)	Zp (mm)	平均 Sin Theta ([deg])	平均 Cos Theta ([deg])	平均应力 (N/mm^2)	平均内力 (N)
钢束组[0底右1]的排列，在施工阶段[51十年收缩徐变]								
钢束组		0底右1		阶段	51十年收缩徐变	适用		
96	I	2	0.0000	0.0000	-0.3376	-0.9413	0.0000	0.0000
96	J	2	0.0000	-1614.0119	-0.3376	-0.9413	1147.2103	3051579.49
97	I	2	0.0000	-1614.0119	-0.0739	-0.9973	1146.9374	3050853.35
97	J	2	0.0000	-1947.6943	-0.0739	-0.9973	1187.4684	3158665.89
98	I	2	0.0000	-1947.6943	0.0035	1.0000	1190.2320	3166017.00
98	J	2	0.0000	-1931.7488	0.0035	1.0000	1195.9384	3181196.17
99	I	2	0.0000	-1931.7488	0.0019	1.0000	1199.0212	3189396.50
99	J	2	0.0000	-1923.3821	0.0019	1.0000	1194.1893	3176543.64
100	I	2	0.0000	-1923.3821	0.0648	0.9979	1195.0778	3178907.02
100	J	2	0.0000	-1793.6091	0.0648	0.9979	1163.3902	3094617.94
101	I	2	0.0000	-1793.6091	0.1914	0.9815	1167.3988	3105280.89
101	J	2	0.0000	-1403.5546	0.1914	0.9815	1167.2823	3104970.83
102	I	2	0.0000	-1403.5546	0.1595	0.9872	1172.9238	3119977.18
102	J	2	0.0000	-1080.3673	0.1595	0.9872	1170.7243	3114126.53
103	I	2	0.0000	-1080.3673	0.1421	0.9898	1174.7984	3124963.61
103	J	2	0.0000	-793.1720	0.1421	0.9898	1171.0221	3114918.77
104	I	2	0.0000	-793.1720	0.1243	0.9922	1172.6498	3119248.36
104	J	2	0.0000	-699.1961	0.1243	0.9922	1170.2822	3112950.63
105	I	2	0.0000	-699.1961	0.6819	0.7314	1170.2788	3112941.54

钢束布置(钢束组)

图 4-135 预应力钢束“0 底右 1”布置

模型窗口 / 结果-[钢束损失(钢束组)]

单元	位置	应力(考虑瞬间损失):A (N/mm^2)	弹性边形损失:B (N/mm^2)	比值 (A+B)/A	徐变/收缩损失 (N/mm^2)	松弛损失 (N/mm^2)	应力(考虑所有损失)/应力(考虑瞬间损失)	端部有效钢束数
钢束组[0底右1]的应力损失，在施工阶段[51十年收缩徐变]								
钢束组		0底右1	阶段	51十年收缩徐变	适用			
96	I	0.0000	0.0000	0.0000	0.0000	0.0000	0.0000	0.0000
96	J	1242.6389	6.1403	1.0049	-68.9853	-32.5836	0.9232	2.0000
97	I	1242.6389	5.9158	1.0048	-69.0337	-32.5836	0.9230	2.0000
97	J	1288.5654	8.7055	1.0068	-71.0512	-38.7513	0.9215	2.0000
98	I	1288.5654	8.2952	1.0064	-67.8773	-38.7513	0.9237	2.0000
98	J	1297.6134	8.3083	1.0064	-69.9751	-40.0081	0.9216	2.0000
99	I	1297.6134	7.8731	1.0061	-66.4571	-40.0081	0.9240	2.0000
99	J	1298.4168	7.0164	1.0054	-71.1235	-40.1204	0.9197	2.0000
100	I	1298.4168	6.5849	1.0051	-69.8035	-40.1204	0.9204	2.0000
100	J	1260.5127	4.9779	1.0039	-67.1585	-34.9419	0.9230	2.0000
101	I	1260.5127	4.8623	1.0039	-63.0342	-34.9419	0.9261	2.0000
101	J	1252.8182	2.1411	1.0017	-53.7569	-33.9201	0.9317	2.0000
102	I	1252.8182	2.0927	1.0017	-48.0670	-33.9201	0.9362	2.0000
102	J	1248.6276	0.3917	1.0003	-44.9272	-33.3678	0.9376	2.0000
103	I	1248.6276	0.3632	1.0003	-40.8246	-33.3678	0.9409	2.0000
103	J	1244.4243	-0.7197	0.9994	-39.8658	-32.8168	0.9410	2.0000
104	I	1244.4243	-0.7240	0.9994	-38.2338	-32.8168	0.9423	2.0000
104	J	1242.8448	-1.0839	0.9991	-38.8682	-32.6105	0.9416	2.0000
105	I	1242.8448	-1.0864	0.9991	-38.8692	-32.6105	0.9416	2.0000

钢束损失(应力) / 钢束损失(内力)

图 4-136 预应力钢束“0 底右 1”损失(应力)

(5)预应力钢束重量

在“**结果 > 分析结果表格 > 预应力钢束 > 预应力钢束重量…**”中，使用电子表格形式查看预应力钢束重量，见图 4-137 ~ 图 4-139。

模型窗口　结果-[钢束重量]

钢束名称	钢束号	面积 (mm^2)	长度 (mm)	重量/长度 (N/mm)	重量 (N)	总重量 (N)
0底右1	2.00	2660.000000	24883.072172	0.208810	5195.834300	10391.668600
0底右2	2.00	2660.000000	27897.642380	0.208810	5825.306705	11650.613411
0底右3	2.00	1680.000000	31842.526501	0.131880	4199.392395	8398.784790
0底中1	2.00	2100.000000	20532.079983	0.164850	3384.713385	6769.426771
0底中2	2.00	2100.000000	29525.623321	0.164850	4867.299004	9734.598009
0底中3	2.00	2100.000000	33770.028184	0.164850	5566.989146	11133.978292
0底中4	4.00	2100.000000	38522.395612	0.164850	6350.416917	25401.667667
0底中5	2.00	2100.000000	46526.935800	0.164850	7669.965367	15339.930733
0底左1	2.00	2660.000000	24883.072172	0.208810	5195.834300	10391.668600
0底左2	2.00	2660.000000	27393.726424	0.208810	5720.084015	11440.168029
0底左3	2.00	1680.000000	31340.505585	0.131880	4133.185877	8266.371753
0顶右1	4.00	2100.000000	23300.249994	0.164850	3841.046211	15364.184846
0顶中1	6.00	1680.000000	20502.689548	0.131880	2703.894698	16223.368185
0顶左1	4.00	2100.000000	22800.249994	0.164850	3758.621211	15034.484846
D顶板通长	4.00	2100.000000	326619.588424	0.164850	53843.239152	215372.956607
顶01	2.00	3080.000000	18846.571866	0.241780	4556.724146	9113.448292
顶01-复制	2.00	3080.000000	18846.571866	0.241780	4556.724146	9113.448292
顶02	2.00	3080.000000	23846.571866	0.241780	5765.624146	11531.248292
顶02-复制	2.00	3080.000000	23846.571866	0.241780	5765.624146	11531.248292
顶03	2.00	3080.000000	28846.571866	0.241780	6974.524146	13949.048292
顶03-复制	2.00	3080.000000	28846.571866	0.241780	6974.524146	13949.048292
顶04	2.00	3080.000000	33846.571866	0.241780	8183.424146	16366.848292
顶04-复制	2.00	3080.000000	33846.571866	0.241780	8183.424146	16366.848292
顶05	2.00	3080.000000	38846.571866	0.241780	9392.324146	18784.648292

钢束形状　钢束特性值　钢束组

此处实际是“钢束数量”，不是“钢束号”

图 4-137　预应力钢束形状重量

模型窗口　结果-[钢束重量]

钢束特性值	面积 (m^2)	钢束长度 (m)	重量/长度 (kN/m)	总重 (kN)
15-12	0.001680	249.382201	0.131880	32.888525
15-15	0.002100	1905.679271	0.164850	314.151228
15-19	0.002660	210.115026	0.208810	43.874119
15-22	0.003080	11528.810847	0.241780	2787.435887
体外束15-22	0.003080	158.157402	0.241780	38.239297
合计	-	14052.144747	-	3216.589054

钢束形状　钢束特性值　钢束组

图 4-138　预应力钢束特性值重量

2)挠度验算

受弯梁计算挠度的主要目的是保证梁具有足够的刚度,使汽车过桥时梁的变形不要过大,车辆行驶平顺;另外梁的变形过大也会使结构的次内力增大。

模型窗口　结果-[钢束重量]

钢束组	钢束长度 (m)	总重 (kN)
默认	14052.144747	3216.589054
合计	14052.144747	3216.589054

钢束形状　钢束特性值　钢束组

图 4-139　预应力钢束组重量

桥梁施工时,对桥梁设置预拱度可以使桥梁具有美观的侧面线形。但设置预拱度并不影响桥梁的受力情况,因此分析时是不予考虑的。规范对受弯构件设置预拱度的规定是原则性规定,可以看出它是指桥梁自身施工完成后,线形所要达到的要求。其中所说的挠度值、反拱值等都是以受弯构件本身处于水平状态为基准线的,与所谓的“高程”无关。

对预应力混凝土桥梁而言,预拱度所涉及的预加力产生的反拱值和荷载引起的挠度值,都是按瞬时弹性变形再考虑时间效应计算出来的，没有计入施工中的临时结构、施工设备等可能引起的弹性和非弹性变形，因为这些内容只有在施工方法和详细方案确定后才能作出估算，或者对计算值进行调整，或者进行实地修正；为了便于施工监控，还应将这些预拱度值结合施工现场情况转换为“高程”。这些工作只有在施工阶段进行调整才更为方便。

(1)施工结束主梁变形

在“**结果 > 位移 > 位移形状…**”中，查看施工阶段“50 二期”徐变变形形状，见图 4-140。

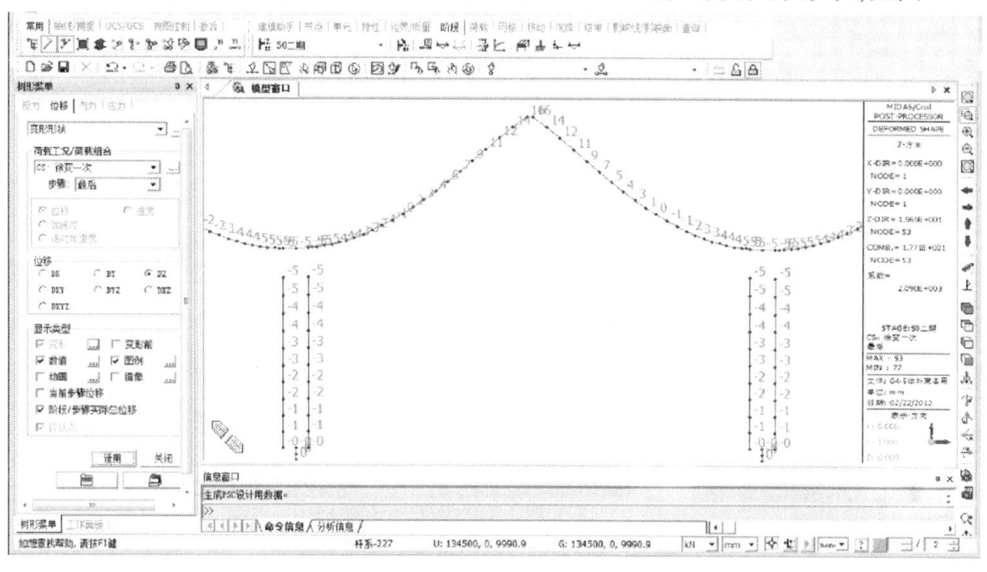

图 4-140 施工阶段“50 二期”徐变变形形状

在“**结果 > 位移 > 位移形状…**”中，查看施工阶段“50 二期”该施工阶段最后步骤的合计变形形状，见图 4-141。

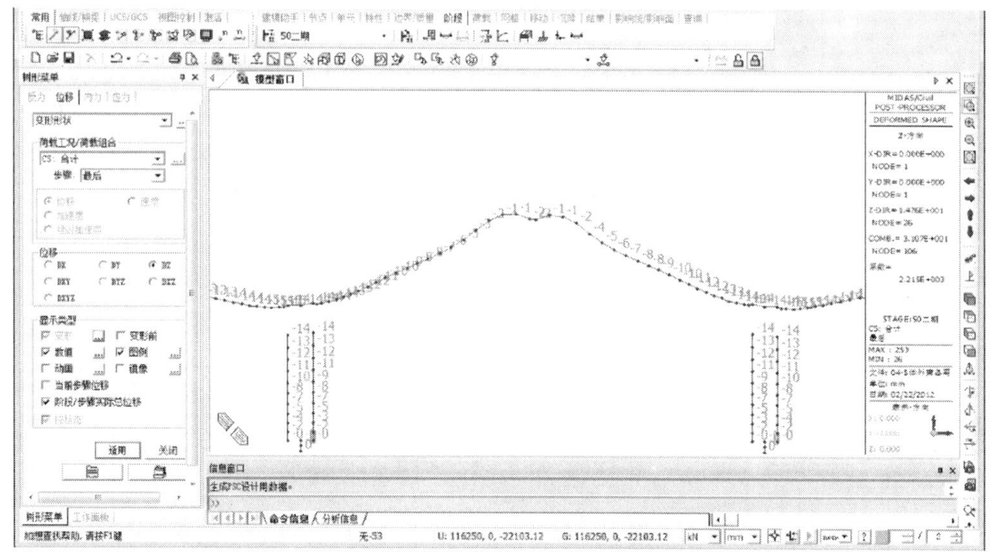

图 4-141 施工阶段“50 二期”合计变形形状

(2)十年收缩徐变后主梁变形

在“**结果 > 位移 > 位移形状…**”中,查看施工阶段“51 十年收缩徐变”徐变变形形状,见图4-142。

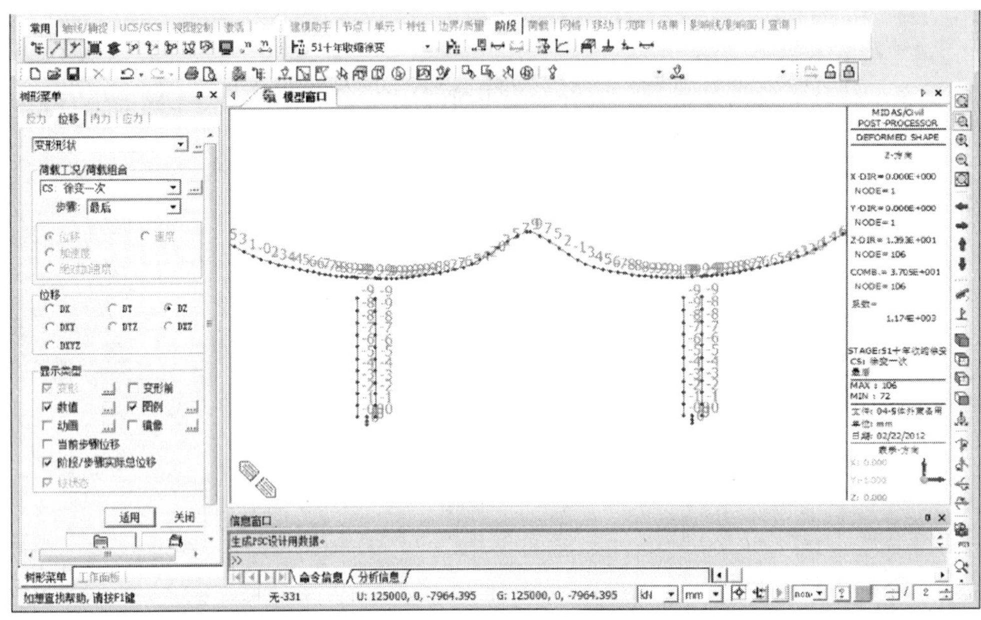

图 4-142 施工阶段“51 十年收缩徐变”徐变变形形状

在“**结果 > 位移 > 位移形状…**”中,查看施工阶段“51 十年收缩徐变” 该施工阶段最后步骤的合计变形形状,见图 4-143。

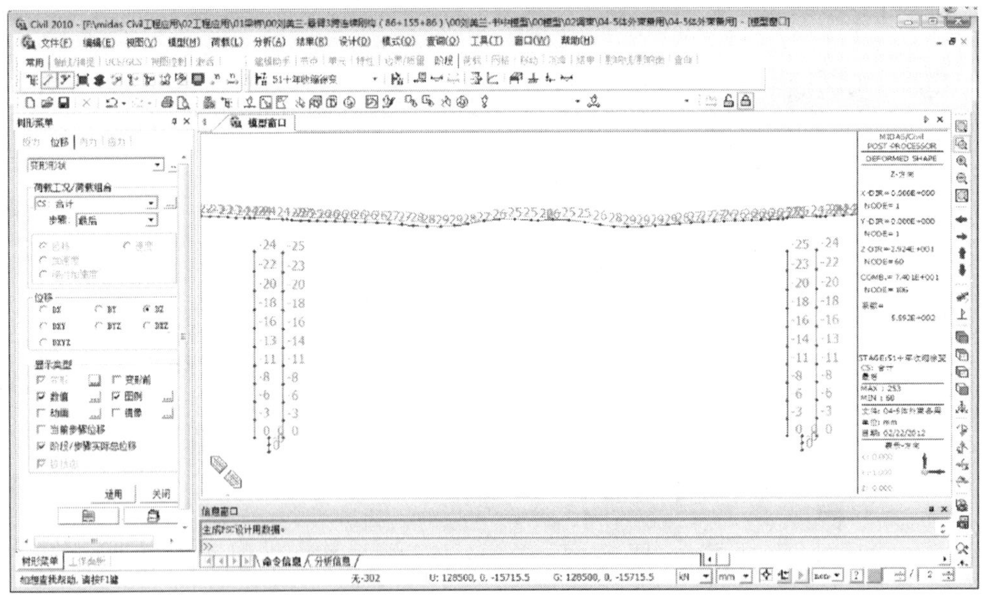

图 4-143 施工阶段“51 十年收缩徐变”合计变形形状

(3)活荷载下的主梁变形

在“**结果 > 位移 > 位移形状…**”中，查看车辆活荷载下的主梁变形形状和人群活荷载下的主梁变形形状，见图 4-144。

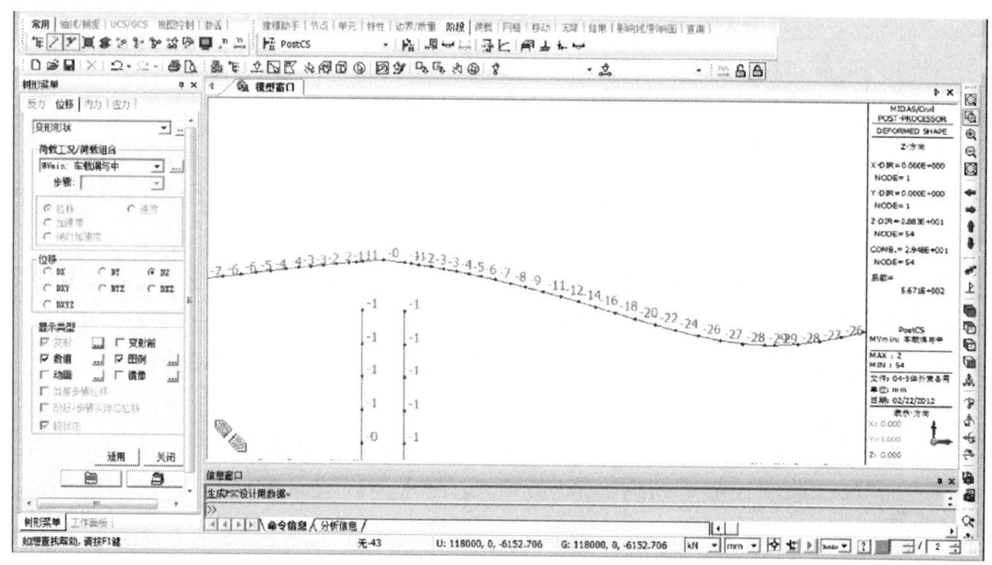

图 4-144 车辆活荷载下的主梁下挠变形形状

(4)预拱度设置

本桥施工时，除了跨中合龙段不能保证切线上进行激活，主梁上的其他单元均在切线上进行激活，所以桥梁在施工结束时，线形平顺。

由图 4-143 可知，施工结束并且 10 年收缩徐变完成后，预应力抵消永久荷载效应后基本处于水平状态。

根据《公路钢筋混凝土及预应力混凝土桥涵设计规范》(JTG D62—2004)中 6.5 节中的挠度验算规定，本桥跨中可设置 2 ~ 3cm 的预拱度。此处预拱度的具体取值，用户可根据自己的经验参考取值。

4.2.13 小结

1)三跨对称连续刚构桥构造与尺寸

(1)箱梁构造与尺寸

连续刚构桥几乎都采用变高度箱型断面，故本文仅对箱型断面进行论述。

①箱梁高度

a. 主梁根部高度

早期设计的连续刚构桥，主梁根部高度多为 $L/20 \sim L/18$(L 为中跨跨径)。

近年连续刚构桥出现了一些病害，主要是箱梁腹板产生斜裂缝和跨中挠度过大，箱梁根部高度有增大的趋势，大约在 $L/17 \sim L/16$ 之间。

b. 主梁跨中高度

主梁跨中高度大约在 $L/60 \sim L/45$ 之间。当跨径较小时，从构造和方便施工考虑，跨中梁高一般不宜小于2m。

c. 主梁高度变化曲线

主梁高度的变化曲线，常用的有4种：按二次抛物线变化，按正弦曲线变化、按半立方抛物线变化和圆曲线变化。为了减小预应力束径向力，本桥模型采用圆曲线。

②箱梁顶、底板和腹板厚度

a. 顶板厚度

根据箱的宽度和是否布置横向预应力筋，顶板跨中厚度在25～35cm之间变化。一般情况下不小于25cm。0号梁段和边跨现浇段梁端的顶板应加厚，一般加厚至50～70cm。顶板两侧的根部要布置承托，其尺寸应根据顶板预应力钢束构造要求确定。

箱梁两侧的悬臂板，其端部厚度一般为15～20cm。当布置横向预应力筋时，多用20cm，根部设置承托，尺寸由顶板钢束构造要求确定。

边跨梁端因设置伸缩缝，顶板厚度(含两侧悬臂板)要满足预埋锚固钢筋的要求。

b. 底板厚度

跨中底板厚度一般取25～35cm。主梁根部底板厚度一般取根部梁高的1/10～1/8。0号梁段底板应加厚，一般取根部梁高的1/7～1/6。边跨现浇段梁端的底板厚度应按端横隔板的构造要求确定。

从箱梁根部至跨中，底板厚度应采用渐变，其变化曲线多采用半立方抛物线或二次抛物线。

c. 腹板厚度

腹板厚度主要取决于布置预应力筋和浇注混凝土必要的间隙等构造要求。从箱梁根部至跨中，根据跨径的大小，可分为不同厚度的二段或三段。一般在80～140cm之间取值。当腹板内设置下弯钢束和竖向预应力筋时，腹板厚度按构造要求确定。沿纵向腹板厚度不宜突变，可安排在一个梁段内完成渐变。

0号梁段的腹板要加厚，根据跨径的大小，一般在80～140cm之间取值。

边跨主梁端部附近应结合端横隔板设计，加大腹板厚度，并设置一渐变段与一般梁段的腹板厚度衔接。

d. 箱梁横隔板

通常的做法是，在0号梁段对应于主墩墩柱位置布置横隔板，其厚度与桥墩两壁的厚度一致；另外还在边跨支承处布置端横隔板，其厚度可根据边跨跨径的大小，在0.8～2m之间取值。其余梁段不设横隔板。

近年有的连续刚构桥曾发生底板崩裂的事故。当箱梁较宽时，为了减小底板钢束径向力的不利影响，有的设计在主梁跨中布置横隔板。

当边跨跨径较大，箱梁较窄时，为了提高梁端支承的抗扭能力，必要时可将端横隔板延伸至箱外(至腹板的外侧)，梁端支承相应移至腹板之外。

所有横隔板都应设孔洞，以保证箱内通道全桥贯通。孔洞大小，应方便管养人员及小型机具通过。

(2)主墩构造与尺寸

在满足抗弯、抗压强度和压杆稳定的前提下，桥墩应具有较小的抗推刚度，使温度，混凝土收缩、徐变和顺桥向地震的不利影响降至最低限度。

一般多采用双柱式(顺桥向双柱),见图4-145。从已建成的连续刚构桥可以看到,随着主桥跨径和墩高的不同,b、c 值变化较大。b 值大约在 1～4m 之间,c 值大约在 2～8m,个别桥 c 值达到 9～10m。

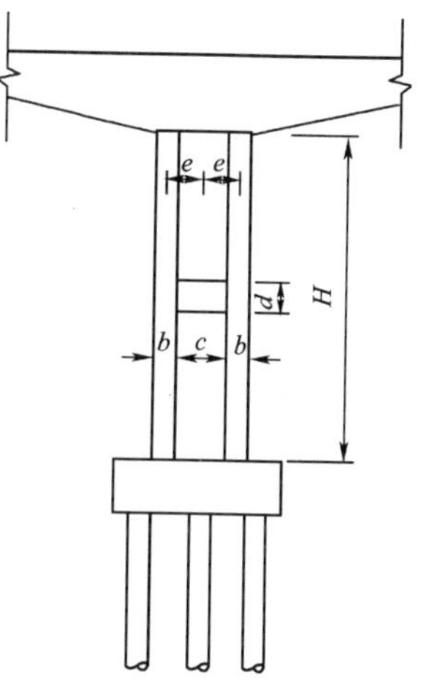

图4-145　双柱式桥墩

当主跨 $L \geqslant 120$m 时,墩身宜采用箱形断面。

箱壁顺桥向厚度一般可取墩柱横向宽度的1/14～1/12;箱壁横桥向厚度,一般大于顺桥向壁厚30～40cm。箱内不设或设置少量横隔板。有的桥为了减小施工阶段的墩身应力,提高稳定安全系数,墩身下段做成实体,上段为箱形断面。实体段的高度视跨径大小和墩高而定。

当主跨 L 在80～120m之间时,可采用实体双柱式,顺桥向厚度约为60～150cm。墩身断面常用矩形和工字形。

跨径小于80m时,可采用单柱式箱形断面墩身。

横桥向墩身宽度 a_1,一般取等于箱梁的底板宽度 a_0,即 $a_1 = a_0$。如果主梁箱宽过小,桥墩较高,或者为造型美观,也可使 $a_1 > a_0$,$(a_1 - a_0)$ 大约在150～250cm之间,见图4-146。

(3)墩高对PC连续刚构桥的影响

连续刚构桥为高次超静定结构,对温度变化、预应力、混凝土的收缩和徐变等因素产生的次内力比较敏感。

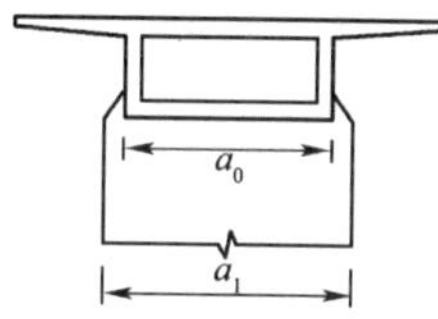

图4-146　墩身横向宽度

当主墩较矮或抗推刚度较大时,对纵向地震影响不利,在墩顶还会出现较大的拉应力。需要利用桥墩较小的抗推刚度(双壁墩)来降低上述次弯矩。一般情况下,墩身高度宜大于主跨跨径的1/10,否则应采取措施降低次弯矩。例如:

①在满足抗弯和稳定的前提下,减小墩身顺桥向厚度。

②采用群桩基础,计入桩基柔度对墩身的影响。

③利用边跨合龙前后的刚度变化对主梁进行加卸载,以改善墩身的受力。

④将中跨底板预应力长索分三段锚固。其中两段在中跨合龙前锚固,一段在合龙后锚固,以减小底板束产生的次弯矩和混凝土收缩、徐变内力。

⑤对于个别很矮的桥墩,不宜采用墩梁固结,宜设置支座。

2)大悬臂施工阶段稳定分析

PC连续刚构桥一般采取挂篮悬臂浇注法施工,由于其上部结构悬臂施工长度长、自重大,高墩状态时墩体柔度较大,当施工处于最大双悬臂状态时,结构稳定性较差,因此需进行稳定分析,避免结构发生失稳破坏。

midas Civil 中的屈曲分析和特征值分析功能只能在POSTCS(后处理)阶段进行,因此为了求解某个施工阶段状态下的结构稳定特性,可以通过指定施工阶段分析的截止阶段,然后进行屈曲分析。

如果要考虑施工阶段内力对结构刚度的影响,可以按以下步骤执行:

(1)在“施工阶段分析控制数据”对话框中选择并定义最大悬臂状态为分析的最终分析阶

段;并勾选"初始内力控制"中的转换最终施工阶段构件内力为 PostCS 阶段构件的几何刚度初始荷载,见图 4-147。

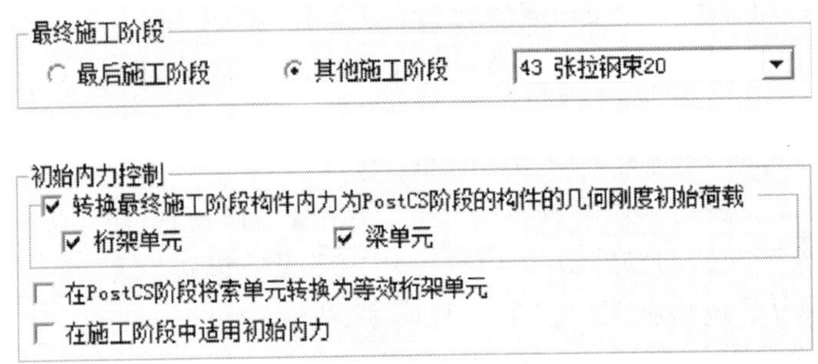

图 4-147　大悬臂施工阶段稳定分析定义

(2)执行施工阶段分析,并在"**荷载 > 初始荷载 > 小位移 > 初始单元内力 CS**"中,复制表格中的单元刚度内容。

(3)将大悬臂"43 张拉钢束 20"施工阶段,在"**文件 > 另存当前施工阶段为…**"中,将该施工阶段另存为一个独立模型。

(4)打开另存后的独立模型,并将复制的初始单元内力粘贴到独立模型中的初始单元内力表格中。

(5)定义屈曲分析数据,执行屈曲分析。

3)抗震分析

该连续刚构桥抗震分析参见本书"6.3 大跨度连续刚构桥地震响应分析与抗震设计"内容。

4)其他分析

本桥还应考虑桥面板的横桥向局部分析、0 号块等受力比较复杂部位的细部分析以及偶然冲击荷载等,本书暂略。

第5章 梁格

5.1 概述

5.1.1 梁格法的基本原理

梁格法是借助计算机分析桥梁上部结构的一种有效实用方法。它采用空间杆系单元进行等效模拟，易于理解和使用，在桥梁结构设计中得到了广泛的应用。它适用于板式、梁板式、箱梁上部结构及各种组合体系桥梁。

梁格法的主要思路是将上部结构用一个等效梁格来模拟。将分散在板式或箱梁每一区段内的弯曲刚度和抗扭刚度集中于最邻近的等效梁格内，实际结构的纵向刚度集中于纵向梁格构件内，而横向刚度则集中于横向梁格构件内。从理论上讲，梁格必须满足以下等效原则：当原型实际结构和对应的等效梁格承受相同荷载时，两者的挠曲应是恒等的，而且在任一梁格内的弯矩、剪力和扭矩应等于该梁格所代表的实际结构部分的内力。由于实际结构和梁格体系有着不同的结构特性，上述“等效”的理想状况是难以达到的，模拟只能是近似的。这种特性表现在以下方面：

（1）梁格法中任意梁内的弯矩严格与其曲率成正比，而在原结构如板结构中，任一方向上的弯矩与该方向与正交方向上的曲率有关。对钢筋混凝土构件或预应力混凝土构件而言，一般按纵向、横向双向配筋，同时混凝土泊松比较小，所以用梁格法导出的纵向弯矩和横向弯矩对结构设计的精度是足够精确的。

（2）实际板结构中，任一单元的平衡要求扭矩在正交方向上是相等的，而且，扭率在正交方向上也是相同的。在等效梁格中，由于两类结构特性不同，无法使扭矩和扭率在正交方向的节点上相等，然而梁格网格相当细密时，梁格随着挠曲而成一曲面，在正交方向上可近似相等。

5.1.2 梁格法分类及梁格分割

对于桥梁上部结构，如果跨宽比比较大时，在荷载作用下桥梁上部结构产生的弯曲和扭转主要沿着桥跨方向，而横向变形几乎可以忽略不计，那么该上部结构桥梁可以作为一根单梁。若桥梁跨宽比小于某个限值时，最好采用等效梁格进行模拟分析。

按照几何性质的不同，上部结构进行梁格分析等效时大致可分为板式桥梁—梁格分析、梁板式桥梁—梁格分析、铰接板—梁格分析以及多室箱梁—梁格分析四大类。

利用刚度等效原则对上部结构进行梁格划分时，由于上部结构截面形状和支点布置方式的多样化，网格划分很难得到统一的规律，一般根据上部结构布筋方向及结构形式来定。

(1)直梁桥—梁格划分

直梁桥进行梁格划分时，横向梁格与纵向梁格应成直角。在受力较大处的部位或内力突变区，如支点附近，应加密梁格网格，见图5-1。

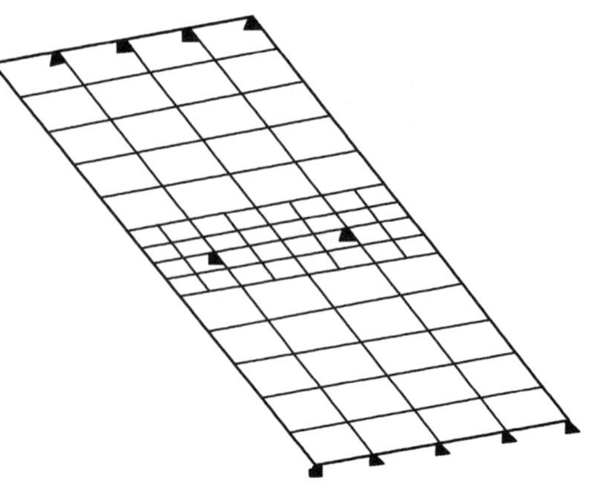

图5-1 直桥梁格划分

(2)斜交梁—梁格划分

斜交桥的梁格划分应尽量与力的作用方向或结构内配筋方向一致。当斜交角较小(一般斜交角小于20°)时，可采用斜交网格；当桥面较窄且斜交角较大时，梁格划分应垂直梁跨；当桥台宽度大于跨度时，梁格划分应垂直支承比较合适。梁格间距可参考正交桥所述原则，见图5-2。

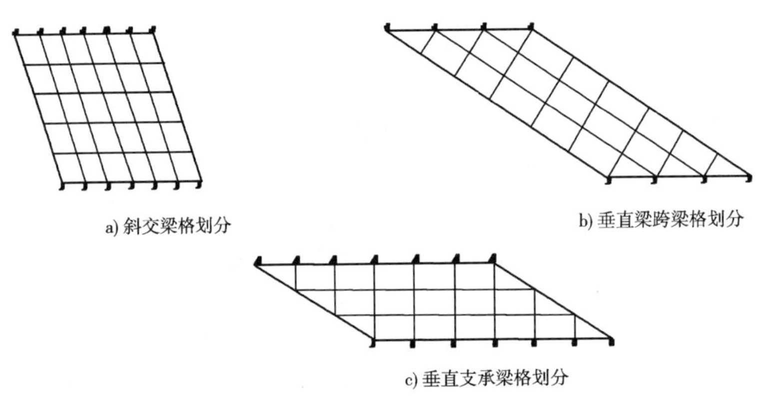

a)斜交梁格划分

b)垂直梁跨梁格划分

c)垂直支承梁格划分

图5-2 斜交桥梁格划分

(3)变宽板及扇形板

在城市立交桥中，经常用到变宽形式的上部结构。用梁格法分析时，不需作特殊考虑，唯一的问题是梁格构件的特性必须沿着构件轴线递增，准备数据时比较麻烦。在实际分析中，微小的变宽可以略而不计，因为它对上部结构内力影响甚微，若上部结构其有较大的斜角，则必须用变宽梁格模拟，见图5-3。

用梁格法分析弯桥或扇形结构，见图5-4。辐射式构件之间的夹角可以做成不大于15°，梁格网格接近于正方格形，辐射式构件的刚度等效于位于其长度中点的截面刚度。

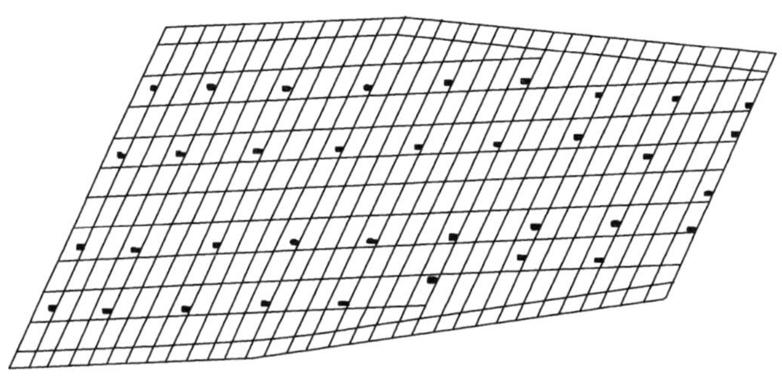

图 5-3 变宽桥梁格划分

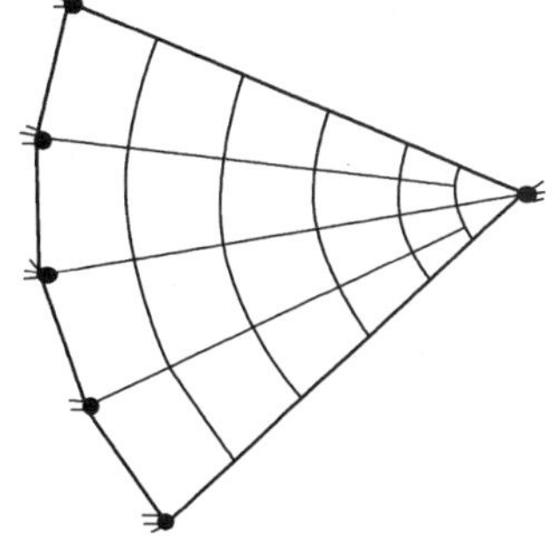

图 5-4 弯桥桥梁格划分

5.2 midas Civil 功能在桥梁上部结构—梁格分析中的应用

对于异形板桥、宽梁桥、斜交桥、曲线桥等类型的桥梁,采用单梁模型无法正确计算横向支座的反力、荷载的横向分布、斜交桥钝角处的反力以及内力集中等效应,利用等效梁格分析模型可以比较方便地解决以上问题。

梁格分析模型的关键在于采用合理的梁格划分方式和正确的等效梁格刚度。用等效梁格代替桥梁上部结构,将分散在板、梁每一区段内的弯曲刚度和抗扭刚度集中于最邻近的等效梁格内,实际结构的纵向刚度集中于纵向梁格构件内,横向刚度集中于横向梁格内。理想的刚度等效原则是:当原型实际结构和对应的等效梁格承受相同的荷载时,两者的挠曲将是恒等的,并且每一梁格内的弯矩、剪力和扭矩等于该梁格所代表的实际结构部分的内力。由于实际结构和梁格体系在结构特性上的差异,这种等效只是近似的,但对一般的桥梁,采用梁格分析模型进行受力分析的结果是可以满足工程要求的。

本文分别以铰接空心板梁桥、异形板桥、预应力 T 梁桥以及单箱多室曲线箱梁桥为例,采用空间等效梁格法进行梁格模型建立以及相应分析结果的查看,使用户对采用 midas Civil 功能模拟等效空间梁格模型以及分析设计功能有一个整体把握。

限于篇幅限制,本文只对铰接空心板梁桥的梁格分析模型的建模过程以及结合规范的设计过程详细叙述;对异形板桥和 T 梁桥,只分别体现了受力分析结果和横向分布系数的求解;由于 midas Civil 中的“单箱多室箱梁梁格法建模助手”功能还在完善中,因此本书第一版本暂不体现单箱多室箱梁桥的梁格分析模型,计划在第二版本中加入“单箱多室曲线箱梁桥—梁格分析”章节。但在相应地方会共享“2010 版本的单箱多室箱梁桥的梁格建模及 PSC 设计”的资料,读者如有需要可以联系作者。

另外,读者如果对于相关梁格的模拟方法不太清楚的话,请参考《桥梁结构空间分析设计方法与应用》书中的相关章节,或者联系作者答疑解惑。

5.2.1 铰接空心板梁桥—梁格分析及设计

5.2.1.1 桥梁概况

1)主要设计技术指标

(1)桥梁设计基准期 100 年。

(2)结构设计安全等级一级。

(3)桥面宽度:

0.5m 护栏 +11m 行车道 +0.5m 护栏 =12.0m。

(4)设计荷载:

①永久荷载

钢结构容重 78.5kN/m^3,钢筋混凝土容重 25kN/m^3,护栏 9.5kN/m。10cm 厚混凝土铺装和 9cm 厚沥青混凝土铺装容重 25kN/m^3。

基础变位作用:考虑 0.01m 基础不均匀沉降作用;由于本桥为简支桥梁,基础变位对结构影响基本可忽略不计,因此本桥模型没有考虑支座沉降荷载工况。

②可变荷载

汽车荷载:公路—Ⅰ级车道荷载的均布荷载标准值 q_k =10.5kN/m;车道荷载计算弯矩时,P_k =245.04kN,车道荷载计算剪力效应时,P_k =1.2×245.04 =294.028kN。

汽车冲击力:按《公路桥涵设计通用规范》(JTG D60—2004)规定取值。

本实例没有考虑汽车制动力,用户可按《公路桥涵设计通用规范》(JTG D60—2004)规定取值。

温度荷载:均匀温升按 34℃、温降按 -3℃考虑;温度梯度按《公路桥涵设计通用规范》(JTG D60—2004)第 4.3.10 条的规定取值。

③偶然荷载

地震荷载:地震烈度为 8 度,地震动峰值加速度为 0.2g,场地特征周期为 0.40s;建筑场地较良好。

本例题没有考虑汽车撞击力,用户可按《公路桥涵设计通用规范》(JTG D60—2004)规定取值。

(5)桥面纵坡:0.5%。

(6)桥面横坡:车行道单向(向外侧)2.0%。

2)计算原则

(1)执行《公路桥涵设计通用规范》(JTG D60—2004)和《公路钢筋混凝土及预应力混凝土桥涵设计规范》(JTG D62—2004)。

(2)10cm 厚现浇 C50 混凝土和护栏不参与结构受力,仅作为恒载施加;封锚端 C30 混凝土以恒载施加;模型模拟时,忽略桥梁横坡、纵坡对结构的影响。

(3)按 A 类构件设计。

(4)边界条件:矩形板式橡胶支座约束用弹性支承进行模拟,弹簧系数 SDy = SDz = 1.6667E +03kN/m;SDx =1.01124E +06kN/m。

3)空心板横断面几何尺寸(图 5-5 ~ 图 5-8)

4)主要材料及空心板钢束布置

(1)混凝土

空心板、铰缝采用 C50 混凝土、桥面混凝土铺装采用 C50 防水混凝土。其轴心抗压强度设计值为 f_{cd} =22.4MPa,轴心抗拉强度设计值为 f_{td} =1.83MPa,弹性模量为 E_c =3.45×10^{4}MPa;封锚端采用 C30 混凝土,其轴心抗压强度设计值为 f_{cd} =13.8MPa,轴心抗拉强度设计

值为 $f_{td}=1.39\text{MPa}$，弹性模量为 $E_c=3.00\times10^4\text{MPa}$。

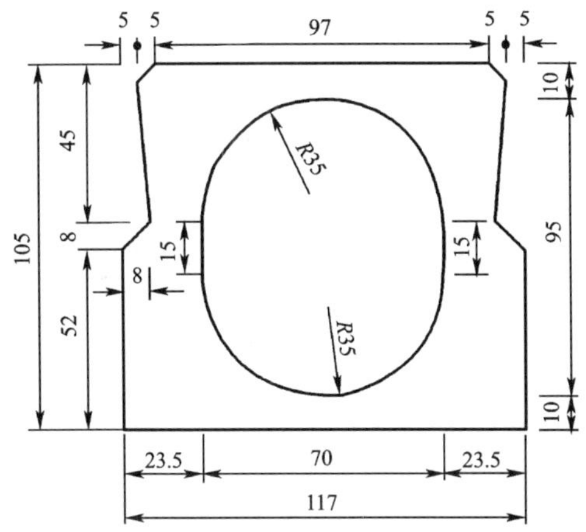

图 5-5 中板—中截面(尺寸单位:cm)

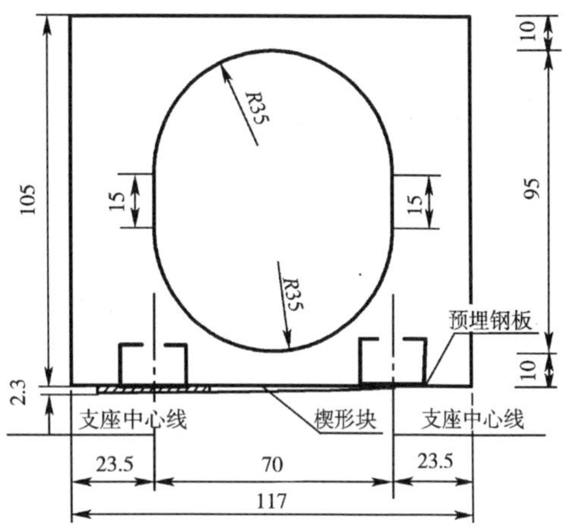

图 5-6 中板—支截面(尺寸单位:cm)

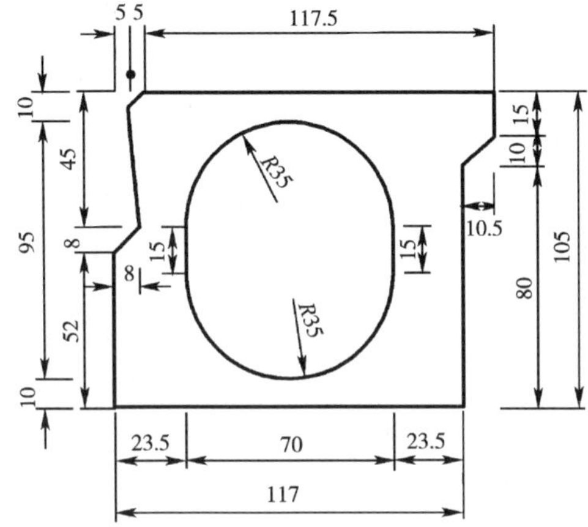

图 5-7 边板—中截面(尺寸单位:cm)

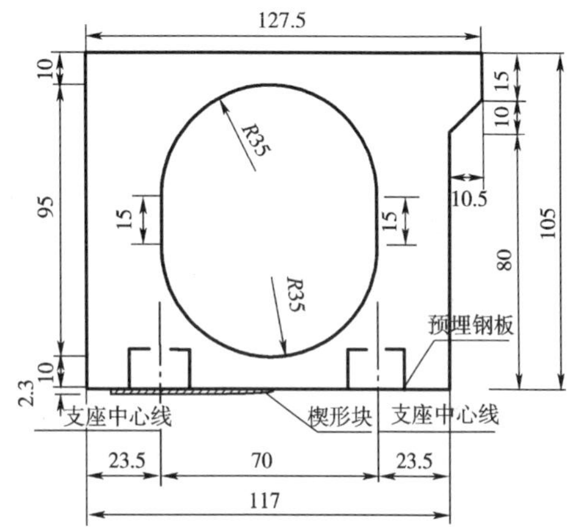

图 5-8 边板—支截面(尺寸单位:cm)

(2)预应力钢筋和普通钢筋

预应力钢绞线采用 $\phi^j15.2$ 高强度低松弛钢绞线，其标准强度为 $f_{pk}=1860\text{MPa}$，张拉控制应力采用 $0.75f_{pk}=1395\text{MPa}$，弹性模量为 $E_h=1.95\times10^5\text{MPa}$。

钢绞线孔道采用预埋桥梁用塑料波纹管，波纹管外径 $D=77\text{mm}$。预应力筋与管道壁摩擦系数 $\mu=0.17$，管道每米局部偏差对摩擦的影响系数 $K=0.0015$，预应力钢绞线松弛系数 0.3。锚具采用 YM-6、7。钢束两端张拉时，两端锚具变形及钢束回缩变形值均为 6mm。

普通钢筋采用 R235、HRB335 级。R235 抗拉、抗压强度设计值 f_{sd}、f'_{sd} 均为 195MPa，弹性模量为 $E_s=2.1\times10^5\text{MPa}$。HRB335 抗拉、抗压强度设计值 f_{sd}、f'_{sd} 均为 285MPa，弹性模量为 $E_s=2.05\times10^5\text{MPa}$。

(3)空心板钢束布置

预应力钢束布置见图 5-9 ~ 图 5-13。预应力钢束规格及锚下张拉控制应力见表 5-1。

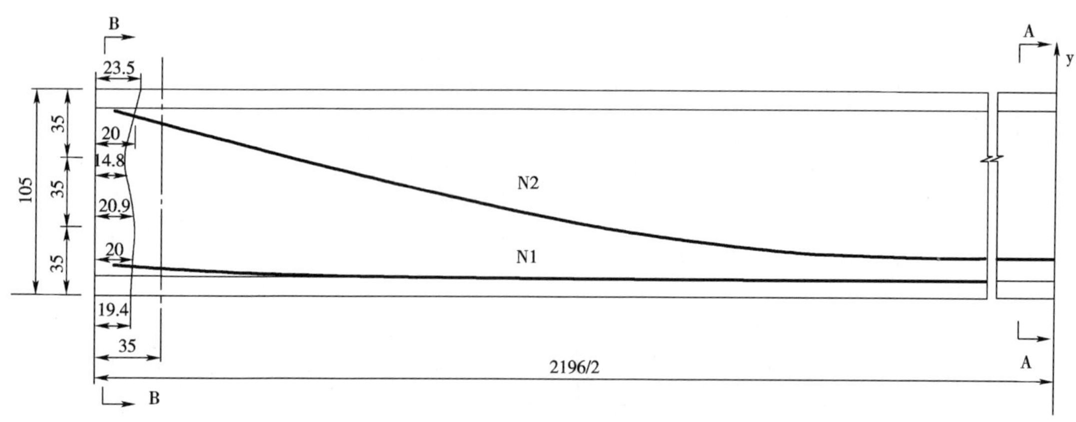

图 5-9 钢束立面布置图(尺寸单位:cm)

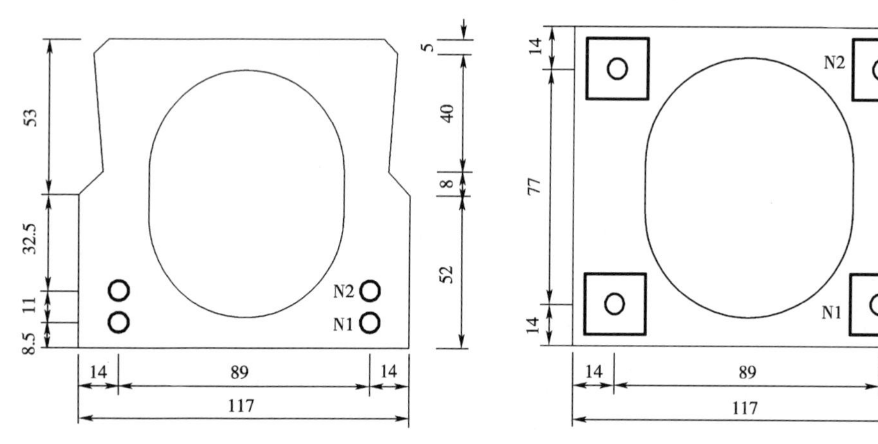

图 5-10 钢束中板—中(尺寸单位:cm)

图 5-11 钢束中板—支(尺寸单位:cm)

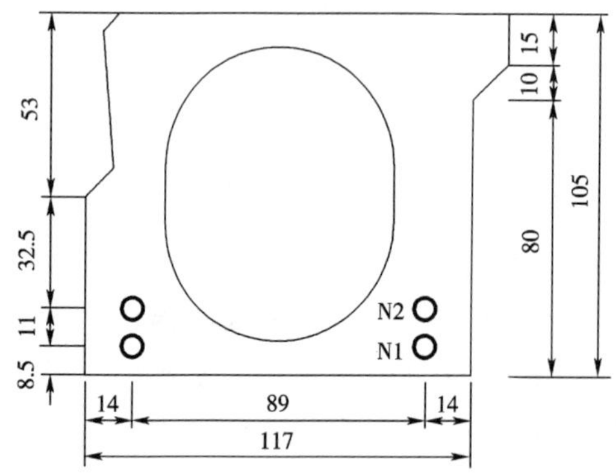

图 5-12 钢束边板—中截面(尺寸单位:cm)

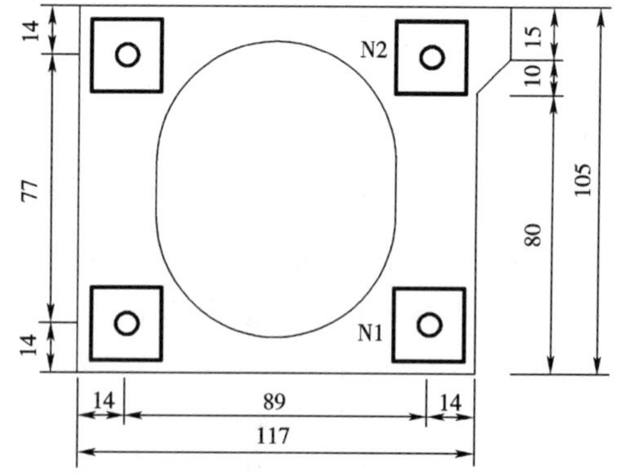

图 5-13 钢束边板—支(尺寸单位:cm)

5)施工流程说明

流程一:预制空心板,并进行混凝土洒水养护,保持混凝土面处于 80% 潮湿状态,连续养护 7 天止,保证混凝土强度达到 80% 以上。

预应力钢束规格及锚下张拉控制应力 表 5-1

钢 束 编 号	锚具规格及张拉控制应力				
	中板	束数	边板	束数	σ_{con}(MPa)
N1	15-7	2	15-7	2	1395
N2	15-6	2	15-6	2	

流程二:混凝土拆模,预应力钢束编束、穿束共历时 3 天。

流程三:张拉预应力底层预应力钢束 N1,孔道压浆,历时 1 天。

流程四:张拉预应力顶层预应力钢束 N2,孔道压浆,历时 1 天。

流程五:存梁后并进行预制空心板的吊装就位,历时 20 天。

流程六:现浇空心板间铰缝,并浇筑边板护栏和桥面铺装,历时 1 天。

流程七:分别考虑空心板 3 年和 10 年的收缩徐变效应。

5.2.1.2 建模分析

本模型中所有结构均采用梁单元模拟。模型中节点总数 537 个,梁单元总数 654 个,见图 5-14。

每片空心板梁底部均采用弹性连接进行板式橡胶支座刚度的等效模拟,体现三个平动方向的约束刚度;采用材料容重为“0”的虚拟横梁进行纵梁间的横向联系,并且释放虚拟横梁的梁端约束,形成铰接,见图 5-15。

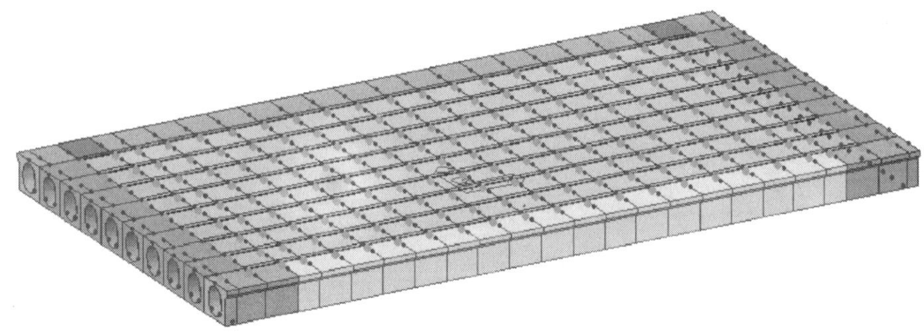

图 5-14 铰接空心板成桥总体模型

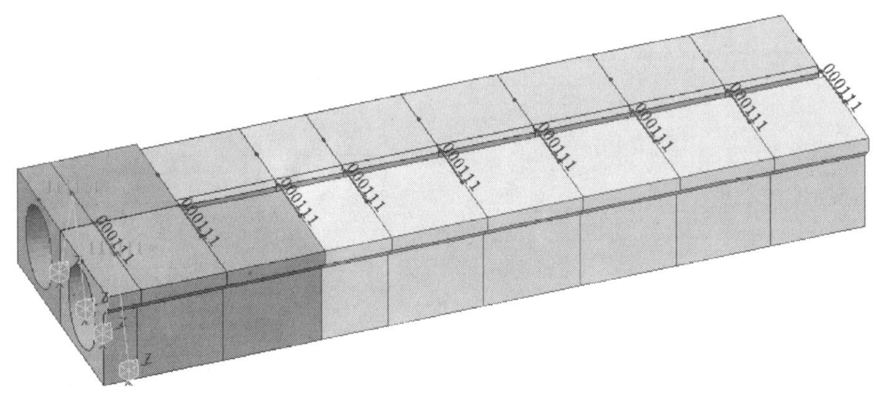

图 5-15 空心板梁横向铰接连接

(1)定义组

在“**树形菜单>组**”中,根据施工流程,按照可识别的名称分别进行“结构组”、“荷载组”、“边界组”的定义,见图5-16。

(2)定义材料与截面

在“**模型>材料和截面特性>材料**”中,定义空心板“C50”的混凝土材料、“虚拟横梁”容重为0的C50混凝土材料、预应力钢束“Strand1860”的钢材材料,见图5-17。

在“**模型>材料和截面特性>截面**”中,分别定义虚拟横梁截面和空心板截面,见图5-18~图5-20。空心板截面采用“设计截面”中的“设计用数值截面”,选择“截面数据”中的“从SPC导入”进行截面定义,见图5-19所示。虚拟横梁截面采用“数值”截面中的“实腹长方形截面”进行$H=1\mathrm{m}$、$B=0.2\mathrm{m}$的等效刚度的定义,见图5-20所示。

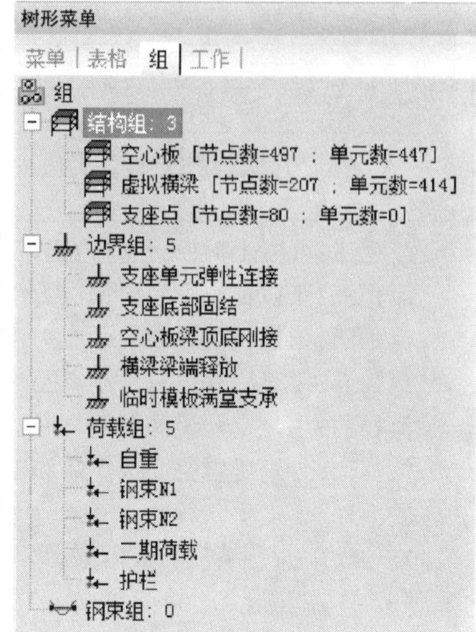

图5-16 定义组图

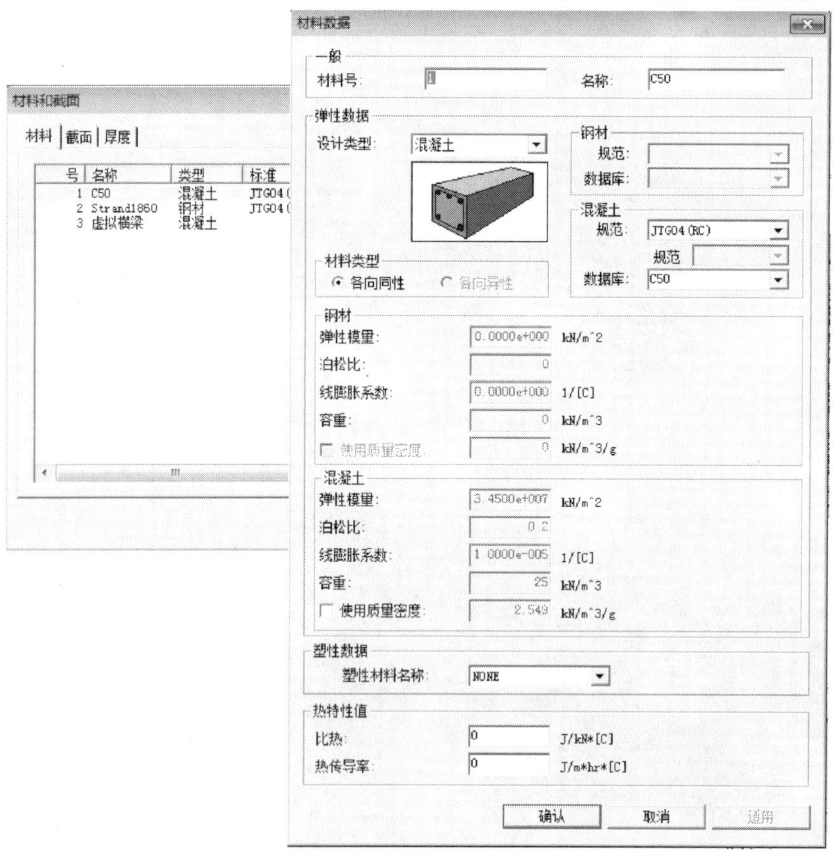

图5-17 定义材料图

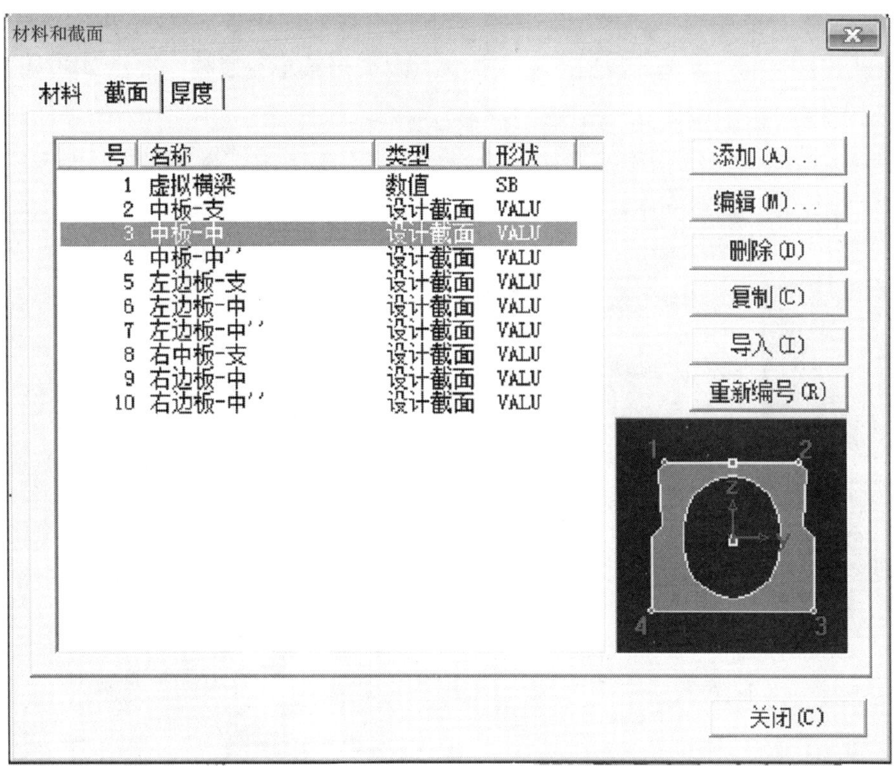

图 5-18 定义截面图

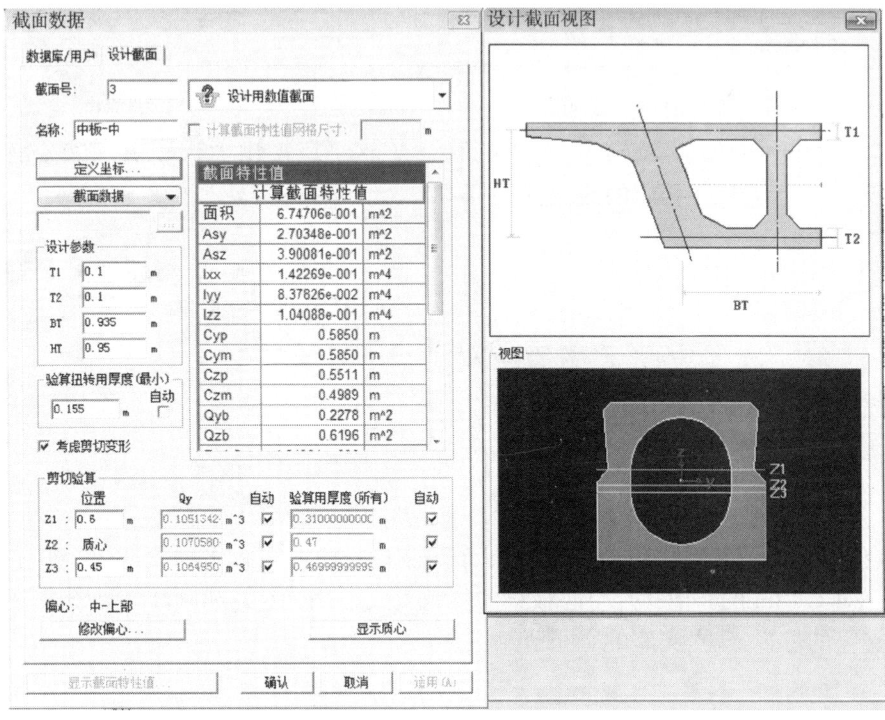

图 5-19 定义空心板截面图

(3)建立节点与单元

将 Excel 表格中的节点坐标数据复制后,粘贴在“**树形菜单 > 表格 > 节点**”中,见图 5-21。

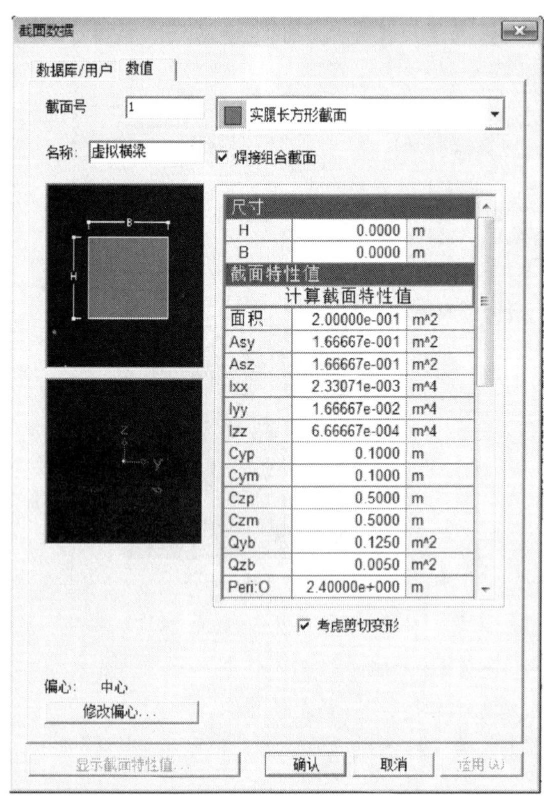

图 5-20 定义虚拟横梁截面图

模型窗口 / 节点

	节点	X(m)	Y(m)	Z(m)
	1	-10.980000	-5.310000	1.050000
	2	-10.630000	-5.310000	1.050000
	3	-9.730000	-5.310000	1.050000
	4	-8.700000	-5.310000	1.050000
	5	-8.000000	-5.310000	1.050000
	6	-7.000000	-5.310000	1.050000
	7	-6.000000	-5.310000	1.050000
	8	-5.000000	-5.310000	1.050000
	9	-4.000000	-5.310000	1.050000
	10	-3.000000	-5.310000	1.050000
	11	-2.000000	-5.310000	1.050000
	12	-1.000000	-5.310000	1.050000
	13	0.000000	-5.310000	1.050000
	14	1.000000	-5.310000	1.050000
	15	2.000000	-5.310000	1.050000
	16	3.000000	-5.310000	1.050000
	17	4.000000	-5.310000	1.050000
	18	5.000000	-5.310000	1.050000
	19	6.000000	-5.310000	1.050000
	20	7.000000	-5.310000	1.050000
	21	8.000000	-5.310000	1.050000
	22	8.700000	-5.310000	1.050000
	23	9.730000	-5.310000	1.050000
	24	10.630000	-5.310000	1.050000
▶	25	10.980000	-5.310000	1.050000

图 5-21 节点表格

连接空心边板 1 开始节点(节点 1)和结束节点(节点 25),建立单元,并交叉分割,生成 24 个空心边板 1 单元,并赋予相应的截面,见图 5-22。

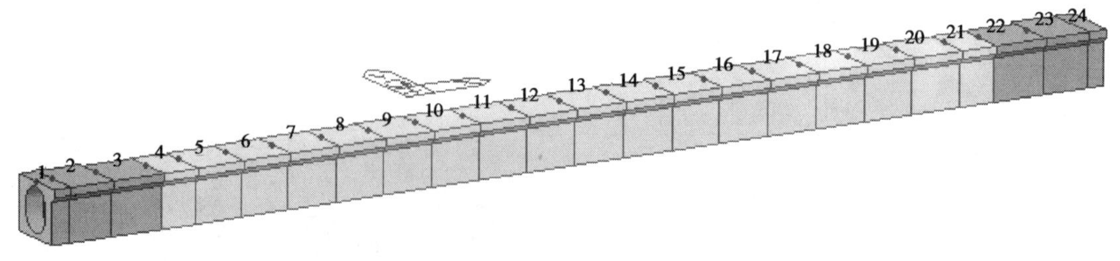

图 5-22 空心边板 1

在“**模型 > 单元 > 复制和移动**”中,见图 5-23。选择空心边板 1 所有单元,进行坐标轴 y 方向,间距 9@1.18m 的其他 9 片空心板梁的复制生成,并赋予相应的截面,见图 5-24。

根据支座的位置,建立支座的空间节点。

(4)定义荷载工况类型

在“**荷载 > 静力荷载工况**”中,定义荷载类型,见图 5-25。

“施工阶段荷载(CS)”仅在施工阶段分析时起作用,在“PostCS”阶段不起作用。为了避免相同的荷载重复作用，对于在施工阶段作用的荷载，其荷载类型最好定义为“施工阶段荷载(CS)”。

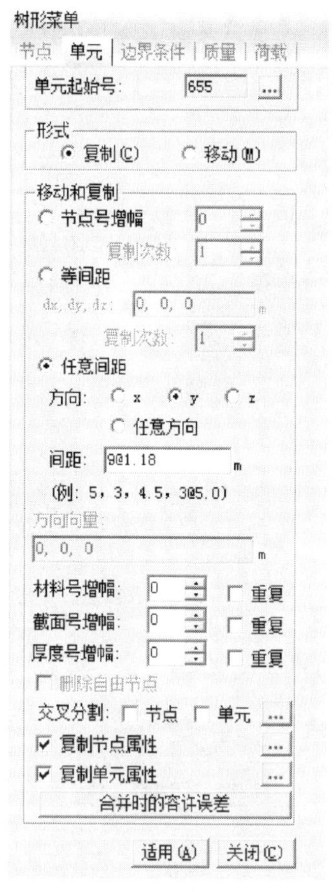

图5-23 复制单元图

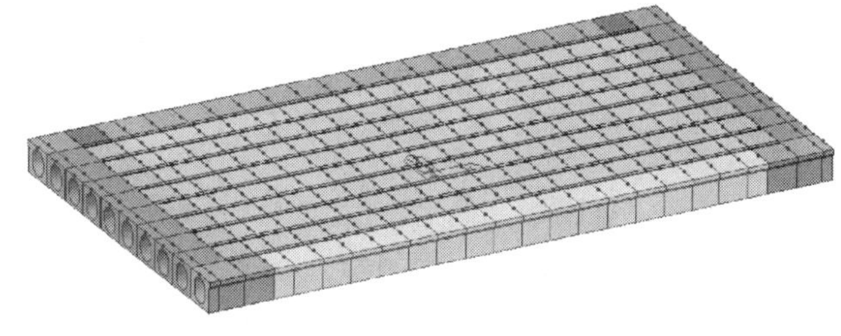

图5-24 空心板单元图

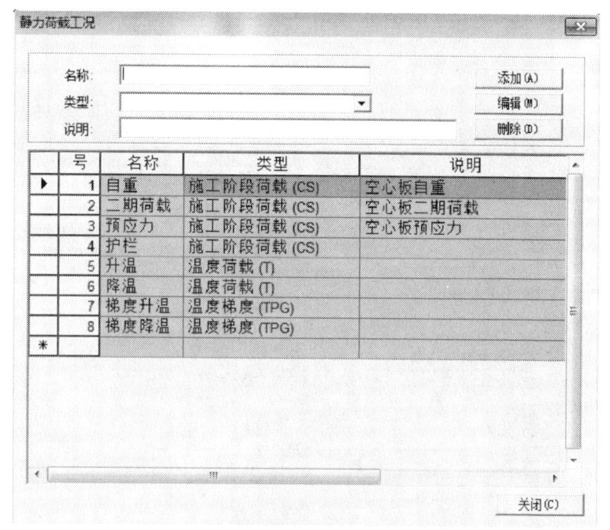

图5-25 定义静力荷载工况图

(5)定义静力荷载

在“**荷载>自重**”中，定义“自重”荷载；在“**荷载>梁单元荷载**”中，定义“二期铺装”和“护栏”荷载；在“**荷载>温度荷载>单元温度**”中，选择模型中的相应单元，定义“升温”和“降温”荷载；在“**荷载>温度荷载>梁截面温度**”中，定义“梯度升温”和“梯度降温”荷载。相关荷载数值，请参考模型“22m空心板梁格模型”。

(6)定义预应力荷载

在“**荷载>预应力荷载>钢束特性值**”中，定义“钢束特性值”，见图5-26。

在“**荷载>预应力荷载>钢束布置形状**”中，定义钢束形状，见图5-27。将生成的空心边板1的“钢束1”和“钢束2”进行复制，生成空心边板1的“钢束3”和“钢束4”。最后将空心边板1的4根钢束按照间距9@1.18m进行复制，分别生成其他9片空心板梁的钢束形状，见图5-28。

在“**荷载>预应力荷载>钢束预应力荷载**”中，定义预应力荷载。钢束均两端张拉，张拉控制应力$\sigma_{con}=1395MPa$，见图5-29和图5-30。

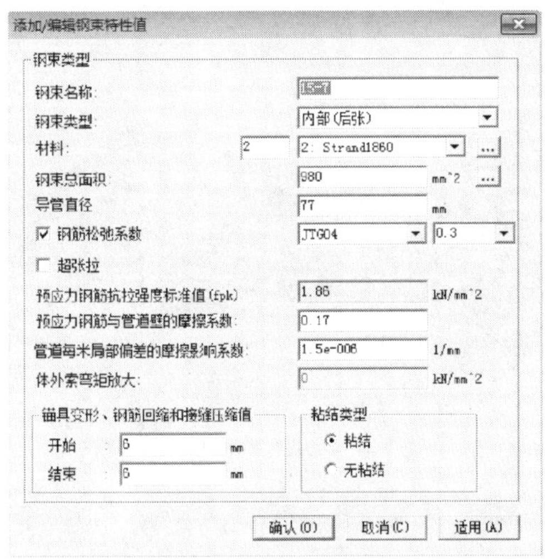

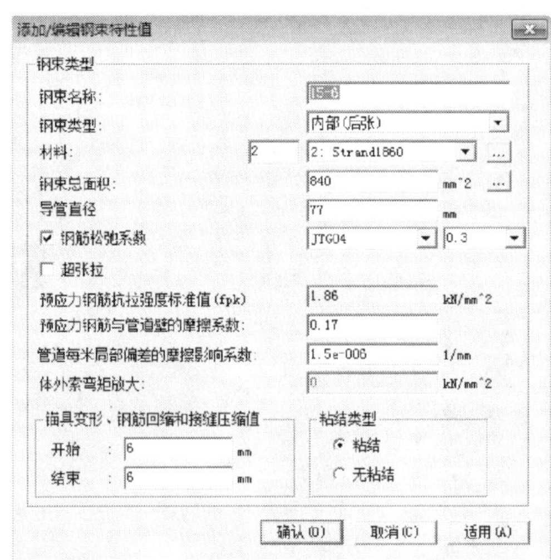

图 5-26 钢束特性值定义图

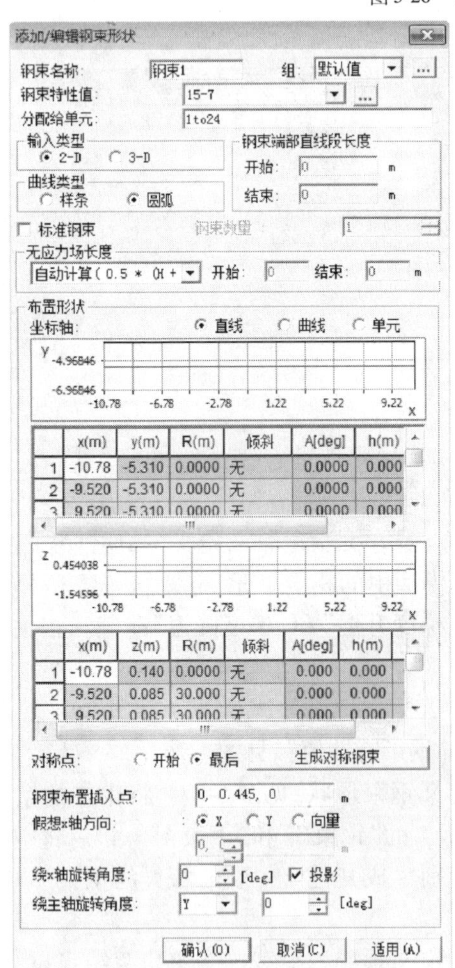

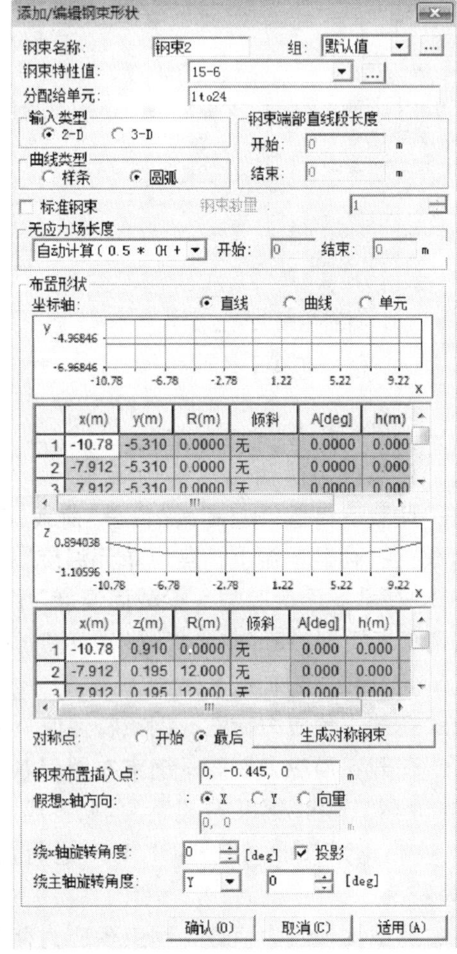

图 5-27 钢束布置形状定义图

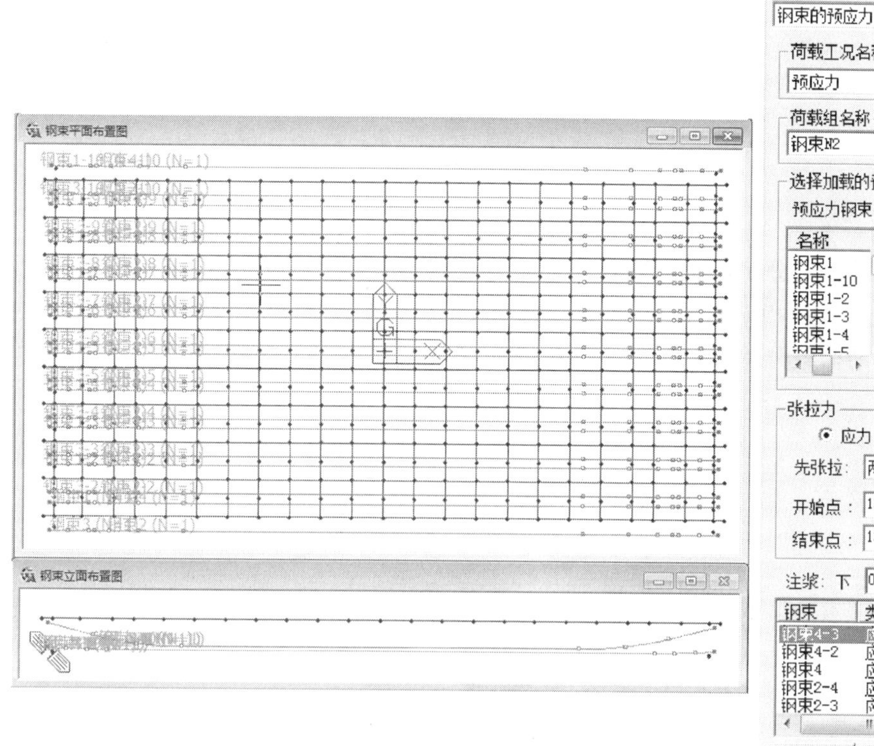

图 5-28 钢束图

树形菜单
节点 | 单元 | 边界条件 | 质量 | 荷载
钢束的预应力荷载
荷载工况名称
预应力
荷载组名称
钢束N2
选择加载的预应力钢束
预应力钢束: 已选钢束:
名称: 钢束1 钢束1-10 钢束1-2 钢束1-3 钢束1-4
名称: 钢束4-3
张拉力
应力 内力
先张拉: 两端
开始点: 1395000 kN/m^2
结束点: 1395000 kN/m^2
注浆: 下 0 个施工阶段

钢束	类型	荷载工况
钢束4-3	应力	预应力
钢束4-2	应力	预应力
钢束4	应力	预应力
钢束2-4	应力	预应力
钢束2-3	应力	预应力

添加 编辑 删除

图 5-29 钢束预应力荷载

模型窗口 | 节点 | 梁单元荷载 | 钢束的预应力荷载

钢束名称	荷载工况	张力类型	张拉位置	开始点-应力 (N/mm^2)	结束点-应力 (N/mm^2)	开始点-拉力 (N)	结束点-拉力 (N)	注浆	荷载组
钢束1	预应	应力	两端	1395.00	1395.00	0.00	0.00	0	钢束N1
钢束1-10	预应	应力	两端	1395.00	1395.00	0.00	0.00	0	钢束N1
钢束1-2	预应	应力	两端	1395.00	1395.00	0.00	0.00	0	钢束N1
钢束1-3	预应	应力	两端	1395.00	1395.00	0.00	0.00	0	钢束N1
钢束1-4	预应	应力	两端	1395.00	1395.00	0.00	0.00	0	钢束N1
钢束1-5	预应	应力	两端	1395.00	1395.00	0.00	0.00	0	钢束N1
钢束1-6	预应	应力	两端	1395.00	1395.00	0.00	0.00	0	钢束N1
钢束1-7	预应	应力	两端	1395.00	1395.00	0.00	0.00	0	钢束N1
钢束1-8	预应	应力	两端	1395.00	1395.00	0.00	0.00	0	钢束N1
钢束1-9	预应	应力	两端	1395.00	1395.00	0.00	0.00	0	钢束N1
钢束2	预应	应力	两端	1395.00	1395.00	0.00	0.00	0	钢束N2
钢束2-10	预应	应力	两端	1395.00	1395.00	0.00	0.00	0	钢束N2
钢束2-2	预应	应力	两端	1395.00	1395.00	0.00	0.00	0	钢束N2
钢束2-3	预应	应力	两端	1395.00	1395.00	0.00	0.00	0	钢束N2
钢束2-4	预应	应力	两端	1395.00	1395.00	0.00	0.00	0	钢束N2
钢束2-5	预应	应力	两端	1395.00	1395.00	0.00	0.00	0	钢束N2
钢束2-6	预应	应力	两端	1395.00	1395.00	0.00	0.00	0	钢束N2
钢束2-7	预应	应力	两端	1395.00	1395.00	0.00	0.00	0	钢束N2
钢束2-8	预应	应力	两端	1395.00	1395.00	0.00	0.00	0	钢束N2
钢束2-9	预应	应力	两端	1395.00	1395.00	0.00	0.00	0	钢束N2

图 5-30 钢束预应力荷载表图

(7)定义移动荷载

在“**荷载 > 移动荷载分析数据 > 移动荷载规范**”中,选择相应国家移动荷载规范,见图5-31。

图5-31 移动荷载规范定义图

在“**荷载 > 移动荷载分析数据 > 车道**”中,定义移动荷载车道,见图5-32。对于梁格模型,“车辆荷载的分布”选用“横向联系梁”。

在“**荷载 > 移动荷载分析数据 > 车辆**”中,定义“标准车辆荷载”,见图5-33。

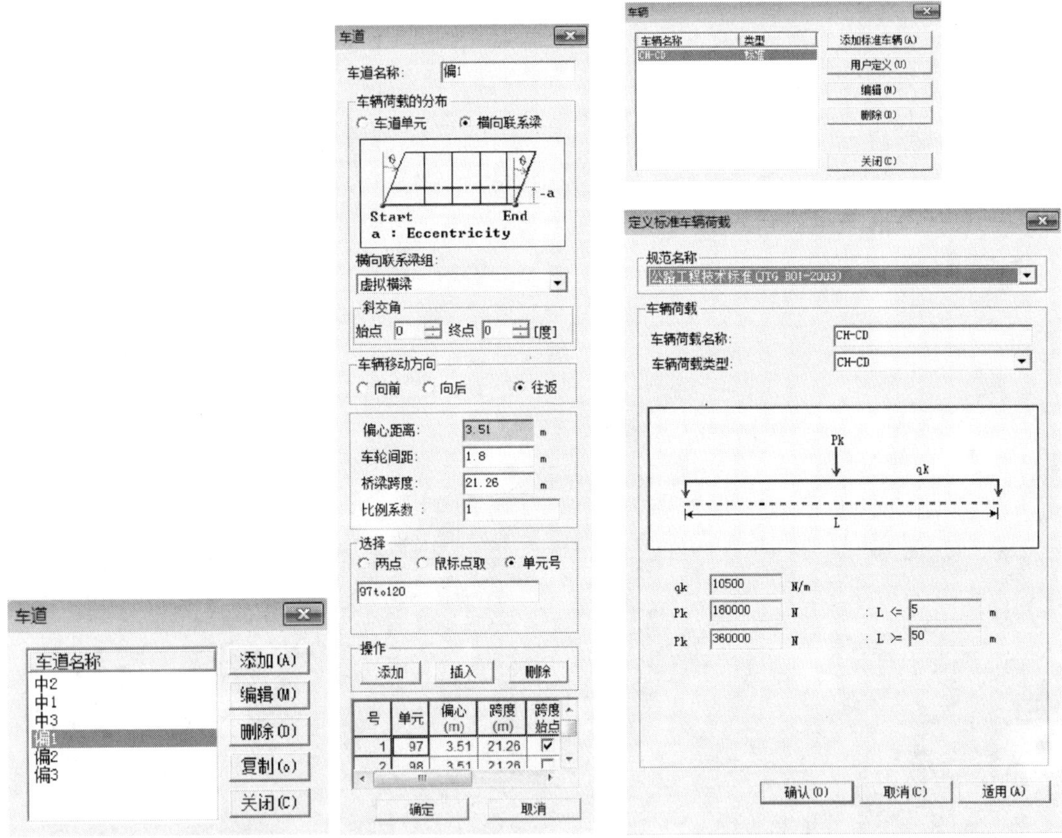

图5-32 移动荷载车道定义图

图5-33 标准车辆荷载定义图

在“**荷载 > 移动荷载分析数据 > 移动荷载工况**”中,定义移动荷载工况,见图5-34。

(8)定义边界

在“**模型 > 边界条件 > 刚性连接**”中,进行空心板顶部与底部(支座顶部)的刚性连接,见图5-35。

在“**模型 > 边界条件 > 弹性连接**”中,进行支座顶部与底部的连接,生成支座单元,体现支座的刚度特性,见图 5-36。

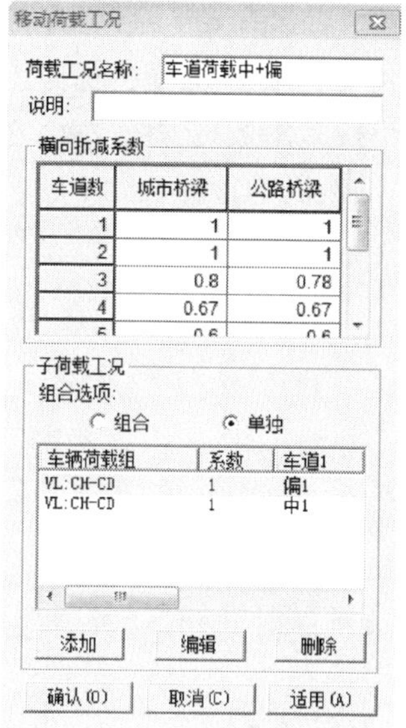

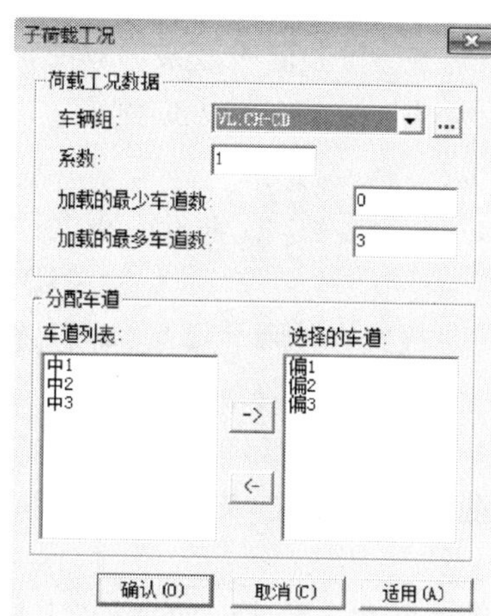

图 5-34 移动荷载工况定义图

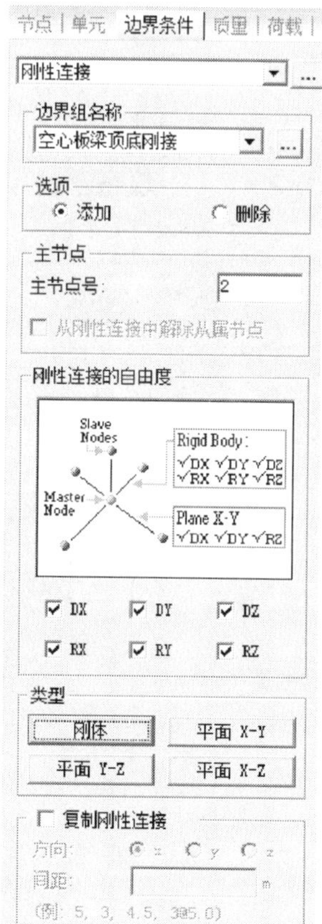

图 5-35 空心板顶、底部刚接

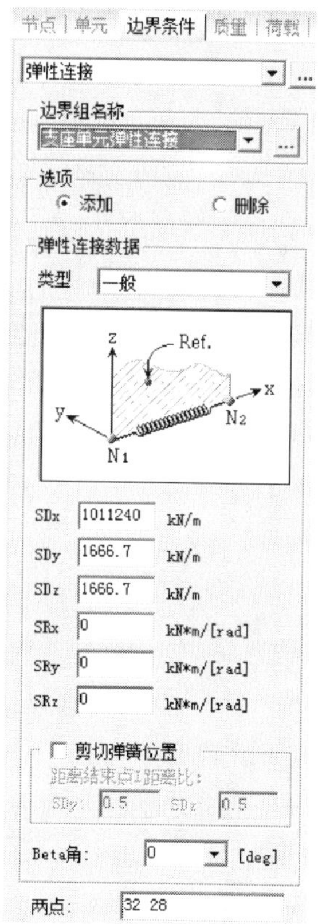

图 5-36 支座单元弹性连接定义图

在 midas Civil 中,采用“弹性连接”中的一般类型模拟板式橡胶支座时,需要输入 SDX(单元局部坐标系 x 轴方向的刚度)、SDY(单元局部坐标系 y 轴方向的刚度)和 SDZ(单元局部坐标系 z 轴方向的刚度)这三个方向的平动刚度值。这三个值是由实际桥梁工程使用的橡胶支座类型决定的,也就是说与支座的刚度系数指标有关。中小桥多用板式橡胶支座,在输入刚度值时可以根据支座橡胶层厚度来计算即可。板式橡胶支座的刚度的计算式如下:

①单元局部坐标系 X 轴方向刚度:

$$\mathrm{SDx} = EA/L$$

②单元局部坐标系 y、z 轴方向刚度:

$$\mathrm{SD}y = \mathrm{SD}z = GA/L$$

式中:E、G——板式橡胶弹性模量、剪切模量;

A——支座的橡胶承压面积;

L——支座的橡胶净高。

在“**模型 > 边界条件 > 节点弹性支承**”中,进行空心板梁预制时,临时模板满堂支承模拟,见图 5-37。

在“**模型 > 边界条件 > 一般支承**”中,支座底部固结模拟,见图 5-38。

在“**模型 > 边界条件 > 释放梁端约束**”中,进行横梁梁端部约束释放,形成铰接梁格体系,见图 5-39。

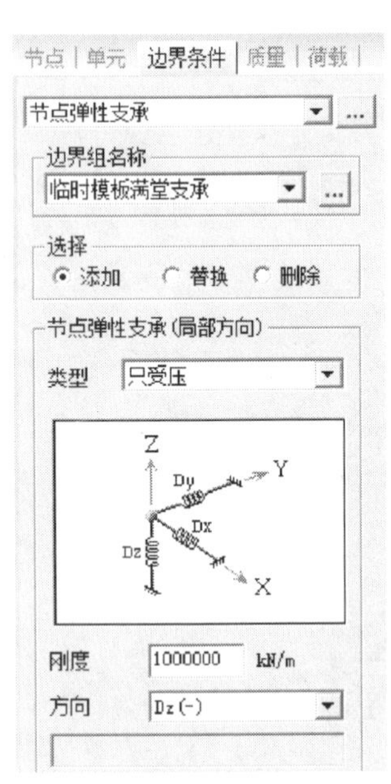

图 5-37 临时模板满堂支承定义图

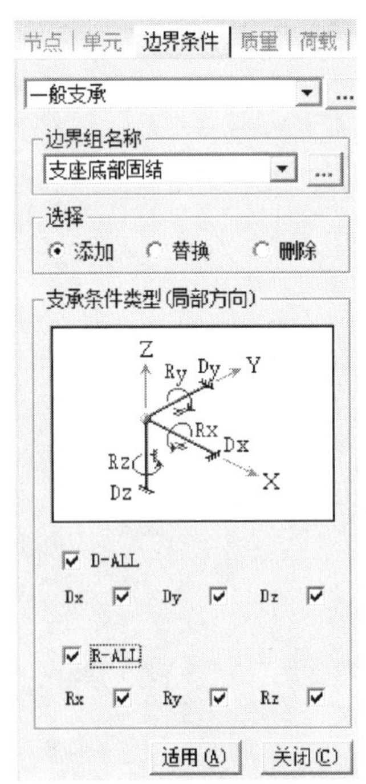

图 5-38 支座底部固结支承定义图

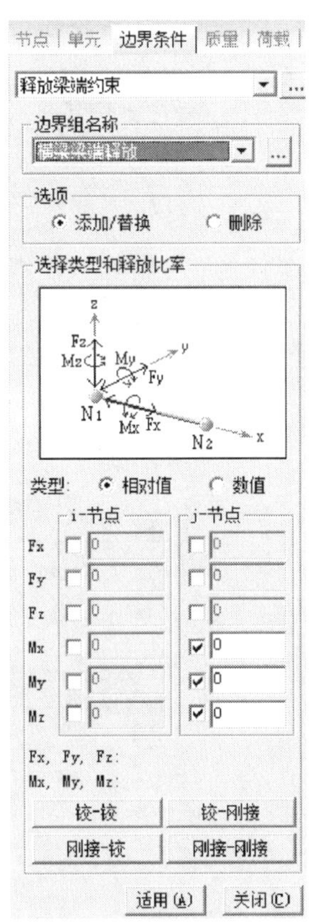

图 5-39 释放横梁梁端部约束

(9)定义施工阶段

空心板梁桥施工流程在软件中共划分为7个施工阶段,各施工阶段说明见表5-2。

各施工阶段说明 表5-2

施工阶段名称		持续时间（天）	施工阶段说明
CS1	空心板预制	3	激活预制空心板梁(养护材龄为7d)、激活空心板模板满堂支承和简支支座、激活自重
CS2	张拉钢束N1	1	预制场张拉底部钢束N1
CS3	张拉钢束N2	1	预制场张拉顶部钢束N2
CS4	预制场存梁	20	预制场存梁20天
CS5	上二期铺装护栏等	1	钝化空心板模板满堂支承并激活横向联系梁组(现浇铰缝)、现浇护栏和桥面铺装
CS6	3年收缩徐变	1000	考虑3年的收缩徐变影响
CS7	10年收缩徐变	2650	考虑10年的收缩徐变影响

在"**荷载 > 施工分析分析数据 > 定义施工阶段**"中进行定义,见图5-40。

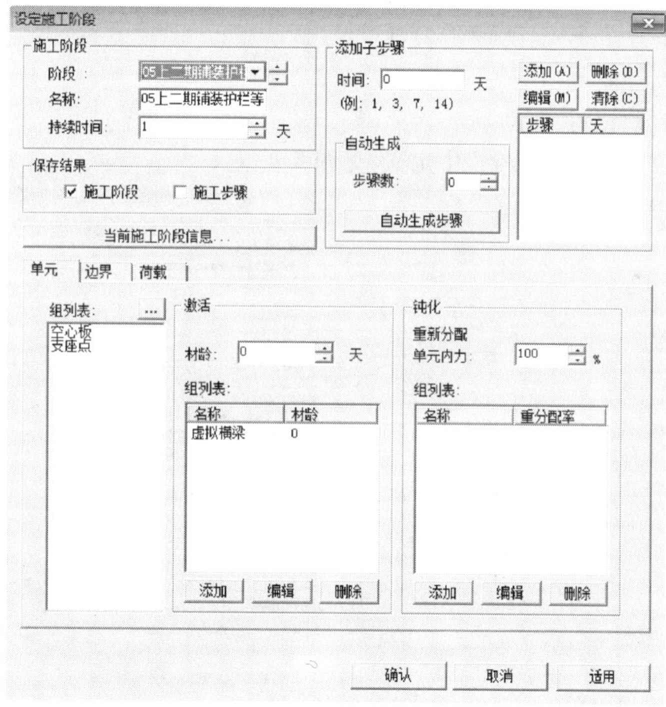

图5-40 定义施工阶段

(10)将荷载转化成质量

在"**模型 > 结构类型**"中,将"自重"转化为"质量",见图5-41。

在"**模型 > 质量 > 将荷载转化为质量**"中,将带有质量块的荷载二期铺装和防撞护栏转化为质量(规范中说可不需转化,此处请用户自己判断),见图5-42。

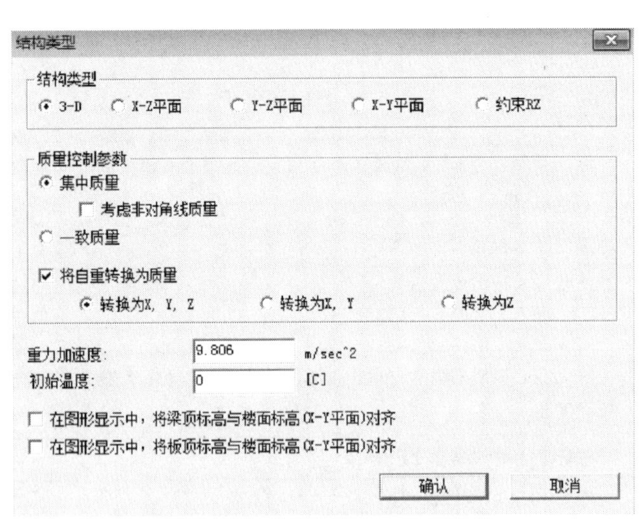

图 5-41　自重转化为质量图

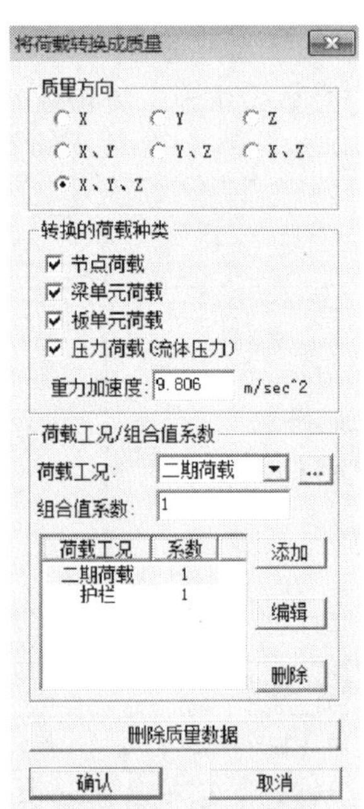

图 5-42　荷载转化质量

(11)分析控制定义

①定义施工阶段分析控制对话框

在“**分析 > 施工阶段分析控制**”中定义，见图 5-43。

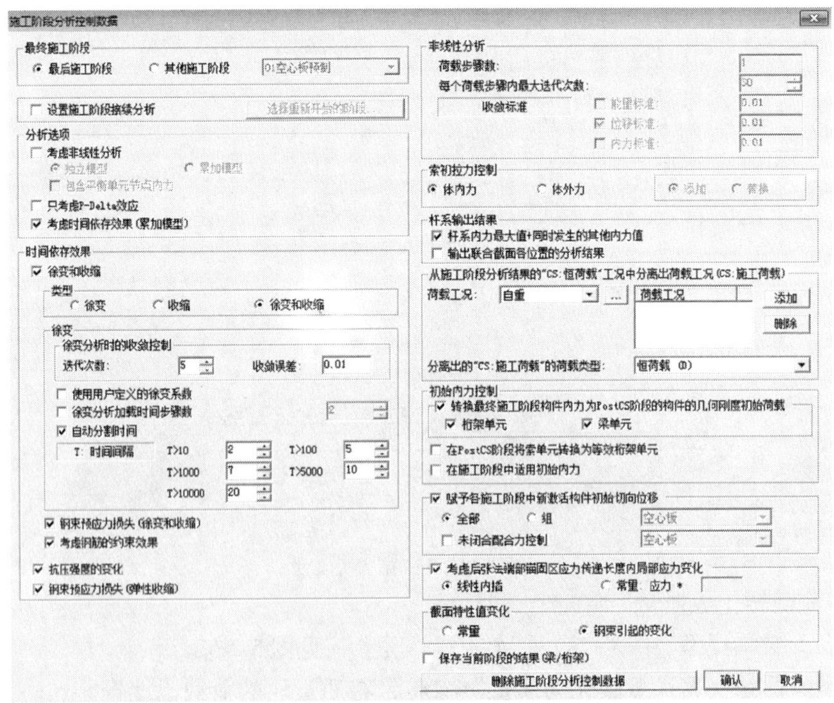

图 5-43　施工阶段分析控制

②定义特征值分析控制对话框，得到竖向基频

进行移动荷载分析前，先通过特征值分析功能，得到结构的竖向基频。在“**分析 > 特征值分析控制**”中，定义“特征值分析控制”，见图 5-44。通过特征值分析，得到结构的竖向基频为 3.8Hz。

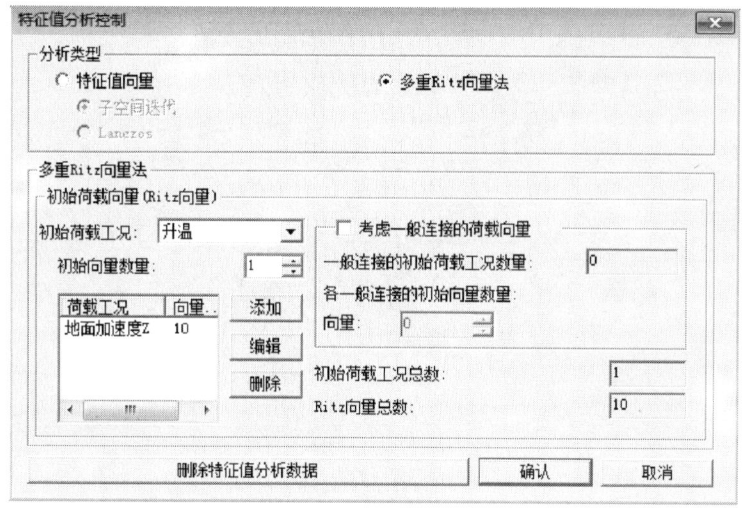

图 5-44 特征值分析定义

③定义主控数据和移动荷载分析控制对话框

在“**分析 > 主控数据**”中定义，见图 5-45。

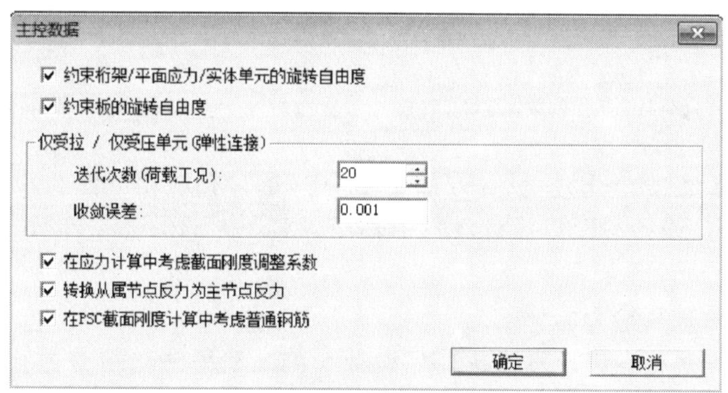

图 5-45 主控数据定义

在“**分析 > 移动荷载分析控制数据**”中定义，见图 5-46。

5.2.1.3 结合规范进行 PSC 设计

(1)荷载组合

在“**结果 > 荷载组合**”中，选择“混凝土设计”中的“自动生成”，生成荷载组合，见图 5-47 和图 5-48。

(2)PSC 设计定义

在“**设计 > PSC 设计 > PSC 设计参数**”中，选择设计规范，进行设计参数定义，见图 5-49。

在“**设计 > PSC 设计 > PSC 设计材料**”中，选择设计规范，进行设计参数定义，见图 5-50。

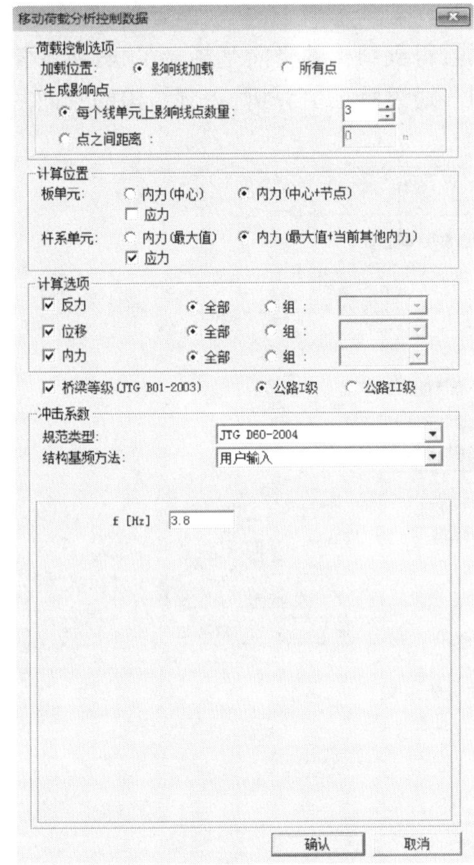

图 5-46 移动荷载分析控制数据定义

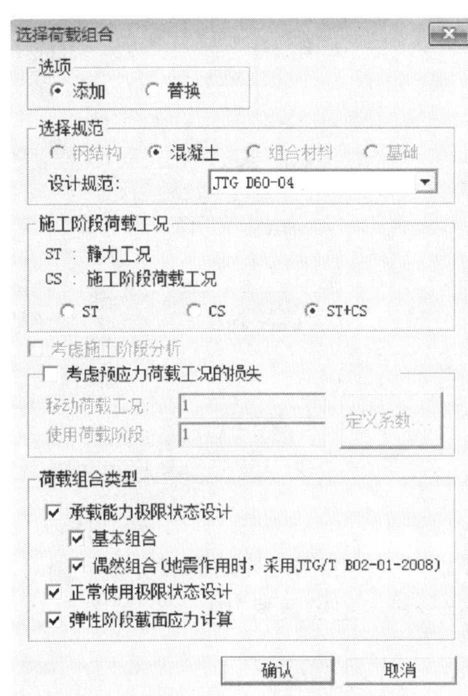

图 5-47 荷载组合

在“**设计 > PSC 设计 > PSC 设计截面位置**”中,选择相应单元进行设计验算定义,见图 5-51;在“**设计 > PSC 设计 > PSC 设计计算书输出内容**”中,选择相应单元进行计算书输出内容定义,见图 5-52。

(3)施工阶段法向压应力验算

在“**树形菜单 > 表格 > 设计表格 > PSC 设计 > 施工阶段法向压应力验算…(设计 > PSC 设计 > PSC 设计结果表格 > 施工阶段法向压应力验算…)**”中,查看主梁单元的施工阶段法向压应力验算结果表格,见图 5-53。

(4)受拉区钢筋拉应力验算

在“**树形菜单 > 表格 > 设计表格 > PSC 设计 > 受拉区钢筋拉应力验算…(设计 > PSC 设计 > PSC 设计结果表格 > 受拉区钢筋拉应力验算…)**”中,查看预应力钢束拉应力验算结果表格,见图 5-54。

(5)使用阶段正截面抗裂验算

在“**树形菜单 > 表格 > 设计表格 > PSC 设计 > 受拉区钢筋拉应力验算…(设计 > PSC 设计 > PSC 设计结果表格 > 受拉区钢筋拉应力验算…)**”中,查看预应力钢束拉应力验算结果表格,见图 5-55。

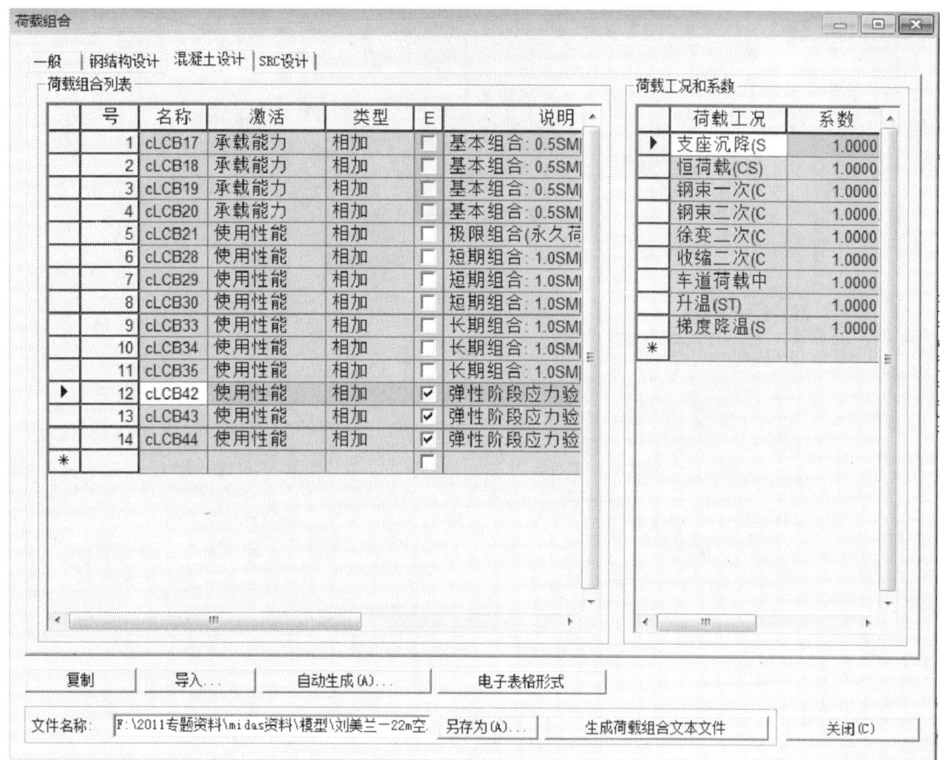

图 5-48　混凝土设计荷载组合

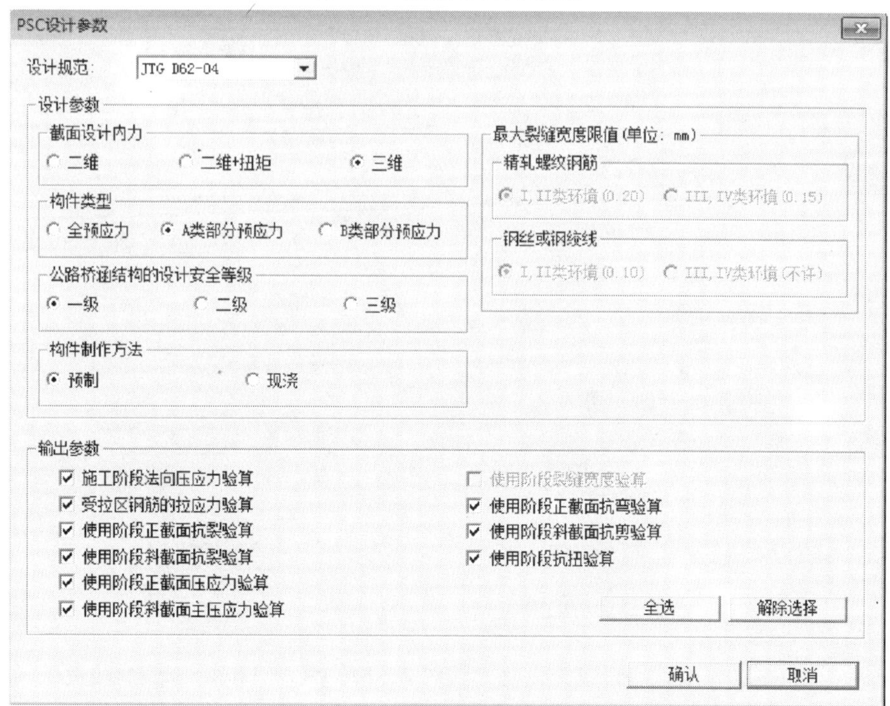

图 5-49　PSC 设计参数定义图

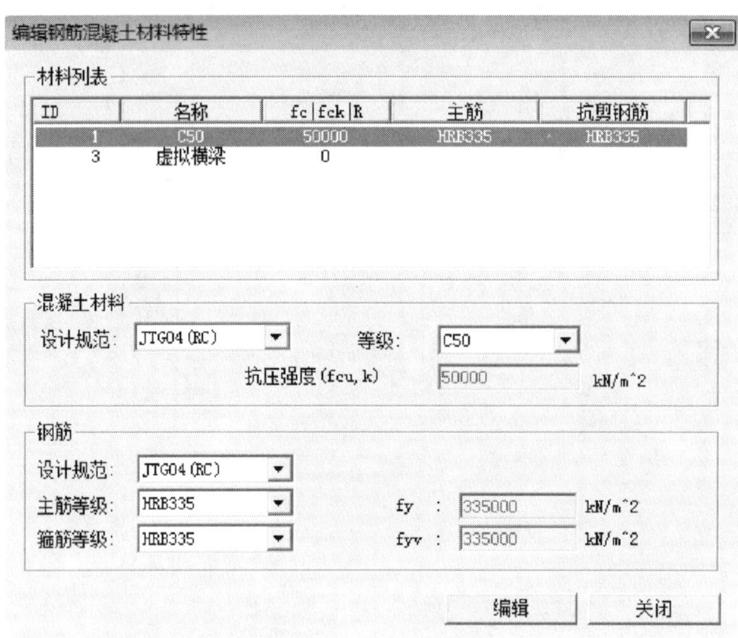

图 5-50 PSC 设计材料定义图

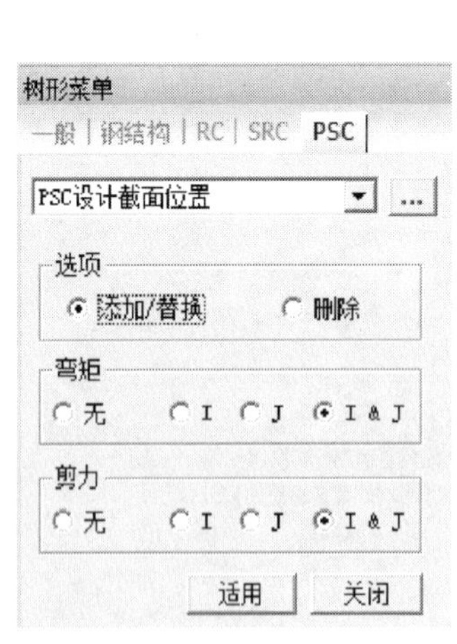

图 5-51 PSC 设计截面位置定义

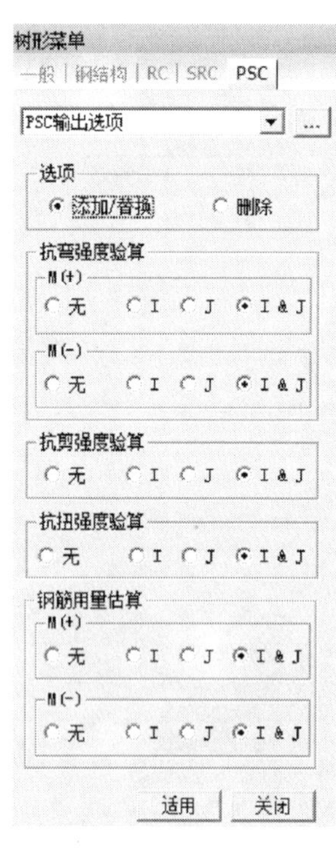

图 5-52 PSC 设计计算书输出选项定义

(6)使用阶段斜截面抗裂验算

在“树形菜单 > 表格 > 设计表格 > PSC 设计 > 使用阶段斜截面抗裂验算…(设计 > PSC

设计 > PSC 设计结果表格 > 使用阶段斜截面抗裂验算…)”中，查看主梁单元的施工阶段法向压应力验算结果表格，见图 5-56。

模型窗口 / 施工阶段法向压应力验算

单元	位置	最大/最小	阶段	验算	Sig_T (N/mm^2)	Sig_B (N/mm^2)	Sig_TL (N/mm^2)	Sig_BL (N/mm^2)	Sig_TR (N/mm^2)	Sig_BR (N/mm^2)	Sig_MAX (N/mm^2)	Sig_ALW (N/mm^2)
1	I[1]	最大	01空心板预制	OK	-0.0015	-0.0022	-0.0015	-0.0022	-0.0015	-0.0022	-0.0015	18.1440
1	I[1]	最小	07十年收缩徐变	OK	-0.1466	-0.2112	-0.1461	-0.2107	-0.1471	-0.2117	-0.2117	-1.7342
1	J[2]	最大	04预制场存梁	OK	2.0456	0.1349	1.9919	0.0895	2.0938	0.1831	2.0938	18.1440
1	J[2]	最小	01空心板预制	OK	0.0011	-0.0050	0.0011	-0.0050	0.0011	-0.0050	-0.0050	-1.7342
2	I[2]	最大	04预制场存梁	OK	2.0617	0.0549	2.0096	0.0110	2.1083	0.1016	2.1083	18.1440
2	I[2]	最小	01空心板预制	OK	0.0013	-0.0055	0.0015	-0.0054	0.0012	-0.0057	-0.0057	-1.7342
2	J[3]	最大	05上二期铺装护栏等	OK	2.4600	8.2302	2.2190	8.0268	2.6757	8.4460	8.4460	18.1440
2	J[3]	最小	02张拉钢束N1	OK	-0.9431	7.2542	-1.0936	7.1272	-0.8082	7.3891	-1.0936	-1.7342
3	I[3]	最大	05上二期铺装护栏等	OK	2.7947	8.2222	2.0003	7.5567	3.4427	8.9930	8.9930	18.1440
3	I[3]	最小	02张拉钢束N1	OK	-0.8717	7.2781	-1.3575	6.8713	-0.4751	7.7499	-1.3575	-1.7887
3	J[4]	最大	05上二期铺装护栏等	OK	1.5586	9.5521	0.7664	8.8884	2.2048	10.3207	10.3207	18.1440
3	J[4]	最小	02张拉钢束N1	OK	-0.0708	6.5864	-0.5604	6.1762	0.3290	7.0619	-0.5604	-1.7887
4	I[4]	最大	05上二期铺装护栏等	OK	1.5576	9.5506	0.7656	8.8871	2.2036	10.3190	10.3190	18.1440
4	I[4]	最小	02张拉钢束N1	OK	-0.0710	6.5864	-0.5606	6.1763	0.3288	7.0619	-0.5606	-1.7887
4	J[5]	最大	03张拉钢束N2	OK	1.4246	10.1391	0.5753	9.4275	2.1174	10.9630	10.9630	18.1440
4	J[5]	最小	01空心板预制	OK	0.0007	-0.0052	0.0008	-0.0052	0.0006	-0.0053	-0.0053	-1.7887
5	I[5]	最大	03张拉钢束N2	OK	1.4242	10.1386	0.5748	9.4271	2.1169	10.9626	10.9626	18.1440
5	I[5]	最小	01空心板预制	OK	0.0007	-0.0052	0.0008	-0.0052	0.0007	-0.0053	-0.0053	-1.7887

图 5-53 施工阶段法向压应力验算

模型窗口 / 受拉区钢筋的拉应力验算

钢束	验算	Sig_DL (N/mm^2)	Sig_LL (N/mm^2)	Sig_ADL (N/mm^2)	Sig_ALL (N/mm^2)
钢束1	OK	1246.0095	1134.6971	1395.0000	1209.0000
钢束1-10	OK	1246.0095	1137.4236	1395.0000	1209.0000
钢束1-2	OK	1246.0095	1133.1961	1395.0000	1209.0000
钢束1-3	OK	1246.0095	1132.6441	1395.0000	1209.0000
钢束1-4	OK	1246.0095	1131.6788	1395.0000	1209.0000
钢束1-5	OK	1246.0095	1131.0934	1395.0000	1209.0000
钢束1-6	OK	1246.0095	1130.9904	1395.0000	1209.0000
钢束1-7	OK	1246.0095	1131.2402	1395.0000	1209.0000
钢束1-8	OK	1246.0095	1130.9733	1395.0000	1209.0000
钢束1-9	OK	1246.0095	1131.3132	1395.0000	1209.0000

图 5-54 受拉区钢筋拉应力验算

模型窗口 / 使用阶段正截面抗裂验算

单元	位置	组合名称	短/长	类型	验算	Sig_T (N/mm^2)	Sig_B (N/mm^2)	Sig_TL (N/mm^2)	Sig_BL (N/mm^2)	Sig_TR (N/mm^2)	Sig_BR (N/mm^2)	Sig_MAX (N/mm^2)	Sig_ALW (N/mm^2)
1	I[1]	cLCB30	短期	FX-MAX	OK	-1.2685	-0.4522	-1.2679	-0.4518	-1.2690	-0.4527	-1.2690	-1.8550
1	I[1]	cLCB31	长期	MY-MAX	NG	-0.1466	-0.2112	-0.1461	-0.2107	-0.1471	-0.2117	-0.2117	-0.0000
1	J[2]	cLCB31	长期	MY-MIN	OK	0.6203	1.1989	0.5716	1.1577	0.6640	1.2425	0.5716	-0.0000
1	J[2]	cLCB30	短期	MY-MIN	OK	-0.5018	0.9581	-0.5505	0.9170	-0.4582	1.0017	-0.5505	-1.8550
2	I[2]	cLCB31	长期	FY-MAX	OK	0.6397	1.0007	0.5792	0.9497	0.6939	1.0549	0.5792	-0.0000
2	I[2]	cLCB28	短期	MY-MIN	OK	-0.5029	0.8099	-0.5672	0.7556	-0.4453	0.8675	-0.5672	-1.8550
2	J[3]	cLCB28	短期	MY-MIN	OK	1.1783	7.0889	1.0937	7.0175	1.2541	7.1647	1.0937	-1.8550
2	J[3]	cLCB31	长期	MY-MIN	OK	2.3113	7.2873	2.2289	7.2178	2.3851	7.3611	2.2289	-0.0000
3	I[3]	cLCB31	长期	MY-MIN	OK	2.6332	7.2570	2.0432	6.7627	3.1146	7.8296	2.0432	-0.0000
3	I[3]	cLCB28	短期	MY-MIN	OK	1.5642	7.0481	0.9646	6.5458	2.0535	7.6301	0.9646	-1.8550
3	J[4]	cLCB31	长期	MY-MIN	OK	1.5440	8.3800	1.1322	8.0350	1.8804	8.7800	1.1322	-0.0000
3	J[4]	cLCB28	短期	MY-MIN	OK	0.4904	8.1560	0.0747	7.8078	0.8299	8.5598	0.0747	-1.8550
4	I[4]	cLCB31	长期	MY-MIN	OK	1.5678	8.3672	1.1381	8.0073	1.9187	8.7846	1.1381	-0.0000
4	I[4]	cLCB28	短期	MY-MIN	OK	0.5139	8.1421	0.0811	7.7754	0.8764	8.5673	0.0811	-1.8550
4	J[5]	cLCB28	短期	MY-MIN	OK	0.2182	8.4742	-0.1362	8.1774	0.5077	8.8186	-0.1362	-1.8550
4	J[5]	cLCB31	长期	MY-MIN	OK	1.2600	8.7063	0.9100	8.4131	1.5460	9.0464	0.9100	-0.0000
5	I[5]	cLCB31	长期	MY-MIN	OK	1.2862	8.6943	0.9170	8.3850	1.5878	9.0530	0.9170	-0.0000
5	I[5]	cLCB28	短期	MY-MIN	OK	0.2476	8.4621	-0.1296	8.1481	0.5557	8.8285	-0.1296	-1.8550
5	J[6]	cLCB31	长期	MY-MIN	OK	1.4123	8.6439	1.1109	8.3914	1.6587	8.9369	1.1109	-0.0000
5	J[6]	cLCB28	短期	MY-MIN	OK	0.3788	8.4067	0.0744	8.1517	0.6277	8.7027	0.0744	-1.8550

图 5-55 使用阶段正截面抗裂验算

模型窗口 使用阶段斜截面抗裂验算

单元	位置	组合名称	类型	验算	Sig_P1 (N/mm^2)	Sig_P2 (N/mm^2)	Sig_P3 (N/mm^2)	Sig_P4 (N/mm^2)	Sig_P5 (N/mm^2)	Sig_P6 (N/mm^2)	Sig_P7 (N/mm^2)	Sig_P8 (N/mm^2	Sig_P9 (N/mm^2)	Sig_P10 (N/mm^2)	Sig_MAX (N/mm^2)	Sig_AP (N/mm^2)
1	I[1]	cLCB30	FX-MAX	OK	-1.2679	-1.2690	-0.4527	-0.4518	-0.0000	-0.0000	-0.0000	-0.0000	-0.0000	-0.0000	-1.2690	-1.8550
1	J[2]	cLCB29	MY-MIN	OK	-0.0000	-0.0000	-0.0001	-0.0001	-1.3418	-1.3250	-1.2761	-1.2616	-1.1605	-1.1491	-1.3418	-1.8550
2	I[2]	cLCB29	FZ-MAX	OK	-0.0055	-0.0053	-0.0102	-0.0108	-0.5311	-0.7402	-0.4671	-0.6780	-0.3628	-0.5912	-0.7402	-1.8550
2	J[3]	cLCB29	FZ-MAX	OK	-0.0031	-0.0030	-0.0017	-0.0018	-0.0794	-0.1534	-0.0722	-0.1398	-0.0616	-0.1212	-0.1534	-1.8550
3	I[3]	cLCB29	FZ-MAX	OK	-0.0050	-0.0040	-0.0027	-0.0032	-0.1331	-0.2107	-0.0787	-0.1444	-0.0672	-0.1285	-0.2107	-1.8550
3	J[4]	cLCB29	FZ-MAX	OK	-0.0047	-0.0038	-0.0017	-0.0019	-0.0271	-0.0747	-0.0140	-0.0497	-0.0114	-0.0430	-0.0747	-1.8550
4	I[4]	cLCB28	MY-MIN	OK	-0.1447	-0.0358	-0.0038	-0.0042	-0.0084	-0.0584	-0.0038	-0.0431	-0.0032	-0.0394	-0.1447	-1.8550
4	J[5]	cLCB28	MY-MIN	OK	-0.2397	-0.0449	-0.0028	-0.0030	-0.0004	-0.0141	-0.0008	-0.0112	-0.0008	-0.0103	-0.2397	-1.8550
5	I[5]	cLCB28	MY-MIN	OK	-0.2478	-0.0485	-0.0033	-0.0036	-0.0009	-0.0147	-0.0013	-0.0118	-0.0013	-0.0109	-0.2478	-1.8550
5	J[6]	cLCB28	MY-MIN	OK	-0.1050	-0.0287	-0.0022	-0.0023	-0.0367	-0.0038	-0.0269	-0.0017	-0.0243	-0.0014	-0.1050	-1.8550

图 5-56 使用阶段斜截面抗裂验算

(7)使用阶段正截面压应力验算

在“**树形菜单 > 表格 > 设计表格 > PSC 设计 > 使用阶段正截面压应力验算…(设计 > PSC 设计 > PSC 设计结果表格 > 使用阶段正截面压应力验算…)**”中,查看主梁单元的使用阶段正截面压应力验算结果表格,见图 5-57。

模型窗口 使用阶段正截面压应力验算

单元	位置	组合名称	类型	验算	Sig_T (N/mm^2)	Sig_B (N/mm^2)	Sig_TL (N/mm^2)	Sig_BL (N/mm^2)	Sig_TR (N/mm^2)	Sig_BR (N/mm^2)	Sig_MAX (N/mm^2)	Sig_ALW (N/mm^2)
1	I[1]	cLCB37	FX-MIN	OK	2.6490	0.3923	2.6496	0.3928	2.6485	0.3918	2.6496	16.2000
1	J[2]	cLCB41	MY-MAX	OK	3.4164	1.8019	3.3677	1.7608	3.4601	1.8456	3.4601	16.2000
2	I[2]	cLCB43	MY-MAX	OK	3.4476	1.5975	3.3920	1.5506	3.4974	1.6473	3.4974	16.2000
2	J[3]	cLCB41	MY-MIN	OK	5.0435	7.9878	4.9686	7.9246	5.1108	8.0550	8.0550	16.2000
3	I[3]	cLCB41	MY-MIN	OK	5.2033	7.9844	4.6328	7.5064	5.6689	8.5382	8.5382	16.2000
3	J[4]	cLCB41	MY-MIN	OK	4.0830	9.1371	3.6785	8.7982	4.4134	9.5300	9.5300	16.2000
4	I[4]	cLCB41	MY-MIN	OK	4.0951	9.1273	3.6831	8.7822	4.4316	9.5275	9.5275	16.2000
4	J[5]	cLCB41	MY-MIN	OK	3.7769	9.4759	3.4353	9.1898	4.0560	9.8078	9.8078	16.2000
5	I[5]	cLCB41	MY-MIN	OK	3.7946	9.4646	3.4432	9.1703	4.0817	9.8060	9.8060	16.2000
5	J[6]	cLCB41	MY-MIN	OK	3.9152	9.4191	3.6192	9.1712	4.1572	9.7068	9.7068	16.2000

图 5-57 使用阶段正截面压应力验算

(8)使用阶段斜截面主压应力验算

在“**树形菜单 > 表格 > 设计表格 > PSC 设计 > 使用阶段斜截面主压应力验算…(设计 > PSC 设计 > PSC 设计结果表格 > 使用阶段斜截面主压应力验算…)**”中,查看主梁单元的使用阶段斜截面主压应力验算结果表格,见图 5-58。

模型窗口 使用阶段斜截面主压应力验算

单元	位置	组合名称	类型	验算	Sig_P1 (N/mm^2)	Sig_P2 (N/mm^2)	Sig_P3 (N/mm^2)	Sig_P4 (N/mm^2)	Sig_P5 (N/mm^2)	Sig_P6 (N/mm^2)	Sig_P7 (N/mm^2)	Sig_P8 (N/mm^2)	Sig_P9 (N/mm^2)	Sig_P10 (N/mm^2)	Sig_MAX (N/mm^2)	Sig_AP (N/mm^2)
1	I[1]	cLCB37	FX-MAX	OK	2.6496	2.6485	0.3918	0.3928	0.0000	0.0000	0.0000	0.0000	0.0000	0.0000	2.6496	19.4400
1	J[2]	cLCB41	MY-MAX	OK	3.3677	3.4601	1.8456	1.7609	1.3550	1.4204	1.4650	1.5332	1.5877	1.6597	3.4601	19.4400
2	I[2]	cLCB43	MY-MAX	OK	3.3921	3.4975	1.6476	1.5509	0.3528	0.4377	0.4423	0.5373	0.5775	0.6824	3.4975	19.4400
2	J[3]	cLCB41	MY-MIN	OK	4.9717	5.1137	8.0569	7.9266	3.5655	3.7794	4.0525	4.2581	4.6555	4.8516	8.0569	19.4400
3	I[3]	cLCB41	MY-MIN	OK	4.6373	5.6726	8.5406	7.5092	3.2885	4.3259	3.8060	4.8972	4.3072	5.3978	8.5406	19.4400
3	J[4]	cLCB41	MY-MIN	OK	3.6826	4.4168	9.5316	8.7999	3.1743	3.9018	3.9247	4.6868	4.5717	5.3326	9.5316	19.4400
4	I[4]	cLCB41	MY-MIN	OK	3.6943	4.4409	9.5318	8.7869	3.1577	3.9308	3.9186	4.7171	4.5587	5.3527	9.5318	19.4400
4	J[5]	cLCB41	MY-MIN	OK	3.4448	4.0640	9.8112	9.1933	3.1741	3.7739	4.0029	4.6347	4.8786	5.3107	9.8112	19.4400
5	I[5]	cLCB41	MY-MIN	OK	3.4534	4.0903	9.8096	9.1741	3.1721	3.7862	4.0015	4.6495	4.6722	5.3208	9.8096	19.4400
5	J[6]	cLCB41	MY-MIN	OK	3.6257	4.1629	9.7093	9.1737	3.3206	3.7689	4.1244	4.6232	4.7724	5.2790	9.7093	19.4400

图 5-58 使用阶段斜截面主压应力验算

(9)使用阶段正截面抗弯验算

在“**树形菜单 > 表格 > 设计表格 > PSC 设计 > 使用阶段正截面抗弯验算…(设计 > PSC 设计 > PSC 设计结果表格 > 使用阶段正截面抗弯验算…)**”中,查看主梁单元的使用阶段正截面抗弯验算结果表格,见图 5-59。

(10)使用阶段斜截面抗剪验算

在“**树形菜单 > 表格 > 设计表格 > PSC 设计 > 使用阶段斜截面抗剪验算…（设计 > PSC 设计 > PSC 设计结果表格 > 使用阶段斜截面抗剪验算…）**”中，查看主梁单元的使用阶段斜截面抗剪验算结果表格，见图 5-60。

模型窗口　使用阶段正截面抗弯验算

单元	位置	最大/最小	组合名称	类型	验算	rMu (kN*m)	Mn (kN*m)
1	I[1]	最大	cLCB1	FX-MAX	OK	6.5055	270.7614
1	I[1]	最小	cLCB11	FX-MAX	OK	6.5051	270.7614
1	J[2]	最大	cLCB13	FX-MIN	OK	4.8059	2793.9165
1	J[2]	最小	cLCB10	MY-MIN	OK	4.2107	2793.9165
2	I[2]	最大	cLCB10	MY-MAX	OK	31.3931	2793.8646
2	I[2]	最小	cLCB13	FX-MAX	OK	14.6262	2793.8646
2	J[3]	最大	cLCB10	MY-MAX	OK	558.5428	2663.8528
2	J[3]	最小	cLCB17	MY-MIN	OK	270.9827	2663.8528
3	I[3]	最大	cLCB10	MY-MAX	OK	562.1792	2577.5818
3	I[3]	最小	cLCB17	MY-MIN	OK	269.3883	2577.5818
3	J[4]	最大	cLCB10	MY-MAX	OK	1080.7667	3515.7875
3	J[4]	最小	cLCB13	FX-MAX	OK	524.2347	3515.7875
4	I[4]	最大	cLCB10	MY-MAX	OK	1086.9295	3515.7875
4	I[4]	最小	cLCB13	FX-MIN	OK	525.2781	3515.7875
4	J[5]	最大	cLCB10	MY-MAX	OK	1393.4004	3755.1430
4	J[5]	最小	cLCB13	FX-MIN	OK	681.5086	3755.1430
5	I[5]	最大	cLCB10	MY-MAX	OK	1399.4906	3755.1430
5	I[5]	最小	cLCB13	FX-MIN	OK	683.0579	3755.1430
5	J[6]	最大	cLCB10	MY-MAX	OK	1781.1398	3943.4138
5	J[6]	最小	cLCB13	FX-MIN	OK	885.7711	3943.4138

图 5-59　使用阶段正截面抗弯验算

模型窗口　使用阶段正截面抗弯验算　使用阶段斜截面抗剪验算

单元	位置	最大/最小	组合名称	类型	验算	rVd (kN)	Vn (kN)	截面验算	剪力验算
1	I[1]	最大	cLCB1	FX-MAX	OK	-0.3407	1750.6525	OK	跳过
1	I[1]	最小	cLCB11	FX-MAX	OK	-0.3596	1750.6525	OK	跳过
1	J[2]	最大	cLCB1	FX-MAX	OK	12.9407	2261.1206	OK	跳过
1	J[2]	最小	cLCB11	FX-MAX	OK	10.7083	2261.1206	OK	跳过
2	I[2]	最大	cLCB17	FZ-MAX	OK	-294.3563	2261.1206	OK	跳过
2	I[2]	最小	cLCB10	FZ-MIN	OK	-638.3803	2261.1206	OK	验算
2	J[3]	最大	cLCB17	FZ-MAX	OK	-265.6540	2288.7012	OK	跳过
2	J[3]	最小	cLCB10	FZ-MIN	OK	-603.9376	2288.7012	OK	验算
3	I[3]	最大	cLCB19	FZ-MAX	OK	-239.1953	2164.2799	OK	跳过
3	I[3]	最小	cLCB8	FZ-MIN	OK	-573.6166	2164.2799	OK	验算
3	J[4]	最大	cLCB19	FZ-MAX	OK	-207.3271	1820.0269	OK	跳过
3	J[4]	最小	cLCB8	FZ-MIN	OK	-535.3748	1820.0269	OK	验算
4	I[4]	最大	cLCB19	FZ-MAX	OK	-186.8402	1374.4753	OK	跳过
4	I[4]	最小	cLCB8	FZ-MIN	OK	-519.4348	1374.4753	OK	验算
4	J[5]	最大	cLCB19	FZ-MAX	OK	-165.1823	1336.7997	OK	跳过
4	J[5]	最小	cLCB8	FZ-MIN	OK	-493.4452	1336.7997	OK	验算

图 5-60　使用阶段斜截面抗剪验算

（11）使用阶段抗扭验算

在“**树形菜单 > 表格 > 设计表格 > PSC 设计 > 使用阶段抗扭验算…（设计 > PSC 设计 > PSC 设计结果表格 > 使用阶段抗扭验算…）**”中，查看主梁单元的使用阶段抗扭验算结果表格，见图 5-61。

5.2.1.4　结论

对于铰接式空心板梁桥，空间梁格模拟关键在于板梁与板梁间的横向连接的等效处理。倘若纵梁间的接缝连接在横桥向抗弯刚度比较小时，则此处可以近似进行铰接处理，即横梁在接缝处释放梁端约束，形成铰接。

模型窗口 / 使用阶段抗扭验算

单元	位置	最大/最小	组合名称	类型	验算	rTd (kN*m)	Tn (kN*m)	rVd (kN)	Vn (kN)	截面验算	抗扭验算
1	I[1]	T-Max	cLCB10	MZ-MIN	OK	0.0017	336.4848	-0.3407	1400.5220	OK	跳过
1	I[1]	V-Max	cLCB10	MZ-MIN	OK	0.0017	336.4848	-0.3407	1400.5220	OK	跳过
1	I[1]	V-Min	cLCB20	MZ-MIN	OK	0.0014	336.4848	-0.3596	1400.5220	OK	跳过
1	J[2]	T-Max	cLCB10	MZ-MIN	OK	-1.7551	336.4848	12.9407	1437.0473	OK	跳过
1	J[2]	V-Max	cLCB10	MZ-MIN	OK	-1.7551	336.4848	12.9407	1437.0473	OK	跳过
1	J[2]	V-Min	cLCB20	MZ-MIN	OK	-1.4625	336.4848	10.7083	1437.0473	OK	跳过
2	I[2]	T-Max	cLCB9	MX-MAX	OK	70.6362	337.0935	-376.4662	1428.4346	OK	验算
2	I[2]	V-Max	cLCB17	FZ-MAX	OK	57.3459	337.3851	-294.3563	1424.3079	OK	跳过
2	I[2]	V-Min	cLCB10	FZ-MIN	OK	12.1585	336.4848	-638.3803	1437.0473	OK	验算
2	J[3]	T-Max	cLCB9	MX-MAX	OK	66.1188	337.5928	-342.0235	1464.8844	OK	验算
2	J[3]	V-Max	cLCB17	FZ-MAX	OK	53.5814	337.9280	-265.6540	1459.9961	OK	跳过
2	J[3]	V-Min	cLCB10	FZ-MIN	OK	7.6411	336.4848	-603.9376	1481.0424	OK	验算
3	I[3]	T-Max	cLCB9	MX-MAX	OK	73.9471	328.9513	-320.0825	1367.3288	OK	验算
3	I[3]	V-Max	cLCB19	FZ-MAX	OK	58.4626	329.3961	-239.1953	1361.2773	OK	跳过
3	I[3]	V-Min	cLCB8	FZ-MIN	OK	5.0365	327.9091	-573.6166	1381.5053	OK	验算
3	J[4]	T-Max	cLCB9	MX-MAX	OK	68.7772	328.2295	-281.8407	1213.1273	OK	验算
3	J[4]	V-Max	cLCB19	FZ-MAX	OK	54.1544	328.7536	-207.3271	1206.8472	OK	跳过
3	J[4]	V-Min	cLCB8	FZ-MIN	OK	-0.1334	327.9091	-535.3748	1216.9667	OK	验算
4	I[4]	T-Max	cLCB9	MX-MAX	OK	82.7965	170.4609	-260.5578	820.8492	OK	验算
4	I[4]	V-Max	cLCB19	FZ-MAX	OK	67.1415	171.2521	-186.8402	812.0384	OK	跳过
4	I[4]	V-Min	cLCB8	FZ-MIN	OK	11.0812	166.8981	-519.4348	860.5254	OK	验算
4	J[5]	T-Max	cLCB9	MX-MAX	OK	79.2830	171.2292	-234.5682	853.2329	OK	验算
4	J[5]	V-Max	cLCB19	FZ-MAX	OK	64.2136	172.1284	-165.1823	842.7152	OK	跳过
4	J[5]	V-Min	cLCB8	FZ-MIN	OK	7.5677	166.8981	-493.4452	903.8969	OK	验算

图 5-61 使用阶段抗扭验算

5.2.2 钢筋混凝土板式桥梁—梁格分析

桥梁设计时，有时会因为桥位、线形等因素，而将桥梁做成异形板桥。异形板桥虽然满足了线形需求，但是它的受力性能却比较复杂，采用二维平面结构计算软件无法对其进行精确分析。采用 midas Civil 软件，可以比较方便地进行异形板桥的受力分析。对钢筋混凝土实体板结构，一般按正交各向同性板进行梁格刚度等效模拟。

本节以一座扇形异形板桥为例，在 midas Civil 中分别建立等效梁格模型和板单元模型，进行受力分析，然后将两者计算结果进行比较，得出相关结论。

1）结构概况

该扇形异形板桥的几何形状见图 5-62，为简支结构。异形钢筋混凝土板桥板厚为 0.4m，采用 C40 混凝土。

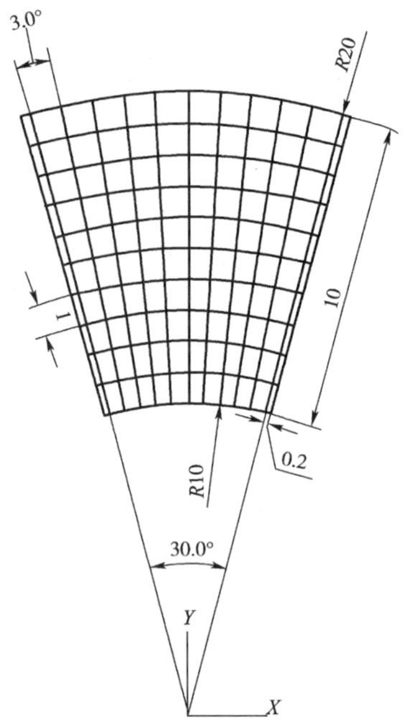

图 5-62 扇形异形板桥（尺寸单位：m）

2）模型概况

（1）板单元分析模型概况

根据扇形异形板桥的实际形状，在 AUTOCAD 中采用合理的分割方式，将板桥进行分割，见图 5-63，并将文件保存为“板式桥梁—板的分割. dxf”文件。生成的板单元总体模型见图 5-64。

在“**文件 > 导入 > AutoCAD DXF 文件…**”中，将“板式桥梁—板的分割. dxf”文件导入，选择“C40”混凝土材料、“0.4m”板厚，然后点击“适用”生成相应板单元，见图 5-65。

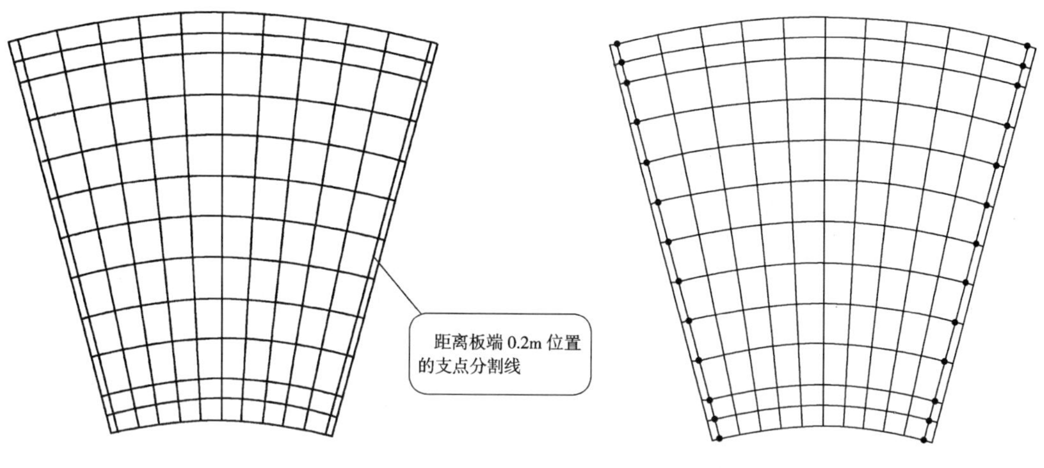

图 5-63 板单元分割控制位置

图 5-64 板单元分析总体模型

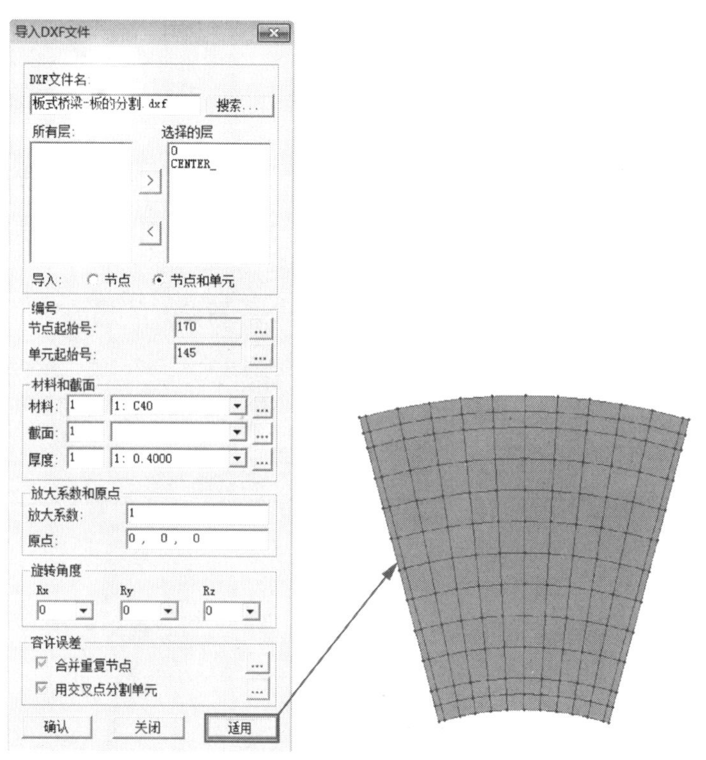

图 5-65 生成板单元模型

(2)梁格分析模型概况

根据扇形异形板桥的实际形状,在 AUTOCAD 中采用合理的分割方式,将板桥进行梁格分割,然后导入到 midas Civil 进行梁单元的建立。生成的梁格总体模型见图 5-66 和图 5-67。对钢筋混凝土实体板结构,一般按正交各向同性板进行纵梁和横梁的梁格刚度等效模拟。

3)异形板桥受力分析

(1)板单元分析模型受力分析

在"**结果 > 应力 > 平面应力单元/板单元应力…**"中,查看板单元分析模型在"桥面板施工阶段”板底正应力计算结果，见图 5-68。

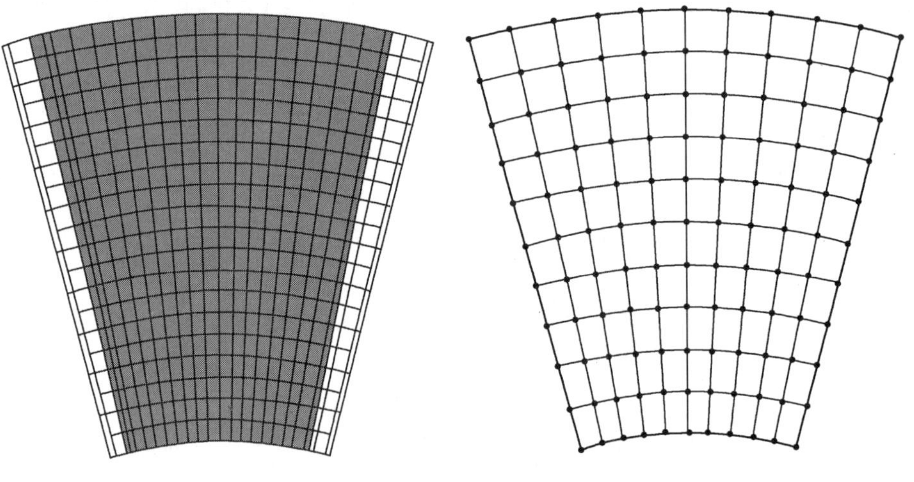

图 5-66 梁格分析总体模型　　图 5-67 异形板桥网格模型示意图

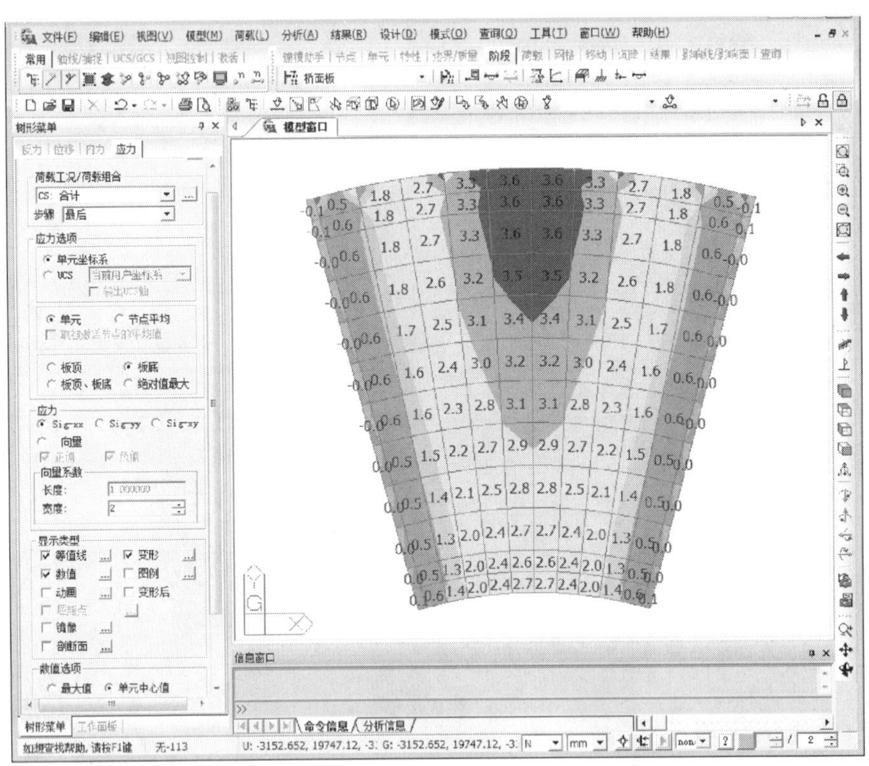

图 5-68 “桥面板施工阶段”板底正应力(单位:MPa)

在“**结果 > 应力 > 平面应力单元/板单元应力…**”中，查看板单元分析模型在“二期施工阶段”板底正应力计算结果，见图 5-69。

在“**结果 > 位移 > 位移形状…**”中，查看板单元分析模型在“二期施工阶段”位移结果，见图 5-70。

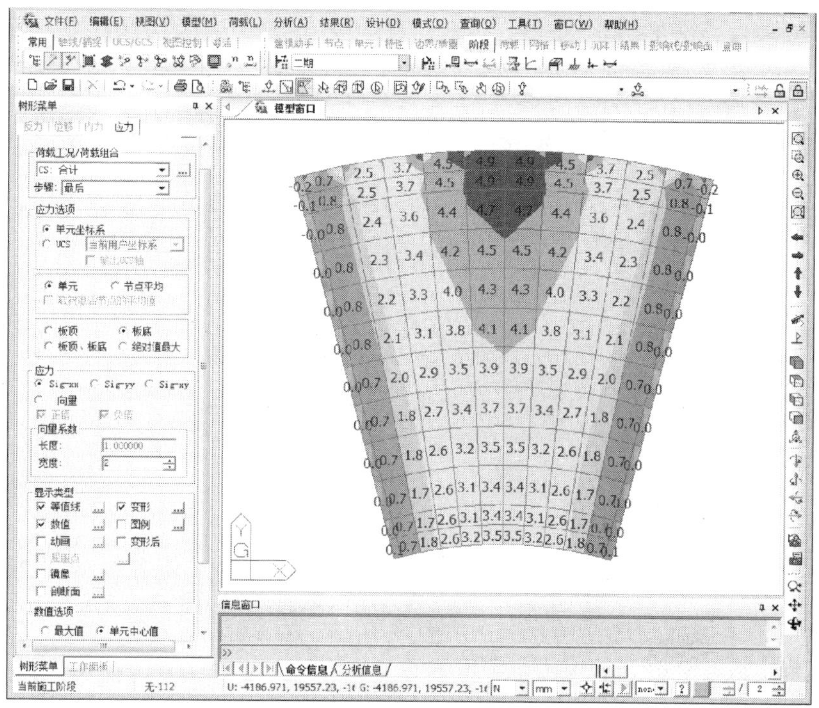

图5-69 “二期施工阶段”板底正应力(单位:MPa)

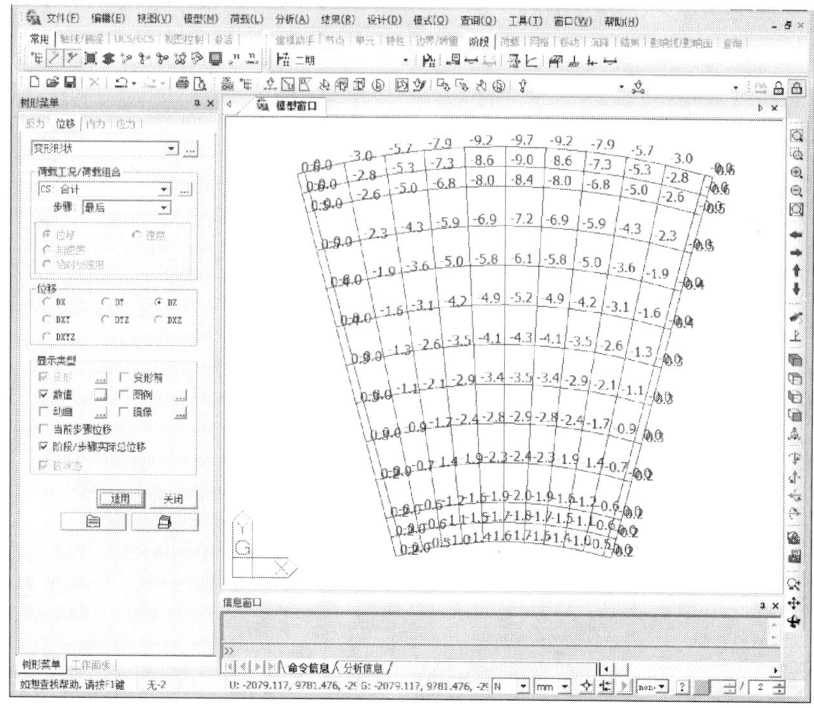

图5-70 “二期施工阶段”节点竖向位移(单位:mm)

(2)梁格分析模型受力分析

在“**结果 > 应力 > 平面应力单元/板单元应力…**”中,查看梁格分析模型在“桥面板施工阶段”纵梁底正应力计算结果，见图5-71。

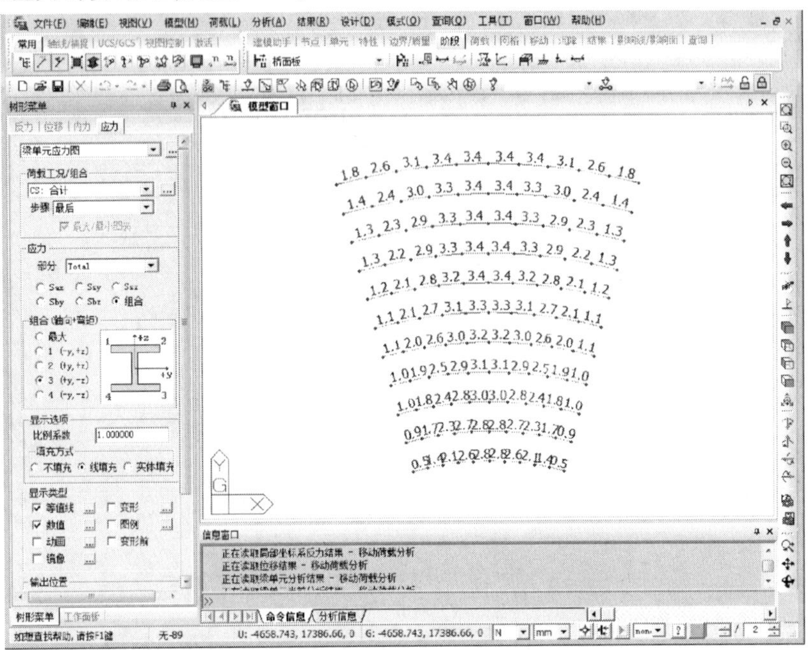

图5-71 “桥面板施工阶段”纵梁底正应力（单位：MPa）

在“**结果＞应力＞梁单元应力图…**”中，查看梁格分析模型在“二期施工阶段”梁底正应力计算结果，见图5-72。

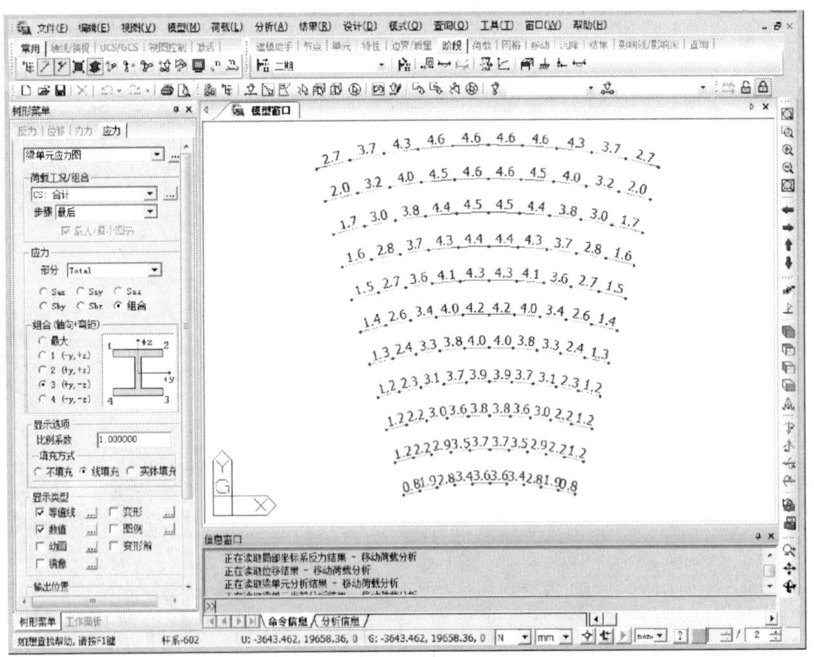

图5-72 “二期施工阶段”纵梁底正应力（单位：MPa）

在“**结果 > 位移 > 位移形状…**”中，查看梁格分析模型在“二期施工阶段”位移结果，见图5-73。

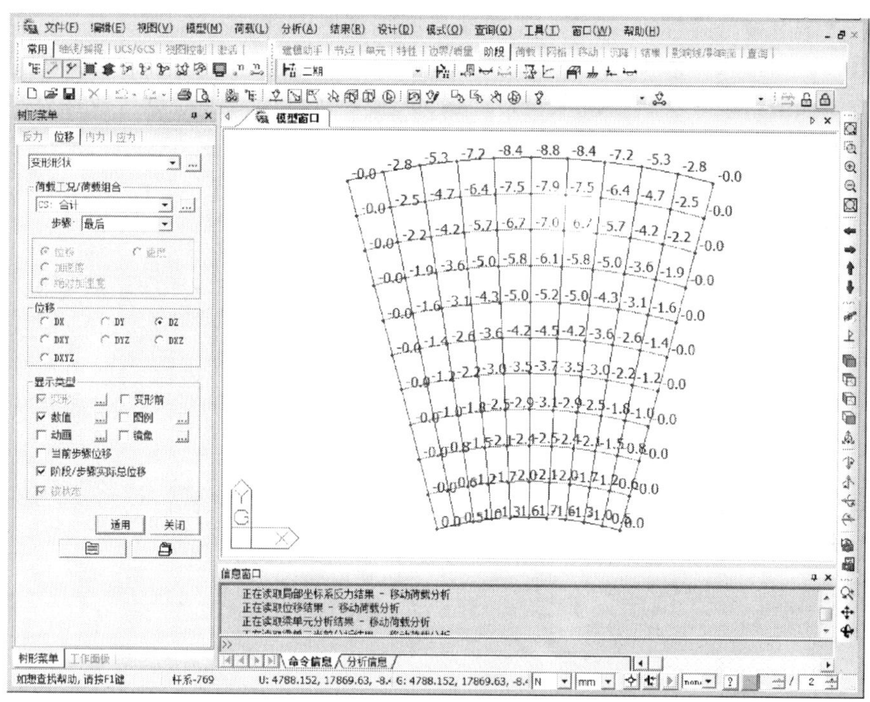

图5-73 “二期施工阶段”节点竖向位移(单位:mm)

4)结论

将图5-68和图5-69中的板单元分析模型中的板底应力结果与图5-71和图5-72中的梁格分析模型中的梁底应力结果进行比较，两种分析模型的结果非常接近。

将图5-70中的板单元分析模型中的位移结果与图5-73中的梁格分析模型中的位移结果进行比较，两种分析模型的结果也非常接近。

因此，对于钢筋混凝土板桥，采用合理的梁格分割形式以及正交各向同性板进行纵梁和横梁的梁格刚度等效模拟是合理的。

5.2.3 预应力混凝土T梁桥—梁格分析

本节以一座由6片T梁组成并通过桥面板、横隔板将主梁横向联结在一起的T梁桥为例，在midas Civil中建立梁格模型，进行移动荷载的横向分析系数的求解，并将此横向分布系数与采用桥博计算的横向分析系数进行比较，得出相关结论。

(1)结构概况

该简支T梁桥采用计算跨径28.90m的简支预应力混凝土预制T形梁，梁长29.92m，梁宽1.7m，梁高2.0m，梁间湿接缝宽0.5m。该桥共由6片T梁和5道纵向湿接缝组成，T梁和纵向湿接缝均采用C50混凝土，钢束采用strand1860材料型号。T形梁截面见图5-74和图5-75。

(2)模型概况

该T梁桥梁格模型中所有结构均采用梁单元模拟。每片T梁底部均采用弹性连接进行板式橡胶支座刚度的等效模拟,体现三个平动方向的约束刚度。

该桥进行空间梁格模型等效模拟时,6片纵梁与5道纵向湿接缝均模拟成纵梁单元,纵梁间采用虚拟顶板横梁以及5道横隔板进行连接,纵横梁共节点处不需进行铰接处理。等效模拟的梁格模型见图5-76~图5-79。

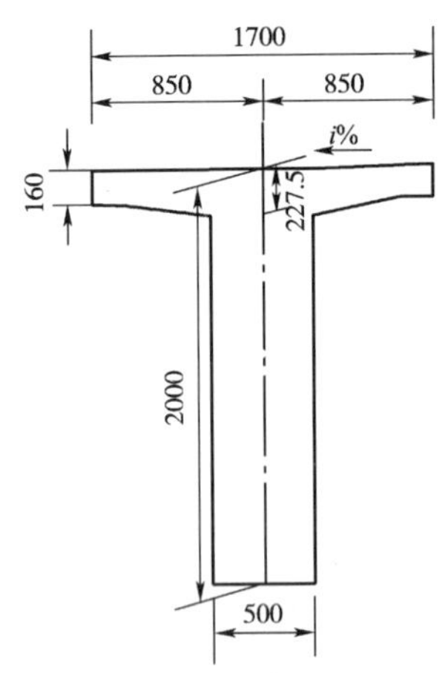

图5-74 T形梁—支截面(单位:mm)

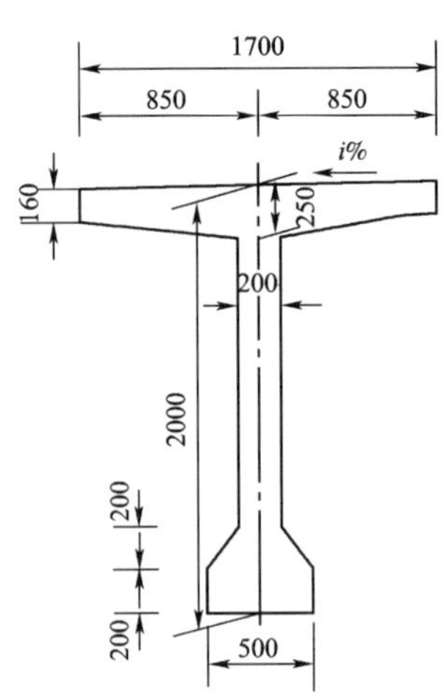

图5-75 T形梁—中截面(单位:mm)

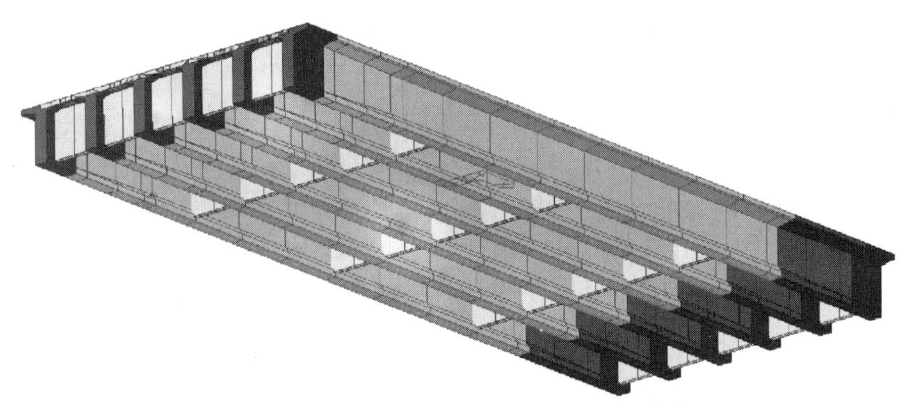

图5-76 T梁桥成桥总体模型

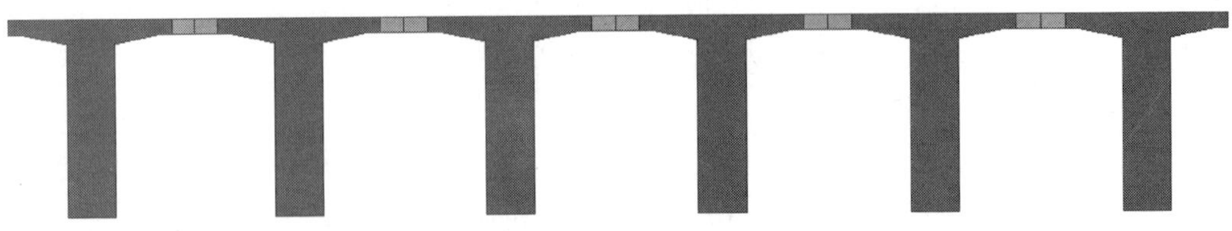

图5-77 T梁桥梁端横断面

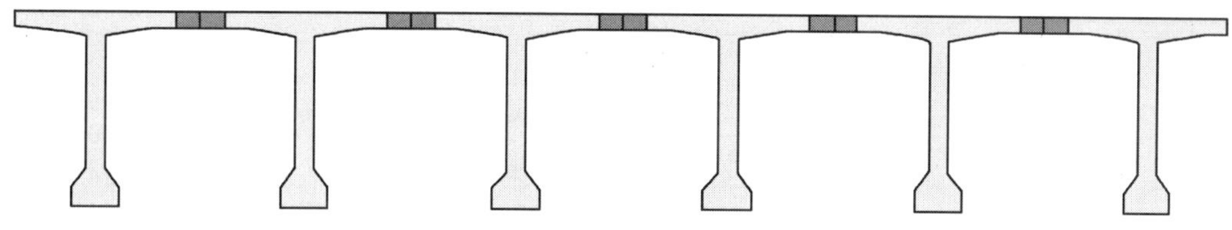

图 5-78 T 梁桥跨中横断面

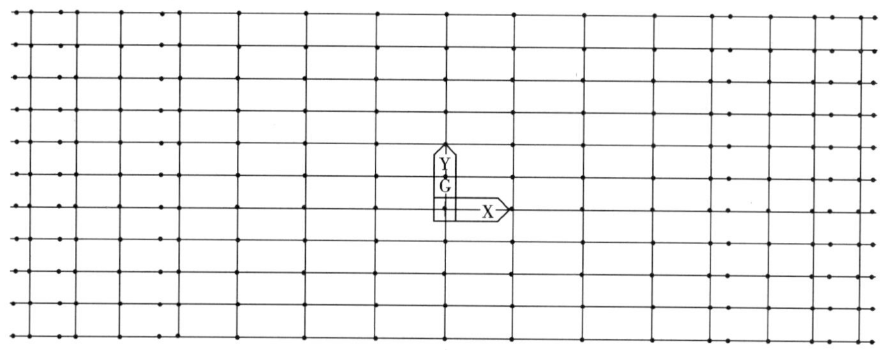

图 5-79 T 梁桥网格模型示意图

(3)预应力混凝土 T 梁桥荷载横向分布系数求解

使用桥博中的“横向分布系数”计算功能,对本节 T 梁桥分别采用“刚性横梁法”和“刚接板梁法”进行横向分布系数的计算,计算结果见图 5-80 和图 5-81。

横向分布系数计算结果(自动计入车道折减):

梁号	汽车	挂车	人群	满人	特载
1	0.581	0.386	0.000	2.253	0.000
2	0.521	0.308	0.000	2.029	0.000
3	0.437	0.215	0.000	1.974	0.000
4	0.437	0.215	0.000	1.971	0.000
5	0.520	0.309	0.000	2.025	0.000
6	0.582	0.386	0.000	2.244	0.000

计算成功完成

图 5-80 采用刚性横梁法计算的横向分布系数

横向分布系数计算结果(自动计入车道折减):

梁号	汽车	挂车	人群	满人	特载
1	0.466	0.273	0.000	1.873	0.000
2	0.460	0.243	0.000	1.975	0.000
3	0.426	0.194	0.000	1.993	0.000
4	0.426	0.194	0.000	1.993	0.000
5	0.460	0.243	0.000	1.976	0.000
6	0.468	0.273	0.000	1.870	0.000

计算成功完成

图 5-81 采用刚接板梁法计算的横向分布系数

在 midas Civil 中,建立空间等效梁格模型进行分析,得到在空间荷载作用下各片 T 梁的荷载效应。那么在活载作用下,就可以得到各片主梁的最大受力情况,见图 5-82。

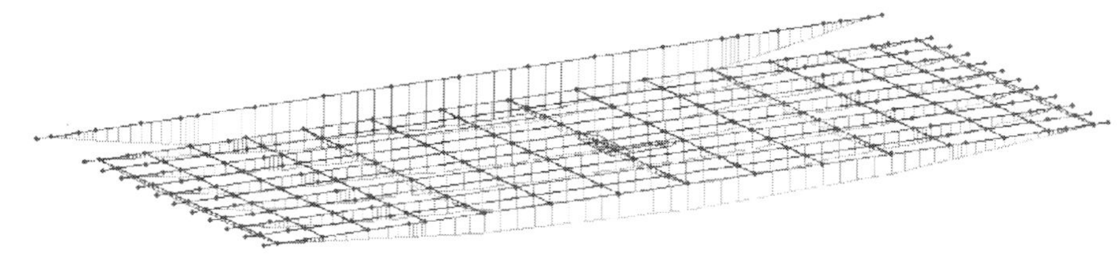

图 5-82 车道荷载分析后梁的弯矩包络结果

将各主梁受力结果与单梁模型受力情况进行比较,得到各主梁在车道荷载情况下的相应横向分布系数,见表 5-3。

midas Civil 中空间 T 梁梁格模型的横向分布系数(车道荷载) 表 5-3

弯矩横向分布系数						
纵梁位置	梁号	单元	荷载	位置	弯矩 - y(kN·m)	横向分布系数
跨中断面	主梁 1	111	车道(最大)	I[111]	1775.19	0.549
	主梁 2	131	车道(最大)	I[132]	1527.75	0.473
	主梁 3	151	车道(最大)	I[153]	1311.71	0.406
	主梁 4	171	车道(最大)	I[174]	1312.2	0.406
	主梁 5	191	车道(最大)	I[195]	1527.87	0.473
	主梁 6	211	车道(最大)	I[216]	177613	0.550
	单梁	661	车道(最大)	I[416]	3230.65	—

(4)结论

将图 5-80 和图 5-81 中的桥博计算的“横向分布系数”结果与表 5-3 中的 midas 空间梁格模型计算的“横向分布系数”结果进行比较,可知该 T 梁桥各纵梁之间的连接,偏向于刚性横梁连接,但又不是完全的刚性,因此 midas Civil 采用的空间梁格模型计算结果稍小于桥博中的“刚性横梁法”的计算结果,这与实际 T 梁桥的连接状况也相对比较吻合。

第6章

桥梁地震响应分析与抗震及减震设计

6.1 概述

6.1.1 地震

地震，是地球内部发生急剧破裂产生的震波，在一定范围内引起地面振动的现象。地震(earthquake)就是地球表层的快速振动，在古代又称为地动。它就像海啸、龙卷风、冰冻灾害一样，是地球上经常发生的一种自然灾害。大地振动是地震最直观、最普遍的表现。在海底或滨海地区发生的强烈地震，能引起巨大的波浪，称为海啸。地震是极其频繁的，全球每年发生地震约550万次。全球板块运动导致的地震常常造成严重人员伤亡，能引起火灾、水灾、有毒气体泄漏、细菌及放射性物质扩散，还可能造成海啸、滑坡、崩塌、地裂缝等次生灾害。

地震波发源的地方，叫作震源(focus)。地面上离震源最近的一点称为震中。它是接受振动最早的部位。震中到震源的深度叫作震源深度。通常将震源深度小于60km的地震叫浅源地震，深度在60～300km的地震叫中源地震，深度大于300km的地震叫深源地震。对于同样大小的地震，由于震源深度不一样，对地面造成的破坏程度也不一样。震源越浅，破坏越大，但波及范围也越小，反之亦然。破坏性地震一般是浅源地震。如1976年的唐山地震的震源深度为12km。图6-1为地震波传播途径示意图。

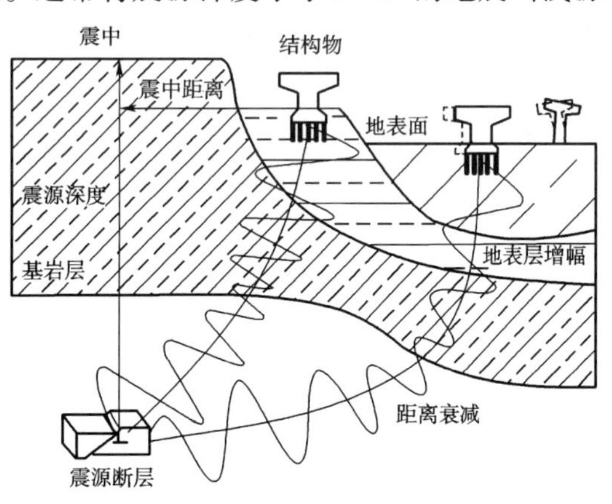

图6-1　地震波传播途径示意图

破坏性地震的地面振动最烈处称为极震区，极震区往往也就是震中所在的地区。观测点距震中的距离叫震中距。震中距小于100km的地震称为地方震，在100～1000km之间的地震称为近震,大于1000km的地震称为远震,其中,震中距越长的地方受到的影响和破坏越小。

地震所引起的地面振动是一种复杂的运动,它是由纵波和横波共同作用的结果。在震中区,纵波使地面上下颠动。横波使地面水平晃动。由于纵波传播速度较快,衰减也较快,横波传播速度较慢,衰减也较慢,因此离震中较远的地方,往往感觉不到上下跳动,但能感到水平晃动。当某地发生一个较大的地震的时候,在一段时间内,往往会发生一系列的地震,其中最大的一个地震叫做主震,主震之前发生的地震叫前震,主震之后发生的地震叫余震。

地震具有一定的时空分布规律。从时间上看,地震有活跃期和平静期交替出现的周期性现象。从空间上看,地震的分布呈一定的带状,称地震带。就大陆地震而言,主要集中在环太平洋地震带和地中海—喜马拉雅地震带两大地震带。太平洋地震带几乎集中了全世界80%以上的浅源地震(0~60km),全部的中源(60~300km)和深源地震(>300km),所释放的地震能量约占全部能量的80%。

6.1.2 地震震级和烈度

目前衡量地震规模的标准主要有震级和烈度两种。

地震震级是根据地震时释放能量的大小而定的。一次地震释放的能量越多,地震级别越大。目前人类有记录的震级最大的地震是1960年5月21日智利发生的9.5级地震,所释放的能量相当于一颗1800万t炸药量的氢弹,或者相当于一个100万千瓦的发电厂40年的发电量。我国2008年5月12日汶川地震所释放的能量大约相当于90万t炸药量的氢弹,或100万千瓦的发电厂2年的发电量。目前国际上一般采用美国地震学家查尔斯·弗朗西斯·芮希特和宾诺·古腾堡(Beno Gutenberg)于1935年共同提出的震级划分法,即现在通常所说的里氏地震规模。里氏规模是地震波最大振幅以10为底的对数,并选择距震中100km的距离为标准。里氏规模每增强一级,释放的能量约增加32倍,相隔二级的震级其能量相差近1000倍。

地震烈度是衡量地震的破坏程度。同样大小的地震,造成的破坏不一定是相同的;同一次地震,在不同的地方造成的破坏也不一样。在中国地震烈度表上,对人的感觉、一般房屋震害程度和其他现象作了描述,可以作为确定烈度的基本依据。影响烈度的因素有震级、震源深度、距震源的远近、地面状况和地层构造等。一般情况下仅就烈度和震源、震级间的关系来说,震级越大,震源越浅,烈度也越大。一般来讲,一次地震发生后,震中区的破坏最重,烈度最高,这个烈度称为震中烈度。从震中向四周扩展,地震烈度逐渐减小。所以,一次地震只有一个震级,但它所造成的破坏,在不同的地区是不同的。也就是说,一次地震可以划分出好几个烈度不同的地区。这与一颗炸弹爆后,近处与远处破坏程度不同道理一样。炸弹的炸药量,好比是震级;炸弹对不同地点的破坏程度,好比是烈度。

6.1.3 桥梁震害启示及对策

我国位于世界上两大地震带,即环太平洋和亚欧地震带之间,是全球大陆地区中最活跃的地震区之一。地震在空间上往往沿着构造活动带呈带状分布,形成地震带。我国境内有23个地震带,东部主要有郯城—庐江地震带、河北平原地震带、陕西汾渭地震带、燕山—渤海地震带、东南沿海地震带；西部主要有北天山地震带、南天山地震带、祁连山地震带、昆仑山地震带、喜马拉雅山地震带；中部有斜穿大陆腹地的南北地震带。另外还有我国台湾地震带，属西太平洋地震带的一部分。中国地震带分布见图6-2。

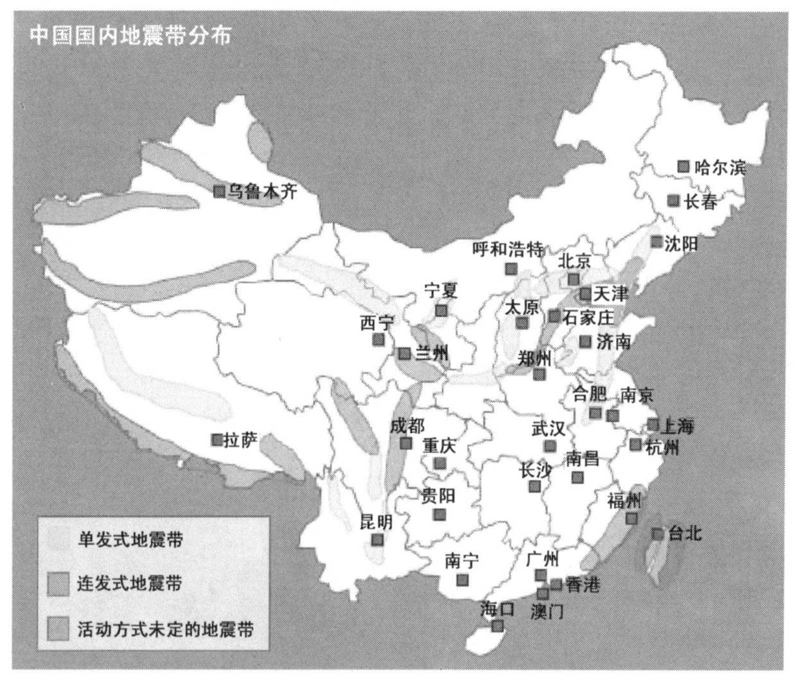

图6-2　中国地震带分布图

有史以来，我国的地震活动频繁。据历史记录，破坏性地震数以千计，造成了严重的灾害，在水、旱、震、风、虫、雹和瘟疫等七大自然灾害中占很大的比重。我国处于环太平洋地震带和亚欧地震带，是世界上地震灾害最严重的国家之一，地震强度大，分布广，频率高，损失重。20世纪全球大陆7级以上地震35%发生在我国；新中国成立60年来，地震造成的死亡人数高达36万人，比其他各类自然灾害造成死亡人数的总和还多。2008年四川汶川和2010年青海玉树都经历了超过设防烈度的强烈地震，带给我们深切的体会与沉痛的教训。

当前，中国已经进入全面建设小康社会的新时期，如何在国民经济和社会发展的同时切实做好城乡建设抗震防灾工作，最大限度地减轻地震灾害带来的损失，是中国政府高度重视的问题。回良玉副总理在2010年的全国防震减灾会议上指出："做好防震减灾工作，任务繁重而艰巨，使命光荣而伟大。"

地震具有突发性强、难以预测的特点，目前地震的监测预报还是世界性难题，而且即使做到了震前预报，如果桥梁工程自身的抗震能力薄弱，也难以避免巨大损失。因此，我们必须继续执行预防为主的方针，抓好桥梁工程的抗震设防工作。

6.1.3.1　桥梁震害

近些年来，我国经济建设迅速发展，同时也带动了桥梁建设快速发展，各种形式的桥梁大量涌现。如何确保桥梁在可能发生的地震作用下安全可靠地运行，最大限度地避免人员伤亡，减轻震灾带来的经济损失，且设计又不过于保守，成为工程界极其关注的问题。

为了能够有效地进行新桥设计和确定现有桥梁的加固措施,有必要对地震中已经发生的桥梁失效及破坏进行系统地研究和分类。常言道“前车之鉴,后世之师”,这句话对桥梁抗震设计尤为适用。因而进行桥梁震害调查分析,对发展桥梁抗震设计原理和设计细节是非常必要的。分析桥梁震害及其产生的原因是建立正确的抗震及减震设计方法、采取有效抗震及减震措施的科学依据。鉴于现有的大量震害实例及有关资料总结,从桥梁震害的内因出发,可将桥梁震害的主要表现形式分为桥梁上部结构震害、桥梁支撑连接部位震害、桥梁下部结构震害和桥梁基础震害四个方面。

(1)桥梁上部结构震害

上部结构因直接受地震力而破坏的现象极为少见,但因支承连接构件失效或下部结构失效等引起的落梁现象在地震中常有发生(图6-3和图6-4)。

在落梁破坏中,顺桥向的落梁破坏占绝大多数。主梁在顺桥向发生坠落时,梁端撞击下部结构常致使桥墩受到很大的损伤。

图6-3 1995年日本阪神地震中西宫港大桥引桥落梁破坏

图6-4 2008年中国汶川地震中岷江大桥引桥第10跨发生整垮落梁破坏

(2)桥梁支撑连接部位震害

桥梁支撑连接部位历来被认为是桥梁结构体系中抗震性能比较薄弱的一个环节,在历次破坏性地震中,支撑连接部位的震害现象都较普遍。其原因主要是支撑连接部位设计没有充分考虑抗震的要求,连接与支挡等构造措施不足,以及某些支座形式和材料本身的缺陷。支座、伸缩缝等支撑连接件在桥梁工程造价中所占比重很小,因而往往未能引起工程技术人员的足够重视,一般被当成附属构件来对待,未能仔细设计研究,从而成为桥梁结构中的薄弱环节。根据调查,桥梁支座、伸缩缝、抗震锚栓和抗震挡块等在地震中发生破坏是较为普遍的(图6-5~图6-7)。

(3)桥梁下部结构震害

下部结构的严重破坏是引起桥梁倒塌,并在震后难以修复使用的主要原因。桥梁墩台由于受到较大的水平力,瞬时反复振动,在相对薄弱的截面产生破坏。大量震害实例分析表明:

①长细比较大的柔性墩多为弯曲破坏,即延性破坏,表现为混凝土的开裂、压溃、钢筋裸露与压弯,并产生很大的塑性变形。这种破坏主要是由于约束箍筋配设不足、纵向钢筋搭接或焊接不牢等引起墩的延性不足;长细比小的粗矮桥墩多为剪切破坏,即脆性破坏,表现为混凝土

大裂缝、钢筋切断等。这种破坏主要是由于墩柱剪切强度不足引起。

图 6-5　2008 年中国汶川地震中桥梁支座破坏

图 6-6　2008 年中国汶川地震中桥梁伸缩缝破坏

图 6-7　2008 年中国汶川地震中桥梁抗震挡块破坏

②墩柱的承台破坏震害虽然很少见，但一旦出现，则可能导致墩梁坍塌。

③框架墩的震害主要表现为盖梁破坏、墩柱破坏以及节点破坏；盖梁的破坏形式有剪切强度不足引起的剪切破坏、弯曲破坏以及钢筋锚固长度不足引起的破坏；节点破坏主要表现为剪切破坏。

④桥台震害在历次地震中也是较为常见的，地基丧失承载力等引起的桥台滑移、台身与上部结构的碰撞破坏和桥台倾斜是桥台震害的主要表现形式。

地震中常见桥梁下部结构震害形式见图 6-8 ~ 图 6-14。

(4)桥梁基础震害

桥梁基础震害是国内外许多地震的重要震害现象之一，大量震害资料表明：土体滑移和砂土液化等地基失效现象是桥梁基础产生震害的主要原因。

桥梁基础破坏主要体现在土体破坏和桩身破坏。扩大基础自身的震害很少发生，一般是由地基失效引起。由于地质条件不良，场地土液化，导致地基出现倾覆、不均匀沉陷等。还有由于上部结构传下来的惯性力所引起的桩基剪切、弯曲破坏，更有桩基设计不当所引起的震害。基础的破坏带有很大的隐蔽性,震后不易发现,往往通过上部结构的震害体现出来,而且不易修复。

图6-8 1995年日本阪神地震中高速公路桥梁墩柱弯剪破坏

图6-9 地震中墩柱剪切破坏

图6-10 2008年中国汶川地震中桥墩连接点破坏以及墩底剪切破坏

图6-11 地震中墩柱弯曲破坏

图6-12 地震中地基液化导致桥梁破坏

图6-13 地震中桥梁基础破坏桥台填土沉陷导致桥台开裂

图6-14 地震中桥台基础沉陷导致桥台开裂

6.1.3.2 桥梁震害启示及对策

分析总结桥梁震害，可以对桥梁抗震设计理论和设计方法进行修正，使桥梁抗震设计水平不断地得到提高。总结桥梁震害教训，可以得到以下关于桥梁抗震设计的启示及对策。

(1)合理选择桥位

在高烈度地震区，桥位应选择地形、地质条件较好的地区，尽量远离地震断裂带。

地震中破坏严重甚至倒塌的桥梁，大部分是由地质次生灾害(泥石流、滑坡等)引起的。对于A类桥梁或者高烈度地区的B类桥梁要做工程场地的安全性评价。桥位选择应尽量远离陡坡、危岩、落石等不良地质区，特别是地震断裂带。对于必须通过不良地质病害的桥位应进行处治。

(2)合理选择桥型方案

在高烈度地震区尽可能采用整体性和规则性好的桥型结构，结构布置应力求几何尺寸、质量和刚度的均匀、对称、规则，避免跳跃性变化。从几何线形上看，尽量选用直线桥梁，避免采用对抗震不利的桥型结构方案，如曲率半径较小的曲线桥或斜交角度较小的斜桥。

(3)合理选择桥梁支座和连接方式

重视桥梁支承连接部位的抗震设计，同时开发有效的防止落梁装置。

桥梁支座应具有足够的强度，与梁、墩(台)之间有效连接，并且能够满足较大的水平位移。选用并合理设计伸缩缝，伸缩装置应能适应较大的(多向)变位；挡块应具有一定的强度，同时应设置合理的间隙和缓冲橡胶垫等。

对于在地震中纵、横向位移相对较大的上部结构，可采用足够搭接长度或者合理设计防落梁措施(图6-15～图6-17)和限位装置。

选择合理的连接形式，对改善桥梁的抗震性能十分重要。柱式墩较矮、较刚时，上部结构和下部结构之间建议采用支座连接方式，降低结构的内力，使墩柱的地震响应基本处于弹性或有限塑性状态；柱式墩较高、较柔时，上部结构和下部结构之间建议采用墩梁固结方式，降低结构的位移，使墩柱的地震响应处于有限塑性状态，并合理设置梁墩的搭接长度，合理设计塑性铰。

另外，在高烈度地震区，对于连续梁桥，各桥墩高度宜尽可能相近。对于不太相近的桥梁，应采取有效措施，避免各墩受力不均，确保各墩能够协同抗震。由于固定墩的设置，使得连续梁桥在地震中存在地震力分配严重不均的问题，固定墩受力大，当承载力不足时，易发生倒塌破坏。

加装墩梁联动装置,布置合理的支座,是解决桥墩水平地震力分配严重不均的有效途径之一。

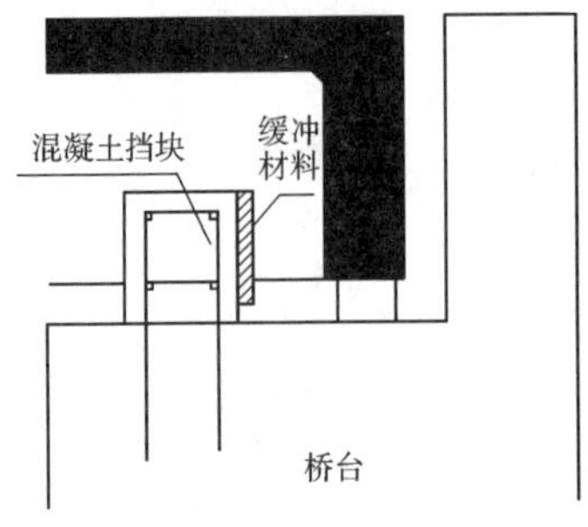

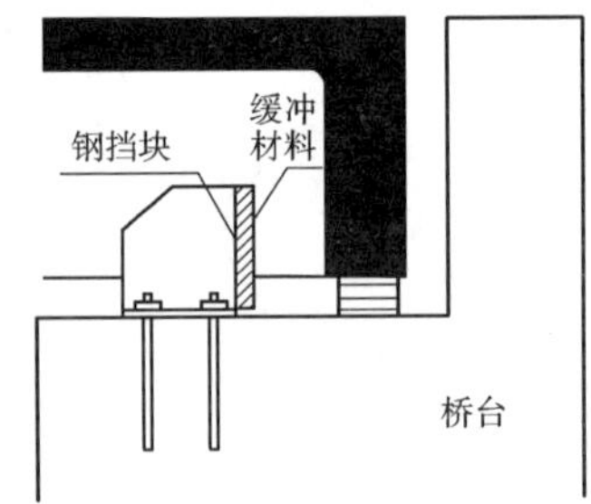

图6-15 挡块防落梁装置

图6-16 高强度橡胶链环防落梁装置

图6-17 钢绞线型防落梁装置

(4)合理设计下部结构和基础

地震中下部结构失效往往是由于构造缺陷造成的。如:墩身横向约束箍筋间距过大、搭接失效、纵筋过早切断、锚固长度不足以及箍筋端部没有弯钩等。因此在进行下部结构抗震设计时,要合理配筋。如:加强塑性铰箍筋来增强核心混凝土的套箍作用,提高结构延性,避免墩身的脆性剪切破坏,防止结构倒塌。合理布置墩身钢筋见图6-18。

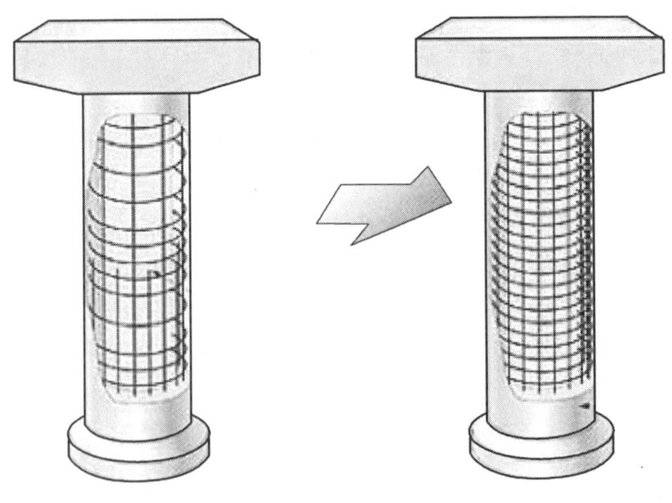

图6-18 合理布置墩身钢筋

另外，桥梁基础是隐蔽工程，地震后很难发现损伤，也很难修复。因此进行抗震设计时，应按能力保护构件进行设计，确保桥梁基础在地震中不会发生损伤。

(5)采用桥梁减隔震支座

采用减隔震技术，提高结构的抗震能力。

对于地震作用，传统的结构设计采用的对策是"抗震"，即主要考虑如何为结构提供抵抗地震作用的能力。一般来说，通过正确的"抗震"设计可以保证结构的安全，防止结构的整体破坏或倒塌，然而，结构构件的损伤却无法避免。在某些情况下，要靠结构自身来抵抗地震作用显得非常困难，需要付出很大的代价。因此，我们必须寻求更为有效的抗震手段，如采用基于减隔震装置的结构控制技术——桥梁减隔震支座等手段(图6-19～图6-22)。

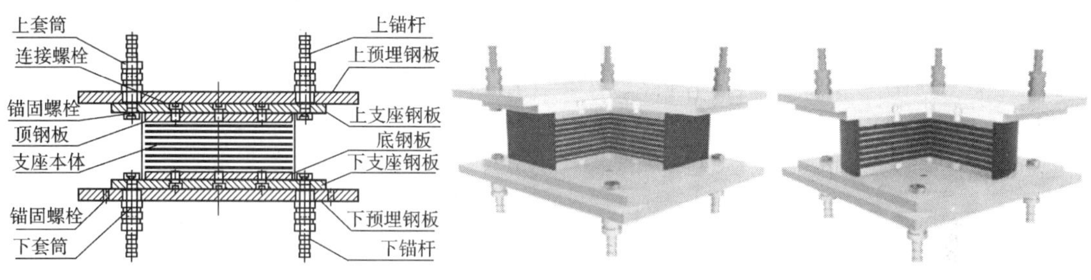

图6-19　高阻尼橡胶支座(固定)

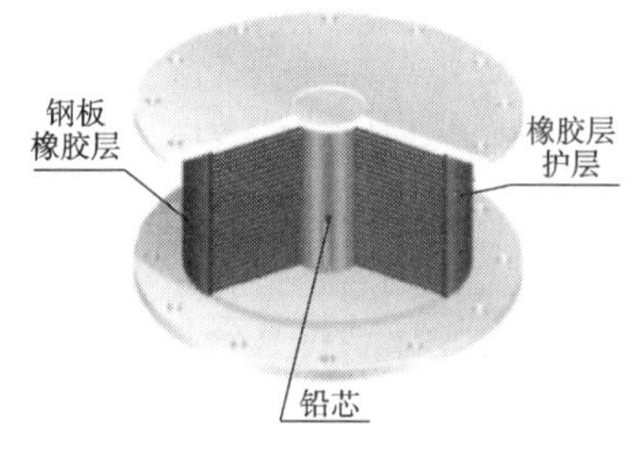

图6-20　铅芯橡胶支座

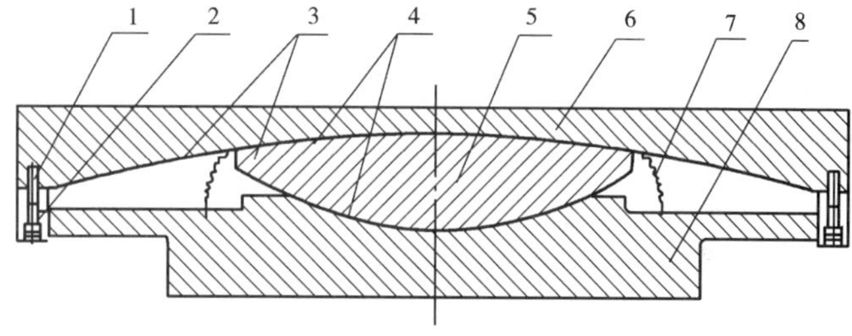

图6-21　双曲面球型减隔震支座

1-抗剪螺栓;2-限位装置;3-球面不锈钢滑板;4-四氟滑板; 5-中座板;6-上座板;7-防尘密封装置;8-下座板

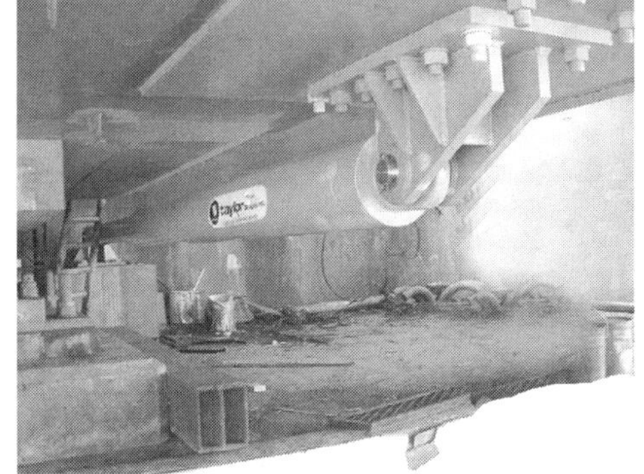

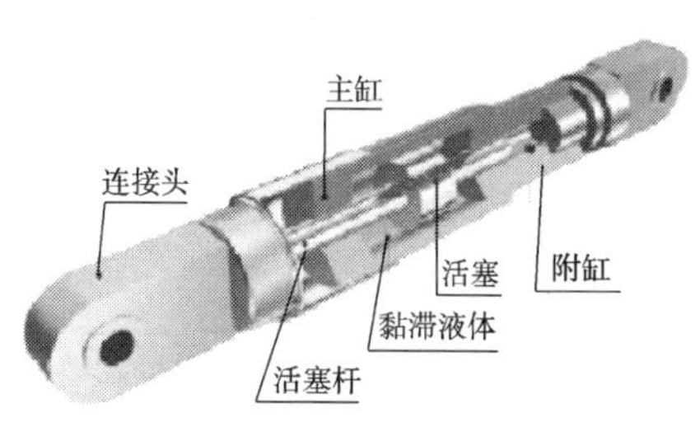

图6-22　黏滞阻尼器

6.1.4 桥梁结构地震响应分析方法及抗震设计

地震作为一种严重的自然灾害，对人类的威胁随着人类物质文明的不断积累而越来越大。1976年的中国唐山地震，1994年的美国Northridge地震、1995年的日本阪神地震，1999年的中国台湾集集地震、1999年的土耳其伊兹米特地震、2004年的日本新潟地震、2004年印度洋地震海啸、2008年中国汶川地震、2011年的日本本州岛海域地震等，给人类带来了巨大的经济损失和大量的人员伤亡。这使得各国政府对减轻地震灾害损失的工作及其相关研究越来越重视，也引起社会的广泛关注。地震工程主要由工程地震、结构抗震、地震工程社会学等部分组成，经过一个世纪的萌芽、形成和发展，已公认为一门学科。其萌芽可追溯到19世纪末到20世纪初，欧洲工程师们在强地震震害现场调查中对房屋震害程度评述、探讨原因、研究预防、设计标准。这门学科在日本发展于1923年的关东地震；在美国开始于1933年LongBeach地震；地震工程纳入我国国家计划是在20世纪50年代中期，并开展了当时工程建设中有关重要问题的研究；在世界范围，地震工程学系统的发展也是20世纪50年代的事情。

6.1.4.1 桥梁地震响应分析方法

桥梁结构的地震响应的分析，本质上是一个结构动力学问题。结构的地震响应取决于地震动和结构动力特性两个方面。因此，地震响应分析方法的发展随着人们对这两方面的认识逐渐深入而提高。地震响应分析方法的发展经历了静力、反应谱和动态时程三个阶段。

1）静力法

从19世纪末至20世纪40年代，静力法始创于意大利，发展于日本。静力法将地震加速度作为结构地震破坏的唯一因素，从动力学角度来看，这种方法忽略了结构的动力反应特性，在理论上存在极大的局限性。只有当结构物的基本固有周期比地面运动卓越周期小很多时，结构物在地震时才可能几乎不产生变形，可以近似地视为刚体，弹性静力法才能成立。不过，弹性静力法概念简单，对于整体刚度较大的结构或构件是适用的，至今在重力式桥台和挡土结构的抗震设计中仍采用静力法。

（1）弹性静力法

弹性静力法假设结构各个部分与地震动具有相同的振动，把结构物在地面运动加速度 $\ddot{x}_g$ 作用下产生的惯性力视作静力作用于结构物上做抗震计算。

地震力的计算公式：

$$F = M \cdot \ddot{x}_g - \frac{W}{g} \cdot \ddot{x}_g = K \cdot u \tag{6-1}$$

式中：M——结构物的质量；

W——结构重力；

$\ddot{x}_g$——地面运动加速度。

（2）静力弹塑性分析法（非线性静力分析法）

大震时，结构可能会进入弹塑性工作阶段，而弹性分析方法无法直接反映结构的一些非线性特性。对于非线性动力时程分析方法，因该方法的复杂性和耗时性，不易于实际工程抗震设计应用，因此出现了静力弹塑性（Pushover）分析方法。该方法是基于结构在预先假定的一种分布侧向力作用下，考虑结构中的各种非线性因素，逐步增加结构的受力，直到在结构中形成机构为止，在这个分析过程中，得到结构的力与变形的全过程曲线。尽管侧向分布力是一种静力荷载，但整个分析过程可以近似反映结构在地震作用下某一瞬间的动力响应。

在建筑结构抗震设计中，静力弹塑性分析方法被认为是一种简单而有效的抗震性能评估方法，已在很多建筑结构抗震设计中得到应用，并被一些国家的建筑抗震设计规范规定为一种基本的分析方法。

静力弹塑性分析方法在国外研究较早，但是单纯的静力弹塑性分析并不能直接得到结构的地震响应，需要与反应谱等分析方法相结合才可以，因此在桥梁领域并未引起足够重视。目前，这种方法在桥梁抗震性能评估方面已有不少应用例子，但基本还没有被应用于设计分析，对这种方法如何应用于桥梁抗震设计分析，还需要更多的实践经验。

2）*反应谱法*

1920 年左右，日本学者曾研究过结构物在简谐振动下的地震反应，由于缺乏对地震动的了解，没能摆脱静力理论的束缚。从 1931 年起，美国开始逐步进行强震观测台网的布置，积极开展强震观测工作，并在 1933 年 Long Beach 地震中，得到了第一批强地震动过程的记录。随后，在 1940 年 5 月 18 日 Imperial Valley 地震中，又成功地收集了包括著名的 El Centro 地震在内的大量地震加速度记录资料。这些强震记录，为以后抗震动力学方法的发展提供了宝贵的材料。自 1943 年美国 M. Biot 提出反应谱的概念，以及 1948 年美国 G. W. Housner 提出基于反应谱理论的抗震计算动力法以来，反应谱分析方法在结构抗震领域得到不断完善与发展，并在工程实践中得到广泛应用。自 1958 年第一届世界地震工程会议之后，这一方法被许多国家所接受，并逐渐被采纳应用到结构抗震设计规范中。

动力反应谱分析法采用“地震荷载”的概念，从地震动出发求结构的最大地震反应，并同时考虑了地面运动特性和结构的动力特性（自振周期、振型和阻尼）之间的关系，比静力法有很大的进步。反应谱方法通过反应谱概念巧妙地将动力问题静力化，概念简单、计算方便，可以用较少的计算量获得结构的最大反应值。因此，世界各国规范都把它作为一种基本的分析手段。

但是，反应谱分析法在设计中仍然把地震惯性力视为静力，以弹性分析为主。因此，弹性反应谱分析方法也存在一些缺陷，例如：反应谱是弹性范围内的概念，当结构在强烈地震下进入塑性工作阶段时不能直接应用；另一方面，地震作用是一个时间过程，而反应谱方法只能得到最大反应，不能反映结构在地震动过程中的时间经历和地震动持时效应；对多振型反应谱法，由于反应谱仅能给出结构各振型反应的最大值，不能反映出最大值的正负和时间，给振型组合造成混乱。

但因为弹性反应谱的概念简单，易于接受和采纳，所以国内外不少学者在扩大反应谱法应用范围方面进行了很多研究，主要集中在以下几个方面：①长周期设计反应谱值的正确估计。②反应谱组合方法的研究。先后提出的反应谱组合方法有 SRSS、CQC、IGQC、SUM、DSC、分组法等。③非弹性反应谱的研究。随着延性抗震研究的不断深入，人们对非弹性反应谱的兴趣逐渐增强，讨论这方面问题的文献也在增多。④考虑地震动空间变化的反应谱方法。

尽管不少学者对反应谱方法做了很多改进，但对于复杂、大跨桥梁的地震反应，反应谱方法目前仍然不能很好地考虑各种复杂的影响因素。如应用反应谱方法对复杂、大跨桥梁进行地震反应分析时，有时会由于计算的频率阶数不够多而得不到正确的结果，或判断不出结构真正的薄弱部位。因此，反应谱方法只能作为一种估算方法，或一种校核手段。对非规则桥梁和立交结构，即使结构是处于线弹性状态，反应谱法仍不能完全代替时程分析方法。国外大多数桥梁抗震设计规范亦只适用于中等跨径的标准桥梁，且多数抗震设计规范中都指出对于复杂桥梁需要采用时程分析法进行特殊抗震设计。

3）动态时程分析法

20 世纪 60 年代前后，随着计算机的普及和动力试验技术的发展，人们对结构物在地震作用下反应的全过程有了更全面的认识。20 世纪 60 ~ 70 年代，动态时程分析方法在国外得到迅速发展；20 世纪 70 年代末或 80 年代初期，国内大量开展了动态时程分析方法的研究工作。

动态时程分析方法，是将地震动记录或人工波作用在结构上，直接对结构运动方程进行积分，求得结构任意时刻地震反应的分析方法，所以动态时程分析方法也称为直接积分法。根据分析是否考虑结构的非线性行为，动态时程分析方法又可分为线性动力时程分析和非线性动力时程分析两种，但不管是哪种，分析过程都需要借助计算机程序完成，其执行步骤如下：

（1）将振动时程分为一系列相等或不相等的微小时间间隔 Δt。

（2）假定在 Δt 时间间隔内，位移、速度和加速度按一定规律变化（中心差分、常加速度、线性加速度、Newmark-β 法或 wilson-θ 法等）。

（3）求解 $t+\Delta t$ 时刻结构的地震反应。$t+\Delta t$ 时刻结构的动力平衡方程可以表示为如下的增量形式：

$$[K_D]\{\Delta u\}_{t+\Delta t}=\{\Delta F_D\} \tag{6-2}$$

式中：$[K_D]$ 和 $[\Delta F_D]$——分别为结构等效动力刚度和等效荷载向量。

（4）对一系列时间间隔按照上述步骤逐步进行积分，直到完成整个振动时程。

动态时程分析法是随着强震记录的丰富和计算机技术的广泛应用而发展起来的。动态时程分析法考虑了反应谱不能概括的其他特性，对于复杂的结构体系，振型密集将产生藕联，结构非线性特性比较强烈的情况下，一般采用动态时程分析法进行地震反应分析和抗震设计。但是，动态时程分析法计算量大、耗时多。并且需要对结果进行统计分析，因此，大多数国家的抗震设计规范对中、小跨度的常规桥梁仍采用反应谱方法计算；对重要、复杂、大跨的桥梁的抗震计算，动态时程分析法还是理论上唯一可行的分析方法。在最新的日本、美国和我国等抗震规范中，都已将动态时程分析方法列为规范采用的分析方法之一。

6.1.4.2 桥梁抗震设计及空间动力分析模型

1）桥梁抗震设计

2008 年 5 月 12 日汶川特大地震后，交通部及时颁布了新的《公路桥梁抗震设计细则》（JTG/T B02-01—2008），为桥梁结构的抗震设计理论及方法提供了指导性的依据。修订后的《公路桥梁抗震设计细则》共有 11 章、4 个附录。修订的主要内容包括：

（1）超过 150m 的特大跨径梁桥和拱桥，给出了抗震设计原则和有关规定。增加了减隔震桥梁的设计原则和有关规定。

（2）修订了相应的设防标准和设防目标，采用了两水平设防、两阶段设计的抗震设计思想，由单一的强度抗震设计修改为强度和变形双重指标控制的抗震设计。

(3)补充、细化了场地和地基部分的有关规定。

(4)修订了地震作用部分，修订了水平设计加速度反应谱，反应谱周期由5s增加到10s，增加了场地系数、阻尼调整系数、竖向设计加速度反应谱等内容，增加了地震作用分量组合、设计地震动时程等有关规定，取消了综合影响系数。补充修订了地震土压力计算公式。

(5)增加了桥梁延性抗震设计和能力保护原则的有关规定，增加了延性构造细节设计的有关规定。

(6)增加了抗震分析建模原则和抗震分析方法等有关规定。

(7)修订了抗震措施的有关规定。

2)空间动力分析模型建模原则

(1)在E1和E2地震作用下，一般情况下应首先建立桥梁结构的空间动力计算模型。计算模型应反映实际桥梁结构的动力特性。

(2)桥梁结构动力计算模型应能正确反映桥梁上部结构，下部结构，支座和地基的刚度、质量分布及阻尼特性，从而保证在E1和E2地震作用下引起的惯性力和主要振型能得到反映。一般情况下，桥梁结构的动力计算模型应满足下列要求：

①计算模型中的梁体和墩柱可采用空间杆系单元模拟，单元质量可取集中质量；墩柱和梁体的单元划分应反映结构的实际动力特性。

②支座单元应反映支座的力学特性。

③混凝土结构的阻尼比可取为0.05；进行时程分析时，可采用瑞利阻尼。

④计算模型应考虑相邻结构和边界条件的影响。

(3)在El地震作用下，宜采用总体空间模型计算桥梁的地震反应；在E2地震作用下，可采用局部空间模型计算。总体和局部空间模型应满足以下要求：

①总体空间模型宜包括所有桥梁结构及其连接方式，通过对总体空间模型的分析，确定结构的空间藕联、地震反应特性和地震最不利输入方向。

②局部空间模型应根据总体模型的计算结果，取出部分桥梁结构进行计算，局部模型应考虑相邻结构和边界条件的影响。

(4)规则桥梁可按《公路桥梁抗震设计细则》(JTG/T B02-01—2008)第3.7节的要求选用简化计算模型。

(5)进行直线桥梁地震反应分析时，可分别考虑沿顺桥向和横桥向两个水平方向地震输入；进行曲线桥梁地震反应分析时，可分别沿相邻两桥墩连线方向和垂直于连线水平方向进行多方向地震输入[计算曲线桥梁时，只需计算一联两端连线(割线)和垂直割线方向的地震输入]，以确定最不利地震水平输入方向。

(6)进行非线性时程分析时，墩柱可采用钢筋混凝土弹塑性空间梁柱单元。

(7)抗震分析时应考虑支座的影响。板式橡胶支座可用线性弹簧单元模拟；活动盆式橡胶支座可用双线性理想弹塑性弹簧单元模拟。

(8)建立桥梁抗震分析模型应考虑桩土的共同作用，桩土的共同作用可用等代土弹簧模拟，等代土弹簧的刚度可采用表征土介质弹性值的m参数来计算。

(9)墩柱的计算长度与矩形截面短边尺寸之比大于8时，或墩柱的计算长度与圆形截面直径之比大于6时,应考虑P-Delta效应。

6.2 midas Civil 地震响应分析功能在简单结构中的应用

随着《公路桥梁抗震设计细则》(JTG/T B02-01—2008)新规范的推出,工程师急迫需要具备借助有限元软件而进行桥梁结构抗震分析与设计的能力。

midas Civil不但具备强大的桥梁地震响应分析功能(包括振型分析、反应谱分析、时程分析、边界非线性分析、动力弹塑性分析以及静力弹塑性分析),而且还新增了与新规范相结合的抗震设计验算功能,可以很好地辅助工程师进行桥梁地震响应分析与抗震及减隔震设计。

本节以一个简单结构为例,详细介绍midas Civil的桥梁地震响应分析功能和结合新规范的抗震设计功能。

限于篇幅限制,本文只做了midas Civil地震响应分析功能的说明,相关原理没作介绍。读者如果有兴趣了解相关原理,可以阅读MIDAS公司官方资料《midas Civil 2010分析设计原理》书中的相关章节。

6.2.1 桥梁概况

(1)结构概况

该简单结构为一座虚拟桥梁。桥梁上部结构采用计算跨径28.90m的简支预应力混凝土预制T形梁,梁长29.92m,梁宽1.7m,梁间湿接缝宽0.5m。共设置3根T梁和2道纵向湿接缝。T形梁截面见图6-23和图6-24。

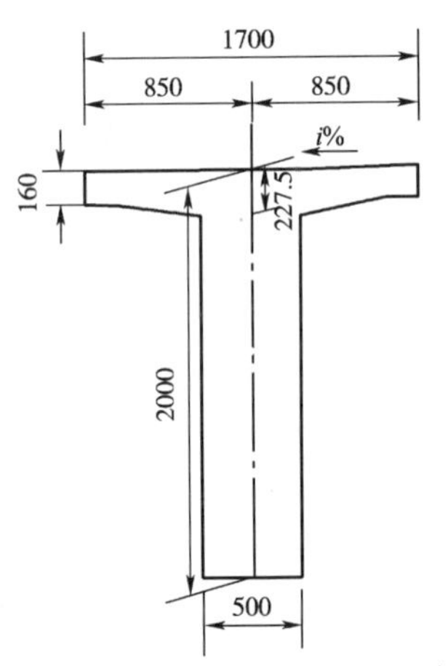

图6-23 T形梁—支截面(尺寸单位:mm)

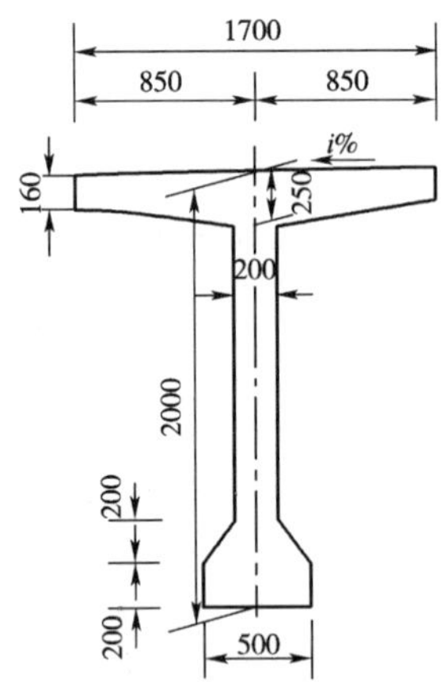

图6-24 T形梁—中截面(尺寸单位:mm)

桥梁下部结构采用桩柱接盖梁形式,墩柱高8m,为0.9m×0.9m的矩形截面;钻孔灌注桩单排2根,桩径1m。

(2)动力模型概况

桥梁有限元总体模型见图6-25。本模型中所有结构均采用梁单元模拟。模型中节点总数189个,梁单元总数226个。

在地震响应计算分析中，选用合理的计算模型是十分重要的。特别是对结构进行弹塑性地震响应分析时，计算结果与塑性铰的模拟密切相关，计算前务必要选择合适的计算模型。

桥梁控制位置示意见图6-26。其中控制位置1和2是可能发生的塑性铰区域，控制位置3和4是墩顶位移控制处，控制位置5和6是支座或限位装置设置处。

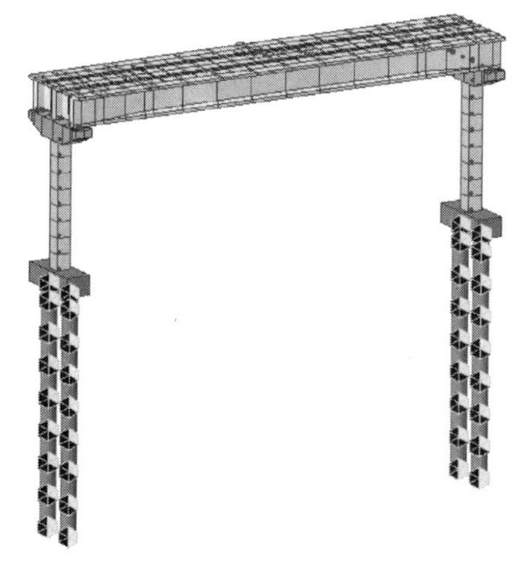

图6-25　桥梁有限元总体模型

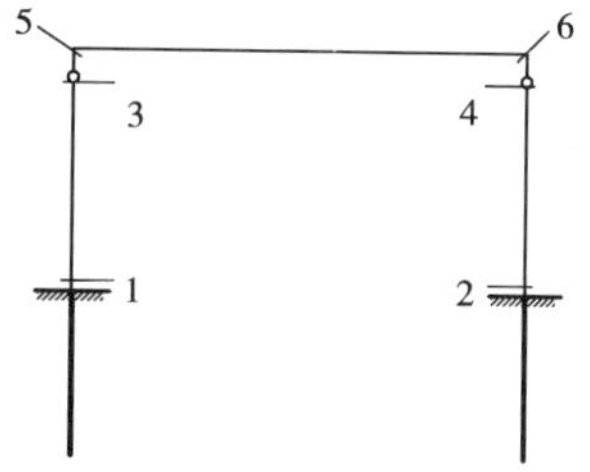

图6-26　桥梁控制位置示意图

6.2.2 支座与桩土刚度模拟

(1)支座模拟

本桥梁盖梁上采用西安中交土木科技有限公司生产的型号为HDR-300×300-H/8的高阻尼减震橡胶支座(滑动型)，见图6-27，该支座参数见表6-1，该支座摩擦系数取0.03，阻尼比取10%。为了防止纵桥向和横桥向落梁，本桥设置抗震挡块，并在挡块处设置防冲撞板式橡胶块。

HDR高阻尼减震橡胶支座(滑动型)参数表　　表6-1

规格型号	支座本体			支座总高	垫石推荐尺寸			推荐支撑总高	竖向设计承载力	设计水平力	滑动前刚度	滑动后刚度	竖向设计刚度	预埋件质量	
代号	a' (mm)	b' (mm)	H_b (mm)	H_t (mm)	纵向(mm)	横向(mm)	高度(mm)	H (mm)	P (kN)	Q (kN)	K_1 (kN/mm)	K_2 (kN/mm)	K_v (kN/mm)	g/100 (kg)	g/150 (kg)
HDR-250×250-H/8	270	270	80	112	570	570	100	240	750	23	2.40	0	328	53	59
HDR-250×300-H/8	270	320	80	112	570	620	100	240	900	27	2.88	0	429	58	65
HDR-250×350-H/8	270	370	80	112	570	670	100	240	1050	32	3.36	0	536	64	71
HDR-300×300-H/8	320	320	87	119	620	620	100	240	1080	32	3.02	0	434	65	72
HDR-300×350-H/8	320	370	87	119	620	670	100	240	1260	38	3.53	0	545	70	78
HDR-300×400-H/8	320	420	87	119	620	720	100	240	1440	43	4.03	0	661	76	84
HDR-350×350-H/8	370	370	87	119	670	670	100	240	1470	44	4.11	0	689	78	85
HDR-350×400-H/8	370	420	94	126	670	720	100	250	1680	50	4.18	0	664	84	92

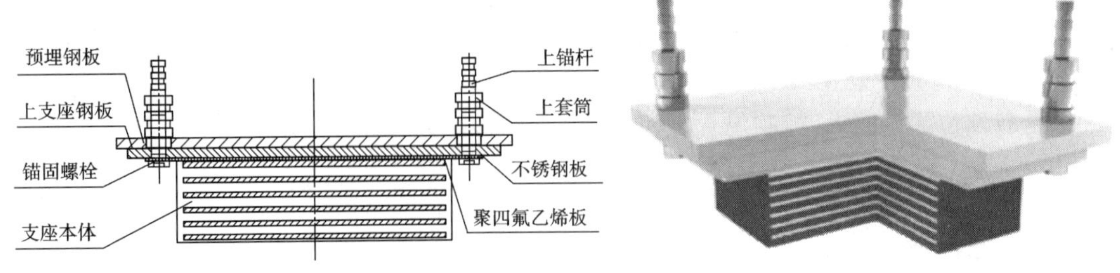

图 6-27 HDR 高阻尼减震橡胶支座结构示意图(滑动型)

抗震分析时应考虑支座的影响。对于滑动型高阻尼橡胶支座,当采用反应谱分析时可用线性弹簧单元模拟,也可用非线性滞后系统单元模拟。

(2)桩土刚度模拟

建立桥梁抗震分析模型应考虑桩土的共同作用,本模型桩土的共同作用用等代土弹簧模拟,等代土弹簧的刚度采用表征土介质弹性值的 m 参数来计算。限于篇幅限制,直接给出本模型中的地基弹性刚度,计算过程略。桩基 1(节点号 23to31)地基弹性刚度见表 6-2。桩基 2(节点号 32to40)、桩基 3(节点号 73to81)、桩基 4(节点号 82to90)地基弹性刚度计算方法同桩基 1。本模型中等代土弹簧采用节点弹性支撑进行模拟,节点弹性支撑的方向与整体坐标系一致。模型中节点弹性支承模拟见图 6-28 和图 6-29。

地基弹性刚度表 表 6-2

地基深度 Z(m)	地基比例系数 M 值 (kN/m^4)	地基系数 $C=mZ$ (kN/m)	侧面接触面积		节点编号	节点弹性支撑刚度(局部方向)		
			Ax(m^2)	Ay(m^2)		SDX(kN/m)	SDY(kN/m)	SDZ(kN/m)
0	20000	0	0.5	0.5	23	5000	5000	桩土摩擦产生的竖向反力在桩底以竖向刚度等效模拟
1	20000	20000	1.5	1.5	24	37500	37500	
3	20000	60000	2	2	25	120000	120000	
5	20000	100000	2	2	26	200000	200000	
7	20000	140000	2	2	27	280000	280000	
9	20000	180000	2	2	28	360000	360000	
11	20000	220000	2	2	29	440000	440000	
13	20000	260000	2	2	30	520000	520000	
15	20000	300000	1	1	31	300000	300000	10000000

6.2.3 振型分析

振型分析是计算结构固有周期和振型形状的分析方法。通过振型分析可以得到结构的动力特性,包含振型形状、固有周期、振型参与系数、振型参与质量、振型方向因子等,这些特性与结构的质量和刚度相关。

振型形状是结构自由振动时有可能发生的变形,按发生变形所需能量由小到大排列时,振型依次称为第 1 振型或称为基本振型、第 2 振型、第 n 振型。每个振型形状对应一个固有周期,固有周期就是按该振型形状振动一次所需的时间。

模型窗口 节点弹性支承

节点	类型	SDx (kN/m)	SDy (kN/m)	SDz (kN/m)	SRx (kN*m/[rad])	SRy (kN*m/[rad])	SRz (kN*m/[rad])
23	一次方程	5000.0000	5000.0000	0.0000	0.00	0.00	0.00
24	一次方程	37500.000	37500.000	0.0000	0.00	0.00	0.00
25	一次方程	120000.00	120000.00	0.0000	0.00	0.00	0.00
26	一次方程	200000.00	200000.00	0.0000	0.00	0.00	0.00
27	一次方程	280000.00	280000.00	0.0000	0.00	0.00	0.00
28	一次方程	360000.00	360000.00	0.0000	0.00	0.00	0.00
29	一次方程	440000.00	440000.00	0.0000	0.00	0.00	0.00
30	一次方程	520000.00	520000.00	0.0000	0.00	0.00	0.00
31	一次方程	300000.00	300000.00	100000000	0.00	0.00	0.00
32	一次方程	5000.0000	5000.0000	0.0000	0.00	0.00	0.00
33	一次方程	37500.000	37500.000	0.0000	0.00	0.00	0.00
34	一次方程	120000.00	120000.00	0.0000	0.00	0.00	0.00
35	一次方程	200000.00	200000.00	0.0000	0.00	0.00	0.00
36	一次方程	280000.00	280000.00	0.0000	0.00	0.00	0.00
37	一次方程	360000.00	360000.00	0.0000	0.00	0.00	0.00
38	一次方程	440000.00	440000.00	0.0000	0.00	0.00	0.00
39	一次方程	520000.00	520000.00	0.0000	0.00	0.00	0.00
40	一次方程	300000.00	300000.00	100000000	0.00	0.00	0.00

图 6-28 桩基 1 和桩基 2 节点弹性支承

模型窗口 节点弹性支承

节点	类型	SDx (kN/m)	SDy (kN/m)	SDz (kN/m)	SRx (kN*m/[rad])	SRy (kN*m/[rad])	SRz (kN*m/[rad])
73	一次方程	5000.0000	5000.0000	0.0000	0.00	0.00	0.00
74	一次方程	37500.000	37500.000	0.0000	0.00	0.00	0.00
75	一次方程	120000.00	120000.00	0.0000	0.00	0.00	0.00
76	一次方程	200000.00	200000.00	0.0000	0.00	0.00	0.00
77	一次方程	280000.00	280000.00	0.0000	0.00	0.00	0.00
78	一次方程	360000.00	360000.00	0.0000	0.00	0.00	0.00
79	一次方程	440000.00	440000.00	0.0000	0.00	0.00	0.00
80	一次方程	520000.00	520000.00	0.0000	0.00	0.00	0.00
81	一次方程	300000.00	300000.00	100000000	0.00	0.00	0.00
82	一次方程	5000.0000	5000.0000	0.0000	0.00	0.00	0.00
83	一次方程	37500.000	37500.000	0.0000	0.00	0.00	0.00
84	一次方程	120000.00	120000.00	0.0000	0.00	0.00	0.00
85	一次方程	200000.00	200000.00	0.0000	0.00	0.00	0.00
86	一次方程	280000.00	280000.00	0.0000	0.00	0.00	0.00
87	一次方程	360000.00	360000.00	0.0000	0.00	0.00	0.00
88	一次方程	440000.00	440000.00	0.0000	0.00	0.00	0.00
89	一次方程	520000.00	520000.00	0.0000	0.00	0.00	0.00
90	一次方程	300000.00	300000.00	100000000	0.00	0.00	0.00
*							

图 6-29 桩基 3 和桩基 4 节点弹性支承

midas Civil 提供了特征值向量法中的子空间迭代法和兰佐斯法,以及多重 Ritz 向量法。在地震反应谱分析或动态时程分析中,一般来说使用多重 Ritz 向量法计算时效率会更高。下述章节对于该简单结构模型采用 midas Civil 提供的 3 种振型分析方法均进行前 30 阶振型的求解，证实多重 Ritz 向量法计算时收敛速度最快。

6.2.3.1 特征值向量法

在 midas Civil 的特征向量法中，提供了子空间迭代法和兰佐斯法。特征值向量法是对无阻尼自由振动平衡方程的振型求解。因此，该法求出的振型于结构荷载方向无关。计算无阻尼自由振动状态下的振型形状和固有周期的特征方程式见式(6-3)。

$$[K]\{\Phi_n\} = w_n^2[M]\{\Phi_n\} \tag{6-3}$$

1）子空间迭代法

子空间迭代法是求解大型矩阵特征值问题的最常用最有效的方法之一，它适合于求解部分特征值解，被广泛应用于结构动力学的有限元分析中。

子空间迭代法是假设 r 个起始向量（采用移频法，通过特征值的移动和已收敛的特征向量的移出，使 r 保持在较小的数值，从而显著提高计算效率和改进收敛速度）同时进行迭代（通过求解减缩广义特征值问题）以求得矩阵的前 $p(<r)$ 个特征值和特征向量（如果 r 不是足够大，一方面可能漏掉可能激起的振型；另一方面又可能引入不可能激起的振型）。

（1）质量转换

步骤一：在“**模型 > 结构类型…**”中，将自重转化成质量，务必在此处进行自重的转化，见图 6-30。

步骤二：在“**模型 > 质量 > 将荷载转化成质量…**”中，将带有质量块的荷载转化成质量，见图 6-31。

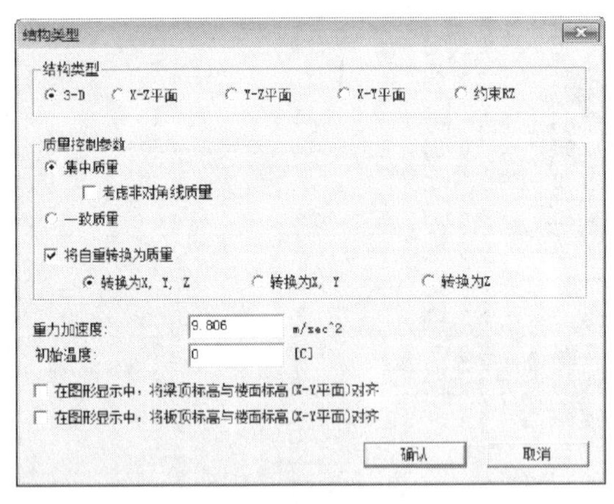

图 6-30 自重转化为质量

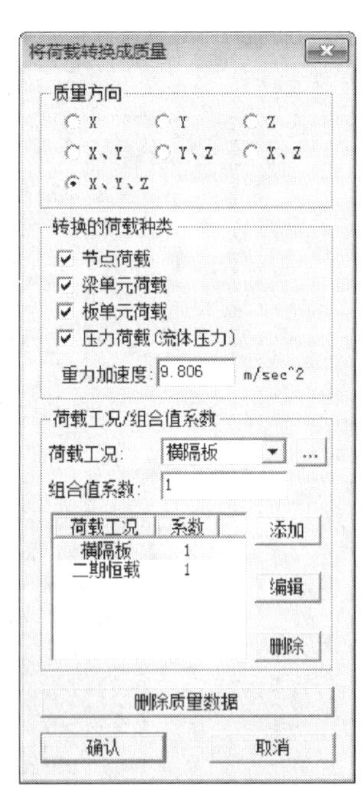

图 6-31 质量块荷载转化为质量

（2）振型定义及分析

在“**分析 > 特征值分析控制…**”中，进行振型分析定义，见图 6-32。子空间迭代法振型参与质量结果见表 6-3。

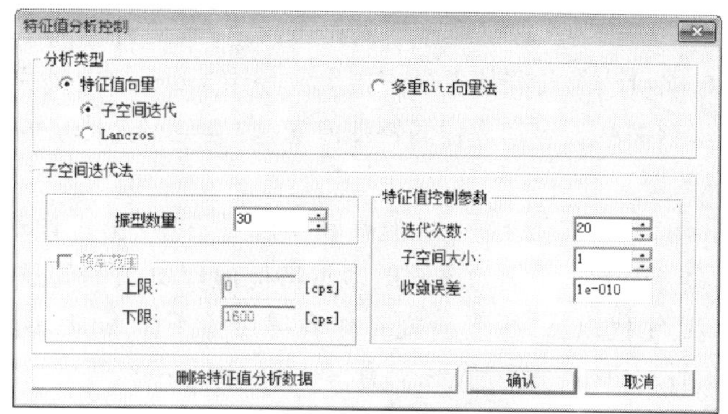

图 6-32　子空间迭代法

子空间迭代法振型参与质量　　表 6-3

模态号	振型参与质量											
	TRAN-X		TRAN-Y		TRAN-Z		ROTN-X		ROTN-Y		ROTN-Z	
	质量（%）	合计（%）	质量（%）	合计（%）	质量（%）	合计（%）	质量（%）	合计（%）	质量（%）	合计（%）	质量（%）	合计（%）
1	70.48	70.48	0.00	0.00	0.00	0.00	0.00	0.00	9.25	9.25	0.00	0.00
2	0.00	70.48	64.40	64.40	0.00	0.00	29.85	29.85	0.00	9.25	0.00	0.00
3	0.00	70.48	0.00	64.40	0.00	0.00	0.00	29.85	0.00	9.25	48.98	48.98
4	0.00	70.48	0.00	64.40	45.87	45.87	0.00	29.85	0.00	9.25	0.00	48.98
5	0.00	70.48	3.75	68.16	0.00	45.87	0.76	30.61	0.00	9.25	0.00	48.98
6	0.00	70.48	0.00	68.16	0.54	46.41	0.00	30.61	0.00	9.25	0.00	48.98
7	3.66	70.14	0.00	68.16	0.00	46.41	0.00	30.61	1.18	10.43	0.00	48.98
8	0.00	70.14	6.80	73.96	0.00	46.41	1.40	32.02	0.00	10.43	0.00	48.98
9	0.00	70.14	0.00	73.96	0.00	46.41	0.00	32.02	0.00	10.43	13.89	62.87
10	0.00	70.14	0.00	73.96	0.00	46.41	0.00	32.02	0.00	10.43	2.49	65.36
11	0.00	70.14	0.00	73.96	0.03	46.44	0.00	32.02	0.00	10.43	0.00	65.36
12	6.88	81.02	0.00	73.96	0.00	46.44	0.00	32.02	1.90	12.33	0.00	65.36
13	0.00	81.02	4.51	78.46	0.00	46.44	2.61	34.62	0.00	12.33	0.00	65.36
14	0.00	81.02	0.00	78.46	0.00	46.44	0.00	34.62	0.00	12.33	0.02	65.38
15	0.00	81.02	1.14	79.61	0.00	46.44	0.71	35.33	0.00	12.33	0.00	65.38
16	0.00	81.02	0.00	79.61	0.00	46.44	0.00	35.33	29.10	41.43	0.00	65.38
17	0.00	81.02	0.00	79.61	0.00	46.44	0.00	35.33	0.00	41.43	9.55	74.93
18	0.00	81.02	1.55	81.16	0.00	46.44	1.39	36.73	0.00	41.43	0.00	74.93
19	0.00	81.02	2.57	83.73	0.00	46.44	2.81	39.54	0.00	41.43	0.00	74.93
20	0.00	81.02	0.00	83.73	35.34	81.78	0.00	39.54	0.00	41.43	0.00	74.93
21	0.00	81.02	0.00	83.73	0.00	81.78	0.00	39.54	0.00	41.43	0.34	75.27
22	0.14	81.16	0.00	83.73	0.00	81.78	0.00	39.54	23.58	65.01	0.00	75.27
23	0.00	81.16	0.00	83.73	0.00	81.78	0.00	39.54	0.00	65.01	0.00	75.27
24	3.07	84.23	0.00	83.73	0.00	81.78	0.00	39.54	0.09	65.10	0.00	75.27
25	0.00	84.23	0.00	83.73	0.00	81.78	0.00	39.54	0.00	65.10	0.08	75.35
26	0.00	84.23	0.00	83.73	0.00	81.78	0.00	39.54	0.00	65.10	0.00	75.35
27	0.00	84.23	0.00	83.73	0.00	81.78	0.00	39.54	0.00	65.10	0.06	75.41
28	0.00	84.23	0.04	83.77	0.00	81.78	0.09	39.63	0.00	65.10	0.00	75.41
29	0.00	84.23	0.00	83.77	5.56	87.34	0.00	39.63	0.00	65.10	0.00	75.41
30	0.00	84.23	0.00	83.77	0.00	87.34	0.00	39.63	0.00	65.10	0.03	75.44

2) Lanczos 法

Lanczos 法和 Ritz 向量法的共同特点是直接生成一组 Lanczos 向量或者 Ritz 向量,对运动方程进行缩减,然后求解缩减了运动方程的特征值问题,避免了迭代步骤(采用直接叠加法),从而具有更高的计算效率。

Lanczos 法和 Ritz 向量法本质上一致,但是在实际计算中,由于计算机的截断误差和舍入误差,导致数值上的不稳定性(例如虚假的多重特征值现象),因此妨碍了 Lanczos 方法的实际应用。20 世纪 70 年代以后,很多研究工作者提出了不少 Lanczos 向量的重正交技术,以调高其算法的稳定性,Ritz 向量法从这个意义上说可以是重正交技术,但由于他改变了 Lanczos 向量的算法公式,导致以后求解的不是对角矩阵的特征值问题,而是一般矩阵特征值问题。

(1)质量转换

步骤一:在"**模型>结构类型…**"中,将自重转化成质量,务必在此处进行自重的转化,见图 6-33。

步骤二:在"**模型>质量>将荷载转化成质量…**"中,将带有质量块的荷载转化成质量,见图 6-34。

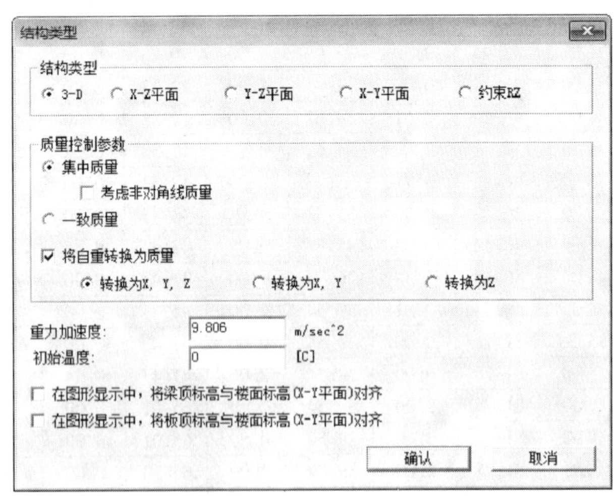

图 6-33　自重转化为质量

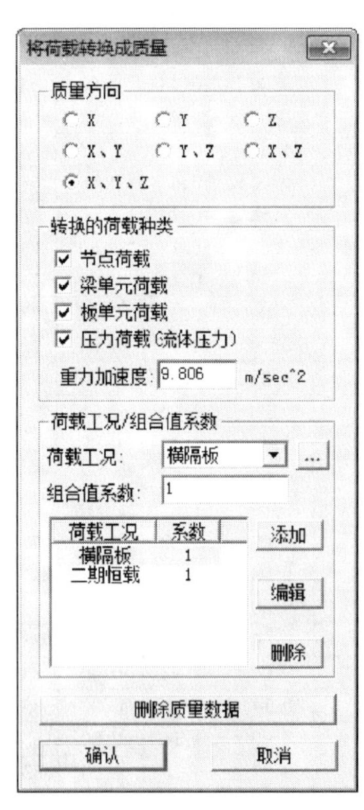

图 6-34　质量块荷载转化为质量

(2)振型定义及分析

在"**分析>特征值分析控制…**"中,进行振型分析定义,见图 6-35。Lanczos 法振型参与质量结果见表 6-4。

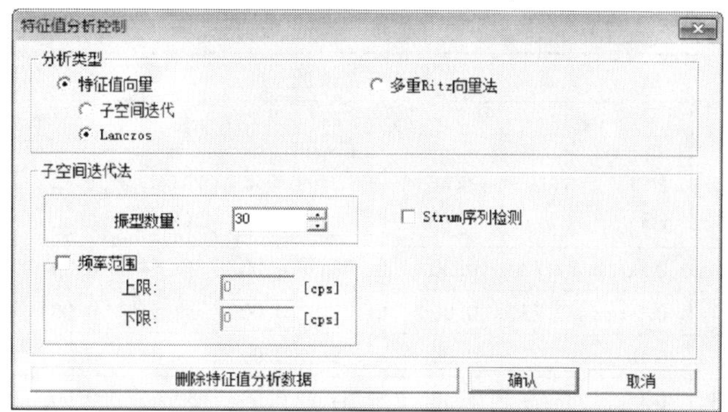

图 6-35　Lanczos 法

Lanczos 法振型参与质量　　表 6-4

振型参与质量												
模态号	TRAN-X		TRAN-Y		TRAN-Z		ROTN-X		ROTN-Y		ROTN-Z	
	质量(%)	合计(%)	质量(%)	合计(%)	质量(%)	合计(%)	质量(%)	合计(%)	质量(%)	合计(%)	质量(%)	合计(%)
1	70.48	70.48	0.00	0.00	0.00	0.00	0.00	0.00	9.25	9.25	0.00	0.00
2	0.00	70.48	64.40	64.40	0.00	0.00	29.85	29.85	0.00	9.25	0.00	0.00
3	0.00	70.48	0.00	64.40	0.00	0.00	0.00	29.85	0.00	9.25	48.98	48.98
4	0.00	70.48	0.00	64.40	45.87	45.87	0.00	29.85	0.00	9.25	0.00	48.98
5	0.00	70.48	3.75	68.16	0.00	45.87	0.76	30.61	0.00	9.25	0.00	48.98
6	0.00	70.48	0.00	68.16	0.54	46.41	0.00	30.61	0.00	9.25	0.00	48.98
7	3.66	70.14	0.00	68.16	0.00	46.41	0.00	30.61	1.18	10.43	0.00	48.98
8	0.00	70.14	6.80	73.96	0.00	46.41	1.40	32.02	0.00	10.43	0.00	48.98
9	0.00	70.14	0.00	73.96	0.00	46.41	0.00	32.02	0.00	10.43	13.89	62.87
10	0.00	70.14	0.00	73.96	0.00	46.41	0.00	32.02	0.00	10.43	2.49	65.36
11	0.00	70.14	0.00	73.96	0.03	46.44	0.00	32.02	0.00	10.43	0.00	65.36
12	6.88	81.02	0.00	73.96	0.00	46.44	0.00	32.02	1.90	12.33	0.00	65.36
13	0.00	81.02	4.51	78.46	0.00	46.44	2.61	34.62	0.00	12.33	0.00	65.36
14	0.00	81.02	0.00	78.46	0.00	46.44	0.00	34.62	0.00	12.33	0.02	65.38
15	0.00	81.02	1.14	79.61	0.00	46.44	0.71	35.33	0.00	12.33	0.00	65.38
16	0.00	81.02	0.00	79.61	0.00	46.44	0.00	35.33	29.10	41.43	0.00	65.38
17	0.00	81.02	0.00	79.61	0.00	46.44	0.00	35.33	0.00	41.43	9.55	74.93
18	0.00	81.02	1.55	81.16	0.00	46.44	1.39	36.73	0.00	41.43	0.00	74.93
19	0.00	81.02	2.57	83.73	0.00	46.44	2.81	39.54	0.00	41.43	0.00	74.93
20	0.00	81.02	0.00	83.73	35.34	81.78	0.00	39.54	0.00	41.43	0.00	74.93
21	0.00	81.02	0.00	83.73	0.00	81.78	0.00	39.54	0.00	41.43	0.34	75.27
22	0.14	81.16	0.00	83.73	0.00	81.78	0.00	39.54	23.58	65.01	0.00	75.27
23	0.00	81.16	0.00	83.73	0.00	81.78	0.00	39.54	0.00	65.01	0.00	75.27
24	3.07	84.23	0.00	83.73	0.00	81.78	0.00	39.54	0.09	65.10	0.00	75.27
25	0.00	84.23	0.00	83.73	0.00	81.78	0.00	39.54	0.00	65.10	0.08	75.35

续上表

模态号	振型参与质量											
	TRAN-X		TRAN-Y		TRAN-Z		ROTN-X		ROTN-Y		ROTN-Z	
	质量(%)	合计(%)	质量(%)	合计(%)	质量(%)	合计(%)	质量(%)	合计(%)	质量(%)	合计(%)	质量(%)	合计(%)
26	0.00	84.23	0.00	83.73	0.00	81.78	0.00	39.54	0.00	65.10	0.00	75.35
27	0.00	84.23	0.00	83.73	0.00	81.78	0.00	39.54	0.00	65.10	0.06	75.41
28	0.00	84.23	0.04	83.77	0.00	81.78	0.09	39.63	0.00	65.10	0.00	75.41
29	0.00	84.23	0.00	83.77	5.56	87.34	0.00	39.63	0.00	65.10	0.00	75.41
30	0.00	84.23	0.00	83.77	0.00	87.34	0.00	39.63	0.00	65.10	0.03	75.44

6.2.3.2 多重 Ritz 向量法

多重 Ritz 向量法是通过假定多自由度的振型形状来计算特征值的方法，相对于特征值向量法计算效率要高，是对单自由度的 Rayleigh-Ritz 方法的改善。

首先假设用 p 个 Ritz 向量计算具有 n 个自由度的结构位移，此时 p 不大于 n。结构的动力平衡方程见式(6-4)：

$$M\ddot{u}(t)+C\dot{u}(t)+ku(t)=p(t) \tag{6-4}$$

(1)质量转换

步骤一：在"**模型 > 结构类型…**"中，将自重转化成质量，务必在此处进行自重的转化。见图 6-36。

步骤二：在"**模型 > 质量 > 将荷载转化成质量…**"中，将带有质量块的荷载转化成质量。见图 6-37。

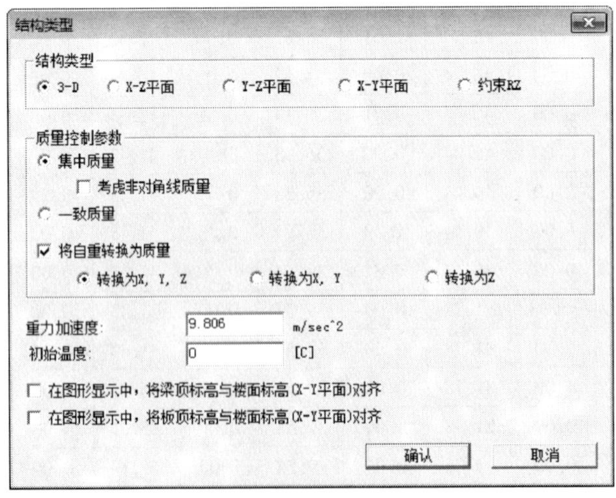

图 6-36 自重转化为质量

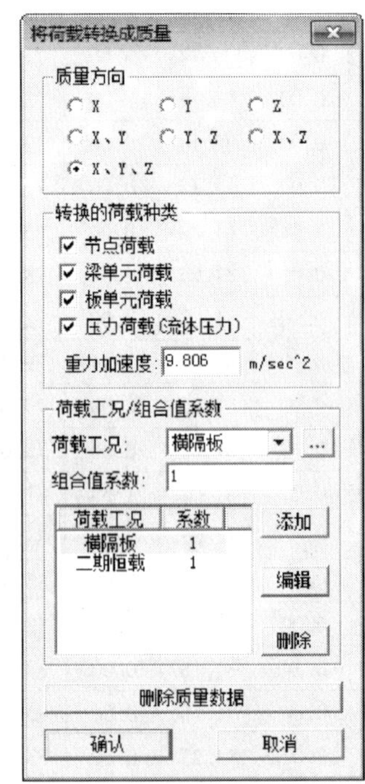

图 6-37 质量块荷载转化为质量

（2）振型定义及分析

在“**分析 > 特征值分析控制…**”中，进行振型分析定义，见图 6-38。多重 Ritz 向量法振型基频及振型参与质量结果见表 6-5 和表 6-6。

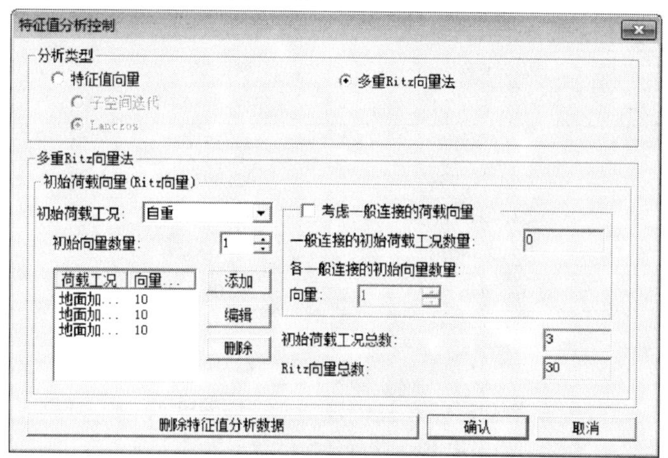

图 6-38 多重 Ritz 向量法

振型周期与频率

表 6-5

特征值分析			
模态号	频率		周期
	(rad/sec)	(cycle/sec)	(sec)
1	3.448241	0.548805	1.82142
2	3.713700	0.591054	1.691893
3	6.468622	1.029513	0.971333
4	23.022437	3.664135	0.272916
5	23.680951	3.768940	0.265327
6	24.130581	3.840501	0.260383
7	24.684147	3.928604	0.254543
8	34.946999	5.561988	0.179792
9	35.095536	5.585628	0.179031
10	58.179971	9.259630	0.107996
11	59.395799	9.453135	0.105785
12	59.409633	9.455337	0.105760
13	67.004627	10.664118	0.093772
14	74.795986	11.904151	0.084404
15	87.782346	13.970994	0.071577
16	100.839347	16.049081	0.062309
17	109.900054	17.491137	0.057172
18	150.911594	24.018326	0.041635
19	155.164076	24.695130	0.040494
20	155.778960	24.792992	0.040334

续上表

特征值分析			
模态号	频率		周期
	(rad/sec)	(cycle/sec)	(sec)
21	217.046248	34.543983	0.028949
22	238.604361	37.975063	0.026333
23	248.547820	39.557614	0.025280
24	269.505958	42.893205	0.023314
25	316.049166	50.300787	0.019880
26	321.614073	51.168670	0.019536
27	333.446748	53.069698	0.018843
28	375.175276	59.711000	0.016747
29	509.578395	81.101920	0.012330
30	952.897644	151.658370	0.006594

多重 Ritz 向量法振型参与质量 表 6-6

振型参与质量												
模态号	TRAN-X		TRAN-Y		TRAN-Z		ROTN-X		ROTN-Y		ROTN-Z	
	质量(%)	合计(%)	质量(%)	合计(%)	质量(%)	合计(%)	质量(%)	合计(%)	质量(%)	合计(%)	质量(%)	合计(%)
1	69.52	69.52	0.00	0.00	0.00	0.00	0.00	0.00	9.43	9.43	0.00	0.00
2	0.00	69.52	64.10	64.10	0.00	0.00	29.76	29.76	0.00	9.43	0.00	0.00
3	0.00	69.52	0.00	64.10	0.00	0.00	0.00	29.76	0.00	9.43	47.46	47.46
4	0.00	69.52	0.00	64.10	5.82	5.82	0.00	29.76	0.00	9.43	0.00	47.46
5	0.00	69.52	0.18	64.28	0.00	5.82	0.43	30.19	0.00	9.43	0.00	47.46
6	2.77	72.29	0.00	64.28	0.00	5.82	0.00	30.19	0.44	9.88	0.00	47.46
7	0.00	72.29	0.00	64.28	41.83	47.65	0.00	30.19	0.00	9.88	0.00	47.46
8	0.00	72.29	0.00	64.28	0.00	47.65	0.00	30.19	0.00	9.88	3.91	51.37
9	0.00	72.29	7.73	72.01	0.00	47.65	1.04	31.23	0.00	9.88	0.00	51.37
10	0.00	72.29	0.02	72.01	0.00	47.65	0.01	31.24	0.00	9.88	0.00	51.37
11	0.00	72.29	0.00	72.01	0.00	47.65	0.00	31.24	0.00	9.88	0.00	51.37
12	8.69	80.98	0.00	72.01	0.00	47.65	0.00	31.24	2.35	12.22	0.00	51.37
13	0.00	80.98	7.59	79.61	0.00	47.65	4.14	35.38	0.00	12.22	0.00	51.37
14	0.00	80.98	0.00	79.61	0.00	47.65	0.00	35.38	30.12	42.34	0.00	51.37
15	0.00	80.98	0.94	80.55	0.00	47.65	0.79	36.16	0.00	42.34	0.00	51.37
16	0.00	80.98	3.12	83.68	0.00	47.65	3.29	39.45	0.00	42.34	0.00	51.37
17	0.00	80.98	0.00	83.68	28.69	76.34	0.00	39.45	0.00	42.34	0.00	51.37
18	0.00	80.98	0.00	83.68	0.00	76.34	0.00	39.45	16.13	58.47	0.00	51.37
19	3.23	84.21	0.00	83.68	0.00	76.34	0.00	39.45	1.34	59.81	0.00	51.37
20	0.00	84.21	0.00	83.68	0.00	76.34	0.00	39.45	0.00	59.81	0.00	51.37
21	0.00	84.21	0.00	83.68	9.83	86.18	0.00	39.45	0.00	59.81	0.00	51.37
22	0.00	84.21	5.48	89.16	0.00	86.18	12.73	52.18	0.00	59.81	0.00	51.37
23	5.97	90.18	0.00	89.16	0.00	86.18	0.00	52.18	4.59	64.40	0.00	51.37
24	0.00	90.18	0.00	89.16	6.40	92.58	0.00	52.18	0.00	64.40	0.00	51.37

续上表

模态号	振型参与质量											
	TRAN-X		TRAN-Y		TRAN-Z		ROTN-X		ROTN-Y		ROTN-Z	
	质量（%）	合计（%）	质量（%）	合计（%）	质量（%）	合计（%）	质量（%）	合计（%）	质量（%）	合计（%）	质量（%）	合计（%）
25	0.00	90.18	0.02	89.18	0.75	93.33	0.07	52.25	0.00	64.40	0.00	51.37
26	6.11	96.29	0.00	89.18	0.00	93.33	0.00	52.25	8.30	72.70	0.00	51.37
27	0.00	96.29	10.73	99.91	0.00	93.33	45.40	97.65	0.00	72.70	0.00	51.37
28	3.71	100.00	0.00	99.91	0.00	93.33	0.00	97.65	7.81	80.51	0.00	51.37
29	0.00	100.00	0.00	99.91	1.85	95.18	0.00	97.65	0.00	80.51	0.00	51.37
30	0.00	100.00	0.00	99.91	3.19	98.37	0.00	97.65	0.00	80.51	0.00	51.37

上述章节根据该简单结构模型分别采用 midas Civil 提供的3 中振型分析方法均进行前30阶振型的求解，得出顺桥向 X、横桥向 Y 以及竖向 Z 的前30阶振型总的参与质量，多重 Ritz 向量法是最大的，另外两种方法相同。因此可以证实多重 Ritz 向量法在有效方向振型计算时收敛速度最快。

做地震响应分析时，为了保证计算结果的可靠，请选择足够的振型数量，保证地震响应方向的振型参与质量系数之和不小于90%。根据表6-6可知，采用多重 Ritz 向量法振型计算的顺桥向 X 方向、横桥向 Y 方向和竖向 Z 方向的质量参与系数总和分别为100%、99.91%和98.37%。

6.2.4 阻尼

阻尼是指任何振动系统在振动中，由于外界作用和系统本身固有的原因引起的振动幅度衰减的特性，以及此一特性的量化表征。

结构阻尼特性反映了结构在振动过程中能量的耗散性能，是研究结构动力响应问题必不可少的一个方面。影响阻尼比值的因素甚为复杂，随结构类型、材料、质量、刚度、节点构造、动力特性等多种因素变化。由于阻尼特性的复杂性，在设计中常采用一些可满足工程精确度的实用假设。

典型结构体系的真实阻尼特性是很复杂和难于确定的，近几十年来，人们提出了多种阻尼理论假设，形成多种结构阻尼形式，见表6-7。

阻 尼 分 类 表6-7

阻尼分类			
比例阻尼	非比例阻尼	各单元阻尼	
质量比例型	能量比例型	黏性阻尼（Voigt 型、Maxwell 型）	
刚度比例型	—	滞回型阻尼	
Rayleigh 型	—	摩擦型阻尼	内部摩擦型阻尼（材料阻尼）
Cayghey 型	—		外部摩擦型阻尼
—	—		滑动摩擦阻尼
—	—	离散阻尼	

midas Civil 中反应谱的阻尼计算方法是在定义反应谱荷载工况对话框中选择,时程分析中的阻尼计算方法是在定义时程荷载工况对话框中选择。程序中可使用的阻尼计算方法见表 6-8。

midas Civil 中阻尼选择 表 6-8

midas Civil 中阻尼选择	
反应谱分析和(振型叠加法)时程分析	(直接积分法)时程分析
振型阻尼	振型阻尼
比例阻尼(质量比例型、刚度比例型、瑞利阻尼)	比例阻尼(质量比例型、刚度比例型、瑞利阻尼)
反应能比例型阻尼	反应能比例型阻尼
—	单元的质量和刚度比例型阻尼(单元瑞利阻尼)

非线性连接单元一般用于模拟消能减震和隔震装置,midas Civil 中可给非线性连接单元输入线性阻尼特性。

在"**模型 > 边界 > 一般连接特性值…**"中,输入非线性连接单元的有效阻尼,且在反应谱分析或振型叠加法时程分析中,选择应变能因子方法计算阻尼时,程序内部会计算各振型对应的阻尼。

直接积分法中选择单元质量和刚度因子方法计算阻尼时,会通过单元阻尼矩阵直接反映在分析中。

反应谱分析和振型叠加法时程分析中是通过振型的阻尼比 ξ 考虑阻尼的影响的,而直接积分法时程分析中需要构建结构的阻尼矩阵。

1)振型阻尼

用户在程序中直接输入各振型阻尼比的方法。在 midas Civil 的反应谱分析和时程分析中均提供用户直接输入各振型阻尼的方法。需要注意的是直接积分法时程分析中输入各振型阻尼后,构建的结构总阻尼矩阵是非对称矩阵,因此分析时间会比振型叠加法时程分析要长很多。

模型结构中的各阶振型阻尼比见表 6-9。

振型阻尼比表 表 6-9

振 型 阻 尼			
振型	振型阻尼比	振型	振型阻尼比
1	0.067296	16	0.061518
2	0.05841	17	0.063076
3	0.060205	18	0.053695
4	0.086004	19	0.063682
5	0.092685	20	0.063635
6	0.058498	21	0.052775
7	0.068487	22	0.084596
8	0.068133	23	0.079286
9	0.078538	24	0.063332
10	0.069152	25	0.052572
11	0.069174	26	0.086826
12	0.069204	27	0.097372
13	0.064043	28	0.096629
14	0.061704	29	0.059219
15	0.054122	30	0.058028

(1)反应谱荷载工况中振型阻尼定义

在“**荷载 > 反应谱分析数据 > 反应谱荷载工况 >** …”中，选择“适用阻尼计算方法”，进行振型阻尼定义，见图 6-39 和图 6-40。

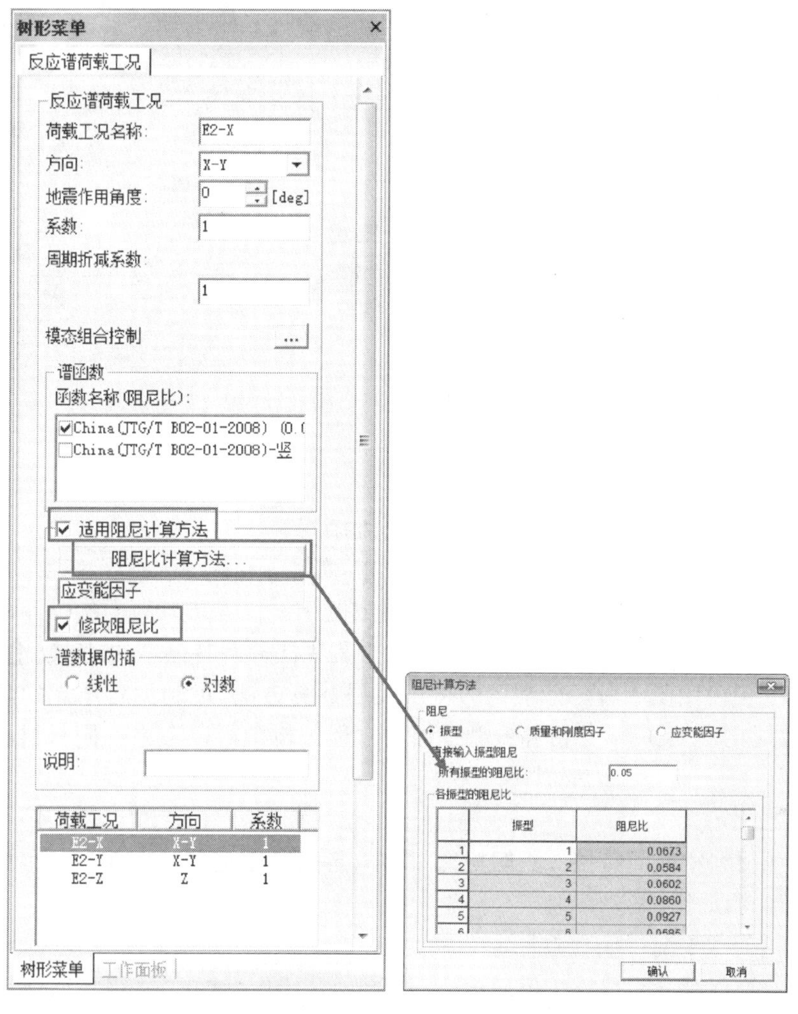

图 6-39　反应谱中定义阻尼　　　　图 6-40　定义振型阻尼计算方法

(2)时程荷载工况中振型阻尼定义

在“**荷载 > 时程分析数据 > 时程荷载工况 >** …”中，进行振型阻尼定义，见图 6-41。

2)瑞利阻尼

质量比例型阻尼一般用于模拟空气等外部阻尼对结构的影响，刚度比例型阻尼一般用于模拟结构振动能量释放到地基的效果。刚度比例型阻尼容易夸大高阶振型的阻尼效果。瑞利阻尼改善了刚度比例型阻尼对计算高阶振型响应时的缺陷，将阻尼表现为质量矩阵和刚度矩阵的线性组合。

反应谱分析和振型叠加法时程分析是将动力方程分解为各振型的动力方程后再叠加计算。因此该两种分析方法中使用瑞利阻尼时，需要通过质量因子值 a_0 和刚度因子值 a_1 计算其他振型的阻尼比。

当时程分析为非线性时程分析，且结构超过弹性极限进入屈服阶段时，如果瑞利阻尼矩依然使用初始刚度矩阵，会夸大阻尼的影响，因此 midas Civil 中提供了使用更新的刚度矩阵计算瑞利阻尼矩阵的功能，该功能缺点是计算时会耗费较多的时间。

根据表 6-5 和表 6-6 可知，结构的 2 个主振型的周期分别为 1.822s 和 1.692s。

(1)反应谱荷载工况中瑞利阻尼定义

在“**荷载 > 反应谱分析数据 > 反应谱荷载工况 >** …”中，选择“适用阻尼计算方法”，进行瑞利阻尼定义，见图 6-42 和图 6-43。

(2)时程荷载工况中瑞利阻尼定义

在“荷载 > 时程分析数据 > 时程荷载工况 > …”中，进行振型阻尼定义，见图 6-44。

图 6-41 时程工况中定义阻尼

3)应变能阻尼

不同的材料组成的结构的阻尼比会不同，另外结构中也会根据需要设置阻尼装置。在 midas Civil 中可指定各单元(按组指定)的阻尼比，由各单元阻尼构成的结构阻尼矩阵一般为非古典阻尼矩阵，结构的动力方程无法分解各振型的动力方程。

midas Civil 中使用基于应变能理论的振型阻尼计算方法，可利用各单元的阻尼比计算结构各振型的阻尼比，在反应谱分析和振型叠加法时程分析中可以考虑不同材料的不同阻尼比的影响。

(1)组阻尼比定义

在“**模型 > 材料和截面特性 > 组阻尼比** …”中，定义高阻尼橡胶支座边界组的阻尼比和地基弹簧边界组的阻尼比，见图 6-45。

(2)反应谱荷载工况中瑞利阻尼定义

在“**荷载 > 反应谱分析数据 > 反应谱荷载工况 >** …”中，选择“适用阻尼计算方法”，进行应变能阻尼定义，见图 6-46 和图 6-47。

(3)时程荷载工况中瑞利阻尼定义

在“**荷载 > 时程分析数据 > 时程荷载工况 >** …”中，进行应变能阻尼定义，见图 6-48。

4)单元瑞利阻尼

单元瑞利阻尼是由单元阻尼矩阵直接构建结构整体阻尼矩阵的方法，单元阻尼矩阵的计算方法目前采用刚度比例型阻尼。

本简单结构的单元仅为混凝土一种材料，因此此处的单元瑞利阻尼的定义不作说明，用户可以参考下述步骤进行定义。

步骤一：在“**模型 > 组 > 定义结构组**”中，将相同材料的单元定义为一个结构组。

步骤二：在“**模型 > 材料和截面特性 > 组阻尼比**”中，给不同的结构阻输入计算阻尼用的刚度系数。

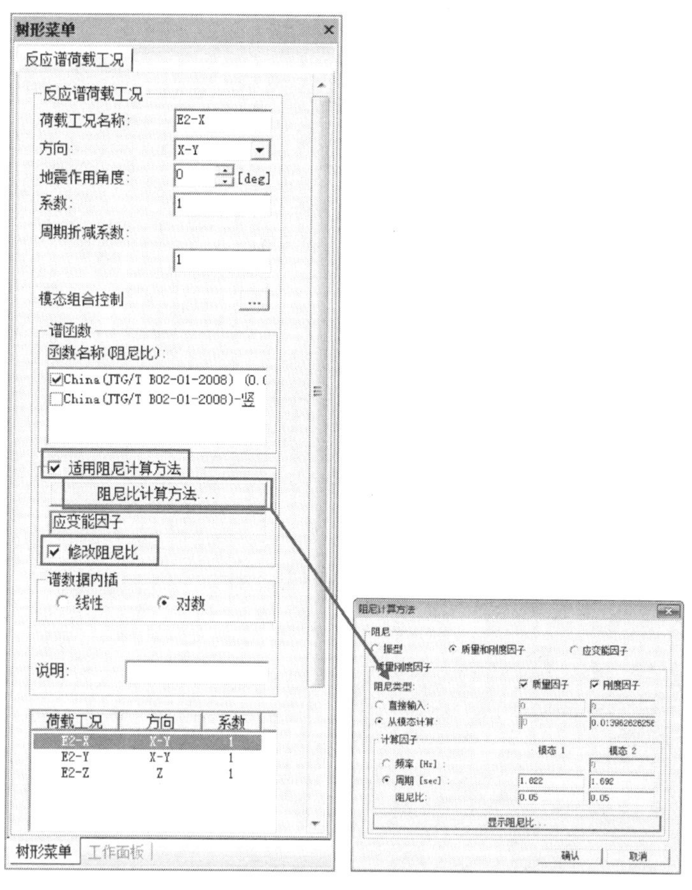

图6-42　反应谱中定义阻尼　　　　图6-43　定义瑞利阻尼计算方法

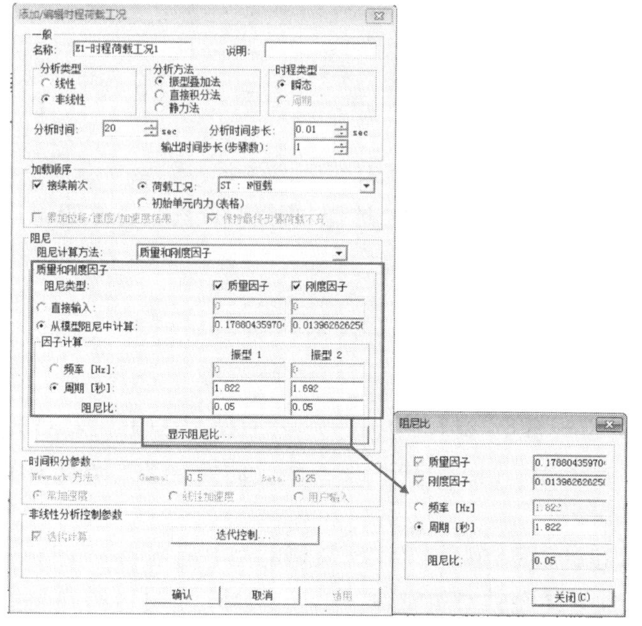

图6-44　时程工况中定义瑞利阻尼

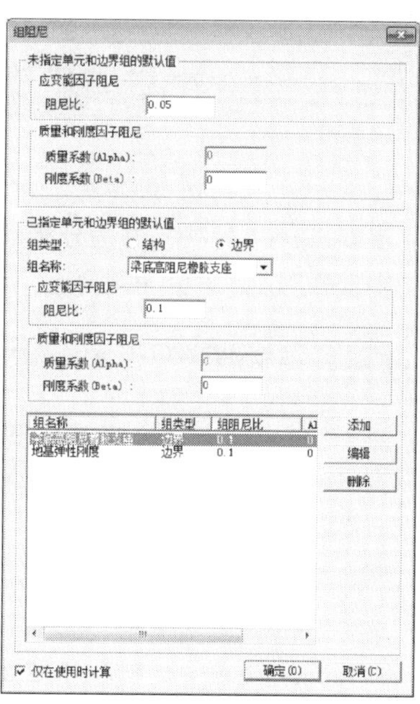

图6-45　组阻尼比定义

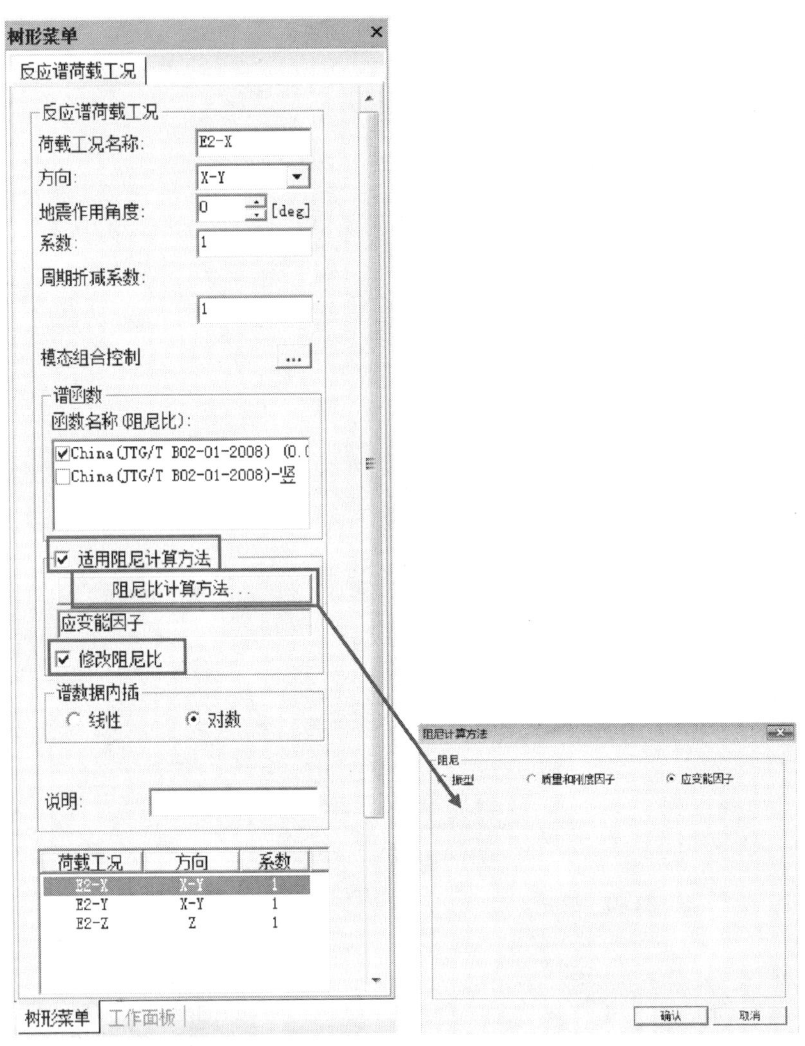

图6-46 反应谱中定义阻尼　　图6-47 定义应变能阻尼计算方法

步骤三:在"**荷载>时程分析数据>时程荷载工况**"中,选择"直接积分法",并在阻尼计算方法中选择"单元质量和刚度因子"方法。

6.2.5 纤维材料弹塑性本构定义

(1)混凝土弹塑性本构—Mander 本构定义

步骤一:在"**设计>RC 设计>RC 设计参数/材料…**"中,选择"JTG/B02-01—2008"设计规范,并定义相关的设计参数和材料性能参数,见图6-49 和图6-50。此处定义主要是为了调取后期桥墩普通钢筋的双向箍筋定义功能。

步骤二:在"**设计>RC 设计>RC 设计截面钢筋…**"中,定义墩柱的普通钢筋,见图6-51。

步骤三:在"**模型>材料和截面特性>弹塑性材料特性**"中,定义混凝土材料的弹塑性本构模型,见图6-52 ~ 图6-54。

进行“Mander 模型”混凝土的本构定义时,在图 6-53 和图 6-54 中记得要修改“f_{co}(无约束混凝土抗压强度)”。因为中国的混凝土强度采用的是立方体抗压强度标准值,而国际抗震中混凝土强度用的是圆柱体抗压强度标准值,两者之间存在换算关系。此处给的是 0.85 倍的关系,读者可根据实际给出相应系数进行换算。

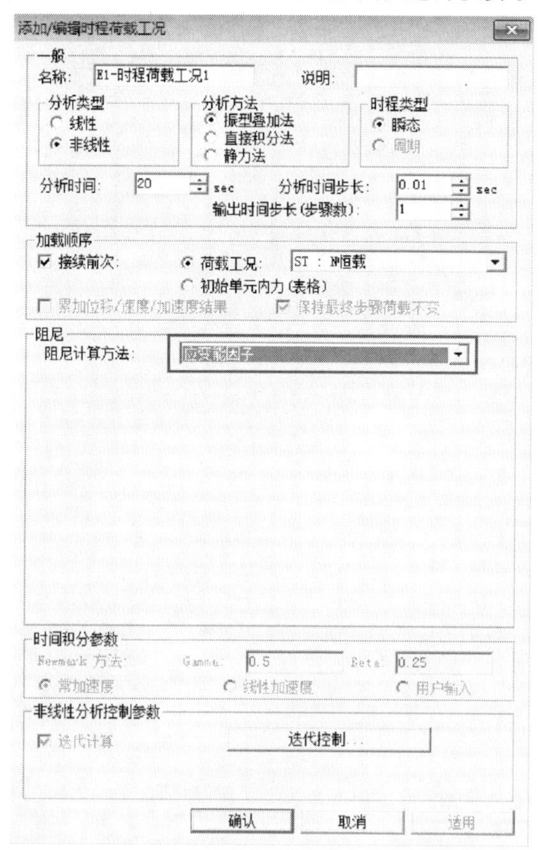

图 6-48 时程工况中定义应变能阻尼

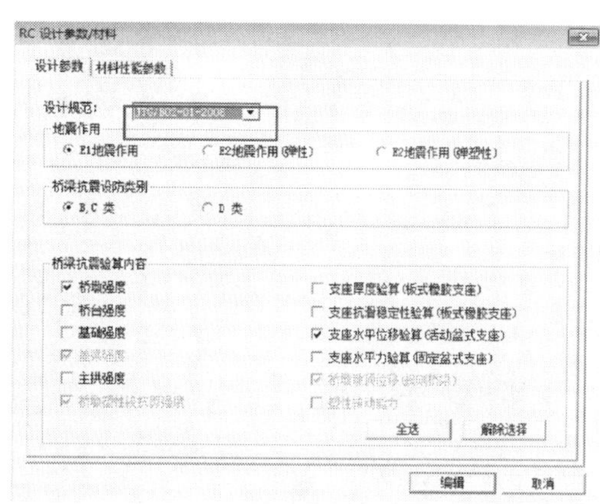

图 6-49 RC 设计参数定义

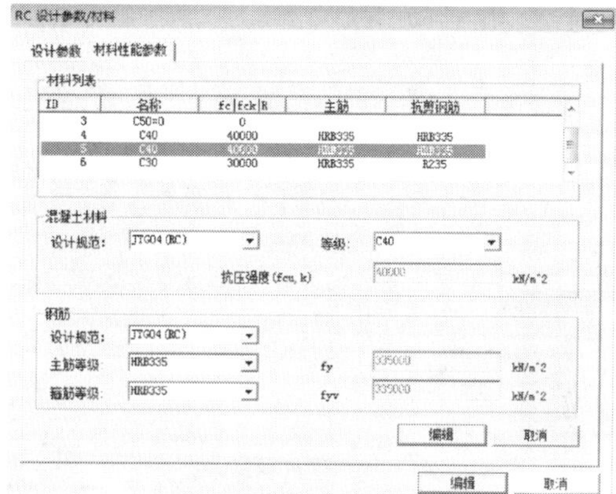

图 6-50 RC 设计材料性能定义

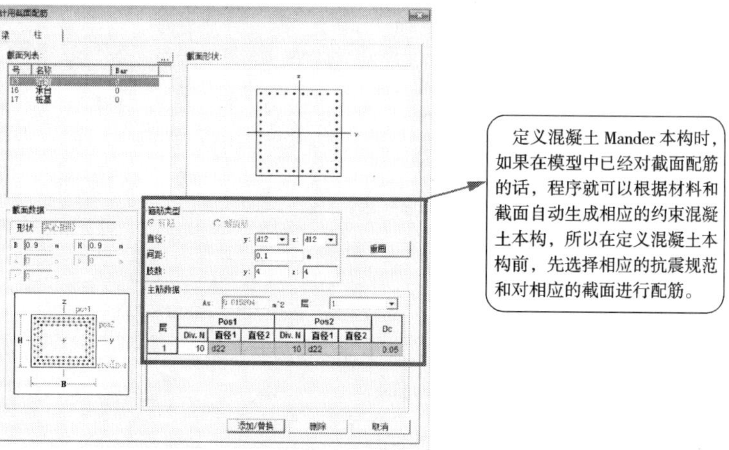

图 6-51 RC 设计截面配筋

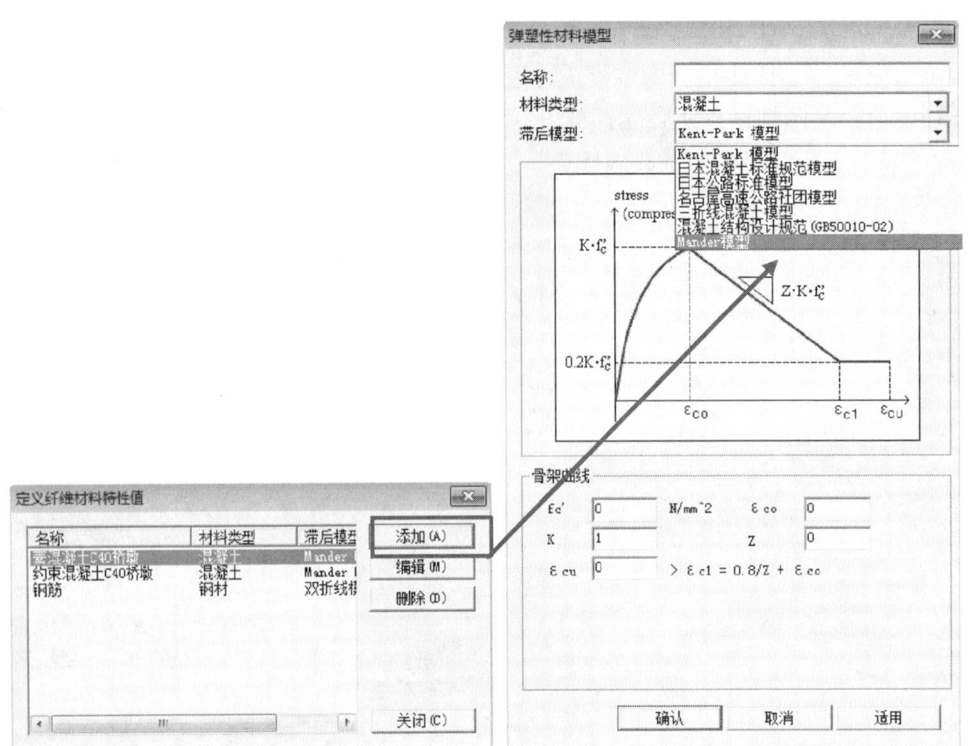

图 6-52 混凝土材料类型中选择“Mander 模型”

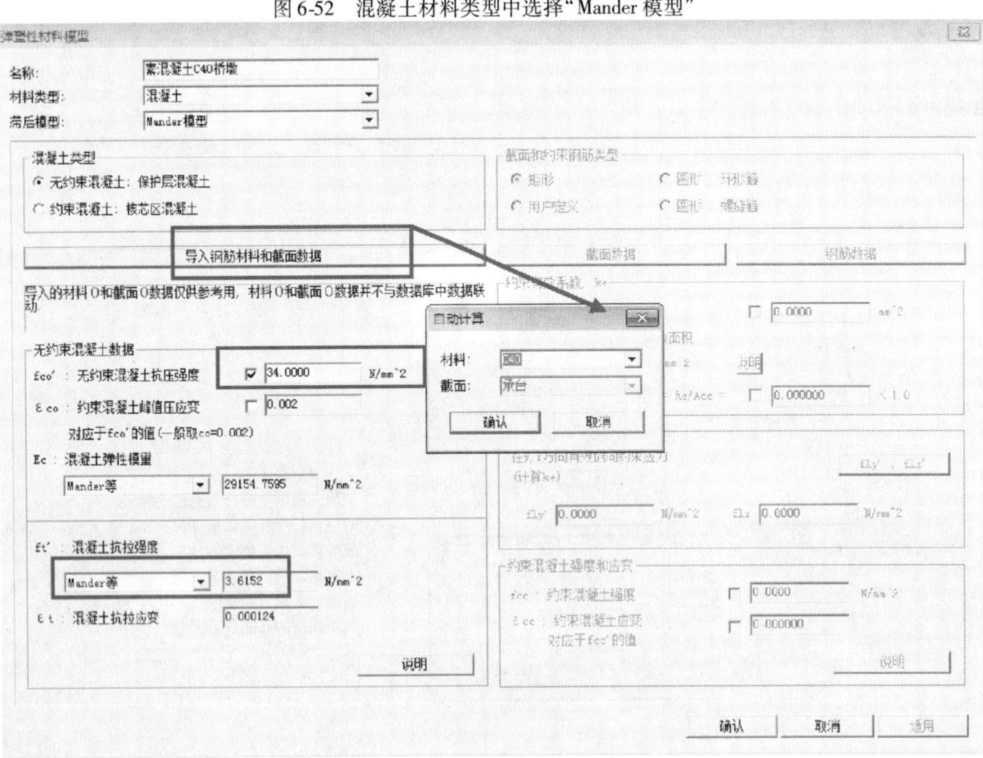

图 6-53 “Mander 模型”中定义“素混凝土 C40 桥墩”本构

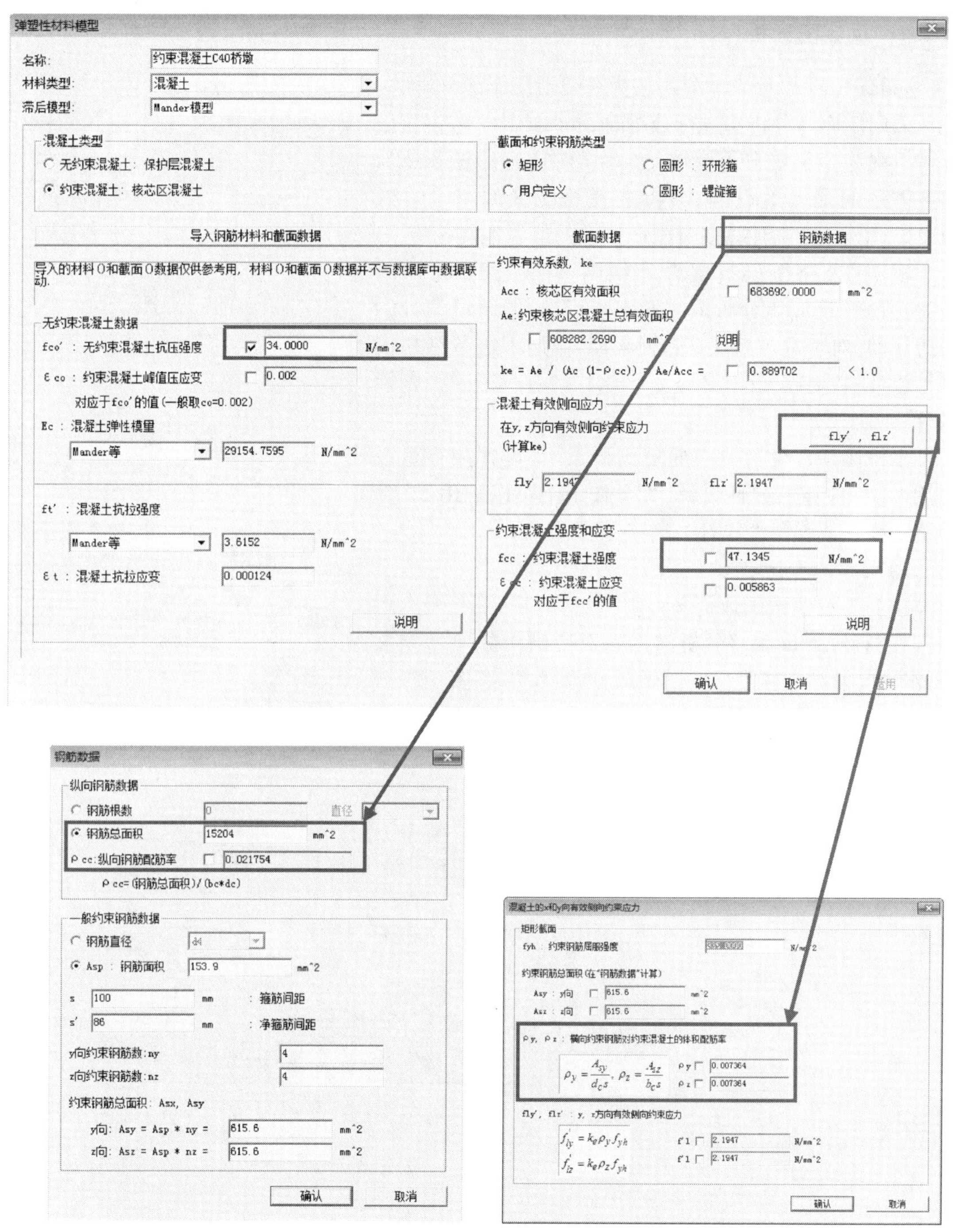

图 6-54 "Mander 模型"中定义"约束混凝土 C40 桥墩"本构

(2)钢筋弹塑性本构定义

在"**模型 > 材料和截面特性 > 弹塑性材料特性**"中,定义钢筋的弹塑性本构模型,见图 6-55。

6.2.6 反应谱分析

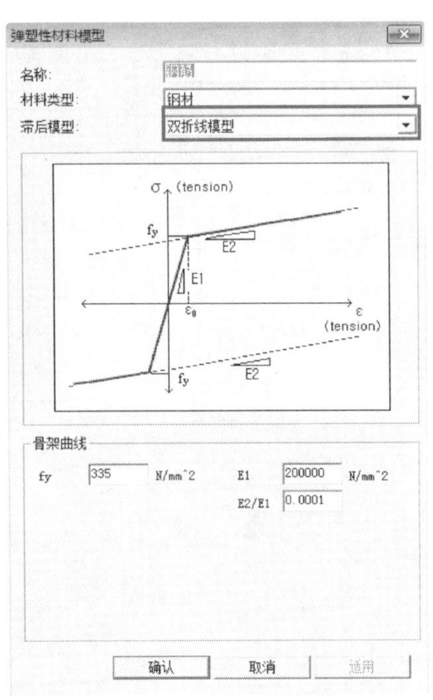

图 6-55 “双折线模型”中定义“钢筋”本构

midas Civil 中反应谱分析法为线弹性反应谱分析法。

采用反应谱分析法进行分析时，midas Civil 将多自由度体系视为多个单自由度体系的组合，首先计算各单自由度体系的最大地震响应，再选择相应振型组合方式(CQC、SRSS 等)来计算多自由度体系的最大地震响应。

根据《公路桥梁抗震设计细则》(JTG/T B02-01—2008)规定，反应谱分析采用两水平设防、两阶段设计的思想。即：对于常规桥梁，在小震 E1 作用下进行结构的弹性设计；在大震 E2 作用下进行结构的弹性或者弹塑性设计。

本桥属于常规桥梁中的规则桥梁，小震作用下可以采用 E1 反应谱的弹性设计、大震作用下可以采用 E2 反应谱的弹性或弹塑性设计。

1)反应谱函数定义

(1)E1 反应谱函数定义

在“**荷载 > 反应谱分析数据 > 反应谱函数**”中，定义 E1 水平向设计加速度反应谱函数，见图 6-56 和图 6-57。

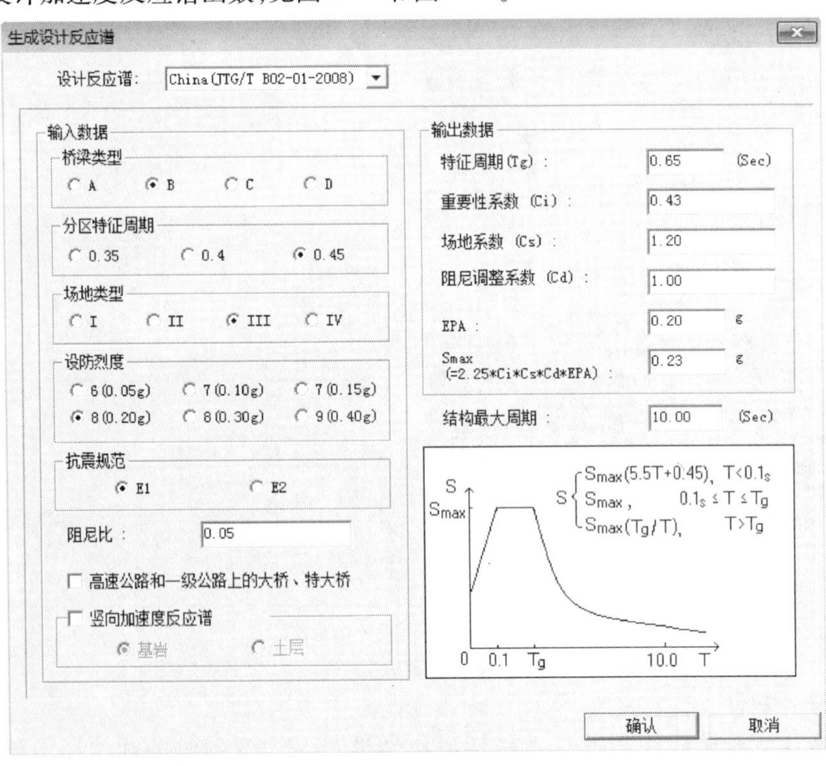

图 6-56 E1 水平设计加速度反应谱函数参数选择

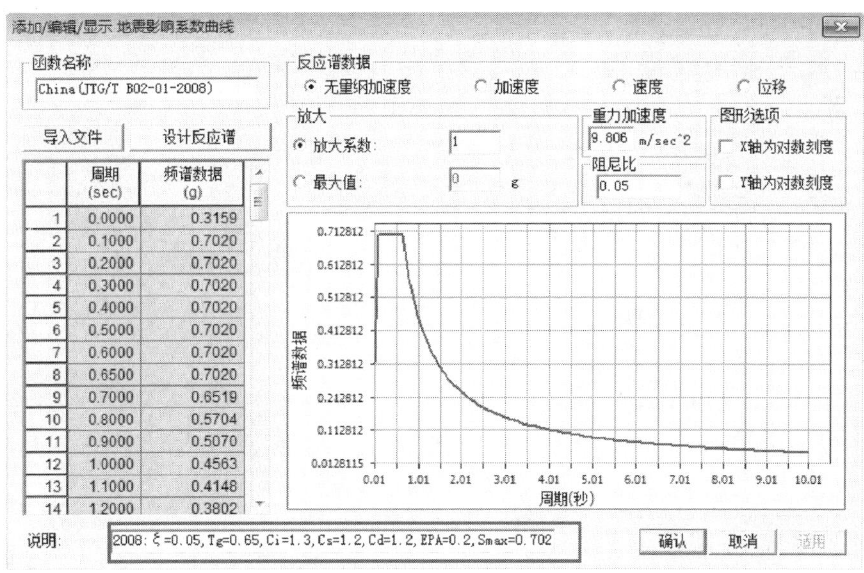

图 6-57　E1 水平设计加速度反应谱函数生成

在“**荷载 > 反应谱分析数据 > 反应谱函数**”中，定义 E1 竖向设计加速度反应谱函数，见图 6-58 和图 6-59。

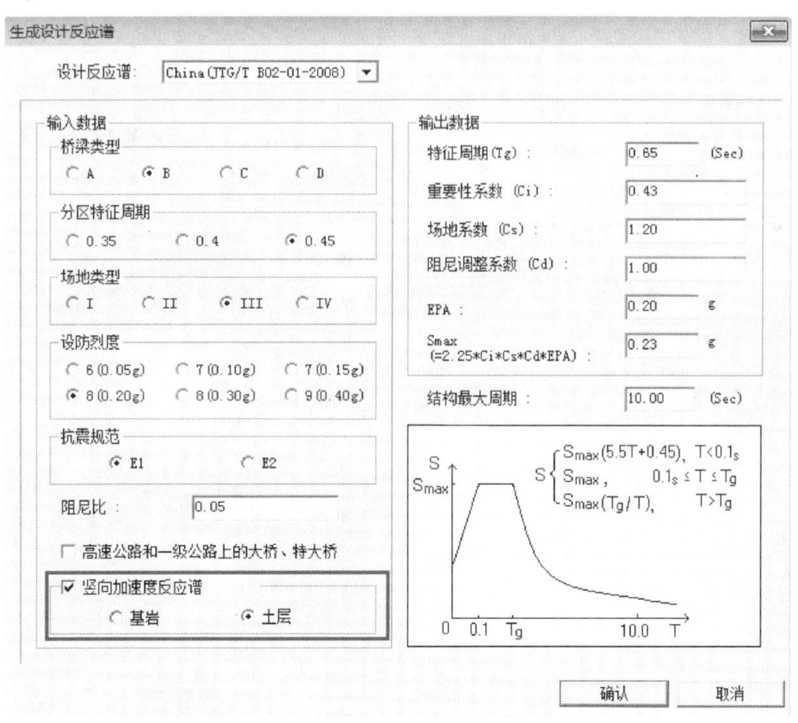

图 6-58　E1 竖向设计加速度反应谱函数参数选择

(2) E2 反应谱函数定义

在“**荷载 > 反应谱分析数据 > 反应谱函数**”中，定义 E2 水平向设计加速度反应谱函数，见

图 6-60 和图 6-61。

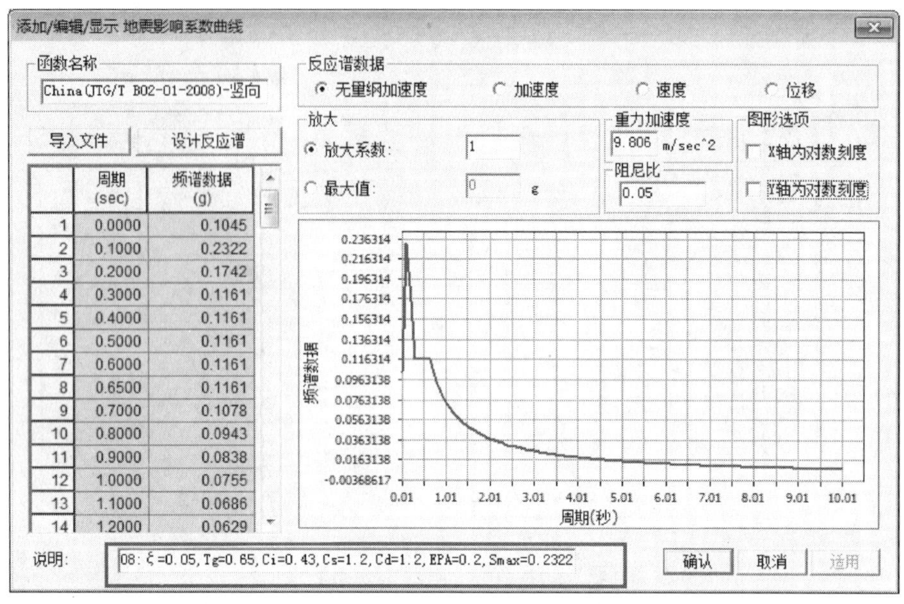

图 6-59 E1 竖向设计加速度反应谱函数生成

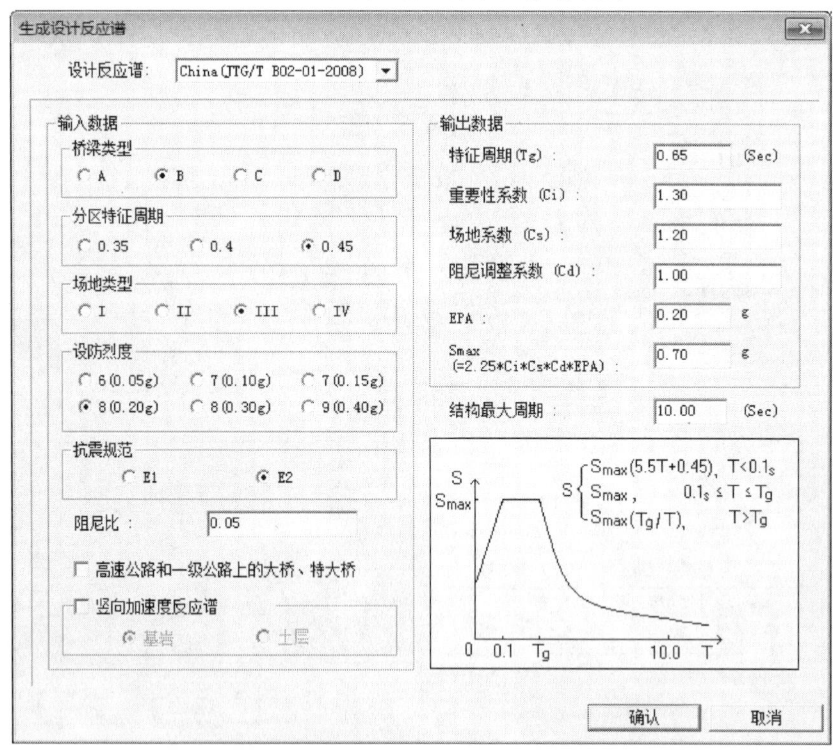

图 6-60 E2 水平设计加速度反应谱函数参数选择

在“**荷载 > 反应谱分析数据 > 反应谱函数**”中，定义 E2 竖向设计加速度反应谱函数，见图 6-62 和图 6-63。

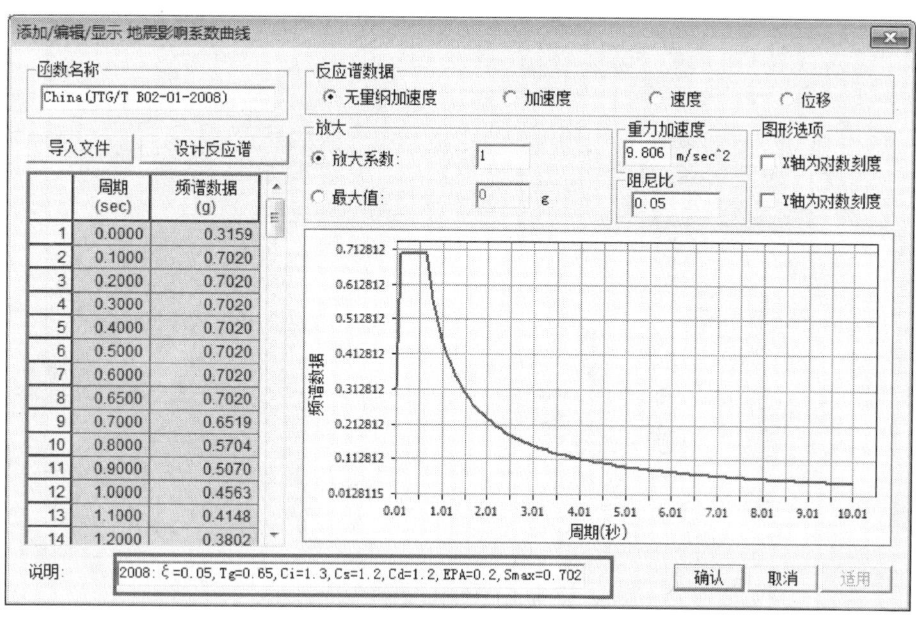

图6-61　E2水平设计加速度反应谱函数生成

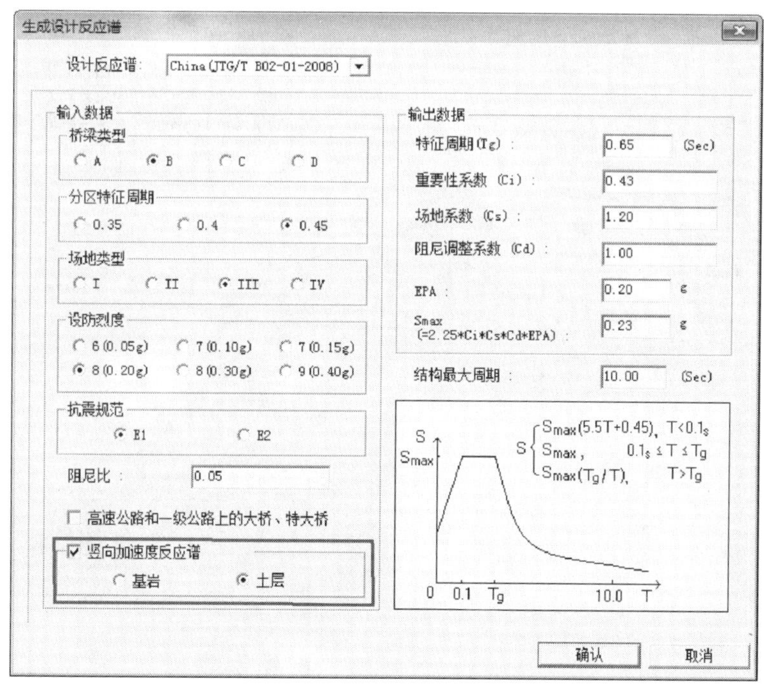

图6-62　E2竖向设计加速度反应谱函数参数选择

2)反应谱荷载工况定义

(1)E1反应谱荷载工况定义

在“**荷载>反应谱分析数据>反应谱荷载工况**”中，分别进行E1-X、E1-Y、E1-Z三个方向地震响应反应谱荷载工况的定义，见图6-64～图6-67。

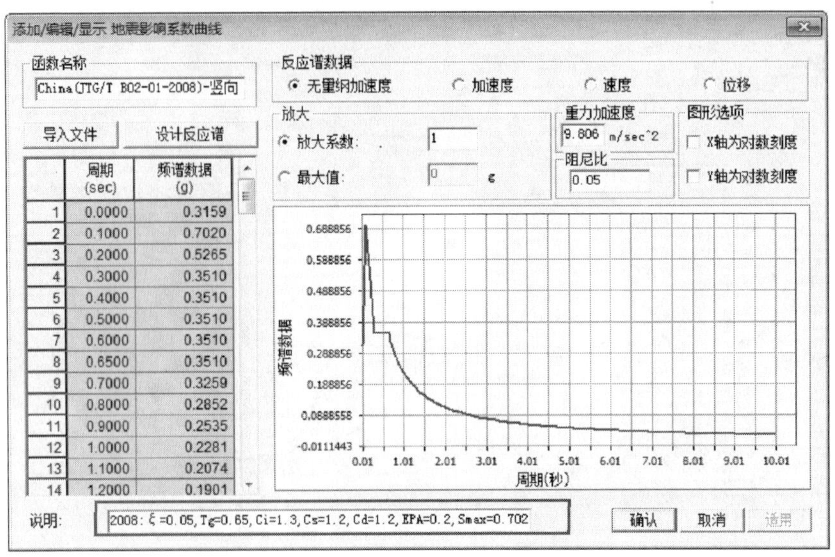

图 6-63　E2 竖向设计加速度反应谱函数生成

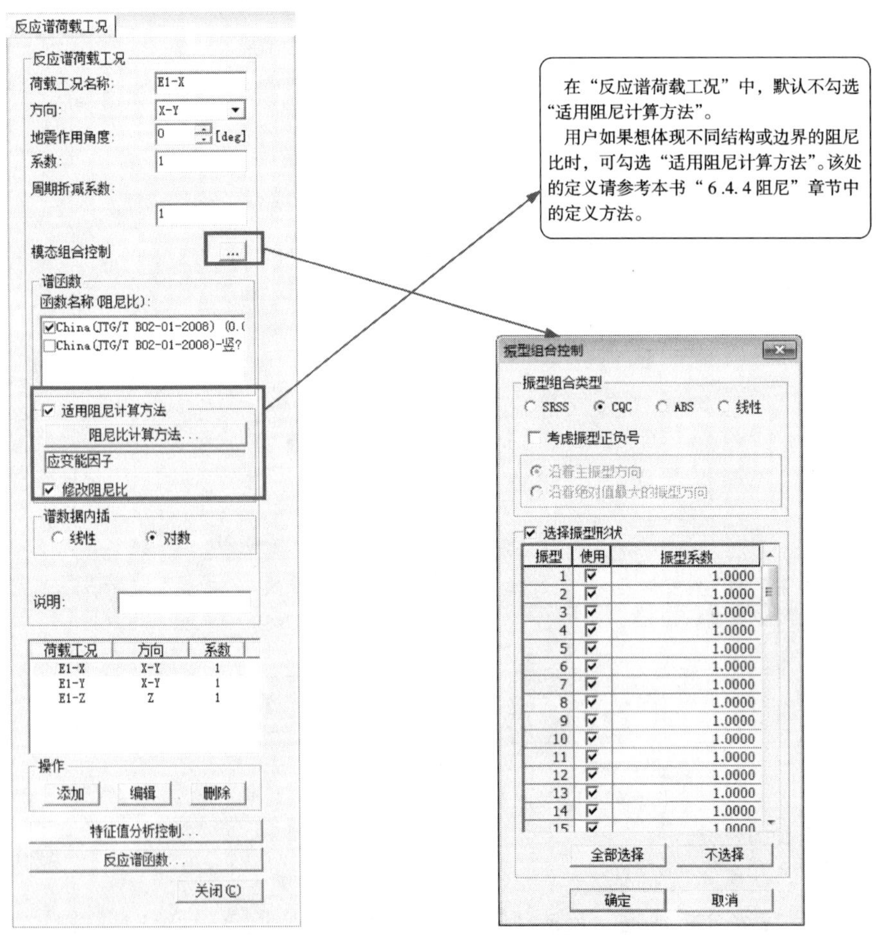

图 6-64　E1-X 反应谱荷载工况　　　　图 6-65　E1-X 反应谱荷载工况中的模态组合控制

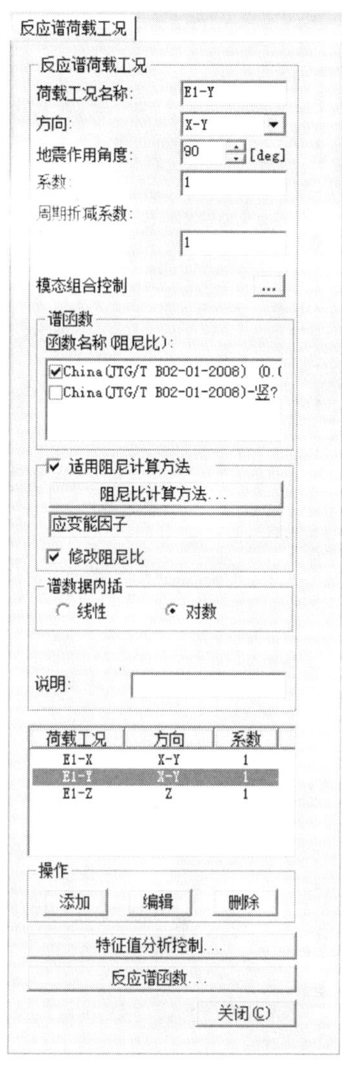

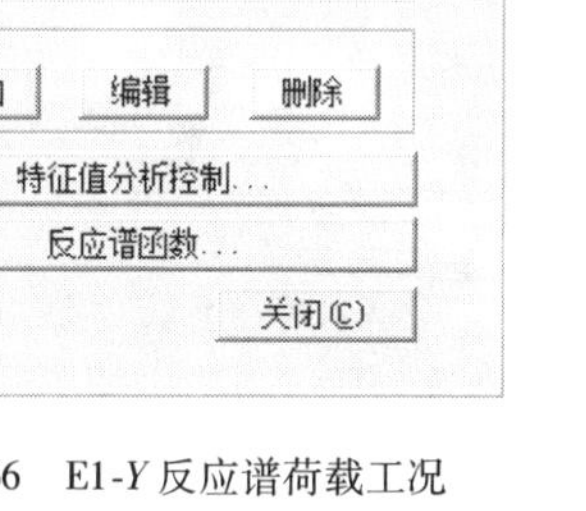

图6-66 E1-Y反应谱荷载工况

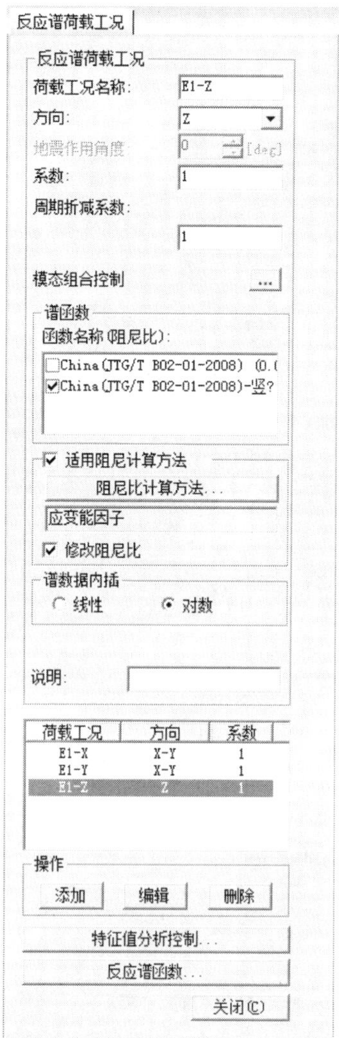

图6-67 E1-Z反应谱荷载工况

E1-Y反应谱荷载工况和E1-Z反应谱荷载工况其他方面的定义，请参考E1-X反应谱荷载工况中的定义说明。

(2)E2反应谱荷载工况定义

在“**荷载 > 反应谱分析数据 > 反应谱荷载工况**”中，分别进行E2-X、E2-Y、E2-Z三个方向地震响应反应谱荷载工况的定义，见图6-68～图6-71。

E2-Y反应谱荷载工况和E2-Z反应谱荷载工况其他方面的定义，请参考E2-X反应谱荷载工况中的定义说明。

3)考虑P-Delta效应的定义

P-Delta分析是当梁单元同时受横向力和轴力作用时，考虑重力二阶效应的功能，属于几何非线性问题。当结构的重力荷载较大且作用有水平力时，为了计算的准确性，有些规范要求在结构分析中考虑P-Delta效应。

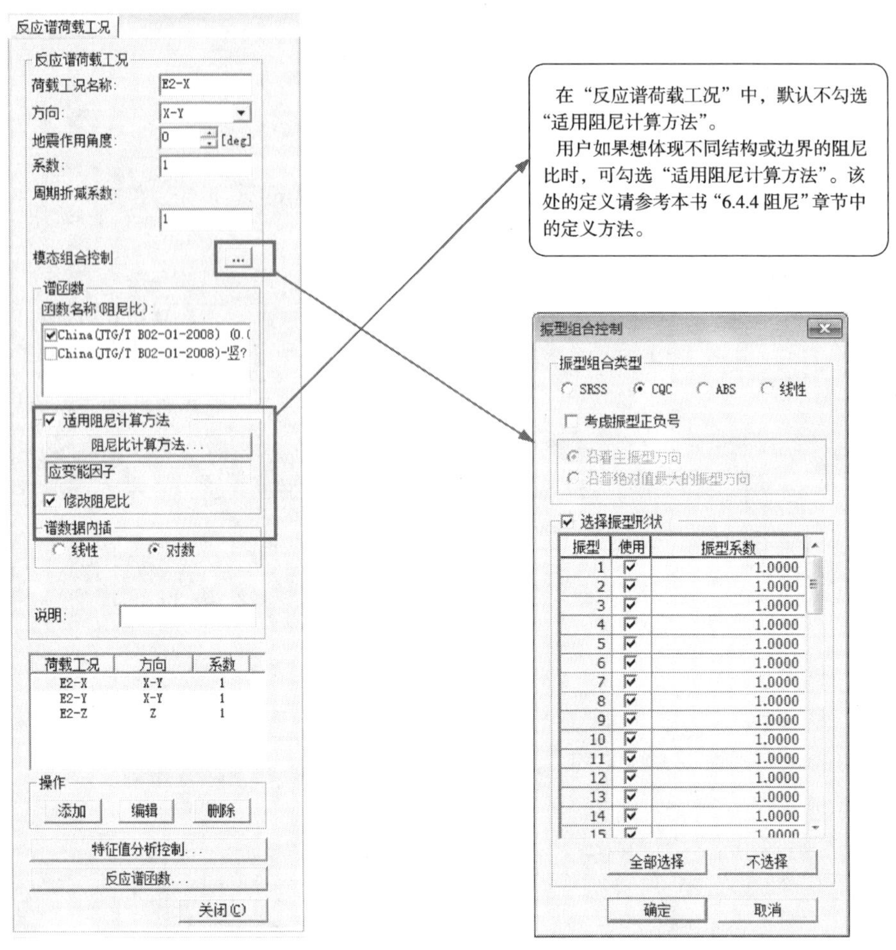

图 6-68 E2-*X* 反应谱荷载工况　　　　图 6-69 E2-*X* 反应谱荷载工况中的模态组合控制

据《公路桥梁抗震设计细则》(JTG/T B02-01—2008)规定，墩柱的计算长度与矩形截面短边尺寸之比大于8时，或墩柱的计算长度与圆形截面直径之比大于6时，应考虑P-Delta效应。本简单结构桥梁中需要考虑P-Delta效应。

在“**分析 > P-Delta 分析控制**”中，选择需要考虑的初始荷载工况进行P-Delta分析控制定义，见图6-72。

4)反应谱分析结果

桥梁控制位置示意见图6-73。其中控制位置1和2是可能发生的塑性铰区域，控制位置3和4是墩顶位移控制处，控制位置5和6是支座或限位装置设置处。

(1)E1反应谱分析结果

在“**结果 > 分析结果表格 > 梁单元 > 内力…**”中，查看控制位置1(单元号20)和2(单元号70)处梁单元的内力结果，见图6-74。

在“**结果 > 分析结果表格 > 一般连接…**”中，查看控制位置5(取一般连接1)和6(取一般连接2)处高阻尼橡胶支座内力，见图6-75。

反应谱荷载工况
反应谱荷载工况
荷载工况名称: E2-Y
方向: X-Y
地震作用角度: 90 [deg]
系数: 1
周期折减系数: 1
模态组合控制 ...
谱函数
函数名称(阻尼比):
☑China(JTG/T B02-01-2008) (0.(
☐China(JTG/T B02-01-2008)-竖?
☑ 适用阻尼计算方法
阻尼比计算方法...
应变能因子
☑ 修改阻尼比
谱数据内插
○ 线性 ◉ 对数
说明:

荷载工况	方向	系数
E2-X	X-Y	1
E2-Y	X-Y	1
E2-Z	Z	1

操作
添加 编辑 删除
特征值分析控制...
反应谱函数...
关闭(C)

图 6-70 E2-*Y* 反应谱荷载工况

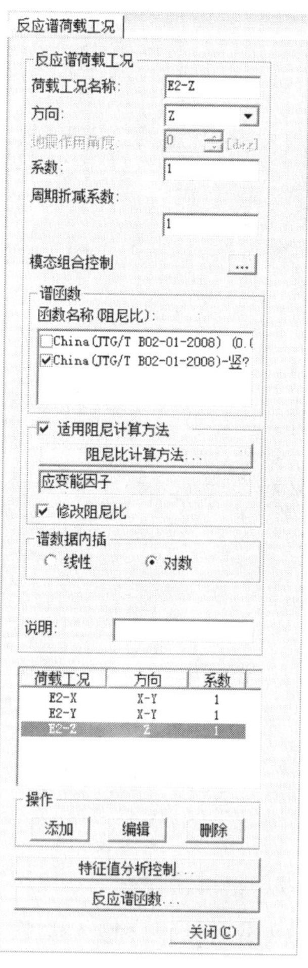

图 6-71 E2-*Z* 反应谱荷载工况

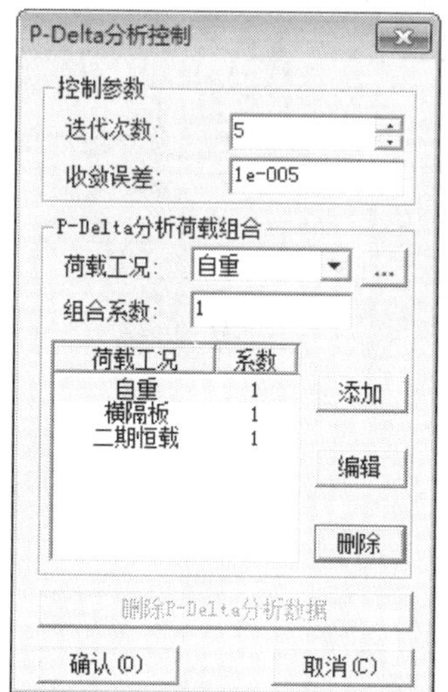

图 6-72 P-Delta 分析控制定义

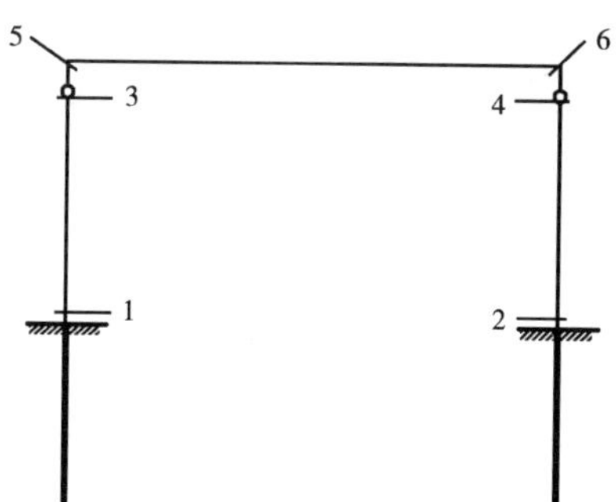

图 6-73 反应谱结果查看控制位置示意图

模型窗口 结果-[梁单元内力]

单元	荷载	位置	轴向 (kN)	剪力-y (kN)	剪力-z (kN)	扭矩 (kN*m)	弯矩-y (kN*m)	弯矩-z (kN*m)
20	E1-X(RS	J[21]	17.34	0.01	139.09	0.00	1323.65	0.01
70	E1-X(RS	J[71]	17.34	0.01	139.09	0.00	1323.65	0.01
20	E1-Y(RS	J[21]	0.14	147.07	0.02	2.50	0.05	1662.36
70	E1-Y(RS	J[71]	0.13	147.07	0.03	2.50	0.05	1662.36
20	E1-Z(RS	J[21]	194.88	0.02	5.08	0.00	22.66	0.04
70	E1-Z(RS	J[71]	194.88	0.02	5.08	0.00	22.66	0.04

图 6-74 控制位置 1 和 2 处梁单元内力

模型窗口 结果-[一般连接]

号	荷载	节点	轴向 (kN)	剪力-y (kN)	剪力-z (kN)	扭矩 (kN*mm)	弯矩-y (kN*mm)	弯矩-z (kN*mm)
1	E1-X(RS)	1	5.24	0.01	41.69	0.00	0.00	0.00
		6	5.24	0.01	41.69	0.00	0.00	0.00
2	E1-X(RS)	51	5.24	0.01	41.69	0.00	0.00	0.00
		56	5.24	0.01	41.69	0.00	0.00	0.00
1	E1-Y(RS)	1	73.33	44.34	0.35	0.00	0.00	0.00
		6	73.33	44.34	0.35	0.00	0.00	0.00
2	E1-Y(RS)	51	73.33	44.34	0.35	0.00	0.00	0.00
		56	73.33	44.34	0.35	0.00	0.00	0.00
1	E1-Z(RS)	1	54.29	0.05	3.62	0.00	0.00	0.00
		6	54.29	0.05	3.62	0.00	0.00	0.00
2	E1-Z(RS)	51	54.29	0.05	3.62	0.00	0.00	0.00
		56	54.29	0.05	3.62	0.00	0.00	0.00

图 6-75 控制位置 5 和 6 处高阻尼橡胶支座内力

(2)E2 反应谱分析结果

在"**结果 > 分析结果表格 > 梁单元 > 内力…**"中，查看控制位置 1(单元号 20)和 2(单元号 70)处梁单元的内力结果，见图 6-76。

模型窗口 结果-[梁单元内力]

单元	荷载	位置	轴向 (kN)	剪力-y (kN)	剪力-z (kN)	扭矩 (kN*m)	弯矩-y (kN*m)	弯矩-z (kN*m)
20	E2-X(RS	J[21]	52.41	0.10	420.50	0.00	4001.77	0.16
70	E2-X(RS	J[71]	52.41	0.10	420.51	0.00	4001.77	0.15
20	E2-Y(RS	J[21]	5.08	444.67	1.04	7.56	1.84	5026.03
70	E2-Y(RS	J[71]	5.06	444.67	0.97	7.56	1.83	5026.03
20	E2-Z(RS	J[21]	589.43	0.70	15.35	0.00	68.43	1.32
70	E2-Z(RS	J[71]	589.43	0.70	15.35	0.00	68.43	1.31

图 6-76 控制位置 1 和 2 处梁单元内力

在"**结果 > 分析结果表格 > 一般连接…**"中，查看控制位置 5(取一般连接 1)和 6(取一般连接 2)处高阻尼橡胶支座内力，见图 6-77。

6.2.7 桥梁抗震设计

目前 midas Civil 的抗震设计功能还有待完善，所以本文暂不做重点介绍。仅以 E2 地震作用下的桥墩抗震验算为例来说明抗震设计的过程。

模型窗口 | 结果-[梁单元内力] | 结果-[位移] | 结果-[一般连接]

号	荷载	节点	轴向 (kN)	剪力-y (kN)	剪力-z (kN)	扭矩 (kN*mm)	弯矩-y (kN*mm)	弯矩-z (kN*mm)
1	E2-X(RS)	1	15.94	0.01	126.05	0.00	0.00	0.00
		6	15.94	0.01	126.05	0.00	0.00	0.00
2	E2-X(RS)	51	15.94	0.01	126.05	0.00	0.00	0.00
		56	15.94	0.01	126.05	0.00	0.00	0.00
1	E2-Y(RS)	1	221.70	134.06	1.06	0.00	0.00	0.00
		6	221.70	134.06	1.06	0.00	0.00	0.00
2	E2-Y(RS)	51	221.70	134.06	1.06	0.00	0.00	0.00
		56	221.70	134.06	1.06	0.00	0.00	0.00
1	E2-Z(RS)	1	165.29	0.15	10.95	0.00	0.00	0.00
		6	165.29	0.15	10.95	0.00	0.00	0.00
2	E2-Z(RS)	51	165.29	0.15	10.95	0.00	0.00	0.00
		56	165.29	0.15	10.95	0.00	0.00	0.00

图 6-77　控制位置 5 和 6 处高阻尼橡胶支座内力

1)荷载组合

在“**结果 > 荷载组合…**”中,选择“混凝土设计”,生成 E2 地震作用下的荷载组合,见图 6-78。

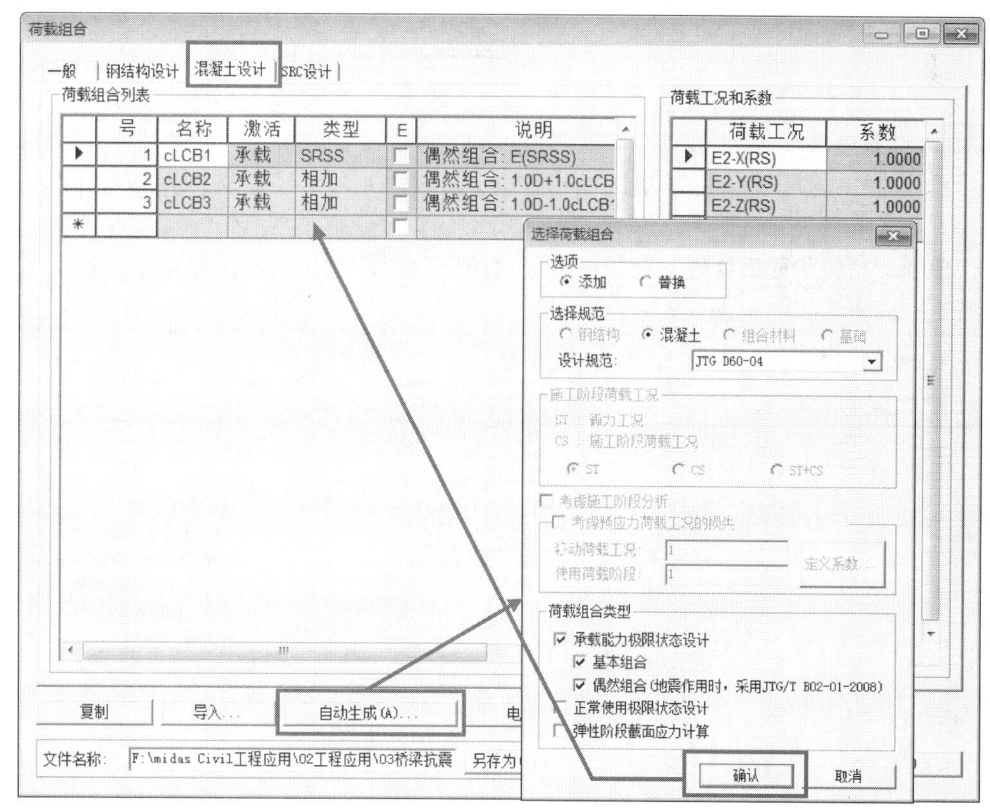

图 6-78　生成地震荷载组合

2)墩柱的计算长度

在“**设计 > 一般设计参数 > 自由长度…**”中,定义墩柱的自由长度,见图 6-79;在“**设计 > 一般设计参数 > 计算长度系数…**”中,定义墩柱的计算长度系数,见图 6-80;

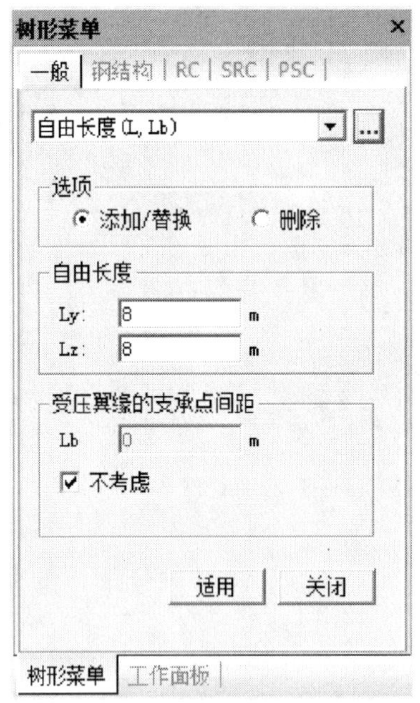

图 6-79 自由长度定义

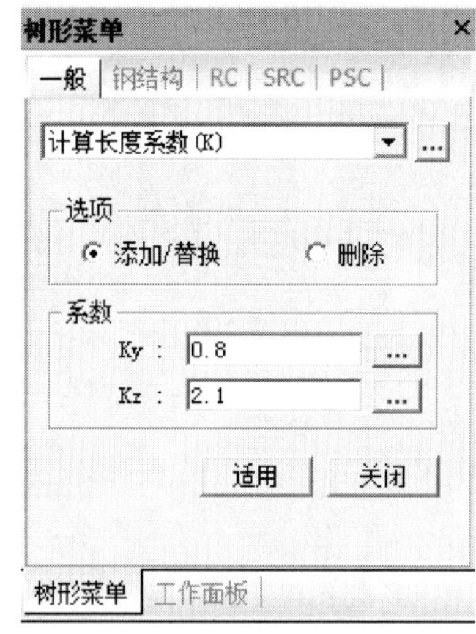

图 6-80 计算长度系数定义

3)截面弯矩—曲率曲线

钢筋和混凝土的纤维材料弹塑性本构定义见本书“3.2.5 纤维材料弹塑性本构定义”章节。

在“**模型 > 材料和截面特性 > 弯矩—曲率曲线…**”中,定义桥墩可能发生塑性铰区域的截面的“弯矩—曲率曲线”,见图 6-81 和图 6-82。

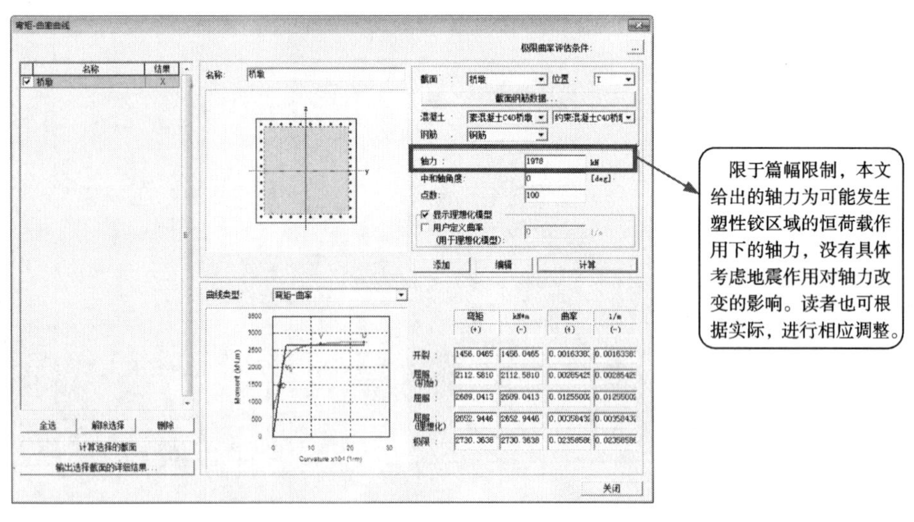

图 6-81 截面顺桥向弯矩—曲率曲线定义

4)E2 地震作用组合下控制位置结果查看

在“**结果 > 分析结果表格 > 梁单元 > 内力…**”中,查看控制位置 1(单元号 20)和 2(单元号 70)处梁单元的内力结果,见图 6-83。根据组合结果可知,控制位置 1 和控制位置 2 的顺桥向弯矩-y（4053kN·m）超过了截面的顺桥向屈服弯矩（2652.9kN·m）、横桥向弯矩-z（5026kN·m）超过了截面的横桥向屈服弯矩（2693.3kN·m），表征结构进入了弹塑性状态，需进行 E2 弹塑性验算。

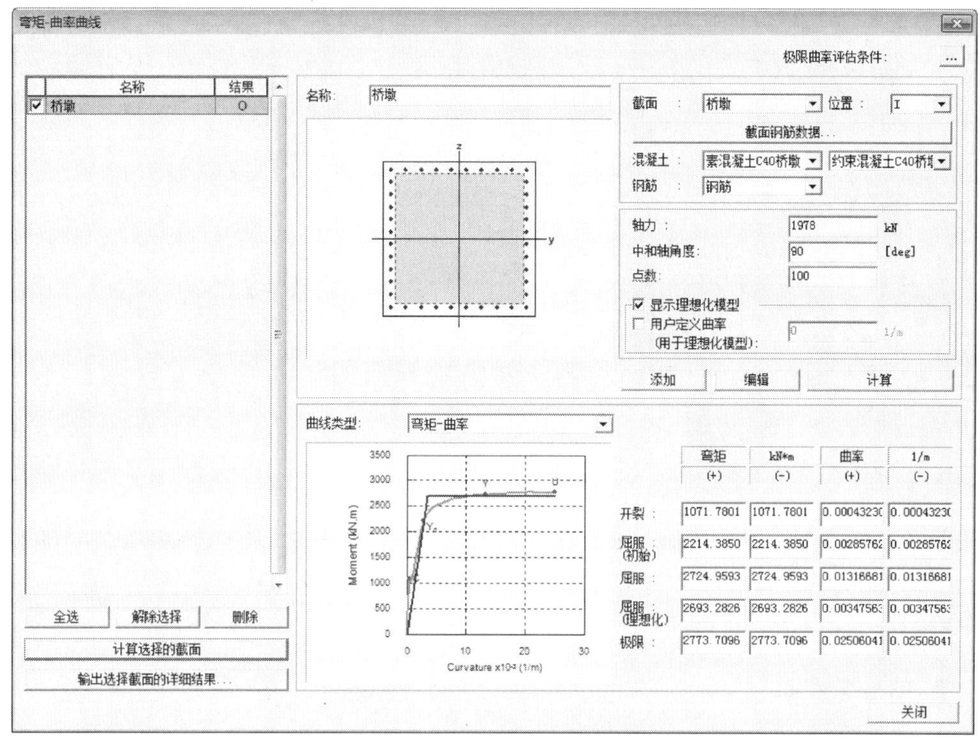

图 6-82　截面横桥向弯矩—曲率曲线定义

模型窗口　规则桥梁墩顶位移验算　结果-[梁单元内力]

	单元	荷载	位置	轴向 (kN)	剪力-y (kN)	剪力-z (kN)	扭矩 (kN*m)	弯矩-y (kN*m)	弯矩-z (kN*m)
▶	20	N恒载	J[21]	-1978.98	0.00	5.31	0.00	-51.44	-0.00
	70	N恒载	J[71]	-1978.98	0.00	-5.31	-0.00	51.44	-0.00
	20	cLCB1	J[21]	591.78	444.67	420.78	7.56	4002.35	5026.03
	70	cLCB1	J[71]	591.78	444.67	420.79	7.56	4002.35	5026.03
	20	cLCB2	J[21]	-1387.20	444.67	426.09	7.56	3950.92	5026.03
	70	cLCB2	J[71]	-1387.20	444.67	415.48	7.56	4053.79	5026.03
	20	cLCB3	J[21]	-2570.75	-444.67	-415.48	-7.56	-4053.79	-5026.03
	70	cLCB3	J[71]	-2570.75	-444.67	-426.09	-7.56	-3950.92	-5026.03

图 6-83　控制位置 1 和 2 处梁单元内力

在“**结果 > 分析结果表格 > 一般连接…**”中，查看控制位置 5（取一般连接 1）和 6（取一般连接 2）处高阻尼橡胶支座内力，见图 6-84。

支座的摩擦系数为 0.03，因此水平向恒载摩擦力 14.79kN，考虑地震作用的最大摩擦力约为 23.1kN；地震力的顺桥向荷载为 126.53kN，横桥向为 134.06kN，均远大于摩擦力。因此上部结构在横桥向和顺桥向会发生滑动。横桥向必须设置抗震挡块（此处采用弹性连接进行简化模拟）；在 E2 地震作用下需考虑非线性时程分析。

5）E2 地震作用下抗震设计验算

在 E2 地震作用下，结构进行的是弹塑性设计。根据“JTG D62—2004”规范中的相关规定，进行“JTG/B02-01—2008”规范下E2弹塑性抗震设计。

模型窗口 | 结果-[梁单元内力] | 结果-[位移] | 结果-[一般连接]

号	荷载	节点	轴向 (kN)	剪力-y (kN)	剪力-z (kN)	扭矩 (kN*mm)	弯矩-y (kN*mm)	弯矩-z (kN*mm)
1	N恒载	1	-493.00	-0.46	1.74	0.00	0.00	0.00
		6	-493.00	-0.46	1.74	0.00	0.00	0.00
2	N恒载	51	-493.00	-0.46	-1.74	0.00	0.00	0.00
		56	-493.00	-0.46	-1.74	0.00	0.00	0.00
1	cLCB1	1	276.99	134.06	126.53	0.00	0.00	0.00
		6	276.99	134.06	126.53	0.00	0.00	0.00
2	cLCB1	51	276.99	134.06	126.53	0.00	0.00	0.00
		56	276.99	134.06	126.53	0.00	0.00	0.00
1	cLCB2	1	-216.00	133.60	128.27	0.00	0.00	0.00
		6	-216.00	133.60	128.27	0.00	0.00	0.00
2	cLCB2	51	-216.00	133.60	124.79	0.00	0.00	0.00
		56	-216.00	133.60	124.79	0.00	0.00	0.00
1	cLCB3	1	-769.99	-134.52	-124.79	0.00	0.00	0.00
		6	-769.99	-134.52	-124.79	0.00	0.00	0.00
2	cLCB3	51	-769.99	-134.52	-128.27	0.00	0.00	0.00
		56	-769.99	-134.52	-128.27	0.00	0.00	0.00

图6-84 控制位置5和6处高阻尼橡胶支座内力

步骤一：在“**设计>RC设计>RC设计参数/材料…**”中，选择“JTG/B02-01—2008”设计规范，并定义相关的设计参数和材料性能参数，见图6-85和图6-86。

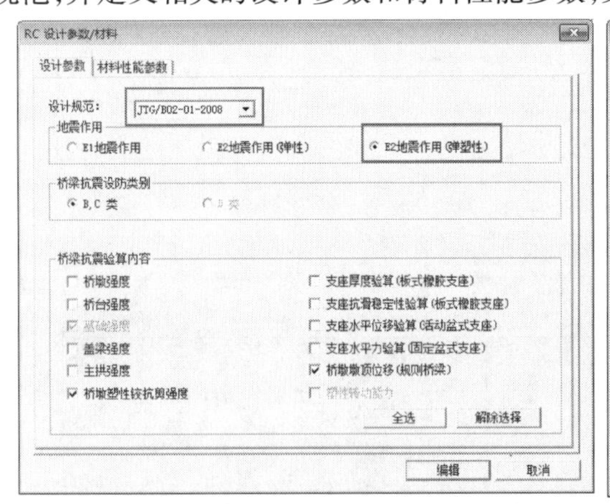

图6-85 RC设计参数定义

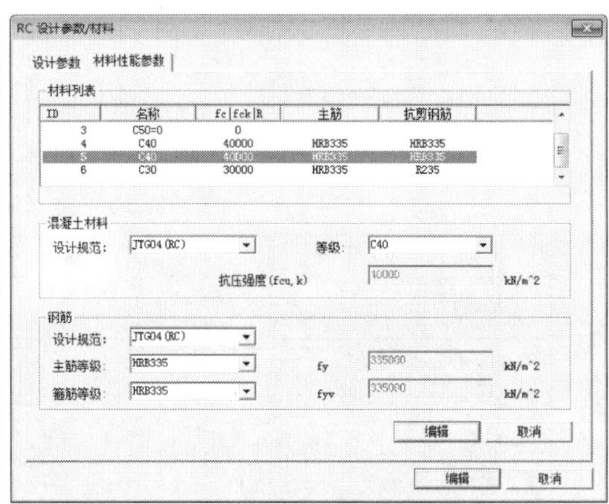

图6-86 RC设计材料性能定义

步骤二：在“**设计>RC设计>RC设计截面钢筋…**”中，定义墩柱的普通钢筋，见图6-87。

步骤三：在“**设计>RC设计>钢筋混凝土抗震设计构件类型…**”中，进行模型单元中构件类型的定义，见图6-88。

步骤四：在“**设计>RC设计>运行RC设计>抗震设计…**”中，进行E2地震作用下弹塑性设计验算。

步骤五：在“**设计>RC设计>桥墩抗震验算结果>桥墩塑性铰区抗剪强度验算…**”中，查看验算表格，见图6-89。可知桥墩塑性铰区抗剪强度满足规范需求。

步骤六：在“**设计>RC设计>桥墩抗震验算结果>规则桥梁墩顶位移验算…**”中，查看桥墩延性变形能力。此处的位移验算结果就不做体现了。

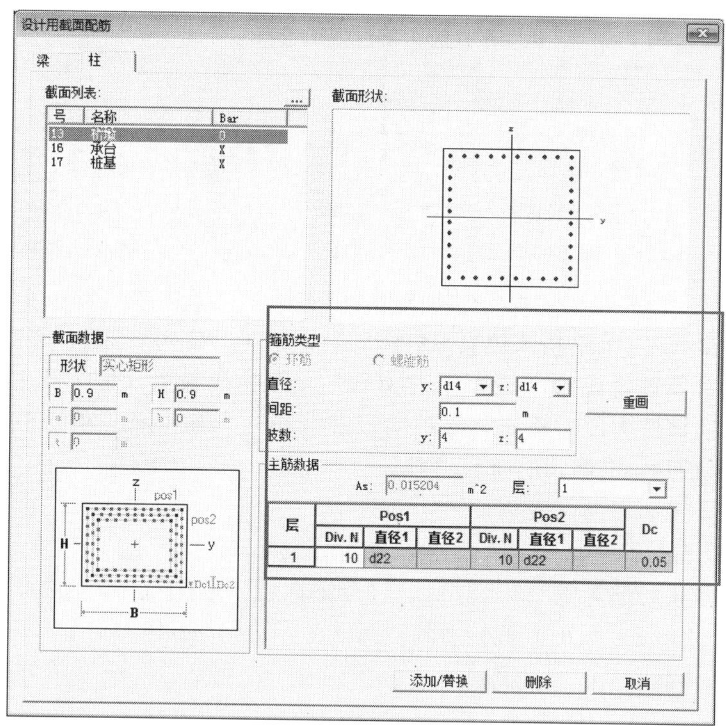

图 6-87　RC 设计截面配筋

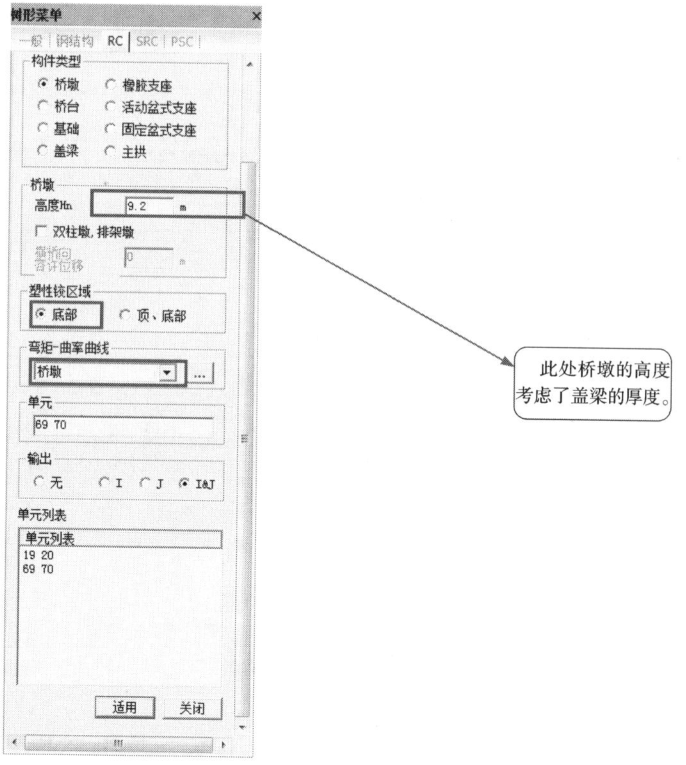

图 6-88　桥墩抗震设计构件类型

模型窗口 | 桥墩塑性铰区抗剪强度验算

	单元	位置	剪力方向	组合名称	验算	Vc0 (kN)	Vn (kN)
▶	20	J[21]	横桥向	cLCB5	OK	371.9775	1383.3882
	20	J[21]	顺桥向	cLCB5	OK	364.6532	1383.3882
	70	J[71]	横桥向	cLCB5	OK	371.9775	1383.3882
	70	J[71]	顺桥向	cLCB5	OK	364.6532	1383.3882

图 6-89 桥墩塑性铰区抗剪强度验算

建议用户此处参考《公路桥梁抗震设计细则》(JTG/T B02-01—2008)规定,采用等位移法进行墩顶位移验算。该桥在 E2 地震反应谱分析法下顺桥向最大变形为 0.156m,横桥向最大变形为 0.142m,而该桥墩顶顺桥向和横桥向容许位移均为 0.15m。在结构设计允许的情况下,最好对桥墩截面设计参数进行优化处理。

6)桥墩设计参数调整及抗震设计

(1)桥墩设计参数调整

根据桥墩抗震设计验算的结果,对桥墩进行截面或配筋的调整。将桥墩截面由 0.9m × 0.9m改为 1.2m × 1.0m 的截面。调整后的截面钢筋配置见图 6-90。

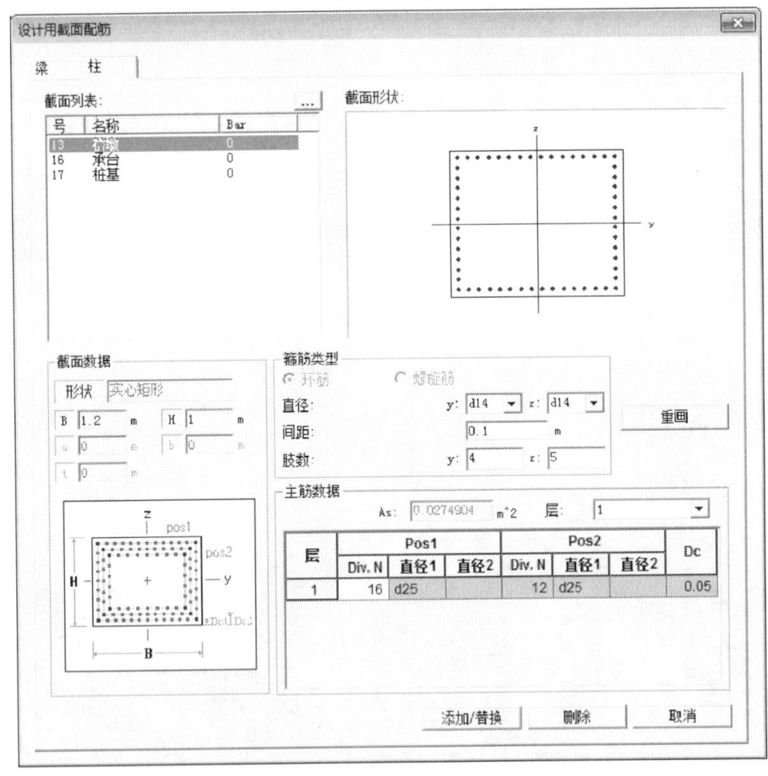

图 6-90 调整后的钢筋配置

(2)调整后截面的弯矩—曲率曲线

截面调整后,重新按照上述相应步骤进行约束混凝土的 Mander 本构定义,以及截面的弯矩—曲率曲线计算。计算后的结果见图 6-91 和图 6-92。

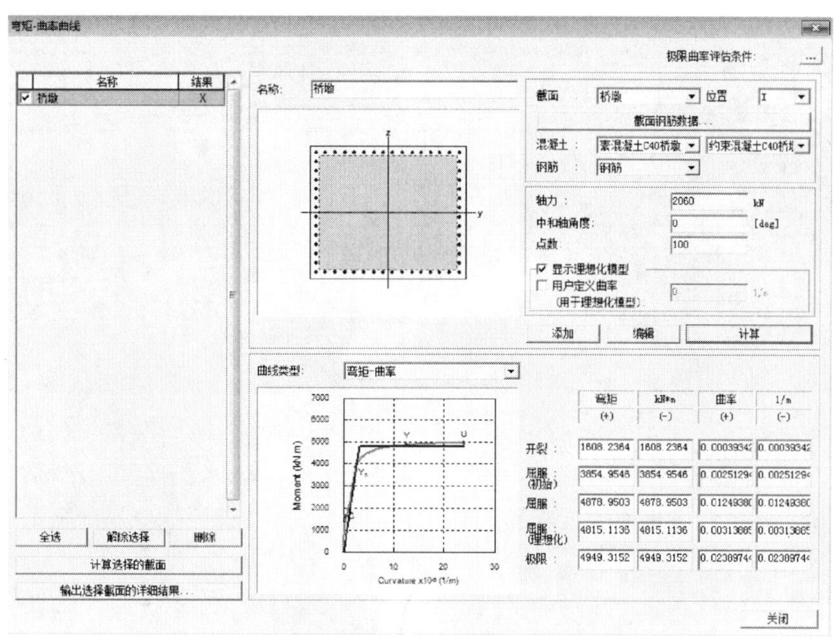

图 6-91　截面顺桥向弯矩—曲率关系

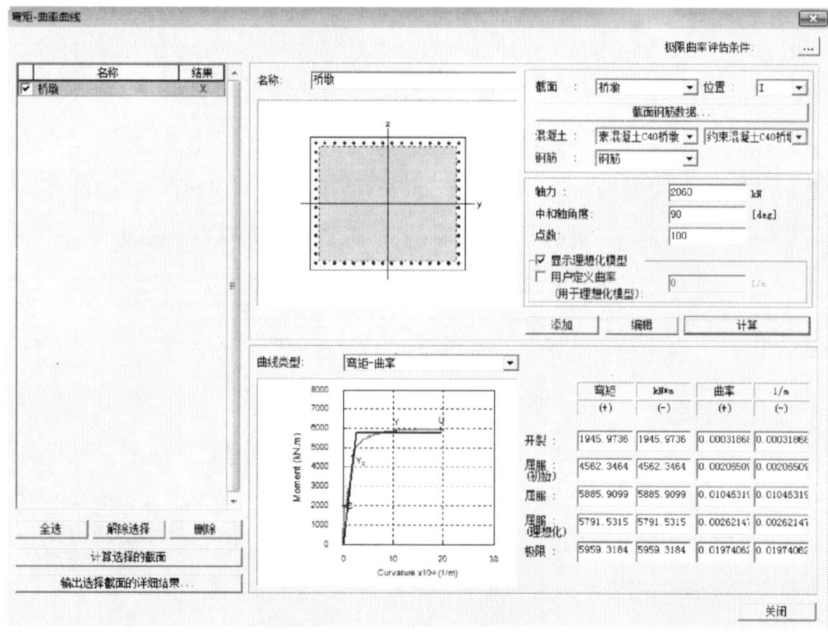

图 6-92　截面横桥向弯矩—曲率关系

(3)调整后截面抗震设计验算

截面调整后,查看控制位置1(单元号20)和2(单元号70)处梁单元在E2地震作用组合下的内力结果,见图6-93。根据组合结果可知,控制位置1和控制位置2的顺桥向弯矩 $-y$(4369kN·m)超过了截面的顺桥向屈服弯矩(4815kN·m)、横桥向弯矩 $-z$(8947kN·m)超过了截面的横桥向屈服弯矩(5791kN·m),表征结构进入了弹塑性状态,需进行E2弹塑性验算。

模型窗口 结果-[梁单元内力]

单元	荷载	位置	轴向 (kN)	剪力-y (kN)	剪力-z (kN)	扭矩 (kN*m)	弯矩-y (kN*m)	弯矩-z (kN*m)
20	E2-X(RS	J[21]	56.75	1.47	462.26	0.01	4309.49	2.73
70	E2-X(RS	J[71]	56.75	1.79	462.26	0.01	4309.49	2.73
20	E2-Y(RS	J[21]	0.20	793.27	7.56	8.57	2.17	8946.97
70	E2-Y(RS	J[71]	0.18	793.27	7.55	8.57	2.18	8946.97
20	E2-Z(RS	J[21]	620.32	0.04	15.88	0.00	57.17	0.02
70	E2-Z(RS	J[71]	620.32	0.05	15.88	0.00	57.17	0.03
20	cLCB1	J[21]	622.91	793.27	462.59	8.57	4309.87	8946.97
70	cLCB1	J[71]	622.91	793.27	462.59	8.57	4309.87	8946.97
20	cLCB2	J[21]	-1437.97	793.27	468.84	8.57	4249.99	8946.97
70	cLCB2	J[71]	-1437.97	793.27	456.35	8.57	4369.74	8946.97
20	cLCB3	J[21]	-2683.79	-793.27	-456.35	-8.57	-4369.74	-8946.97
70	cLCB3	J[71]	-2683.79	-793.27	-468.84	-8.57	-4249.99	-8946.97

图 6-93 控制位置 1 和 2 处梁单元内力

截面调整后,抗震设计验算操作步骤同上述相应步骤。本文限于篇幅限制,直接给出验算后的结果。桥墩塑性铰区抗剪强度验算图 6-94,可知桥墩塑性铰区抗剪强度满足规范需求。

模型窗口 桥墩塑性铰区抗剪强度验算

单元	位置	剪力方向	组合名称	验算	Vc0 (kN)	Vn (kN)
20	J[21]	横桥向	cLCB3	OK	834.4302	1722.9694
20	J[21]	顺桥向	cLCB3	OK	760.5755	1869.4822
70	J[71]	横桥向	cLCB3	OK	834.4302	1722.9694
70	J[71]	顺桥向	cLCB3	OK	760.5755	1869.4822

图 6-94 桥墩塑性铰区抗剪强度验算

此处参考《公路桥梁抗震设计细则》(JTG/T B02-01—2008)规定,采用等位移法进行墩顶位移验算。该桥在 E2 地震反应谱分析法下横桥向最大变形为 0.09m,而该桥墩顶横桥向容许位移为 0.12m。

6.2.8 时程分析

1)时程分析法

动态时程分析方法,是将地震动记录或人工波作用在结构上,直接对结构运动方程进行积分,求得结构任意时刻地震反应的分析方法。

midas Civil 中时程分析法分为线弹性时程分析法和非线性时程分析法,其中非线性时程分析包括边界非线性时程分析和动力弹塑性时程分析。

本文仅作 E2 时程荷载作用下的结构地震响应进行分析。读者若想了解该结构在 E1 时程荷载作用下的结构地震响应,可参考 E2 进行定义与分析。

限于篇幅限制,本文仅针对该简单桥梁的 E2 时程下的边界非线性分析和动力弹塑性分析的定义过程以及结果的调取做详细说明。关于 E2 时程中的非线性边界的类型以及动力弹塑性分析中相关滞回本构不作说明,读者若想了解该部分内容,可参看 Midas 公司官方资料《midas Civil 2010 分析设计原理》。

(1)边界非线性时程分析

在 midas Civil 中,程序提供"单元"和"内力"两种恢复力类型的非线性弹簧,用来模拟土木结构中的隔震和消能装置。

"单元"类型就是将弹簧视为"单元"(非线性构件),通过定义"铰"的内力—变形(刚度)关系来反映弹簧的非线性特性。"单元"类型的非线性弹簧提供弹簧、阻尼、弹簧+阻尼三种类型。

"内力"类型的恢复力模型是通过定义内力与位移(内力)、速度、阻尼的关系来反映弹簧的非线性特性。程序中提供"内力"类型的非线性弹簧有黏弹性阻尼器、间隙、钩、滞回系统、铅芯橡胶支座、摩擦摆隔震装置等六种非线性弹簧。

边界非线性模型由非线性系统和线性系统构成,边界非线性分析通过将非线性系统发生的内力转换成线性系统的外部动力荷载进行结构分析。

程序中提供的边界非线性方法有非线性振型叠加法时程分析和非线性直接积分法。

非线性振型叠加法时程分析方法仅用于边界非线性+线性结构模型的动力分析,且必须事先做特征值分析,获得结构的自振周期和振型。非线性振型叠加法时程分析方法与直接积分法相比,具有计算时间短的优点。一般来说,提高特征值分析中的振型数量可提高与直接积分法的结果误差。

当分析模型中需要考虑构件的材料非线性特性时,需要使用非线性直接积分法进行时程分析。

(2)动力弹塑性时程分析

近年来,因为计算机硬件和软件技术的发展,动力弹塑性分析的计算效率有了较大的提高,使用计算更为精确的动力弹塑性分析做抗震分析,正逐渐成为结构非线性分析的主流。

动力弹塑性时程分析属于非线性分析,最好使用直接积分法进行分析。程序中提供的直接积分法为 Newmark-β 法,Newmark-β,都是通过计算各时间步骤上位移增量并进行累加的方法。在各时间步骤上产生的残余力使用 Newton-Raphson 法通过迭代计算消除。

2)非线性边界定义

对于桥台高阻尼橡胶滑动支座,在进行时程分析时,采用非线性边界进行模拟。该非线性边界模拟采用"内力"类型中的"滞后系统"。

(1)一般连接特性值

在"**模型 > 边界 > 一般连接特性值…**"中,进行高阻尼橡胶支座的非线性特性定义,见图 6-95 和图 6-96。

(2)一般连接

在"**模型 > 边界 > 一般连接…**"中,进行高阻尼橡胶支座的非线性边界定义,见图 6-97。

3)非弹性铰定义

(1)纤维截面分割

钢筋和混凝土的纤维材料弹塑性本构定义借用"E2－反应谱分析调整后截面"的纤维材料弹塑性本构,然后进行调整后截面的纤维分割。在"**模型 > 材料和截面特性 > 纤维截面分割…**"中,进行桥墩截面的纤维分割,见图 6-98。

(2)桥墩塑性铰区非弹性铰定义

在"**模型 > 材料和截面特性 > 非弹性铰特性值…**"中,对可能发生塑性区域的单元进行非弹性铰特性值的定义,见图 6-99。

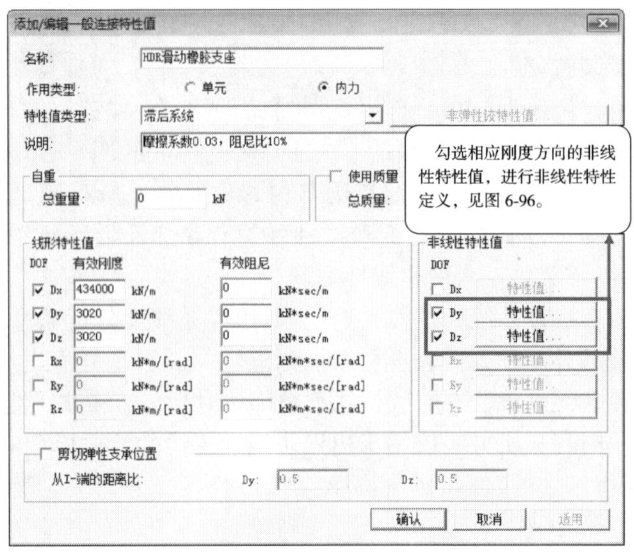

图 6-95 高阻尼橡胶支座非线性特性

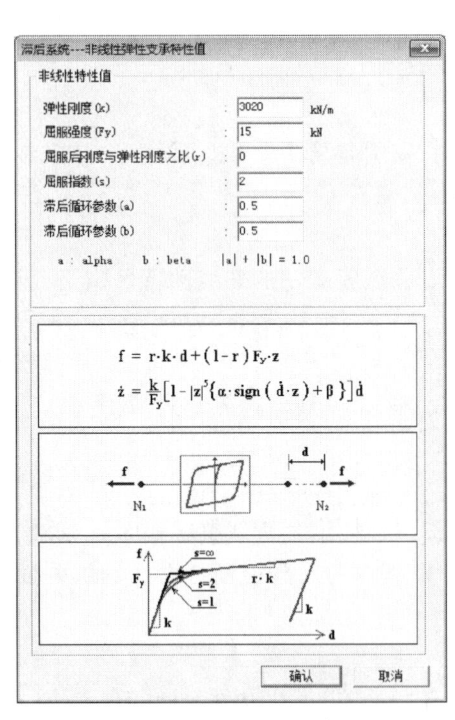

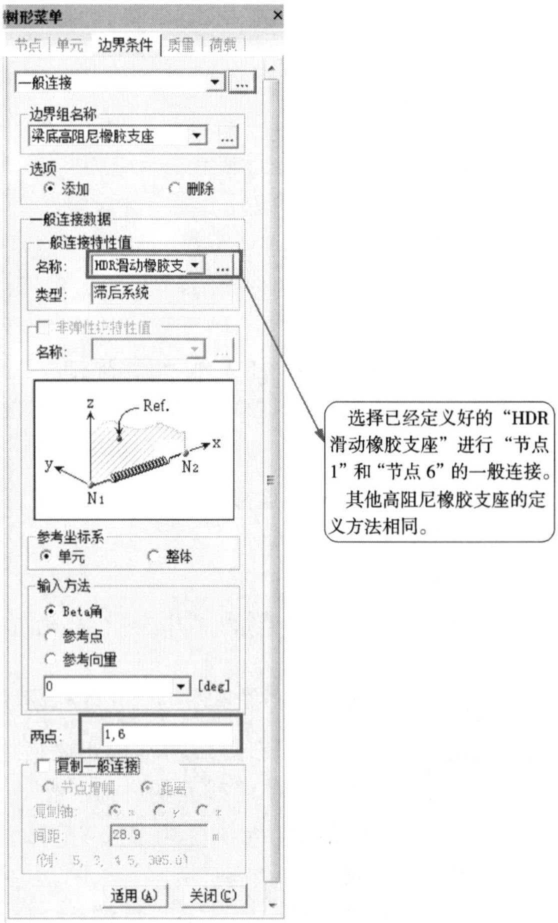

图 6-96 非线性特性定义

树形菜单
节点 单元 边界条件 质量 荷载
一般连接
边界组名称: 梁底高阻尼橡胶支座
选项: 添加 删除
一般连接数据
一般连接特性值
名称: HDR滑动橡胶支
类型: 滞后系统
非弹性铰特性值
名称:
参考坐标系: 单元 整体
输入方法: Beta角 参考点 参考向量
0 [deg]
两点: 1,6
复制一般连接
节点增幅 距离
间距: 28.9 m
例: 5, 3, 4 5, 305.01
适用(A) 关闭(C)

选择已经定义好的“HDR滑动橡胶支座”进行“节点1”和“节点 6”的一般连接。其他高阻尼橡胶支座的定义方法相同。

图 6-97 高阻尼橡胶支座的一般连接

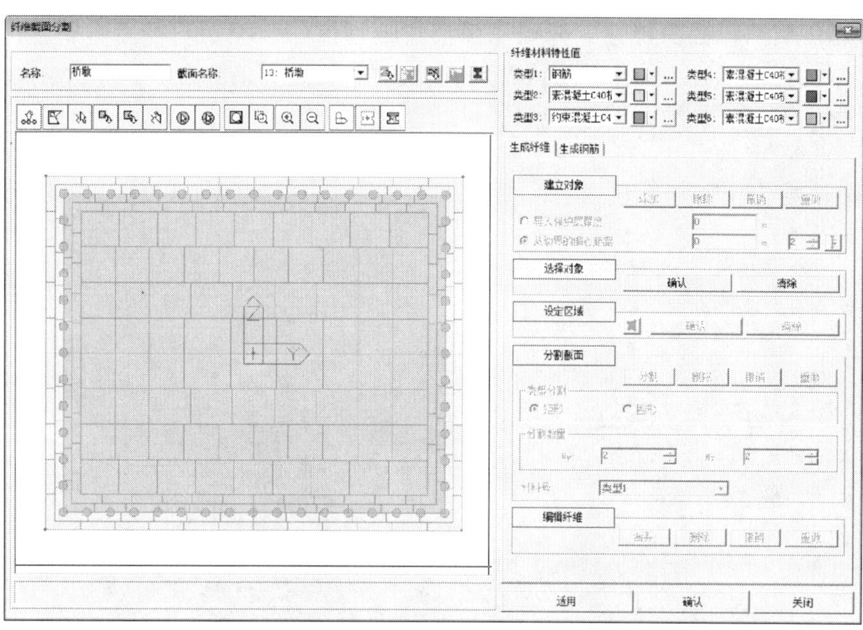

图 6-98 桥墩塑性铰区纤维截面分割

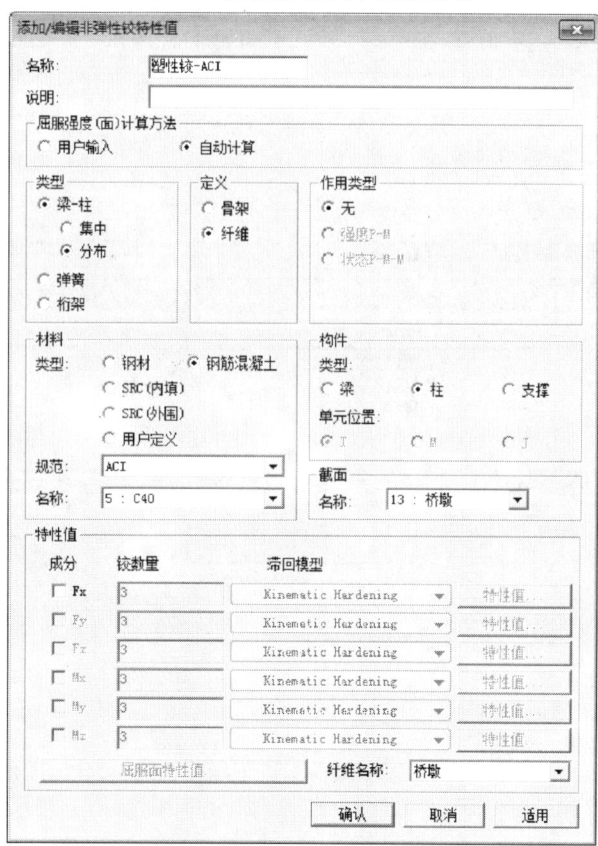

图 6-99 桥墩塑性铰特性值定义

在"**模型>材料和截面特性>分配非弹性铰特性值…**"中,对可能发生塑性区域的单元(选中模型中的桥墩单元18to20和68to70)进行非弹性铰特性值的定义,见图6-100。

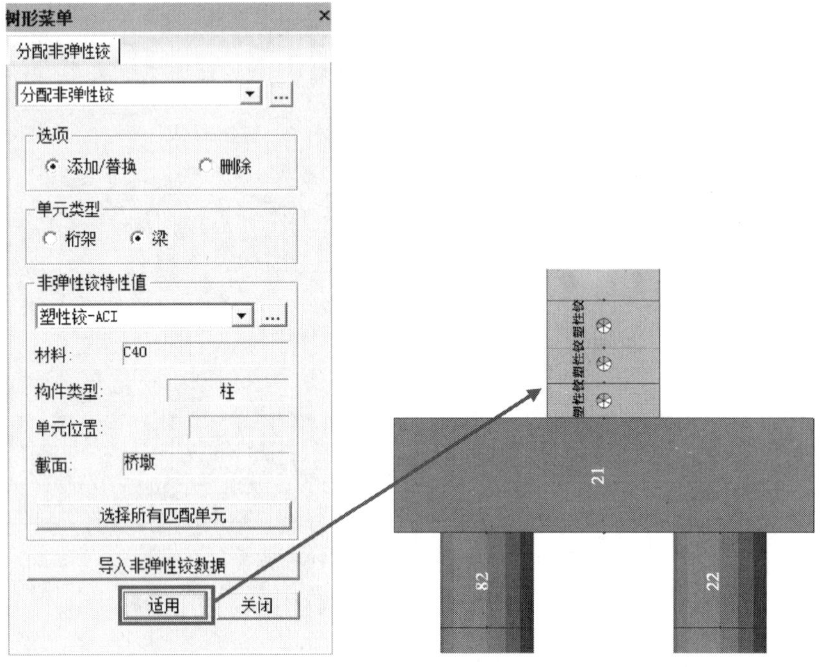

图6-100 分配桥墩塑性铰

4)时变静力荷载工况定义

(1)静力时程函数定义

在"**荷载>时程分析数据>时程函数…**"中,定义"静力时程函数",见图6-101。

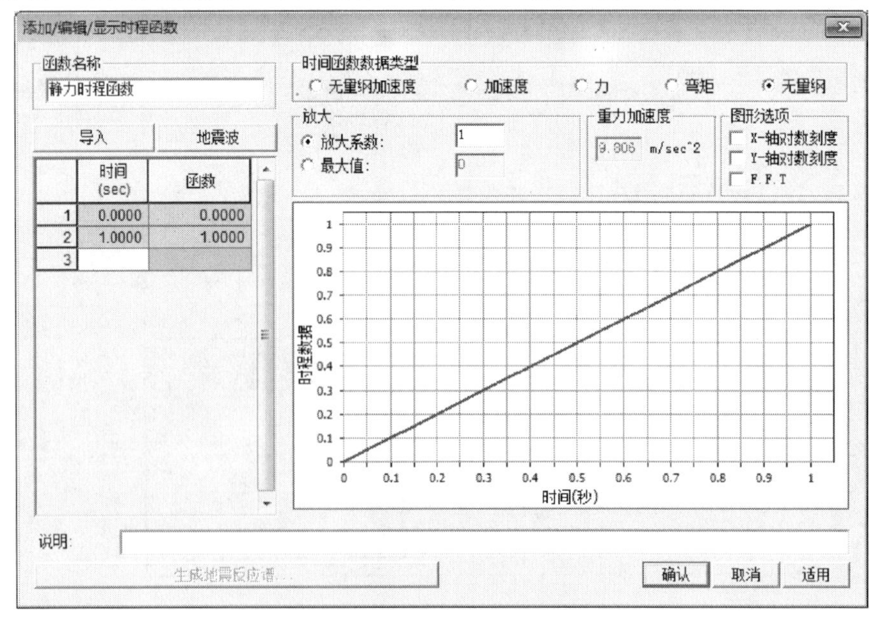

图6-101 静力时程函数

(2)静力时程荷载工况定义

在“**荷载 > 时程分析数据 > 时程荷载工况…**”中,定义“恒载—时程”静力时程荷载工况,见图 6-102。

(3)时变静力荷载定义

在“**荷载 > 时程分析数据 > 时变静力荷载…**”中,定义“自重、横隔板、二期恒载”三种恒载的时变静力荷载,见图 6-103。

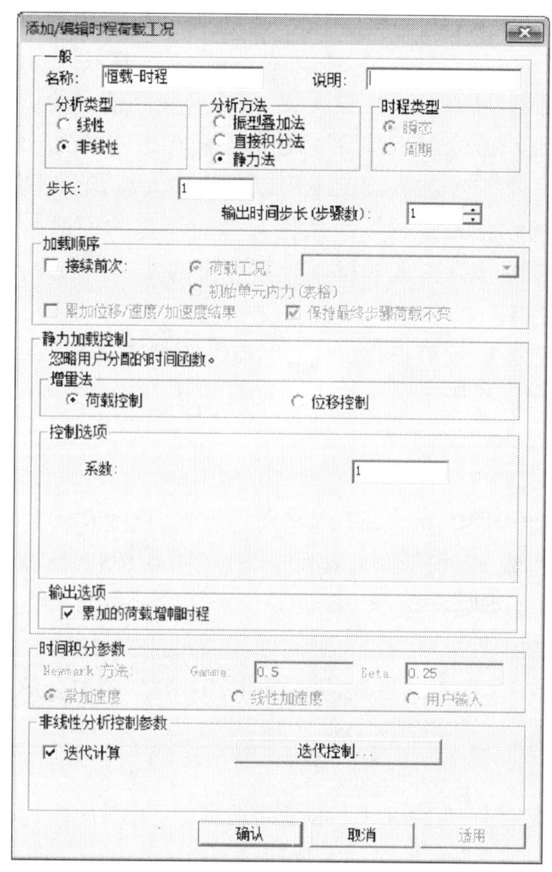

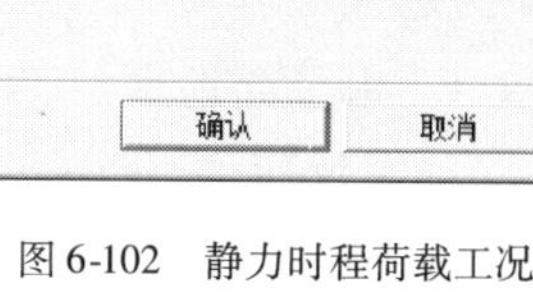

图 6-102　静力时程荷载工况

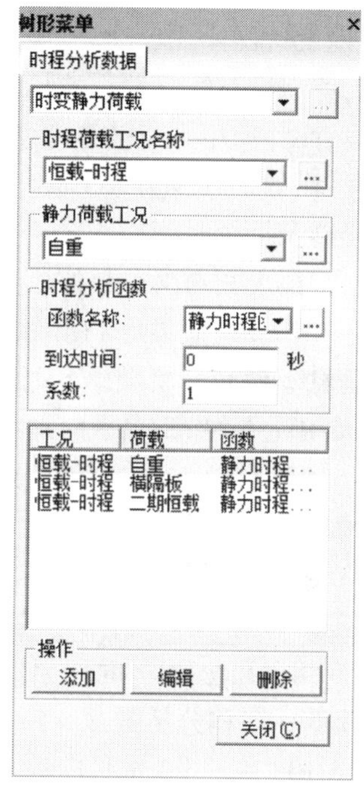

图 6-103　时变静力荷载

5)E2 时程荷载定义

根据《公路桥梁抗震设计细则》(JTG/T B02-01—2008)规定,采用时程分析法时需注意以下内容:

①当采用时程分析法时,应同时输入三个方向分量的一组地震动时程计算地震作用的效应。

②为考虑地震动的随机性,设计加速度时程(地震波)不得少于三组。

③对于时程分析的最终结果,当采用 3 组时程波计算时,应取 3 组计算结果的最大值;当采用 7 组时程波计算时,可取 7 组计算结果的平均值。

本文采用 3 组人工波进行时程分析。每组波中包括一条水平向地震波(顺桥向和横桥向采用相同的波)和一条竖向地震波。

(1)E2 地震波(时程函数)定义

在进行结构的地震反应分析时,首先要确定用于计算的地震波输入。地震波输入是抗震设计中最大的不确定性因素。合理选择用来进行时程分析的地震波对分析来说,是至关重要的。目前,获得地震波的途径有三:其一是直接使用强震仪记录到的实际场地的地震波;其二是选用类似场地条件的实测地震记录,通过调整加速度幅值和时间尺度修正其频谱,以适应实际场地处的抗震要求;其三是以相关规范规定的谱相拟合为原则,人工合成地震波。

如果在拟建场地上有实际的强震记录可供选用,是最理想、最符合实际情况的。但通常情况下,拟建场地上并未得到这种记录,所以,至今难以应用。尽管人们在过去的几十年中记录到的实际地震动的数量已经大大增加,一些典型的强震记录可以作为输入波,但我国地震动记录相对其他发达国家比较缺乏,况且地震动记录处的场地条件与拟建工程的场地条件可能有很大差异,使得已有实际地震波仍不能满足实际需要和抗震计算分析的要求。因此,在工程实际计算、设计时,使用人工波是非常必要的。

本文采用的地震波为人工波,对于选择的地震波,要满足地震动三要素的要求,即频谱特性、有效峰值和持续时间要符合相关规定。对于由人工波生成的反应谱,应与拟建桥梁的反应谱基本吻合,最大相对误差最好不要超过5%。

①第一组 E2 地震波(时程函数)定义

在"**荷载>时程分析数据>时程函数…**"中,定义 E2 水平向地震波,见图 6-104。

由图 6-104 中的 E2 水平向地震波生成 E2 水平向地震反应谱,见图 6-105。该拟合的反应谱与图 6-61 定义 E2 水平向反应谱函数基本吻合。

在"**荷载>时程分析数据>时程函数…**"中,定义 E2 竖向地震波,见图 6-106。

由图 6-106 中的 E2 竖向地震波生成 E2 竖向地震反应谱,见图 6-107。该拟合的反应谱与图 6-63 定义 E2 竖向反应谱函数基本吻合。

②第二组 E2 地震波(时程函数)定义

在"**荷载>时程分析数据>时程函数…**"中,定义 E2 水平向地震波,见图 6-108。

由图 6-108 中的 E2 水平向地震波生成 E2 水平向地震反应谱,见图 6-109。该拟合的反应谱与图 6-61 定义 E2 水平向反应谱函数基本吻合。

在"**荷载>时程分析数据>时程函数…**"中,定义 E2 竖向地震波,见图 6-110。

由图 6-110 中的 E2 竖向地震波生成 E2 竖向地震反应谱,见图 6-111。该拟合的反应谱与图 6-63 定义 E2 竖向反应谱函数基本吻合。

③第三组 E2 地震波(时程函数)定义

在"**荷载>时程分析数据>时程函数…**"中,定义 E2 水平向地震波,见图 6-112。

由图 6-112 中的 E2 水平向地震波生成 E2 水平向地震反应谱,见图 6-113。该拟合的反应谱与图 6-61 定义 E2 水平向反应谱函数基本吻合。

在"**荷载>时程分析数据>时程函数…**"中,定义 E2 竖向地震波,见图 6-114。

由图 6-114 中的 E2 竖向地震波生成 E2 竖向地震反应谱,见图 6-115。该拟合的反应谱与图 6-63 定义 E2 竖向反应谱函数基本吻合。

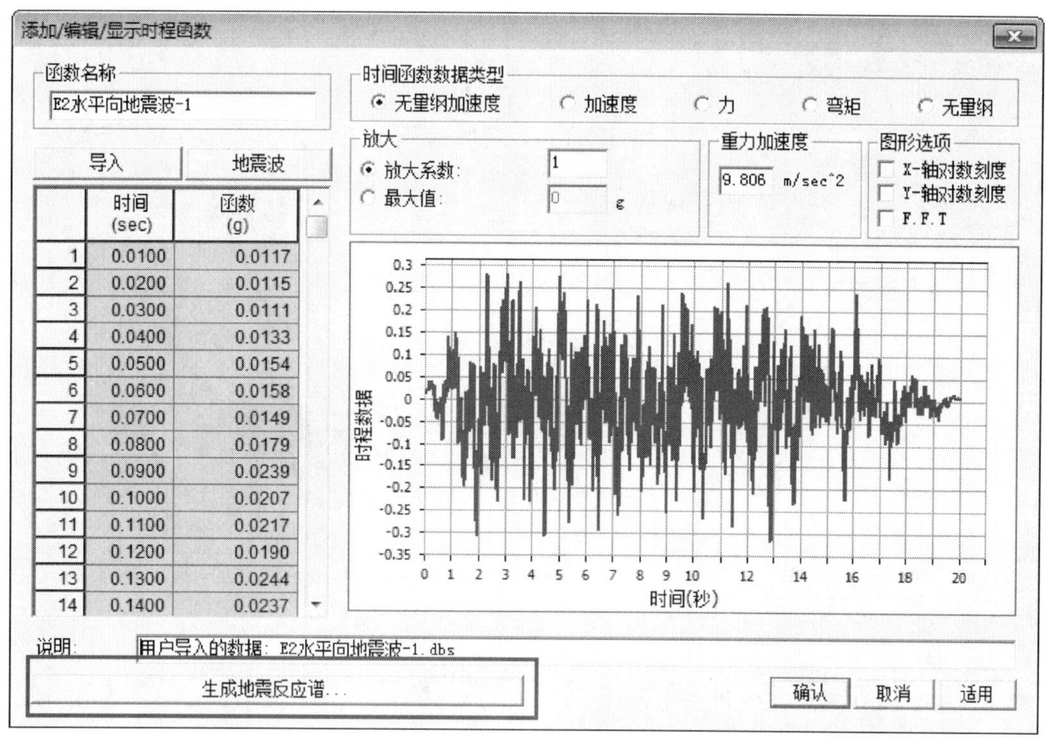

	时间 (sec)	函数 (g)
1	0.0100	0.0117
2	0.0200	0.0115
3	0.0300	0.0111
4	0.0400	0.0133
5	0.0500	0.0154
6	0.0600	0.0158
7	0.0700	0.0149
8	0.0800	0.0179
9	0.0900	0.0239
10	0.1000	0.0207
11	0.1100	0.0217
12	0.1200	0.0190
13	0.1300	0.0244
14	0.1400	0.0237

图 6-104　第一组 E2 水平向地震波

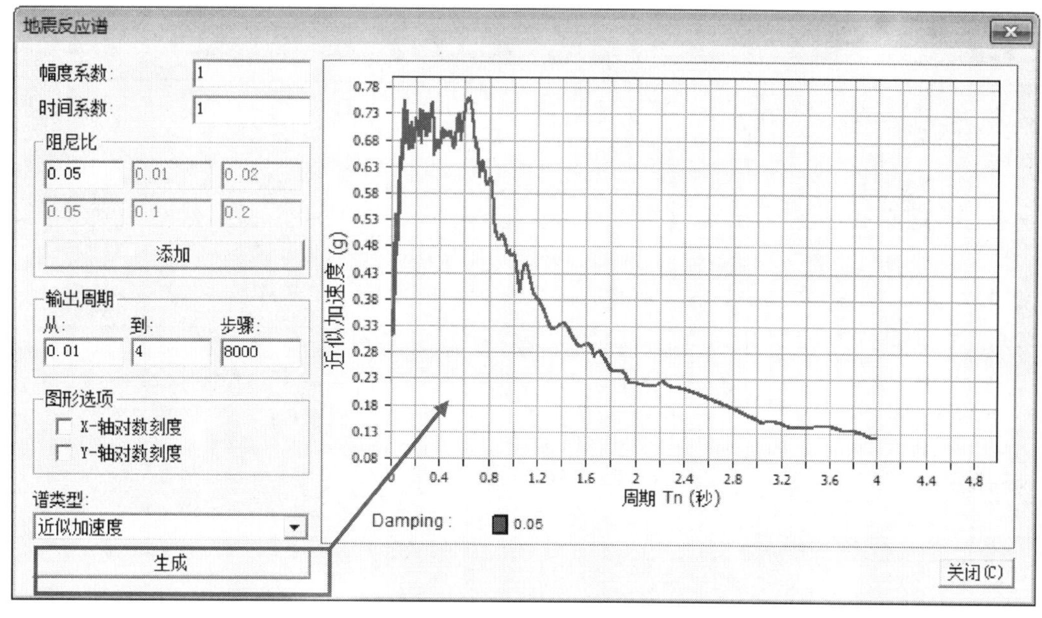

图 6-105　由第一组 E2 水平向地震波生成 E2 水平向地震反应谱

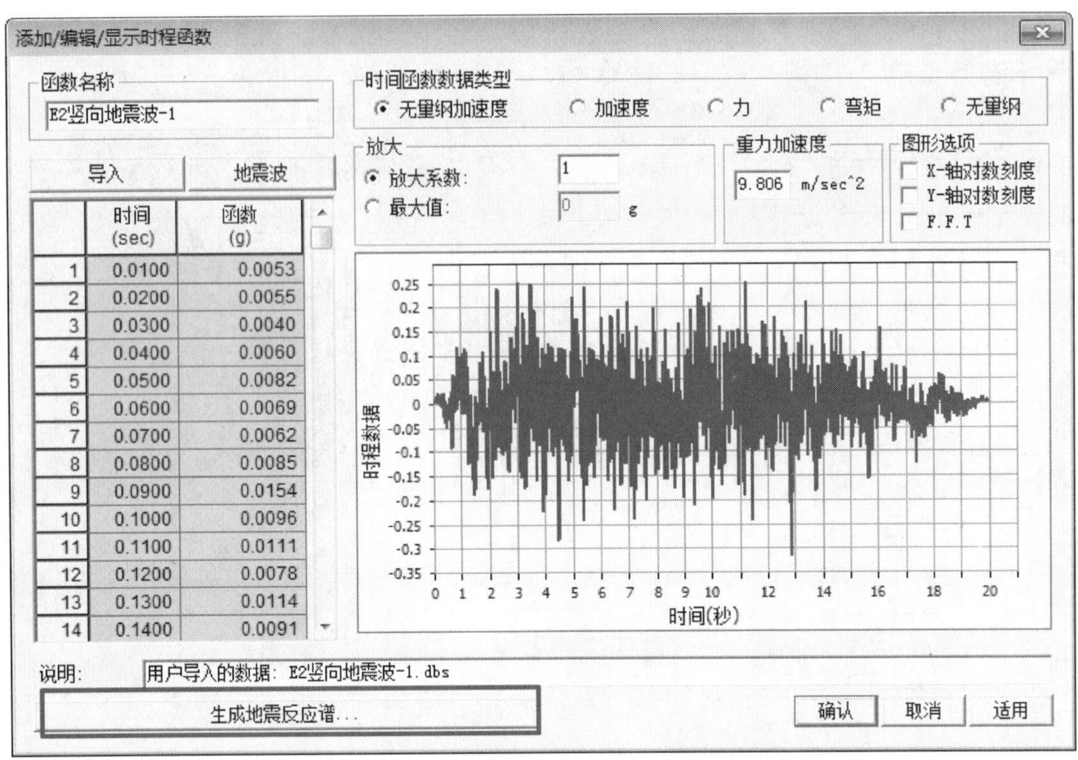

图6-106 第一组E2竖向地震波

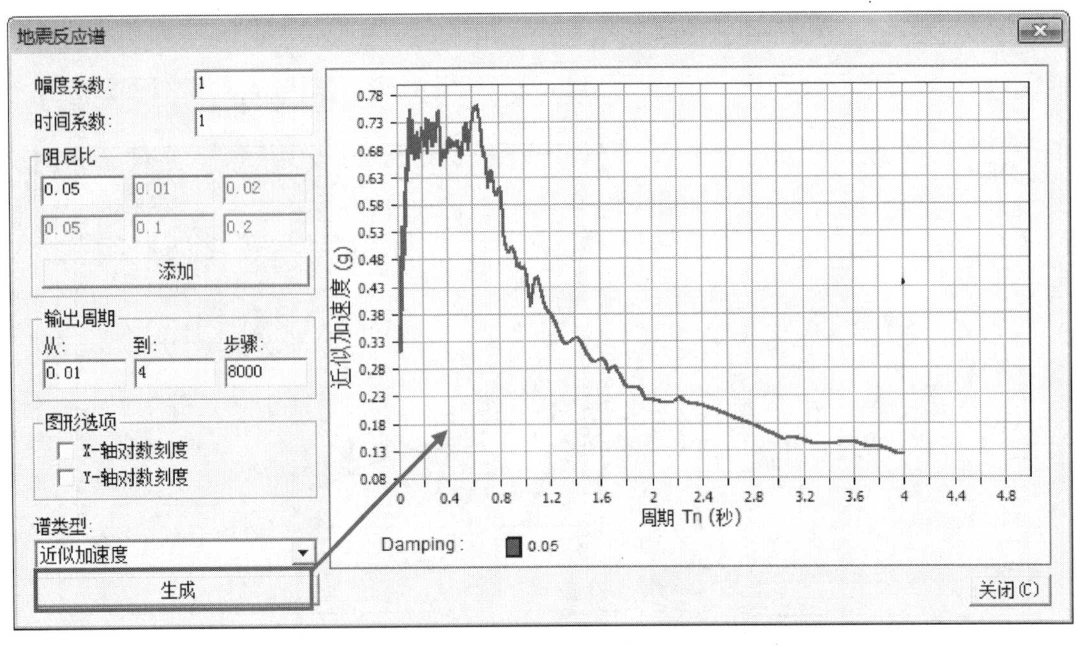

图6-107 由第一组E2竖向地震波生成E2竖向地震反应谱

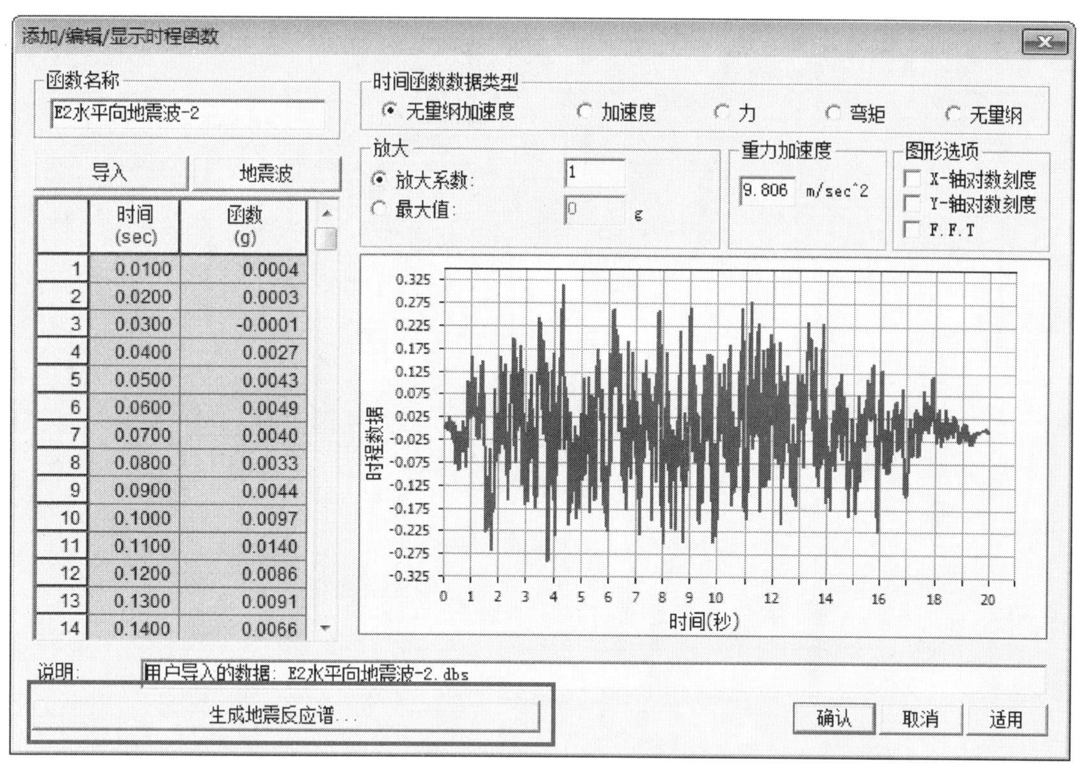

图 6-108　第二组 E2 水平向地震波

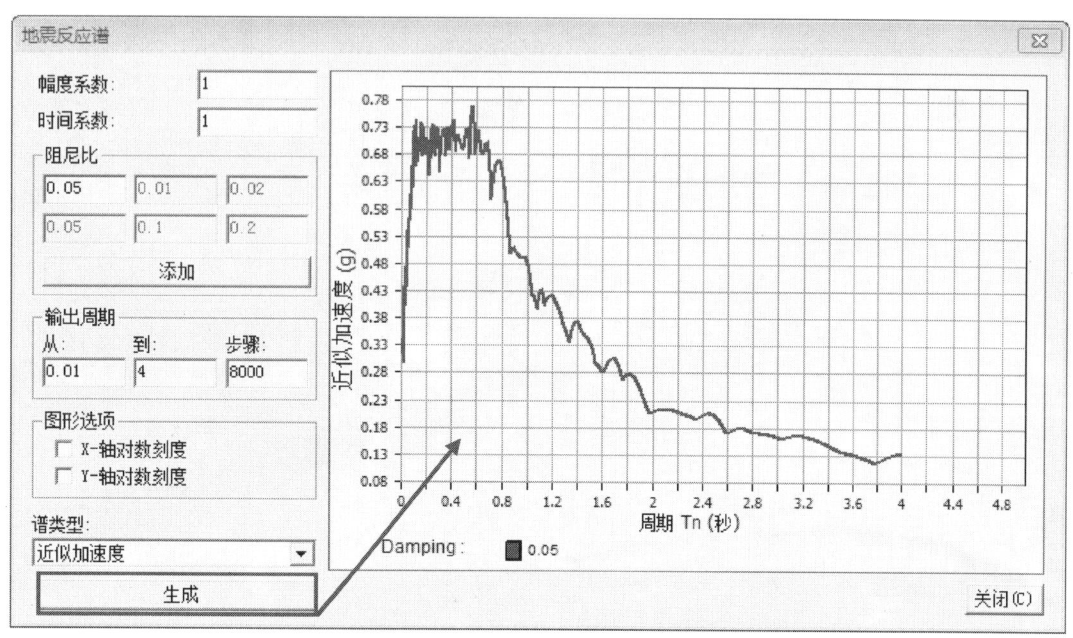

图 6-109　由第二组 E2 水平向地震波生成 E2 水平向地震反应谱

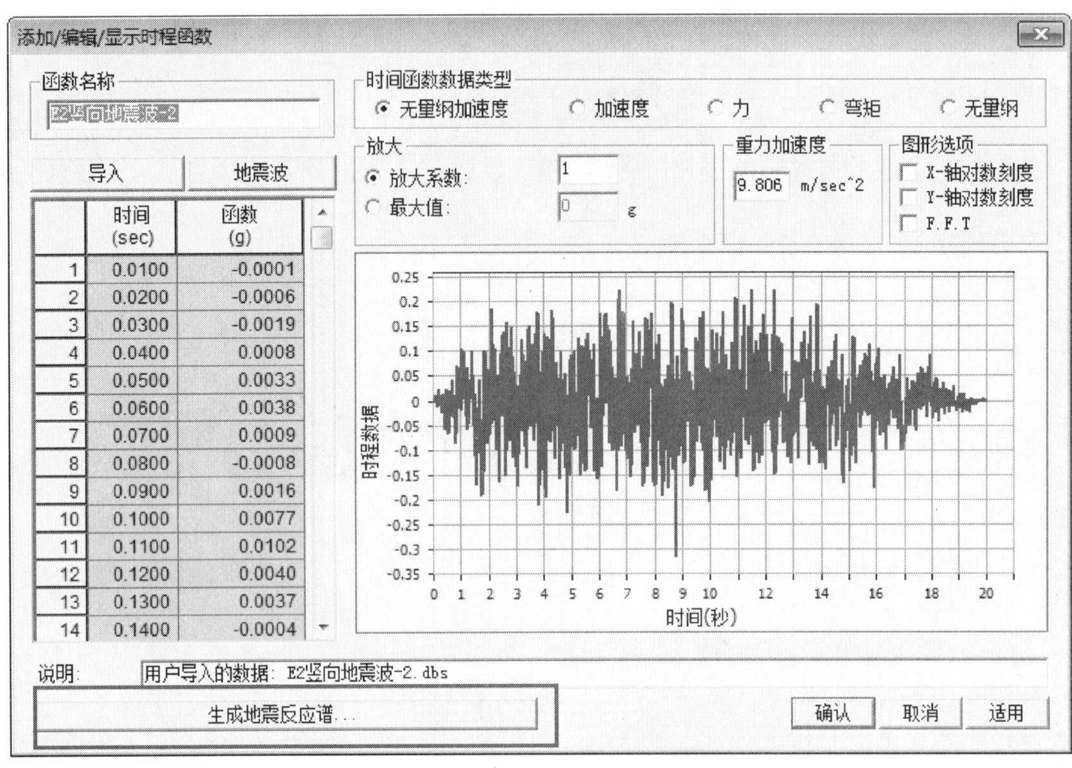

图 6-110 第二组 E2 竖向地震波

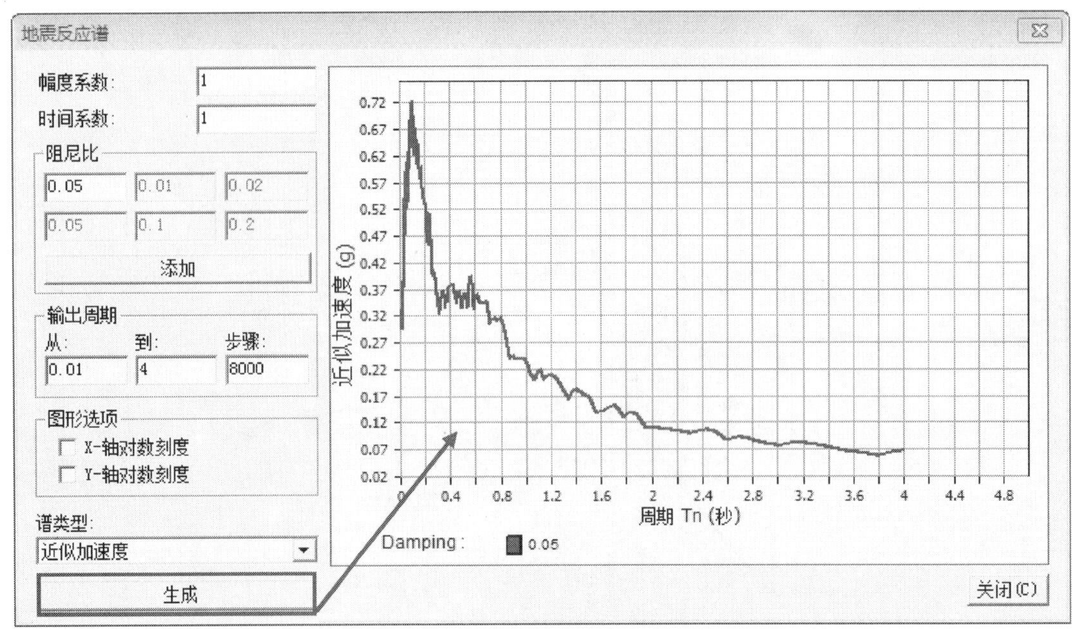

图 6-111 由第二组 E2 竖向地震波生成 E2 竖向地震反应谱

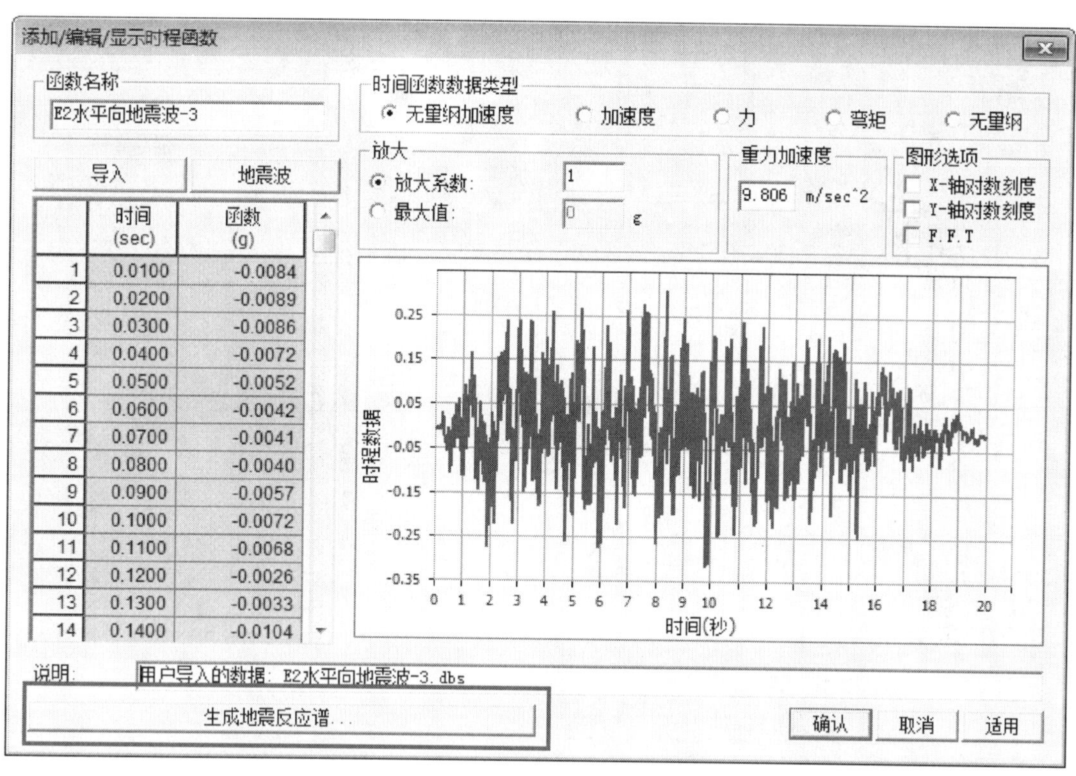

图 6-112　第三组 E2 水平向地震波

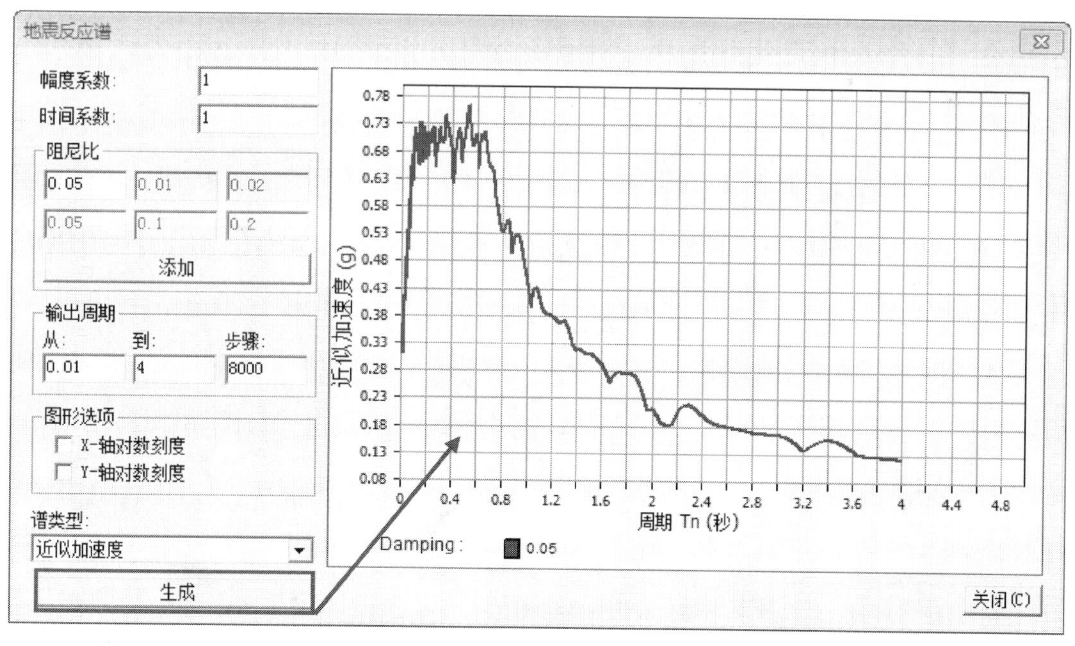

图 6-113　由第三组 E2 水平向地震波生成 E2 水平向地震反应谱

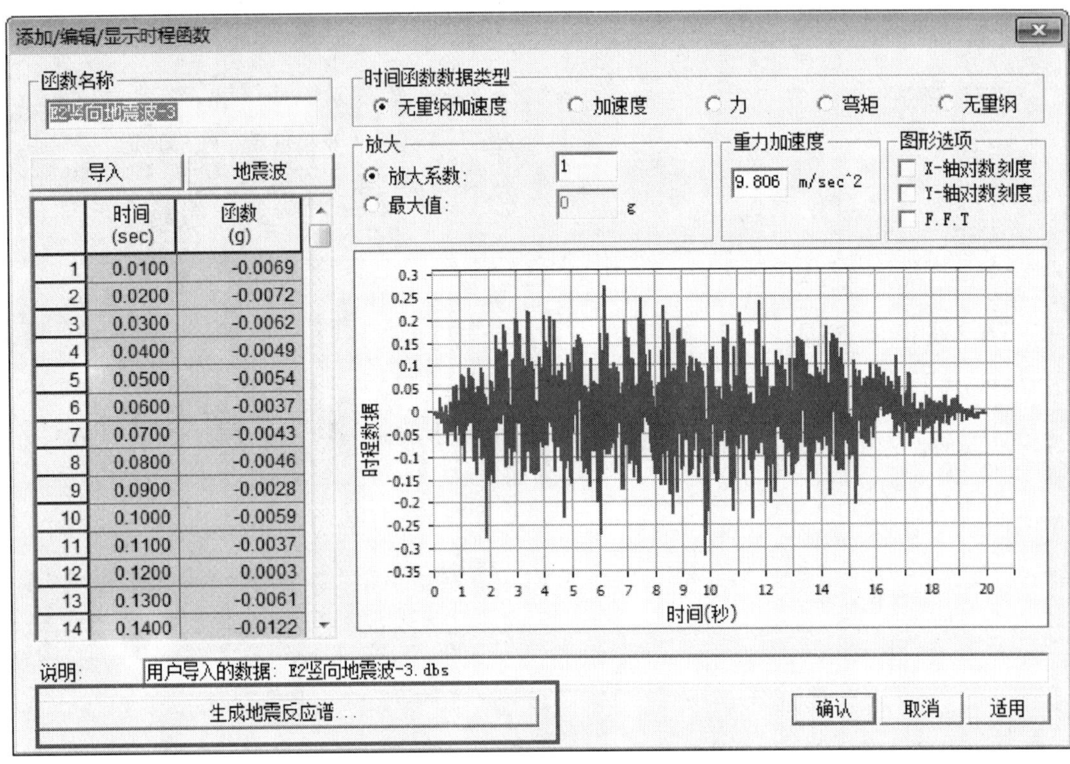

	时间 (sec)	函数 (g)
1	0.0100	-0.0069
2	0.0200	-0.0072
3	0.0300	-0.0062
4	0.0400	-0.0049
5	0.0500	-0.0054
6	0.0600	-0.0037
7	0.0700	-0.0043
8	0.0800	-0.0046
9	0.0900	-0.0028
10	0.1000	-0.0059
11	0.1100	-0.0037
12	0.1200	0.0003
13	0.1300	-0.0061
14	0.1400	-0.0122

图 6-114　第三组 E2 竖向地震波

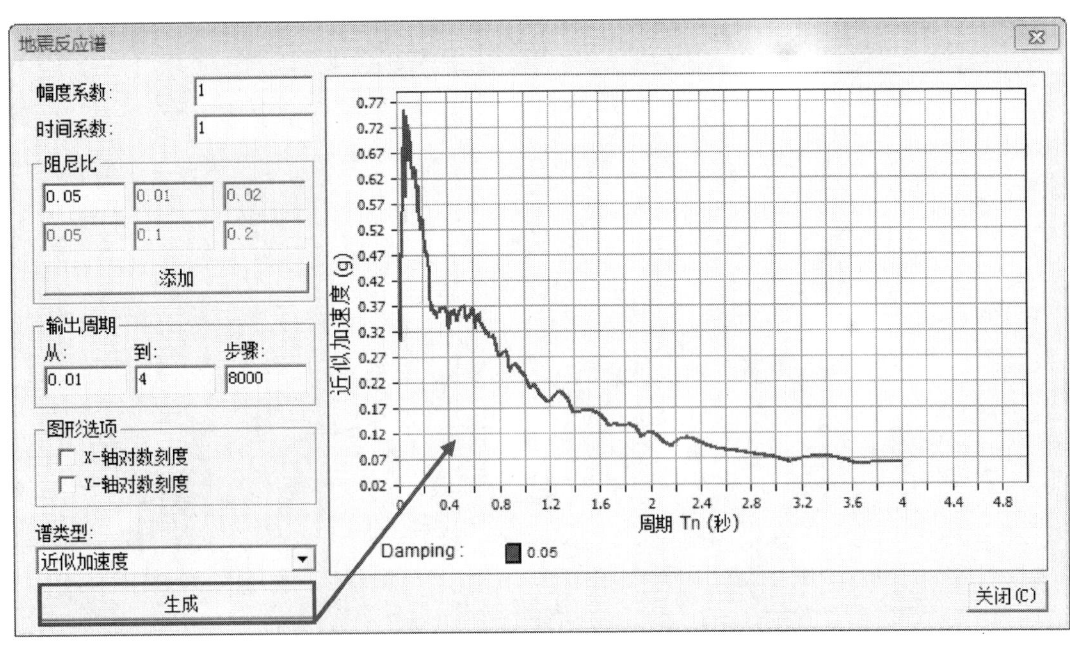

图 6-115　由第三组 E2 竖向地震波生成 E2 竖向地震反应谱

(2)E2 时程荷载工况定义

根据《公路桥梁抗震设计细则》(JTG/T B02-01—2008)规定,当采用时程分析法时,应同时输入三个方向分量的一组地震动时程计算地震作用的效应。

①第一组 E2 时程荷载工况定义

在"**荷载 > 时程分析数据 > 时程荷载工况…**"中,定义第一组 E2 时程荷载工况,见图 6-116。

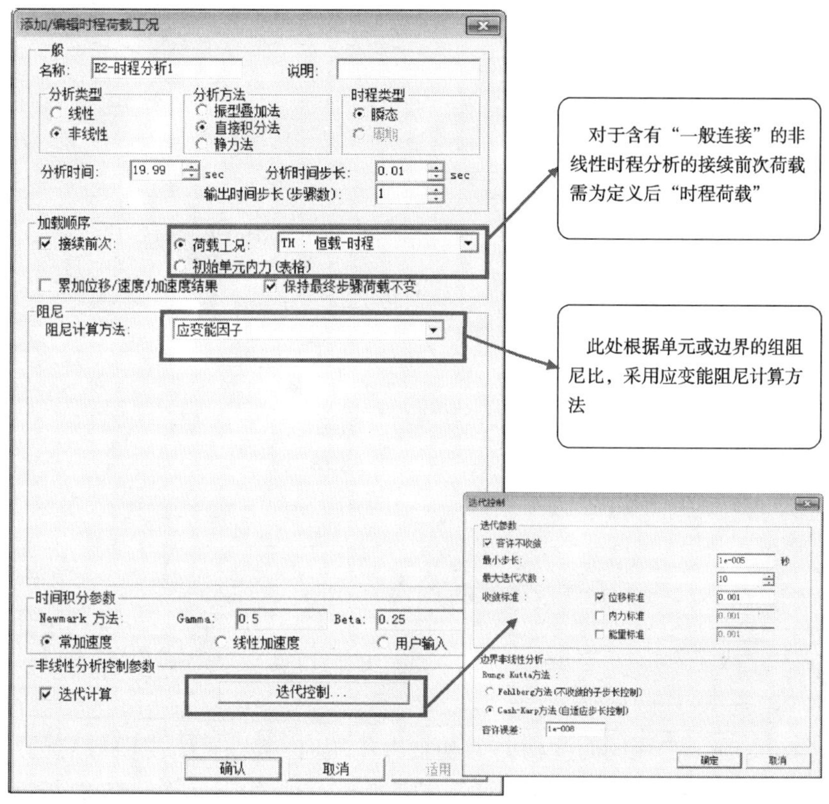

图 6-116 第一组 E2 时程荷载工况

在"**荷载 > 时程分析数据 > 地面加速度…**"中,定义第一组 E2 地面加速度,见图 6-117。

②第二组 E2 时程荷载工况定义

在"**荷载 > 时程分析数据 > 时程荷载工况…**"中,定义第一组 E2 时程荷载工况,见图 6-118。

在"**荷载 > 时程分析数据 > 地面加速度…**"中,定义第二组 E2 地面加速度,见图 6-119。

③第三组 E2 时程荷载工况定义

在"**荷载 > 时程分析数据 > 时程荷载工况…**"中,定义第一组 E2 时程荷载工况,见图 6-120。

在"**荷载 > 时程分析数据 > 地面加速度…**"中,定义第三组 E2 地面加速度,见图 6-121。

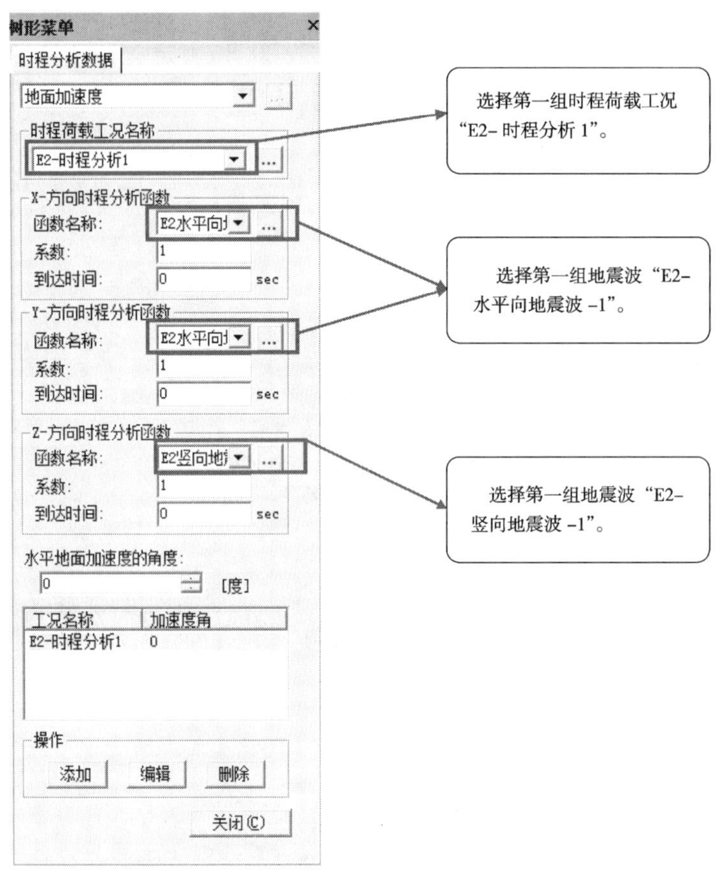

图6-117 第一组E2地面加速度

(3)考虑P-Delta效应的定义

P-Delta分析是当梁单元同时受横向力和轴力作用时,考虑重力二阶效应的功能,属于几何非线性问题。当结构的重力荷载较大且作用有水平力时,为了计算的准确性,有些规范要求在结构分析中考虑P-Delta效应。

据《公路桥梁抗震设计细则》(JTG/T B02-01—2008)规定,墩柱的计算长度与矩形截面短边尺寸之比大于8时,或墩柱的计算长度与圆形截面直径之比大于6时,应考虑P-Delta效应。本简单结构桥梁中需要考虑P-Delta效应。

在“**分析>P-Delta分析控制**”中,选择需要考虑的初始荷载工况进行P-Delta分析控制定义,见图6-122。

6)E2时程分析结果

桥梁控制位置示意见图6-123。其中控制位置1和2是可能发生的塑性铰区域,控制位置3和4是墩顶位移控制处,控制位置5和6是支座或限位装置设置处。

(1)E2时程分析控制位置处结果

在“**结果>分析结果表格>时程分析>梁单元内力…**”中,查看控制位置1(单元号20)和2(单元号70)处梁单元的内力结果,见图6-124~图6-126。

根据三组 E2 时程分析的结果，可知桥墩在顺桥向处于弹性状态，在横桥向进入弹塑性状态。

在“**结果 > 分析结果表格 > 时程分析 > 位移/速度/加速度…**”中，查看控制位置 3（节点号 8）和 4（节点号 58）处墩顶位移结果，以及墩底节点 21 和墩底节点 71 处的位移结果，见图 6-127 ~ 图 6-129。

根据三组 E2 时程分析的结果，桥墩在横桥向进入弹塑性状态后，考虑盖梁高度后横桥向最大变形最大 0.09m，该变形为第二组 E2 时程的分析结果，与 E2 反应谱的横桥向的变形结果基本一致。

在“**结果 > 分析结果表格 > 一般连接…**”中，查看控制位置 5 和 6 处高阻尼橡胶支座内力，见图 6-130 ~ 图 6-132。

根据三组 E2 时程分析的结果，桥墩在横桥向进入弹塑性状态后，高阻尼橡胶支座的轴向内力最大为 904kN，该内力为第一组 E2 时程的分析结果。满足支座的轴向承载力（1080kN）。

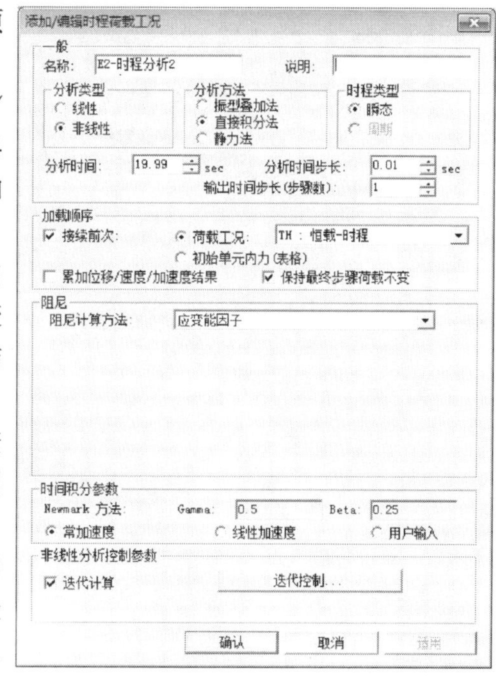

图 6-118　第二组 E2 时程荷载工况

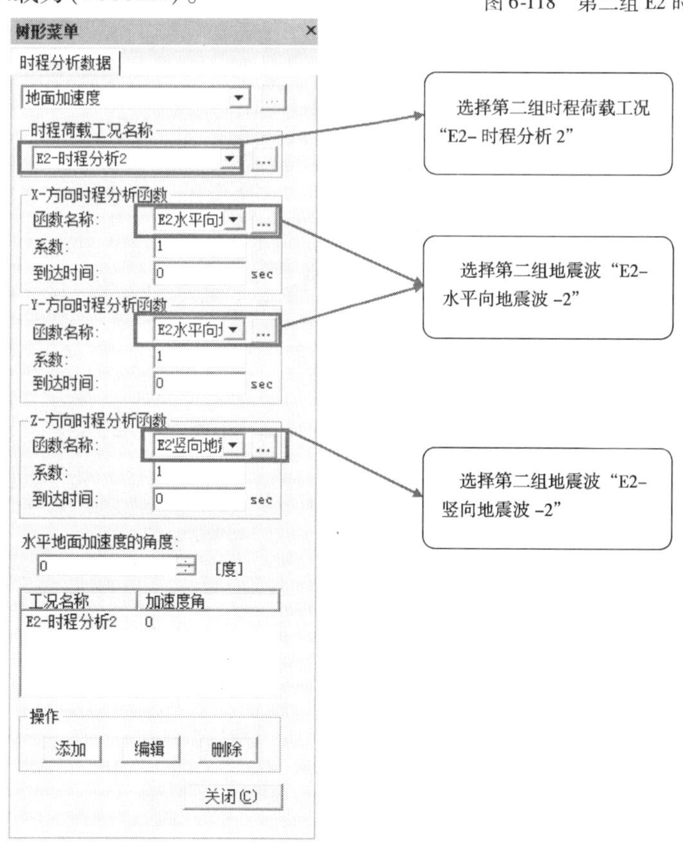

图 6-119　第二组 E2 地面加速度

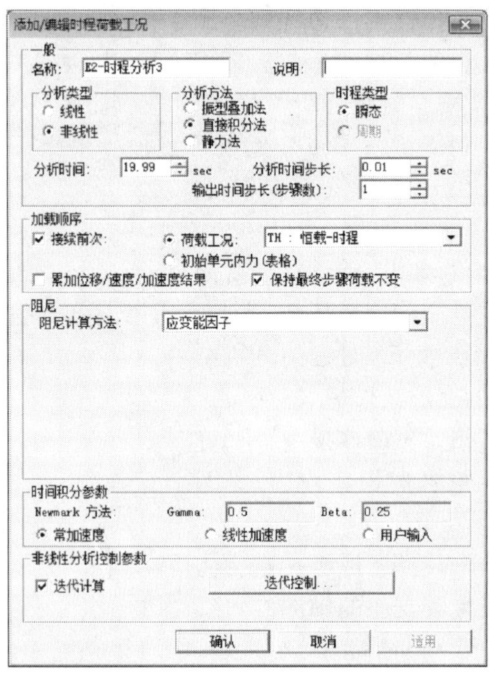

图 6-120　第一组 E2 时程荷载工况

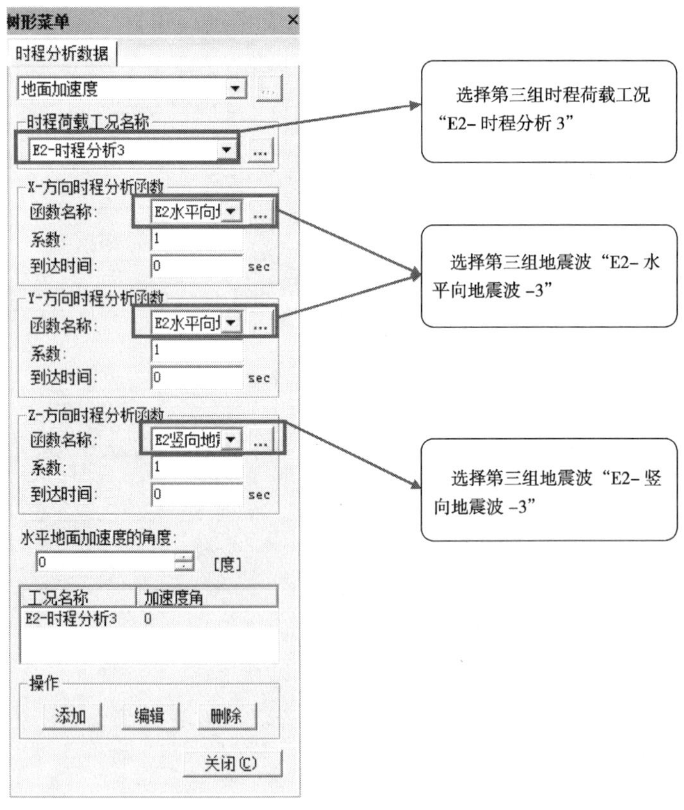

图 6-121　第三组 E2 地面加速度

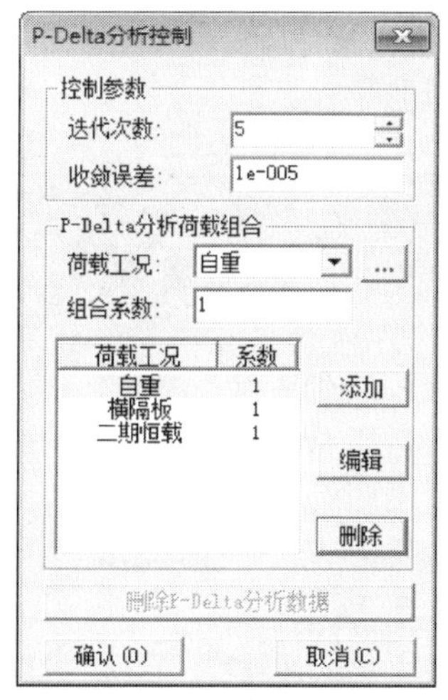

图 6-122　P-Delta 分析控制定义

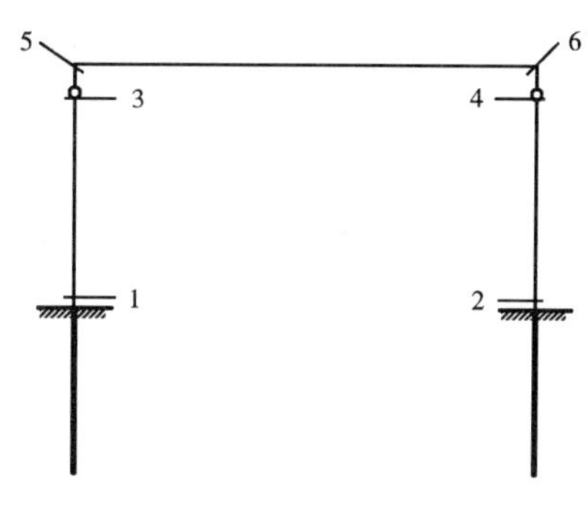

图 6-123　时程结果查看控制位置示意图

模型窗口　结果-[时程分析(梁内力)]

单元	荷载	位置	轴向		剪力-y		剪力-z		扭矩		弯矩-y		弯矩-z	
			内力 (kN)	时间/步骤 (秒)	内力 (kN)	时间/步骤 (秒)	内力 (kN)	时间/步骤 (秒)	内力 (kN*m)	时间/步骤 (秒)	内力 (kN*m)	时间/步骤 (秒)	内力 (kN*m)	时间/步骤 (秒)
20	E2-时程分析1(最大)	I	-1410.57	11.4600	581.62	11.2500	124.69	11.2500	87.13	19.9600	1208.46	2.0700	5083.65	10.6000
70	E2-时程分析1(最大)	I	-1397.68	11.4600	581.77	11.2500	124.20	11.2500	87.14	19.9600	1207.75	2.0600	5094.40	10.6000
20	E2-时程分析1(最小)	I	-2753.30	2.9200	-469.71	10.6700	-154.16	2.0600	-80.47	19.9100	-992.18	3.7100	-5599.05	11.1300
70	E2-时程分析1(最小)	I	-2766.28	2.9200	-470.04	10.6700	-154.03	2.0600	-80.68	19.9100	-992.57	3.7100	-5589.02	11.1300

图 6-124　第一组 E2 地震作用下控制位置 1 和 2 处梁单元内力

模型窗口　结果-[时程分析(梁内力)]　结果-[时程分析(位移/速度/加速度)]　结果-[时程分析(一般连接)]

单元	荷载	位置	轴向		剪力-y		剪力-z		扭矩		弯矩-y		弯矩-z	
			内力 (kN)	时间/步骤 (秒)	内力 (kN)	时间/步骤 (秒)	内力 (kN)	时间/步骤 (秒)	内力 (kN*m)	时间/步骤 (秒)	内力 (kN*m)	时间/步骤 (秒)	内力 (kN*m)	时间/步骤 (秒)
20	E2-时程分析2(最大	I	-1342.01	8.3300	523.30	3.9300	147.60	13.6400	319.94	19.9300	1010.80	1.9200	5539.76	2.0000
70	E2-时程分析2(最大	I	-1337.46	8.3300	524.71	3.9300	150.66	13.6400	319.57	19.9300	999.22	15.2200	5544.91	2.0000
20	E2-时程分析2(最小	I	-2661.13	3.5500	-524.64	2.0000	-132.86	15.2800	-330.52	19.9800	-1150.45	6.5100	-5247.61	3.8700
70	E2-时程分析2(最小	I	-2670.22	3.5500	-525.52	2.0000	-131.18	15.2800	-329.73	19.9800	-1134.24	6.5100	-5239.68	3.8700

图 6-125　第二组 E2 地震作用下控制位置 1 和 2 处梁单元内力

模型窗口　结果-[时程分析(梁内力)]　结果-[时程分析(一般连接)]　结果-[时程分析(位移/速度/加速度)]

单元	荷载	位置	轴向		剪力-y		剪力-z		扭矩		弯矩-y		弯矩-z	
			内力 (kN)	时间/步骤 (秒)	内力 (kN)	时间/步骤 (秒)	内力 (kN)	时间/步骤 (秒)	内力 (kN*m)	时间/步骤 (秒)	内力 (kN*m)	时间/步骤 (秒)	内力 (kN*m)	时间/步骤 (秒)
20	E2-时程分析3(最大	I	-1356.32	9.9200	494.19	2.7300	154.13	7.8100	48.74	19.9600	1290.18	2.2300	5112.75	6.2200
70	E2-时程分析3(最大	I	-1340.88	9.9200	494.38	2.7300	165.25	7.8100	47.73	19.9600	1279.25	2.2300	5122.79	6.2200
20	E2-时程分析3(最小	I	-2624.88	7.4900	-520.50	6.1000	-159.37	2.1800	-45.58	19.9100	-1127.33	7.8300	-5402.15	2.8000
70	E2-时程分析3(最小	I	-2626.38	10.0800	-520.94	6.1000	-157.90	2.2700	-46.57	19.9100	-1197.30	7.8300	-5397.13	2.8000

图 6-126　第三组 E2 地震作用下控制位置 1 和 2 处梁单元内力

模型窗口　结果-[时程分析(梁内力)]　结果-[时程分析(位移/速度/加速度)]　结果-[时程分析(一般连接)]

节点	荷载	DX		DY		DZ		RX		RY		RZ	
		DX (m)	时间/步骤 (秒)	DY (m)	时间/步骤 (秒)	DZ (m)	时间/步骤 (秒)	RX ([rad])	时间/步骤 (秒)	RY ([rad])	时间/步骤 (秒)	RZ ([rad])	时间/步骤 (秒)
8	E2-时程分析1(最大	0.046550	2.0700	0.071969	10.6000	0.002476	11.1800	0.012995	11.1900	0.004657	2.0600	0.000538	19.9600
21	E2-时程分析1(最大	0.008717	2.0700	0.005916	10.6600	0.000255	11.4600	0.001411	11.2500	0.002489	2.0700	0.000279	19.9600
58	E2-时程分析1(最大	0.042779	2.0600	0.072029	10.6000	0.002495	11.1800	0.013002	11.1900	0.004281	2.0600	0.000540	19.9600
71	E2-时程分析1(最大	0.007964	2.0700	0.005924	10.6600	0.000260	11.4600	0.001409	11.2500	0.002272	2.0700	0.000280	19.9600
8	E2-时程分析1(最小	-0.03680	11.3100	-0.10256	11.2400	-0.00027	6.6800	-0.00941	10.6000	-0.00395	11.3100	-0.00049	19.9100
21	E2-时程分析1(最小	-0.00635	11.2500	-0.00752	11.2500	-0.00026	2.9200	-0.00120	10.5700	-0.00172	3.6800	-0.00025	19.9100
58	E2-时程分析1(最小	-0.03992	11.3100	-0.10270	11.2400	-0.00028	6.6800	-0.00942	10.6000	-0.00427	11.3100	-0.00049	19.9100
71	E2-时程分析1(最小	-0.00705	11.2500	-0.00750	11.2500	-0.00026	2.9200	-0.00120	10.5800	-0.00196	3.6700	-0.00025	19.9100

图 6-127　第一组 E2 地震作用下控制位置处位移

模型窗口 | 结果-[时程分析(梁内力)] | 结果-[时程分析(位移/速度/加速度)]

节点	荷载	DX		DY		DZ		RX		RY		RZ	
		DX (m)	时间/步骤 (秒)	DY (m)	时间/步骤 (秒)	DZ (m)	时间/步骤 (秒)	RX ([rad])	时间/步骤 (秒)	RY ([rad])	时间/步骤 (秒)	RZ ([rad])	时间/步骤 (秒)
8	E2-时程分析2(最大)	0.041043	1.9200	0.093638	2.0200	0.002300	3.9500	0.011312	3.8800	0.004213	1.9200	0.001978	19.9300
21	E2-时程分析2(最大)	0.007690	15.2800	0.006684	1.9700	0.000261	8.3300	0.001283	3.9300	0.002095	15.2800	0.001025	19.9300
58	E2-时程分析2(最大)	0.036407	1.9200	0.093373	2.0200	0.002313	3.9500	0.011324	3.8800	0.003744	1.9200	0.001975	19.9300
71	E2-时程分析2(最大)	0.006920	15.2800	0.006701	1.9700	0.000262	8.3300	0.001281	3.9200	0.001871	15.2800	0.001023	19.9300
8	E2-时程分析2(最小)	-0.041057	6.5200	-0.088927	3.9200	-0.000053	0.9900	-0.011892	2.0200	-0.004310	6.5200	-0.002040	19.9800
21	E2-时程分析2(最小)	-0.007650	13.6400	-0.006372	3.9300	-0.000221	3.5400	-0.001346	1.9800	-0.002081	13.6400	-0.001056	19.9800
58	E2-时程分析2(最小)	-0.044469	6.5200	-0.089102	3.9200	-0.000059	0.9900	-0.011862	2.0200	-0.004659	6.5200	-0.002037	19.9800
71	E2-时程分析2(最小)	-0.008625	13.6400	-0.006369	3.9300	-0.000224	3.5400	-0.001348	1.9800	-0.002362	13.6400	-0.001055	19.9800

图 6-128 第二组 E2 地震作用下控制位置处位移

模型窗口 | 结果-[时程分析(梁内力)] | 结果-[时程分析(一般连接)] | 结果-[时程分析(位移/速度/加速度)]

节点	荷载	DX		DY		DZ		RX		RY		RZ	
		DX (m)	时间/步骤 (秒)	DY (m)	时间/步骤 (秒)	DZ (m)	时间/步骤 (秒)	RX ([rad])	时间/步骤 (秒)	RY ([rad])	时间/步骤 (秒)	RZ ([rad])	时间/步骤 (秒)
8	E2-时程分析3(最大	0.048202	2.2300	0.075725	6.2000	0.001903	2.7800	0.011737	2.8100	0.004950	6.1600	0.000300	19.9600
21	E2-时程分析3(最大	0.009272	2.1800	0.006599	6.1100	0.000269	9.9100	0.001296	2.7500	0.002536	2.1900	0.000155	19.9600
58	E2-时程分析3(最大	0.044155	2.2300	0.075614	6.2000	0.001912	2.7800	0.011737	2.8100	0.004512	2.2400	0.000293	19.9600
71	E2-时程分析3(最大	0.008389	2.1800	0.006600	6.1100	0.000273	9.9100	0.001295	2.7400	0.002295	2.2100	0.000151	19.9600
8	E2-时程分析3(最小	-0.03990	7.8300	-0.09182	2.8000	-0.00013	1.1700	-0.00985	6.1800	-0.00398	7.8300	-0.00028	19.9100
21	E2-时程分析3(最小	-0.00776	7.8100	-0.00626	2.7500	-0.00023	7.4900	-0.00127	6.1100	-0.00219	7.8100	-0.00014	19.9100
58	E2-时程分析3(最小	-0.04659	7.8200	-0.09182	2.8000	-0.00014	1.1700	-0.00984	6.1800	-0.00464	7.8300	-0.00028	19.9100
71	E2-时程分析3(最小	-0.00906	7.8100	-0.00625	2.7500	-0.00023	7.4900	-0.00127	6.1100	-0.00256	7.8100	-0.00014	19.9100

图 6-129 第三组 E2 地震作用下控制位置处位移

模型窗口 | 结果-[时程分析(梁内力)] | 结果-[时程分析(位移/速度/加速度)] | 结果-[时程分析(一般连接)]

号	荷载	节点	轴向		剪力-y		剪力-z		扭矩		弯矩-y		弯矩-z	
			内力 (kN)	时间/步骤 (秒)	内力 (kN)	时间/步骤 (秒)	内力 (kN)	时间/步骤 (秒)	内力 (kN*m)	时间/步骤 (秒)	内力 (kN*m)	时间/步骤 (秒)	内力 (kN*m)	时间/步骤 (秒)
1	E2-时程分析1(最大)	1	-204.26	13.2100	4.45	11.2100	15.00	5.4200	0.00	0.0100	0.00	0.0100	0.00	0.0100
		6	-204.26	13.2100	4.45	11.2100	15.00	5.4200	0.00	0.0100	0.00	0.0100	0.00	0.0100
2	E2-时程分析1(最大)	51	-205.77	13.2100	4.35	11.2000	15.00	5.4300	0.00	0.0100	0.00	0.0100	0.00	0.0100
		56	-205.77	13.2100	4.35	11.2000	15.00	5.4300	0.00	0.0100	0.00	0.0100	0.00	0.0100
3	E2-时程分析1(最大)	2	-418.80	6.5700	5.02	11.2000	15.00	5.4200	0.00	0.0100	0.00	0.0100	0.00	0.0100
		8	-418.80	6.5700	5.02	11.2000	15.00	5.4200	0.00	0.0100	0.00	0.0100	0.00	0.0100
4	E2-时程分析1(最大)	52	-414.00	6.5700	5.03	11.2000	15.00	1.4400	0.00	0.0100	0.00	0.0100	0.00	0.0100
		58	-414.00	6.5700	5.03	11.2000	15.00	1.4400	0.00	0.0100	0.00	0.0100	0.00	0.0100
5	E2-时程分析1(最大)	3	-165.69	11.2100	4.63	11.2000	15.00	5.4200	0.00	0.0100	0.00	0.0100	0.00	0.0100
		10	-165.69	11.2100	4.63	11.2000	15.00	5.4200	0.00	0.0100	0.00	0.0100	0.00	0.0100
6	E2-时程分析1(最大)	53	-162.52	11.2100	4.58	11.2000	15.00	10.0600	0.00	0.0100	0.00	0.0100	0.00	0.0100
		60	-162.52	11.2100	4.58	11.2000	15.00	10.0600	0.00	0.0100	0.00	0.0100	0.00	0.0100
1	E2-时程分析1(最小)	1	-845.57	11.3600	-3.66	10.6200	-15.00	17.6500	0.00	0.0100	0.00	0.0100	0.00	0.0100
		6	-845.57	11.3600	-3.66	10.6200	-15.00	17.6500	0.00	0.0100	0.00	0.0100	0.00	0.0100
2	E2-时程分析1(最小)	51	-840.90	11.3600	-3.76	10.6200	-15.00	17.6500	0.00	0.0100	0.00	0.0100	0.00	0.0100
		56	-840.90	11.3600	-3.76	10.6200	-15.00	17.6500	0.00	0.0100	0.00	0.0100	0.00	0.0100
3	E2-时程分析1(最小)	2	-899.87	2.9200	-4.14	10.6200	-15.00	2.0800	0.00	0.0100	0.00	0.0100	0.00	0.0100
		8	-899.87	2.9200	-4.14	10.6200	-15.00	2.0800	0.00	0.0100	0.00	0.0100	0.00	0.0100
4	E2-时程分析1(最小)	52	-904.73	2.9200	-4.11	10.6200	-15.00	2.1600	0.00	0.0100	0.00	0.0100	0.00	0.0100
		58	-904.73	2.9200	-4.11	10.6200	-15.00	2.1600	0.00	0.0100	0.00	0.0100	0.00	0.0100
5	E2-时程分析1(最小)	3	-814.60	4.1400	-3.39	10.6200	-15.00	2.0800	0.00	0.0100	0.00	0.0100	0.00	0.0100
		10	-814.60	4.1400	-3.39	10.6200	-15.00	2.0800	0.00	0.0100	0.00	0.0100	0.00	0.0100
6	E2-时程分析1(最小)	53	-817.90	4.1400	-3.41	10.6200	-15.00	2.1600	0.00	0.0100	0.00	0.0100	0.00	0.0100
		60	-817.90	4.1400	-3.41	10.6200	-15.00	2.1600	0.00	0.0100	0.00	0.0100	0.00	0.0100

图 6-130 第一组 E2 地震作用下控制位置 5 和 6 处高阻尼橡胶支座内力

(2)时程分析结果查看

本文仅查看第二组 E2 时程荷载的分析结果,其他两组的时程荷载分析结果的查看请参考第二组查看方法。

①纤维截面分析结果

模型窗口 | 结果-[时程分析(梁内力)] | 结果-[时程分析(位移/速度/加速度)] | 结果-[时程分析(一般连接)]

号	荷载	节点	轴向		剪力-y		剪力-z		扭矩		弯矩-y		弯矩-z	
			内力(kN)	时间/步骤(秒)	内力(kN)	时间/步骤(秒)	内力(kN)	时间/步骤(秒)	内力(kN*m)	时间/步骤(秒)	内力(kN*m)	时间/步骤(秒)	内力(kN*m)	时间/步骤(秒)
1	E2-时程分析2(最大)	1	-156.43	2.1000	4.07	3.8900	15.00	1.5800	0.00	0.0100	0.00	0.0100	0.00	0.0100
		6	-156.43	2.1000	4.07	3.8900	15.00	1.5800	0.00	0.0100	0.00	0.0100	0.00	0.0100
2	E2-时程分析2(最大)	51	-159.56	2.1000	4.08	3.8900	15.00	3.9000	0.00	0.0100	0.00	0.0100	0.00	0.0100
		56	-159.56	2.1000	4.08	3.8900	15.00	3.9000	0.00	0.0100	0.00	0.0100	0.00	0.0100
3	E2-时程分析2(最大)	2	-413.30	8.3300	4.89	3.8900	15.00	1.5800	0.00	0.0100	0.00	0.0100	0.00	0.0100
		8	-413.30	8.3300	4.89	3.8900	15.00	1.5800	0.00	0.0100	0.00	0.0100	0.00	0.0100
4	E2-时程分析2(最大)	52	-411.14	8.3300	4.89	3.8900	15.00	1.5800	0.00	0.0100	0.00	0.0100	0.00	0.0100
		58	-411.14	8.3300	4.89	3.8900	15.00	1.5800	0.00	0.0100	0.00	0.0100	0.00	0.0100
5	E2-时程分析2(最大)	3	-98.16	3.9000	4.37	3.8900	15.00	1.5800	0.00	0.0100	0.00	0.0100	0.00	0.0100
		10	-98.16	3.9000	4.37	3.8900	15.00	1.5800	0.00	0.0100	0.00	0.0100	0.00	0.0100
6	E2-时程分析2(最大)	53	-92.31	3.9000	4.37	3.8900	15.00	1.5800	0.00	0.0100	0.00	0.0100	0.00	0.0100
		60	-92.31	3.9000	4.37	3.8900	15.00	1.5800	0.00	0.0100	0.00	0.0100	0.00	0.0100
1	E2-时程分析2(最小)	1	-884.39	3.8100	-4.48	2.0200	-15.00	1.9700	0.00	0.0100	0.00	0.0100	0.00	0.0100
		6	-884.39	3.8100	-4.48	2.0200	-15.00	1.9700	0.00	0.0100	0.00	0.0100	0.00	0.0100
2	E2-时程分析2(最小)	51	-877.72	3.8100	-4.46	2.0300	-15.00	1.9700	0.00	0.0100	0.00	0.0100	0.00	0.0100
		56	-877.72	3.8100	-4.46	2.0300	-15.00	1.9700	0.00	0.0100	0.00	0.0100	0.00	0.0100
3	E2-时程分析2(最小)	2	-875.82	4.0500	-4.84	2.0300	-15.00	1.9700	0.00	0.0100	0.00	0.0100	0.00	0.0100
		8	-875.82	4.0500	-4.84	2.0300	-15.00	1.9700	0.00	0.0100	0.00	0.0100	0.00	0.0100
4	E2-时程分析2(最小)	52	-878.69	3.5500	-4.82	2.0300	-15.00	2.0000	0.00	0.0100	0.00	0.0100	0.00	0.0100
		58	-878.69	3.5500	-4.82	2.0300	-15.00	2.0000	0.00	0.0100	0.00	0.0100	0.00	0.0100
5	E2-时程分析2(最小)	3	-815.68	1.9500	-4.04	2.0300	-15.00	1.9700	0.00	0.0100	0.00	0.0100	0.00	0.0100
		10	-815.68	1.9500	-4.04	2.0300	-15.00	1.9700	0.00	0.0100	0.00	0.0100	0.00	0.0100
6	E2-时程分析2(最小)	53	-819.51	1.9500	-4.03	2.0300	-15.00	15.3700	0.00	0.0100	0.00	0.0100	0.00	0.0100
		60	-819.51	1.9500	-4.03	2.0300	-15.00	15.3700	0.00	0.0100	0.00	0.0100	0.00	0.0100

图 6-131　第二组 E2 地震作用下控制位置 5 和 6 处高阻尼橡胶支座内力

模型窗口 | 结果-[时程分析(梁内力)] | 结果-[时程分析(一般连接)] | 结果-[时程分析(位移/速度/加速度)]

号	荷载	节点	轴向		剪力-y		剪力-z		扭矩		弯矩-y		弯矩-z	
			内力(kN)	时间/步骤(秒)	内力(kN)	时间/步骤(秒)	内力(kN)	时间/步骤(秒)	内力(kN*m)	时间/步骤(秒)	内力(kN*m)	时间/步骤(秒)	内力(kN*m)	时间/步骤(秒)
1	E2-时程分析3(最大)	1	-142.51	9.9300	4.01	2.8200	15.00	16.5200	0.00	0.0100	0.00	0.0100	0.00	0.0100
		6	-142.51	9.9300	4.01	2.8200	15.00	16.5200	0.00	0.0100	0.00	0.0100	0.00	0.0100
2	E2-时程分析3(最大)	51	-137.72	9.9300	4.01	2.8200	15.00	7.8900	0.00	0.0100	0.00	0.0100	0.00	0.0100
		56	-137.72	9.9300	4.01	2.8200	15.00	7.8900	0.00	0.0100	0.00	0.0100	0.00	0.0100
3	E2-时程分析3(最大)	2	-413.61	9.9200	4.78	2.8200	15.00	16.6200	0.00	0.0100	0.00	0.0100	0.00	0.0100
		8	-413.61	9.9200	4.78	2.8200	15.00	16.6200	0.00	0.0100	0.00	0.0100	0.00	0.0100
4	E2-时程分析3(最大)	52	-408.62	9.9200	4.79	2.8200	15.00	16.5500	0.00	0.0100	0.00	0.0100	0.00	0.0100
		58	-408.62	9.9200	4.79	2.8200	15.00	16.5500	0.00	0.0100	0.00	0.0100	0.00	0.0100
5	E2-时程分析3(最大)	3	-169.87	2.7600	4.40	2.8200	15.00	4.5400	0.00	0.0100	0.00	0.0100	0.00	0.0100
		10	-169.87	2.7600	4.40	2.8200	15.00	4.5400	0.00	0.0100	0.00	0.0100	0.00	0.0100
6	E2-时程分析3(最大)	53	-167.23	2.7600	4.40	2.8200	15.00	7.9400	0.00	0.0100	0.00	0.0100	0.00	0.0100
		60	-167.23	2.7600	4.40	2.8200	15.00	7.9400	0.00	0.0100	0.00	0.0100	0.00	0.0100
1	E2-时程分析3(最小)	1	-792.83	2.6800	-3.92	6.1700	-15.00	6.2200	0.00	0.0100	0.00	0.0100	0.00	0.0100
		6	-792.83	2.6800	-3.92	6.1700	-15.00	6.2200	0.00	0.0100	0.00	0.0100	0.00	0.0100
2	E2-时程分析3(最小)	51	-788.45	2.6800	-3.94	6.1700	-15.00	2.3500	0.00	0.0100	0.00	0.0100	0.00	0.0100
		56	-788.45	2.6800	-3.94	6.1700	-15.00	2.3500	0.00	0.0100	0.00	0.0100	0.00	0.0100
3	E2-时程分析3(最小)	2	-860.62	10.0700	-4.27	6.1700	-15.00	6.2200	0.00	0.0100	0.00	0.0100	0.00	0.0100
		8	-860.62	10.0700	-4.27	6.1700	-15.00	6.2200	0.00	0.0100	0.00	0.0100	0.00	0.0100
4	E2-时程分析3(最小)	52	-865.50	10.0700	-4.31	6.1700	-15.00	2.2800	0.00	0.0100	0.00	0.0100	0.00	0.0100
		58	-865.50	10.0700	-4.31	6.1700	-15.00	2.2800	0.00	0.0100	0.00	0.0100	0.00	0.0100
5	E2-时程分析3(最小)	3	-817.06	10.0800	-3.54	6.1900	-15.00	2.2800	0.00	0.0100	0.00	0.0100	0.00	0.0100
		10	-817.06	10.0800	-3.54	6.1900	-15.00	2.2800	0.00	0.0100	0.00	0.0100	0.00	0.0100
6	E2-时程分析3(最小)	53	-823.04	10.0700	-3.53	6.1900	-15.00	2.2800	0.00	0.0100	0.00	0.0100	0.00	0.0100
		60	-823.04	10.0700	-3.53	6.1900	-15.00	2.2800	0.00	0.0100	0.00	0.0100	0.00	0.0100

图 6-132　第三组 E2 地震作用下控制位置 5 和 6 处高阻尼橡胶支座内力

在“**结果 > 时程分析结果 > 纤维截面分析结果…**”中，查看控制位置 1（单元号 20）处的纤维截面弯矩—曲率 $R_z - M_z$ 分析结果，见图 6-133。

②非弹性铰状态结果

在“**结果 > 时程分析结果 > 非弹性铰状态…**”中，非弹性铰处的纤维截面变形 R_z 结果，见图 6-134。

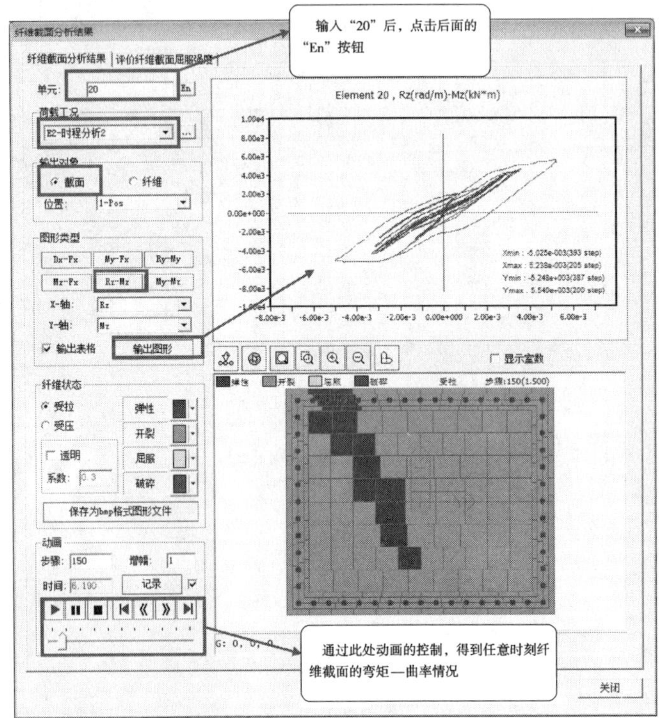

图 6-133 单元20处纤维截面弯矩—曲率 R_z-M_z 分析结果（$t=1.5$s 时刻）

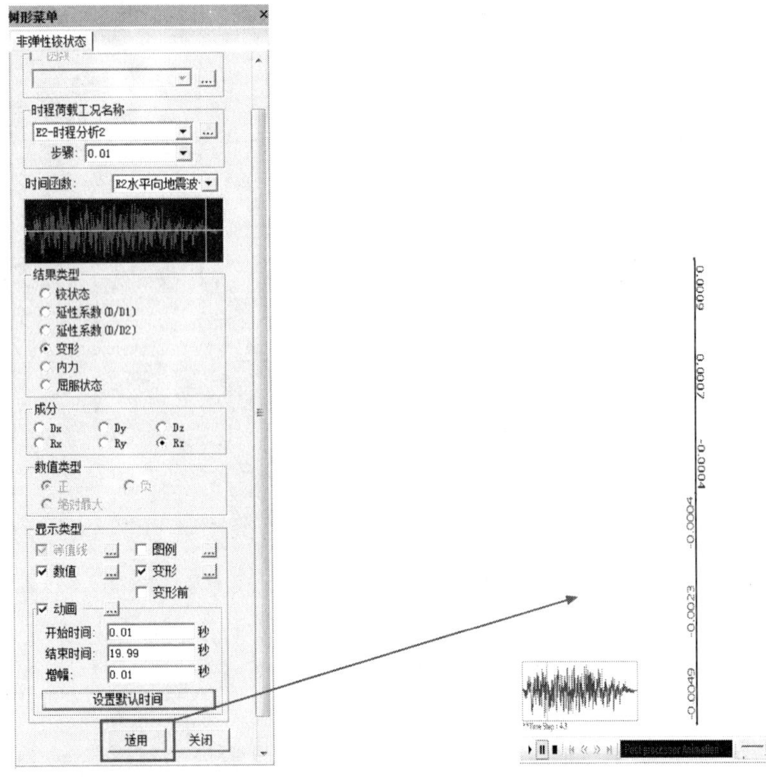

图 6-134 动画显示不同时间点非弹性铰处的纤维截面变形 R_z 结果

③时程分析图表结果

在“**结果＞时程分析结果＞时程分析图表…**”中，查看单元20的纤维截面弯矩—曲率时程分析图表结果，见图6-135～图6-139。可知单元20的变形满足规范需求。

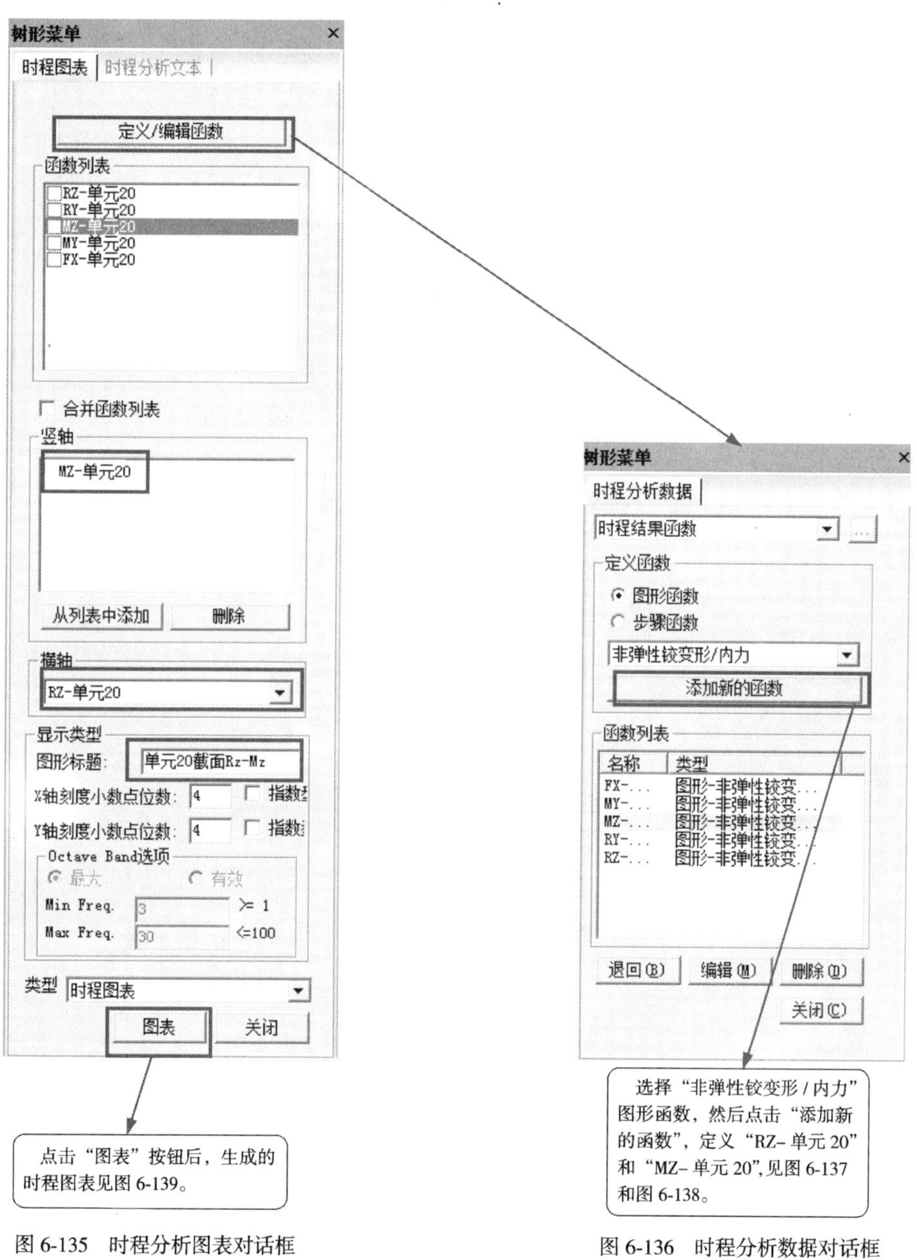

图6-135　时程分析图表对话框

图6-136　时程分析数据对话框

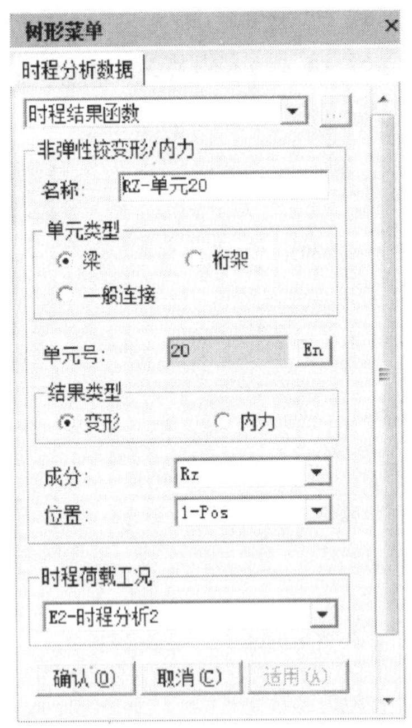

图 6-137 R_Z-单元 20 时程分析数据

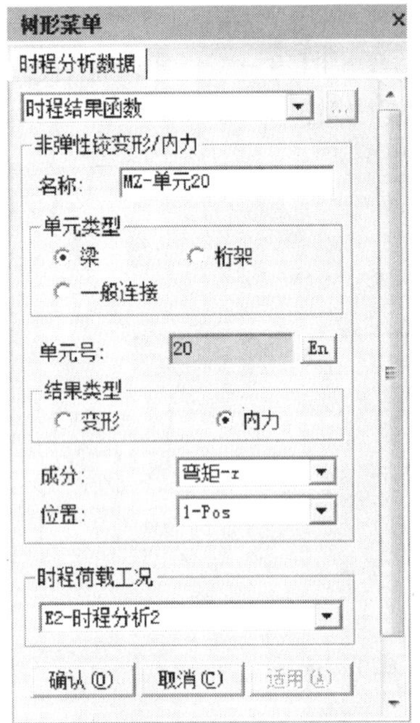

图 6-138 M_Z-单元 20 时程分析数据

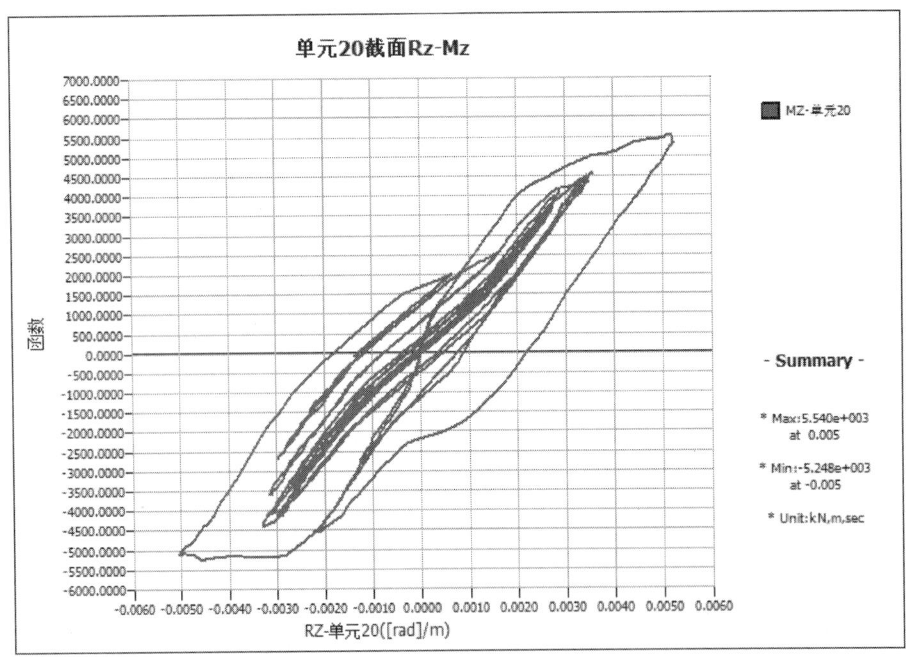

图 6-139 单元 20 的纤维截面弯矩—曲率时程分析图表

6.3 大跨度连续刚构桥地震响应分析与抗震设计

拟建桥梁所在地抗震设防烈度为 8 度，该桥是高速公路上一座跨越 V 形沟谷的三跨预应力混凝土连续刚构大型桥梁,单跨最大跨径为155m,主墩墩身高66m,墩身纵桥向由两片柔性墩组成。根据《公路桥梁抗震设计细则》(JTJ/T B02-01—2008)规定,该桥属于特殊桥梁。

本文对该拟建大桥的抗震性能进行研究。在初步设计阶段采用反应谱分析方法进行大桥的地震响应分析,给出控制截面内力及主要节点位移,对桥梁各结构构件在地震作用下的安全度进行评价,提出相应的提高结构抗震性能的建议与措施,如确定桥墩的截面形式方案或者判断是否设置限位连接装置等;在技术设计阶段采用动态时程分析方法进行大桥的地震响应分析,限于篇幅限制,本文仅以一组地震波为例进行地震响应分析。根据《公路桥梁抗震设计细则》(JTJ/T B02-01—2008)要求,在实际抗震分析时,至少采用3组地震波进行地震响应分析,此处请读者注意。

大跨度连续刚构桥的主梁地震响应效应往往不可忽略,建议读者进行实际抗震设计时,需考虑偶然荷载组合作用下的主梁验算。本文限于篇幅限制,未作详述,请读者注意。

6.3.1 桥梁概况

(1)结构概况

本桥是高速公路上一座跨越V形沟谷的三跨预应力混凝土连续刚构大型桥梁。该桥桥位处地形起伏较大,桥面与地面最大高差约为125m,由左、右两座分离式桥梁组成。

该三跨预应力混凝土连续刚构桥全长为327m,其跨径为86m+155m+86m。该分离式桥梁单幅桥面宽15m,在桥台与箱梁衔接处设置伸缩缝。箱梁采用单箱单室断面,箱梁根部断面高度为9.6m,跨中及边跨合拢段断面梁高为3.55m,箱梁底板下缘按圆曲线变化。

桥梁下部结构分别采用重力式桥台和桩基承台接高桥墩形式。重力式桥台上设置矩形滑动型高阻尼橡胶支座。主墩墩身纵桥向由两片柔性墩组成,柔性墩上端与箱梁固结,下端与承台固结,墩身高66m,柔性墩采用空心方形墩截面。本文对于空心墩截面厚度采用两种方案进行比较研究。方案一为宽8m,高2.5m,壁厚0.9m的等截面空心方形墩截面;方案二为宽8m,高2.5m,壁厚0.6m的等截面空心方形墩截面。最后根据两种桥墩截面方案的弹性反应谱的控制截面的内力分析结果,得出优化调整后的最终截面方案。该矩形空心墩截面为宽8m,高2.5m,壁厚从0.4m渐变至0.6m的空心变截面方形墩截面,50m高处为变截面点,从墩顶到48m高处为等截面段,壁厚为0.4m;从48m高处到54m高处为墩身壁厚变截面段,壁厚从0.4m渐变至0.6m;从54m高处到墩底为等截面段,壁厚为0.6m。承台厚度为4m,承台下采用钻孔灌注桩于基岩内。

(2)工程地质地震概况

拟建桥梁跨越V形沟谷,桥位处为基岩场地。在近场区范围内没有破坏性地震的记载,对场地造成主要影响的是来自于近场区以外的一些中强地震。历史地震对场地的最大影响烈度为8度。

参考抗震评估报告,该场地为Ⅰ类场地。抗震设防烈度为8度,分区特征周期为0.45s,场地系数 $C_s=0.9$,钢筋混凝土桥梁阻尼比取0.05,水平向设计基本地震动加速度峰值 A 为 $0.20g$。

6.3.2 桥梁动力模型概况

拟建桥梁以本书“4.2 midas Civil 在大跨 PC 连续刚构桥设计中的应用”章节中的3跨连

续刚构桥梁模型为蓝本,进行大跨度连续刚构桥地震响应分析与抗震设计。在地震响应计算分析中,选用合理的计算模型是十分重要的。特别是对结构进行弹塑性地震响应分析时,计算结果与塑性铰的模拟密切相关,计算前务必要选择合适的计算模型。

桥梁有限元总体模型以及控制截面位置示意图见图6-140和图6-141。

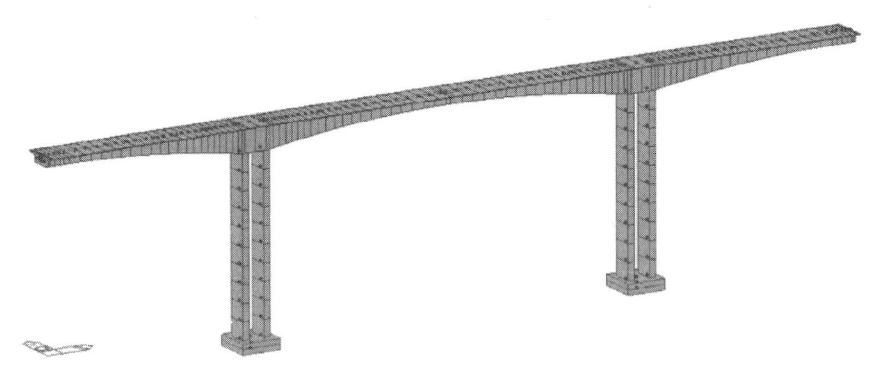

图6-140 桥梁有限元总体模型

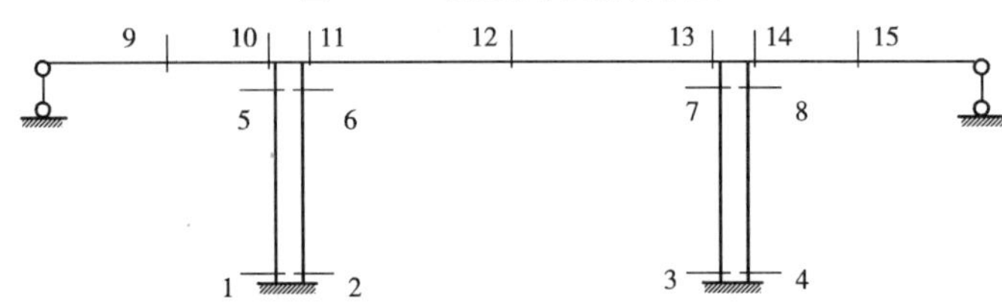

图6-141 桥梁控制截面位置示意图

1)主梁和桥墩模拟

大跨度连续刚构桥的大部分质量集中在桥面系,因而正确模拟主梁非常重要。本模型中所有主梁结构均采用空间梁单元进行模拟。

本桥为特殊桥梁,根据相应规范规定,在大震E2作用下,桥墩局部可发生可修复的损伤,因此桥墩的准确模拟对结构抗震性能的评价具有至关重要的作用。通常采用塑性铰或弹塑性梁单元来模拟桥墩损伤区域。

2)支座与桩土刚度模拟

(1)支座及连接装置模拟

本桥梁盖梁上采用型号为HDR-650×650-H/8的高阻尼减震橡胶支座(滑动型),见图6-142,该支座参数见表6-10,该支座摩擦系数取0.03,阻尼比取10%。为了防止纵桥向和横

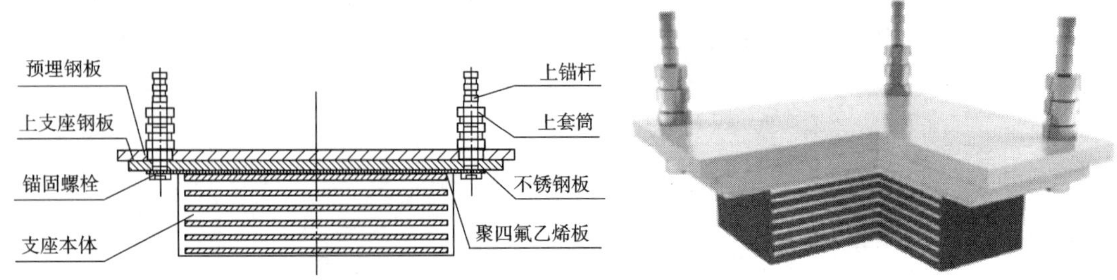

图6-142 HDR高阻尼减震橡胶支座结构示意图(滑动型)

桥向落梁，本桥设置抗震挡块，并在挡块处设置防冲撞板式橡胶块。

HDR 高阻尼减震橡胶支座（滑动型）参数表 表 6-10

规格型号	支座支体			支座总高	垫石推荐尺寸			推荐支撑总高	竖向设计承载力	设计水平力	滑动前刚度	滑动后刚度	竖向设计刚度	预埋件质量	
代号	a' (mm)	b' (mm)	H_b (mm)	H_t (mm)	纵向 (mm)	横向 (mm)	高度 (mm)	H (mm)	P (kN)	Q (kN)	K_1 (kN/mm)	K_2 (kN/mm)	K_v (kN/mm)	g/100 (kg)	g/150 (kg)
HDR-550×650-H/8	570	670	123	156	870	970	100	280	4290	129	7.39	0	1296	161	173
HDR-600×600-H/8	620	620	130	168	920	920	100	300	4320	130	6.91	0	1134	188	202
HDR-600×650-H/8	620	670	130	168	920	970	100	300	4680	140	7.48	0	1277	201	216
HDR-600×700-H/8	620	720	130	168	920	1020	100	300	5040	151	8.06	0	1424	213	230
HDR-650×650-H/8	670	670	145	183	970	970	100	320	5070	152	7.57	0	1255	258	273
HDR-650×700-H/8	670	720	145	183	970	1020	100	320	5400	104	0.15	0	1402	274	290
HDR-650×750-H/8	670	770	145	183	970	1070	100	320	5850	176	8.73	0	1552	291	308
HDR-700×700-H/8	720	720	152	190	1020	1020	100	330	5880	176	823	0	1378	289	305
HDR-700×750-H/8	720	770	152	190	1020	1070	100	330	6300	189	8.82	0	1527	306	323
HDR-700×800-H/8	720	820	152	190	1020	1120	100	330	6720	202	9.40	0	1680	323	341
HDR-750×750-H/8	770	770	159	197	1070	1070	100	330	6750	203	8.89	0	1501	331	349
HDR-750×800-H/8	770	820	159	197	1070	1120	100	330	7200	216	9.48	0	1653	350	368
HDR-750×850-H/8	770	870	159	197	1070	1170	100	330	7650	230	10.08	0	1808	368	388
HDR-800×800-H/8	820	820	166	204	1120	1120	100	340	7680	230	9.55	0	1625	366	385
HDR-800×850-H/8	820	870	100	240	1120	1170	100	340	8160	245	10.15	0	1770	300	405
HDR-800×900-H/8	820	920	166	204	1120	1220	100	340	8640	259	10.75	0	1936	405	425
HDR-850×850-H/8	870	870	173	211	1170	1170	100	350	8670	260	10.22	0	1750	403	422

抗震分析时应考虑支座的影响。滑动型高阻尼橡胶支座可用非线性滞后系统单元模拟，见图 6-143。

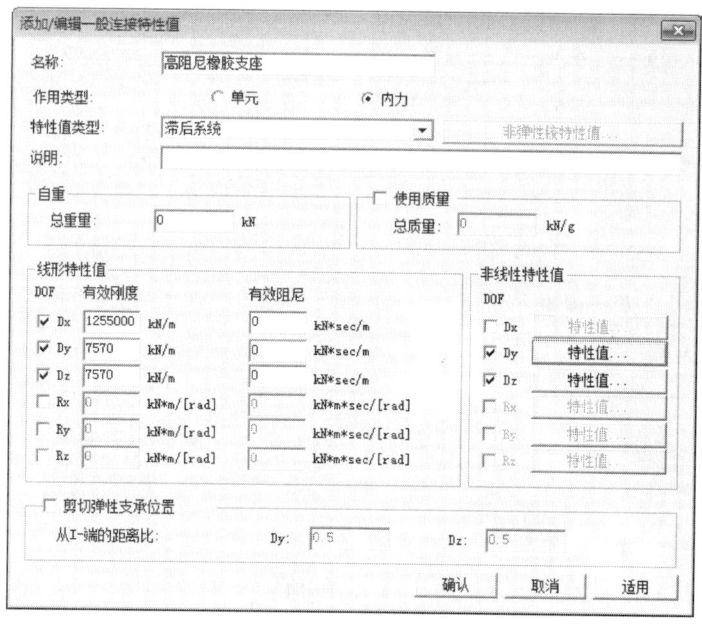

图 6-143 高阻尼橡胶支座模拟

(2)桩土刚度模拟

拟建桥梁跨越V形沟谷，桥位处为基岩场地，基岩刚度较大。本模型承台下采用钻孔灌注桩于基岩内，因此可按刚性基础偏保守考虑。

6.3.3 桥梁动力特性分析

将模型中带有质量块的荷载转化成质量后，定义振型分析，见图6-144，得到桥梁动力特性。

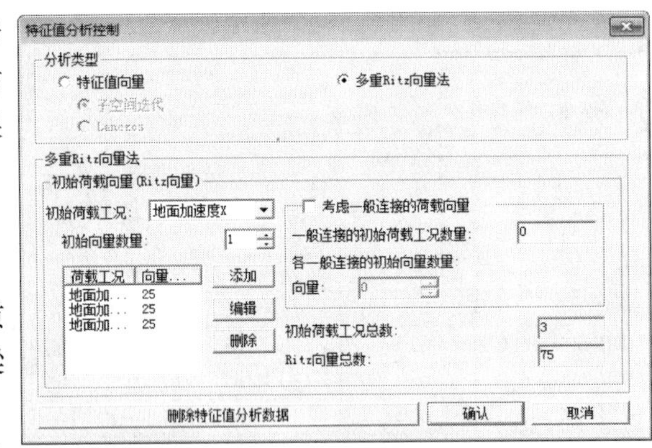

图6-144 定义振型分析

结构动力特性分析是进行结构抗震分析的基础，因此在进行大跨度连续刚构桥抗震分析之前，首先进行振型分析，弄清水平向和竖向的动力特性。表6-11列出了优化后方案的前20阶振型分析后的周期及振型参与质量。图6-145~图6-147列出了模态1、模态2和模态5的振型。根据该桥的动力特性，振型组合采用CQC，计入前75阶振型组合方式。

优化后方案的结构自振特性 表6-11

模态号	振型分析			振型参与质量					
	频率	频率	周期	TRAN-X		TRAN-Y		TRAN-Z	
	(rad/sec)	(cycle/sec)	(sec)	质量(%)	合计(%)	质量(%)	合计(%)	质量(%)	合计(%)
1	1.928865	0.306988	3.257452	76.62	76.62	0	0	0	0
2	2.093137	0.333133	3.001803	0	76.62	69.82	69.82	0	0
3	4.398501	0.700043	1.428483	0	76.62	3.18	72.99	0	0
4	6.406137	1.019568	0.980807	0	76.62	0	72.99	4.31	4.31
5	10.939055	1.741005	0.574381	0.53	77.14	0	72.99	0	4.31
6	14.318029	2.278785	0.43883	0	77.14	0	72.99	30.34	34.65
7	14.956812	2.380451	0.420089	0	77.14	0.19	73.18	0	34.65
8	17.200399	2.737528	0.365293	0	77.14	0	73.18	1.01	35.66
9	17.247823	2.745076	0.364289	0.03	77.17	0	73.18	0	35.66
10	17.289412	2.751695	0.363412	0	77.17	0	73.18	0.4	36.06
11	17.811648	2.834812	0.352757	3.26	80.43	0	73.18	0	36.06
12	19.325503	3.075749	0.325124	0.41	80.84	0	73.18	0	36.06
13	26.706896	4.250534	0.23565	0	80.84	6.19	79.37	0	36.06
14	29.520811	4.698383	0.212839	0	80.84	0	79.37	14.68	50.74
15	33.347053	5.307348	0.188418	0	80.84	0.27	79.64	0	50.74
16	33.418598	5.318735	0.188015	0	80.84	0	79.64	0.14	50.88

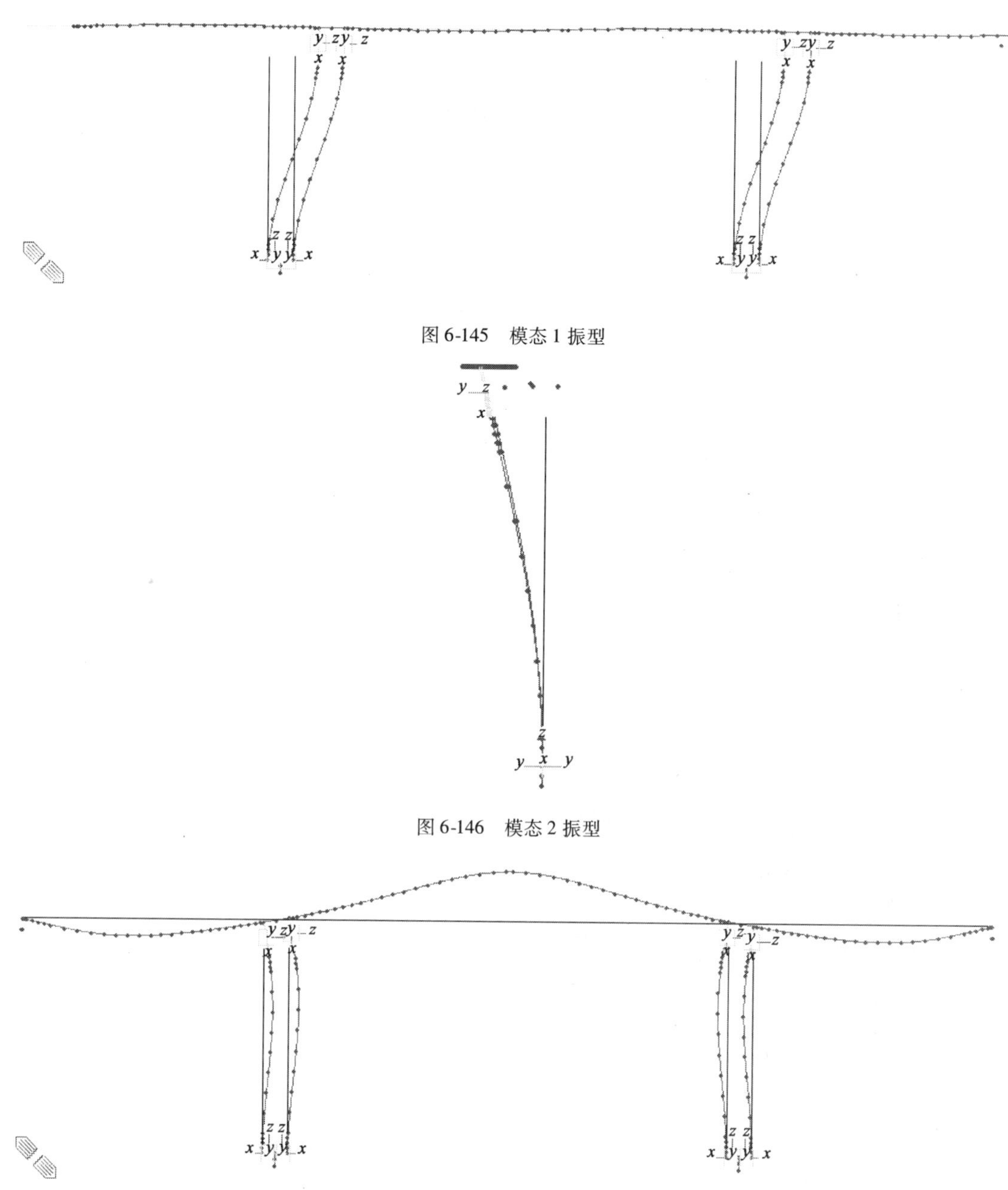

图 6-145　模态 1 振型

图 6-146　模态 2 振型

图 6-147　模态 5 振型

6.3.4 桥梁反应谱分析及桥墩方案确定

拟建桥梁桥位处基岩场地为 I 类场地。抗震设防烈度为 8 度,分区特征周期为 0.45s,场地系数 Cs = 0.9,钢筋混凝土桥梁阻尼比取 0.05,水平向设计基本地震动加速度峰值 A 为 0.20g。

E1 水平向反应谱和竖向反应谱见图 6-148 ~ 图 6-151。

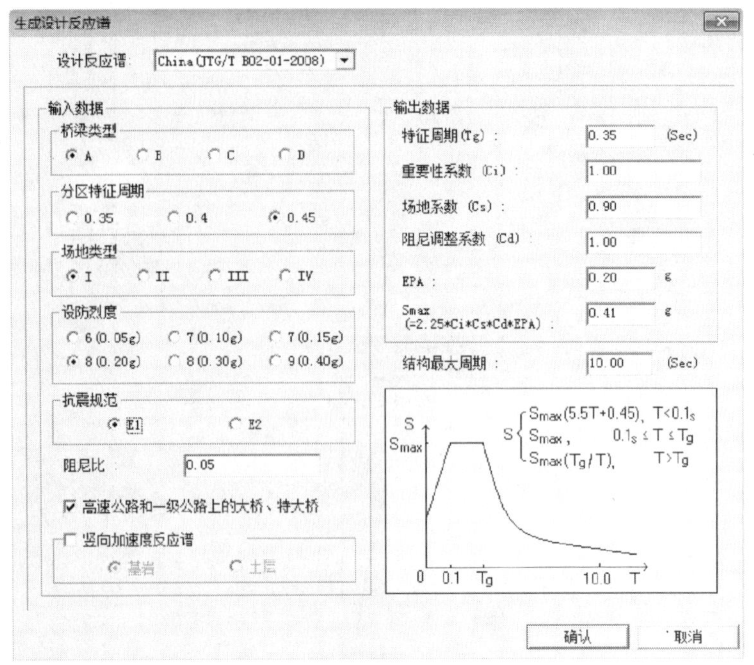

图 6-148 E1 水平反应谱-1

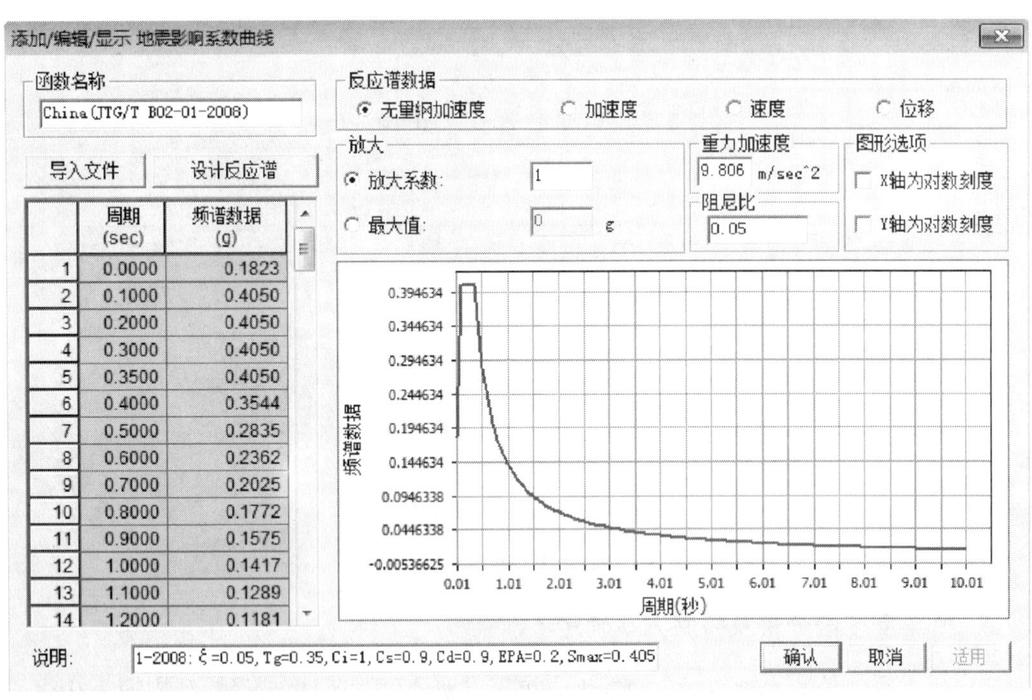

图 6-149 E1 水平反应谱-2

E2 水平向反应谱和竖向反应谱见图 6-152 ~ 图 6-155。

下面采用反应谱分析方法对该连续刚构桥分别进行 E1 和 E2 地震响应分析，同时根据反应谱的分析结果，对桥梁各结构构件在地震作用下的安全度进行评价，并结合工程经济原则提出相应的提高结构抗震性能的建议与措施。

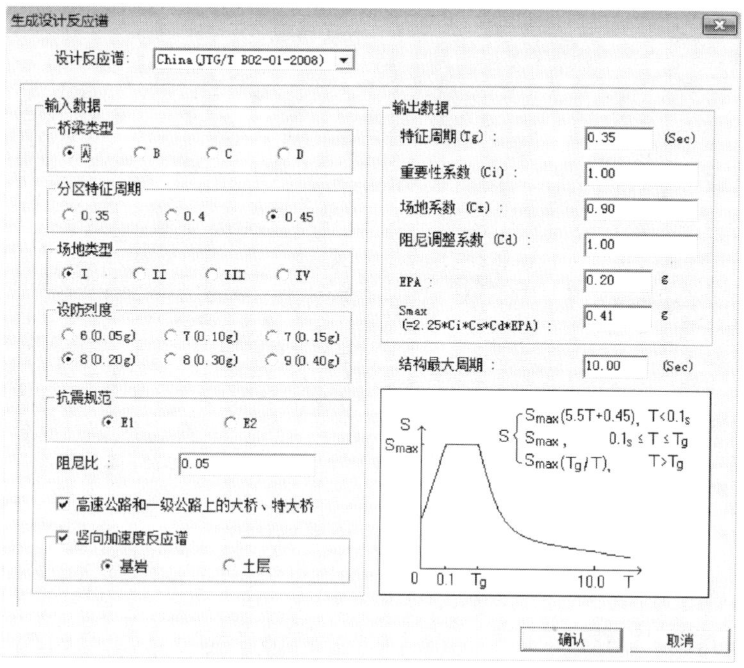

图 6-150 E1 竖向反应谱-1

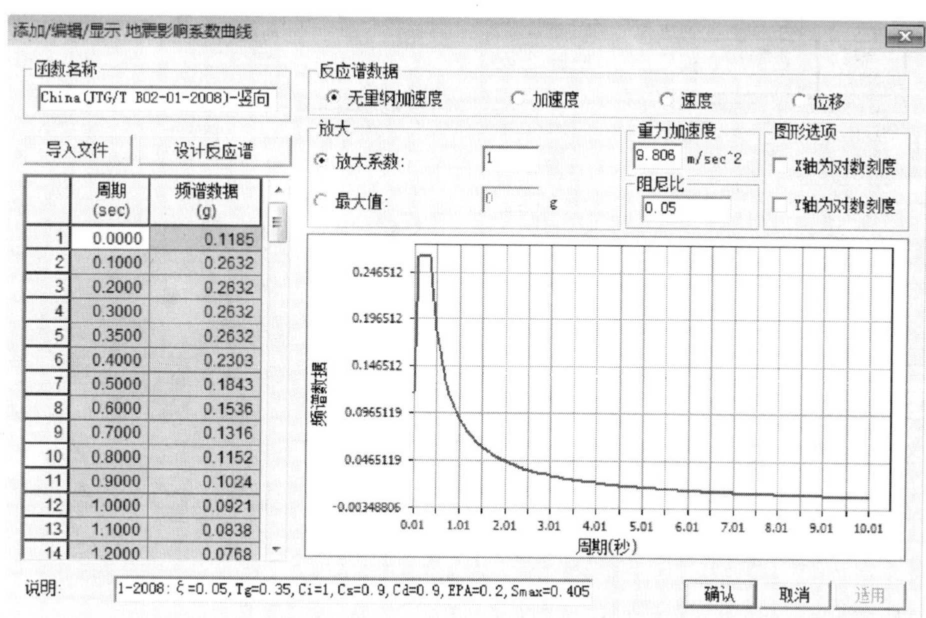

图 6-151 E1 竖向反应谱-2

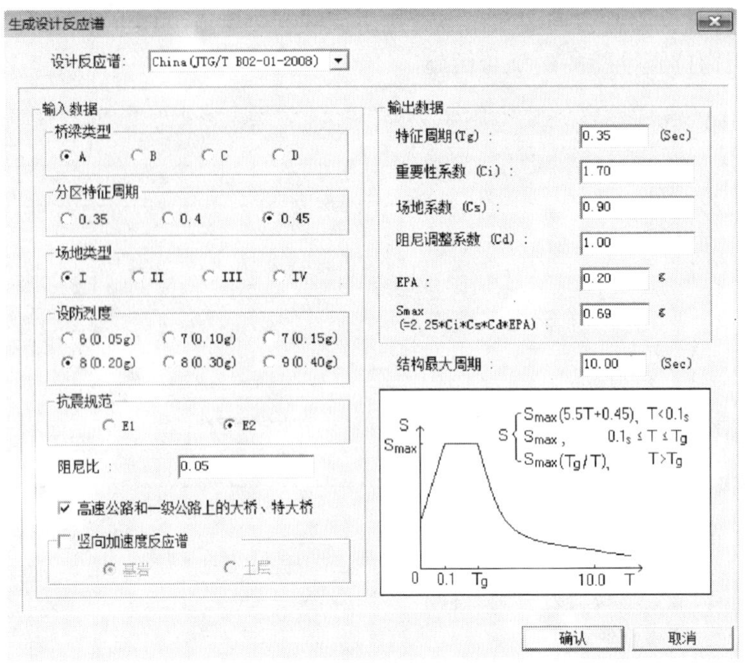

图 6-152 E2 水平反应谱-1

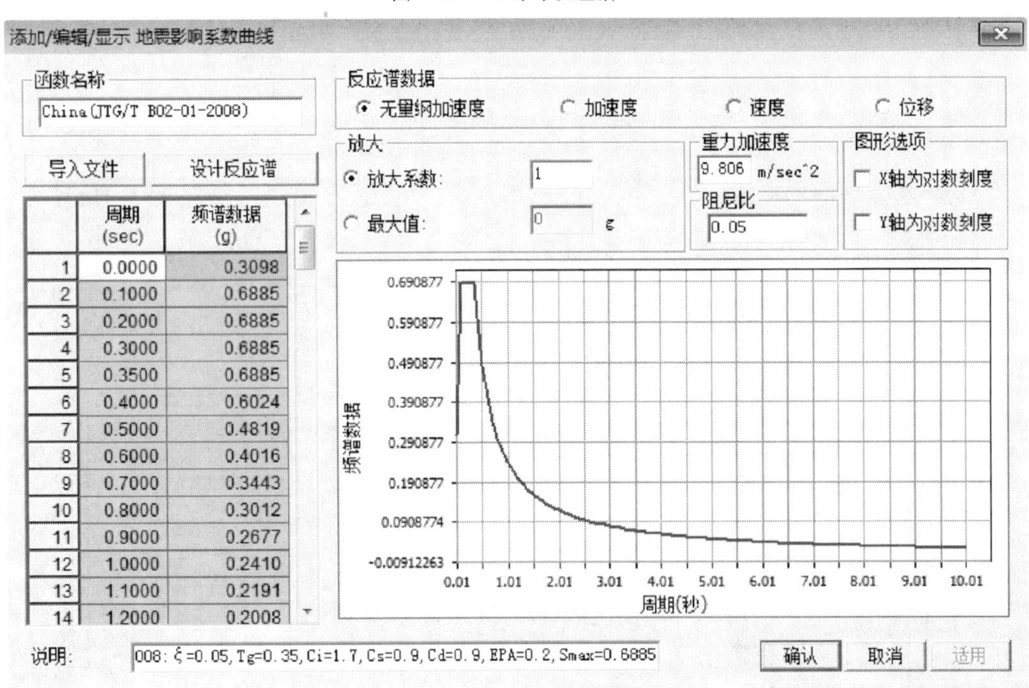

	周期 (sec)	频谱数据 (g)
1	0.0000	0.3098
2	0.1000	0.6885
3	0.2000	0.6885
4	0.3000	0.6885
5	0.3500	0.6885
6	0.4000	0.6024
7	0.5000	0.4819
8	0.6000	0.4016
9	0.7000	0.3443
10	0.8000	0.3012
11	0.9000	0.2677
12	1.0000	0.2410
13	1.1000	0.2191
14	1.2000	0.2008

图 6-153 E2 水平反应谱-2

(1)反应谱分析结果

对于抗震设防烈度为 8 度的大跨度桥梁，计算时同时考虑顺桥向 X、横桥向 Y 和竖向 Z 的地震作用，地震作用分量采用 SRSS 组合方式；根据该桥的动力特性，振型组合采用 CQC，计入前75阶振型组合方式。桥梁控制截面位置示意图见图6-156，方案一和方案二E2地震作用下控制截面内力见表6-12～表6-14。

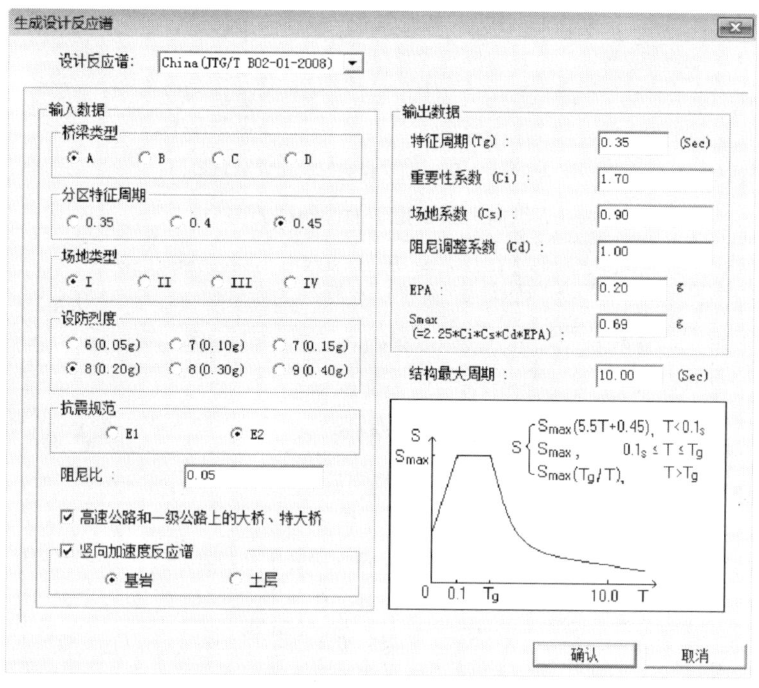

图6-154　E2竖向反应谱-1

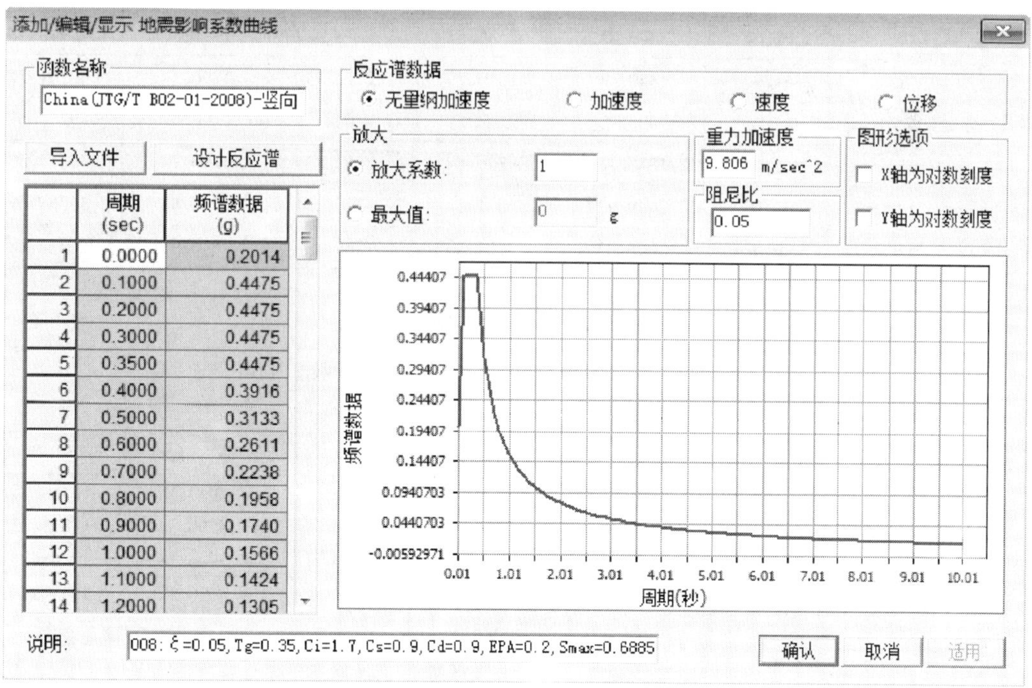

	周期 (sec)	频谱数据 (g)
1	0.0000	0.2014
2	0.1000	0.4475
3	0.2000	0.4475
4	0.3000	0.4475
5	0.3500	0.4475
6	0.4000	0.3916
7	0.5000	0.3133
8	0.6000	0.2611
9	0.7000	0.2238
10	0.8000	0.1958
11	0.9000	0.1740
12	1.0000	0.1566
13	1.1000	0.1424
14	1.2000	0.1305

图6-155　E2竖向反应谱-2

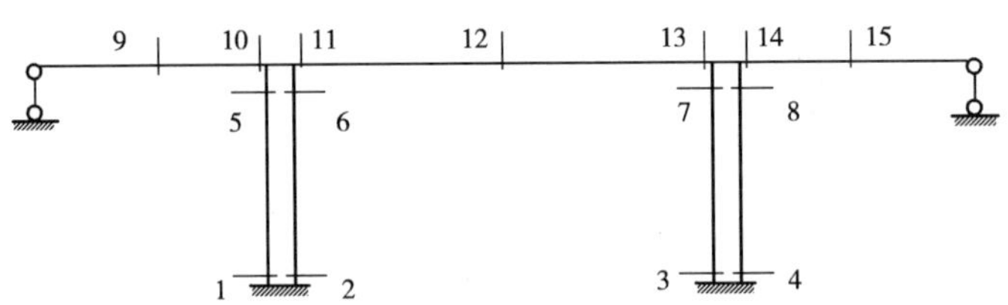

图 6-156 反应谱结果查看控制位置示意图

E2 纵向地震作用下的控制截面内力 表 6-12

截面位置		E2 纵向地震作用下的控制截面内力					
		方案一			方案二		
		轴力(kN)	剪力(kN)	弯矩(kN·m)	轴力(kN)	剪力(kN)	弯矩(kN·m)
主墩	1	7849.6	2707.19	65010.84	5438.21	2239.74	56581.56
	2	7205.8	2691.57	64906.29	5163.2	2227.6	56500.14
	3	7205.8	2691.58	64906.33	5163.19	2227.61	56500.18
	4	7849.59	2707.17	65010.76	5438.2	2239.72	56581.48
	5	7676.01	1981.87	58783.35	5328.34	1738.73	52498.47
	6	7105.46	1967.25	58590.05	5049.11	1725.99	52339.8
	7	7105.46	1967.26	58590.12	5049.11	1726	52339.85
	8	7676.01	1981.86	58783.23	5328.34	1738.71	52498.37
主梁	9	1620.6	1006.73	22625.06	1568.15	840.9	19188.33
	10	1562.07	2449.91	53536.53	1306.22	1946.86	48983.58
	11	2361.72	1340.11	41016.79	2212.83	1296.74	40261.14
	12	0.01	1036.22	1036.07	0.01	928.79	928.66
	13	2361.71	1340.11	39836.54	2212.82	1296.74	39115.85
	14	1562.07	2449.92	56521.54	1306.22	1946.86	51368.37
	15	1620.6	1006.73	23501.45	1568.15	840.9	20394.68

E2 横向地震作用下的控制截面内力 表 6-13

截面位置		E2 横向地震作用下的控制截面内力					
		方案一			方案二		
		轴力(kN)	剪力(kN)	弯矩(kN·m)	轴力(kN)	剪力(kN)	弯矩(kN·m)
主墩	1	0	4049.55	198450.89	0	4030.38	163598.85
	2	0	4015.58	216825	0	3966.38	178684.33
	3	0	4015.57	216825.26	0	3966.38	178684.55
	4	0	4049.54	198451.16	0	4030.37	163599.02
	5	0	4049.55	34328.34	0	4030.38	26147.14
	6	0	4015.58	25197.03	0	3966.38	18813.57
	7	0	4015.57	25197.06	0	3966.38	18813.59
	8	0	4049.54	34328.25	0	4030.37	26147.04

续上表

截面位置		E2 横向地震作用下的控制截面内力					
		方案一			方案二		
		轴力(kN)	剪力(kN)	弯矩(kN·m)	轴力(kN)	剪力(kN)	弯矩(kN·m)
主梁	9	0	16039.67	44748.59	0	17045.93	37938.16
	10	0	16104.07	38875.16	0	14578.42	33210.42
	11	0	15042.11	39975.1	0	14144.44	34379.57
	12	0	4.25	101811.98	0	2.85	101024.52
	13	0	15041.52	39609.51	0	14144.06	35625
	14	0	16103.43	39083.76	0	14578.14	33246.39
	15	0	16039.71	48952.12	0	17045.96	41218.96

E2 竖向地震作用下的控制截面内力 表6-14

截面位置		E2 竖向地震作用下的控制截面内力					
		方案一			方案二		
		轴力(kN)	剪力(kN)	弯矩(kN·m)	轴力(kN)	剪力(kN)	弯矩(kN·m)
主墩	1	12777.55	1474.8	17513.25	10843.62	1208.98	15070.15
	2	11911.82	1018.08	11659.28	9821.65	772.3	9809.77
	3	11911.82	1018.09	11659.33	9821.64	772.31	9809.78
	4	12777.56	1474.8	17513.31	10843.62	1208.98	15070.29
	5	9789.24	1441.54	20357.72	8980.58	1190.93	15421.21
	6	8408.79	971.96	13101.32	7605.02	732.2	9793.67
	7	8408.79	971.96	13101.4	7605.02	732.2	9793.67
	8	9789.25	1441.54	20357.8	8980.58	1190.94	15421.36
主梁	9	1353.42	2166.87	36802.64	1167.15	2209.22	37547.95
	10	3393.8	6247.45	115114.7	2954.27	6132.85	111415.24
	11	5418.86	5324.2	111061.44	4665.39	5505.42	122623.39
	12	7138.34	0	30403.02	6259.78	0	32934.26
	13	5418.86	5324.2	105991.76	4665.39	5505.42	117172.39
	14	3393.8	6247.45	122924.73	2954.27	6132.85	119087.31
	15	1353.42	2166.87	35364.18	1167.15	2209.22	36364.94

根据表中方案一和方案二 E2 地震作用下控制截面内力，可知桥墩壁厚 0.9m 的方案一地震效应比桥墩壁厚 0.6m 的方案二地震效应大。对于刚性基础的大跨度连续刚构桥，桥墩在结构安全前提下，壁厚可适当取薄些。

根据两种桥墩截面方案的弹性反应谱控制截面的内力分析结果，得出优化调整后的最终截面方案。

限于篇幅限制，本文不做 E1 地震作用下的弹性验算详述，仅做 E2 地震作用下反应谱和时程分析。优化方案在 E2 反应谱地震作用下控制截面内力见表 6-15 ~ 表 6-18。

纵向地震作用下的控制截面内力　　表 6-15

截面位置		优化后方案纵向地震作用下的控制截面内力		
		E2		
		轴力(kN)	剪力(kN)	弯矩(kN·m)
主墩	1	3930.24	2224.95	53257.27
	2	3880.63	2168.81	52857.17
	3	3880.62	2168.82	52857.23
	4	3930.23	2224.93	53257.14
	5	3863.59	1746.02	47042.65
	6	3778.32	1692.66	46564.67
	7	3778.31	1692.66	46564.73
	8	3863.58	1746	47042.51
主梁	9	1572.93	798	17321.11
	10	1297.44	1785.02	50167.86
	11	2211.22	1498.9	41658.83
	12	0.01	916.53	916.41
	13	2211.21	1498.9	40185.03
	14	1297.45	1785.02	52507.39
	15	1572.93	798	18380.89

横向地震作用下的控制截面内力　　表 6-16

截面位置		优化后方案横向地震作用下的控制截面内力		
		E2		
		轴力(kN)	剪力(kN)	弯矩(kN·m)
主墩	1	0	3557.89	144044.53
	2	0	3488.43	157756.01
	3	0	3488.42	157756.21
	4	0	3557.89	144044.67
	5	0	3557.89	20149.25
	6	0	3488.43	13942.97
	7	0	3488.42	13942.98
	8	0	3557.89	20149.16
主梁	9	0	18149.65	33601.72
	10	0	14349.2	30691.64
	11	0	13694.66	33235.85
	12	0	2.78	100873.54
	13	0	13694.28	35352.66
	14	0	14349	30824.66
	15	0	18149.67	36206.06

竖向地震作用下的控制截面内力 表 6-17

截面位置		优化后方案竖向地震作用下的控制截面内力		
		E2		
		轴力(kN)	剪力(kN)	弯矩(kN·m)
主墩	1	9662.54	768.39	10177.95
	2	8550.65	511.79	6959.84
	3	8550.65	511.79	6959.84
	4	9662.54	768.39	10178.04
	5	8545.22	652.01	7997.27
	6	7175.19	402.33	5644.38
	7	7175.19	402.34	5644.38
	8	8545.22	652.01	7997.34
主梁	9	1114.16	2139.92	40309.68
	10	2906.53	6263	116765.6
	11	4404.73	5625.99	127991.48
	12	5926.46	0	34424.21
	13	4404.73	6525.99	122412.15
	14	2906.53	6263	124842.45
	15	1114.16	2139.91	38506.72

三个方向地震作用组合下的控制截面内力 表 6-18

截面位置		纵向、横向、竖向三个方向地震作用组合下的控制截面内力					
		E2 反应谱分析					
		轴向 (kN)	剪力 - y (kN)	剪力 - z (kN)	扭矩 (kN·m)	弯矩 - y (kN·m)	弯矩 - z (kN·m)
主墩	1	10431.28	3418.38	2353.9	3557.89	54221.1	144044.53
	2	9390.04	3701.07	2228.38	3488.43	53313.41	157765.01
	3	9390.04	3701.07	228.39	3488.42	53313.47	157756.21
	4	10431.27	3418.43	2353.88	3557.89	54220.98	144044.67
	5	9378.06	2206.85	1863.79	3557.89	47717.58	20149.25
	6	8109.2	2557.56	1739.81	3488.43	46905.52	13942.97
	7	8109.19	2557.56	1739.82	3488.42	46905.58	13942.98
	8	9378.06	2206.84	1863.77	3557.89	47717.45	20149.16
主梁	9	1927.55	801.96	2283.87	18149.65	43873.58	33601.72
	10	3182.97	2217.82	6512.41	14349.2	127086.66	30691.64
	11	4928.6	2482.19	5822.24	13694.66	134600.43	33235.85
	12	5926.46	2.1	916.53	2.78	34434.4	100873.54
	13	4928.6	2482.13	5822.24	13694.28	128839.33	35352.66
	14	3182.97	2217.78	6512.41	14349	135435.09	30824.66
	15	1927.55	801.99	2283.86	18149.67	42668.77	36206.06

在恒载、预应力和地震组合作用下控制截面内力结果见表6-19和表6-20。

【(恒载+预应力)+地震】作用组合下的控制截面内力结果 表6-19

截面位置		[(恒载+预应力)+地震]作用组合下的控制截面内力					
		E2 反应谱分析					
		轴向 (kN)	剪力-y (kN)	剪力-z (kN)	扭矩 (kN·m)	弯矩-y (kN·m)	弯矩-z (kN·m)
主墩	1	-50563.81	3418.38	2286.96	3557.89	59374.09	144044.53
	2	-49005.2	3701.07	2075.76	3488.43	57944.42	157756.01
	3	-49002.3	3701.07	2380.98	3488.42	48684.55	157756.21
	4	-50571.08	3418.43	2520.81	3557.89	49069.4	144044.67
	5	-37189.42	2206.85	1696.85	3557.89	42131.5	20149.25
	6	-35858.44	2557.56	1587.19	3488.43	41718.48	13942.97
	7	-35855.55	2557.56	1892.41	3488.42	52092.66	13942.98
	8	-37196.7	2206.84	2030.7	3557.89	53304.81	20149.16
主梁	9	1546.23	801.96	12694.49	18149.65	-77159.41	33601.72
	10	-3.42	2217.82	43571.59	14349.2	-967173.73	33691.64
	11	1930.01	2482.19	-32746.73	13694.66	-992470.63	33235.85
	12	6267.51	2.1	555.17	2.78	81020.73	100873.54
	13	2049.79	2482.13	43028.37	13694.28	-941324.52	35352.66
	14	-123.56	2217.78	-31913.98	14349	-1015811.96	30824.66
	15	1477.23	801.99	-9918.5	18149.67	-123682.48	36206.06

【(恒载+预应力)-地震】作用组合下的控制截面内力结果 表6-20

截面位置		[(恒载+预应力)-地震]作用组合下的控制截面内力					
		E2 反应谱分析					
		轴向 (kN)	剪力-y (kN)	剪力-z (kN)	扭矩 (kN·m)	弯矩-y (kN·m)	弯矩-z (kN·m)
主墩	1	-71426.36	-3418.38	-2520.84	-3557.89	-49068.11	-144044.53
	2	-67785.28	-3701.07	-2381	-3488.43	-48682.41	-157756.01
	3	-67782.38	-3701.07	-2075.8	-3488.42	-57942.38	-157756.21
	4	-71433.63	-3418.43	-2186.94	-3557.89	-59372.57	-144044.67
	5	-55945.55	-2206.85	-2030.72	-3557.89	-53303.66	-20149.25
	6	-52076.84	-2557.56	-1892.43	-3488.43	-52092.56	-13942.97
	7	-52073.94	-2557.56	-1587.23	-3488.42	-41718.49	-13942.98
	8	-55952.82	-2206.84	-1696.83	-3557.89	-42130.09	-20149.16

续上表

截面位置		[(恒载+预应力)-地震]作用组合下的控制截面内力					
		E2 反应谱分析					
		轴向(kN)	剪力-y(kN)	剪力-z(kN)	扭矩(kN·m)	弯矩-y(kN·m)	弯矩-z(kN·m)
主梁	9	-2308.88	-801.96	8126.76	-18149.65	-164906.57	-33601.76
	10	-6369.35	-2217.82	30546.78	-14349.2	-1221347.04	-30691.64
	11	-7927.2	-2482.19	-44391.21	-13694.66	-1261671.5	-33235.85
	12	-5585.41	-2.1	-12777.88	-2.78	12147.92	-100.873.54
	13	-7807.4	-2482.13	31383.89	-13694.28	-1199003.17	-35352.66
	14	-6489.49	-2217.78	-44938.79	-14349	-1286682.13	-30824.66
	15	-2377.87	-801.99	-14486.23	-18149.67	-209020.02	-36206.06

根据控制截面的内力结果可知,高墩模型对纵桥向、横桥向和竖向的地震响应均比较敏感。优化方案在E2反应谱地震作用下桥台支座支反力结果见图6-157。根据选定的高阻尼橡胶支座的摩擦系数可知,水平向的顺桥向和横桥向的地震力都超过支座动摩擦力。因此需要进行E2地震下的非线性动态时程分析。

1095.4　497.1　4548.1

图6-157　优化方案E2反应谱地震作用下桥台支座支反力结果

(2)桥墩验算

优化后方案桥墩截面钢筋配置分别见图6-158和图6-159。

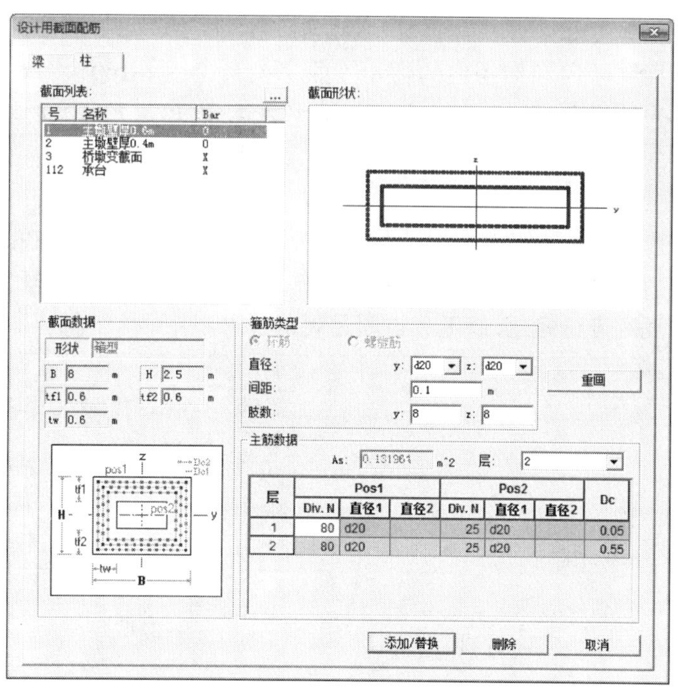

图6-158　优化后方案0.6m壁厚主墩截面钢筋布置

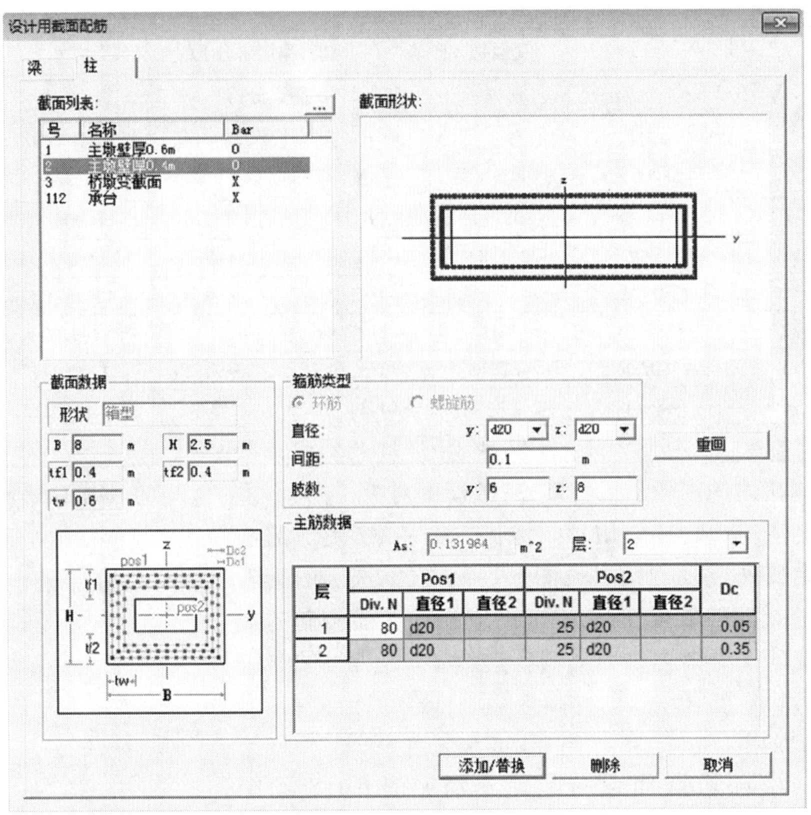

图6-159 优化后方案0.4m壁厚主墩截面钢筋布置

配筋后主墩截面顺桥向和横桥向的弯矩—曲率关系见图6-160～图6-163。根据控制截面的反应谱分析内力结果和对应截面的弯矩—曲率关系,可知在E2罕遇地震下,截面弯矩小于截面抗震特性中的初始屈服弯矩,因此桥墩基本处于弹性状态。

根据《公路钢筋混凝土及预应力混凝土桥涵设计规范》(JTG D62—2004)中抗剪验算中的5.2.7条、5.2.9条和5.2.10条,得到相应剪力值,见表6-21。可知桥墩截面的抗剪承载力满足公路规范要求。另外根据控制截面内力结果可知箱梁同时受到剪扭作用,所以需要根据公路规范5.5.4条的规定进行修正,修正后也满足规范要求。

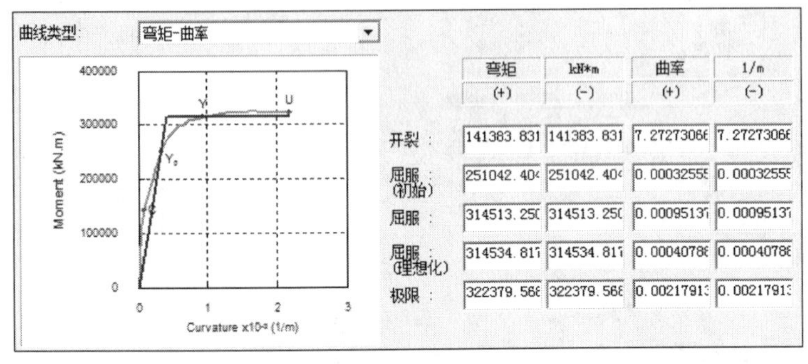

图6-160 壁厚0.6m主墩横桥向弯矩—曲率

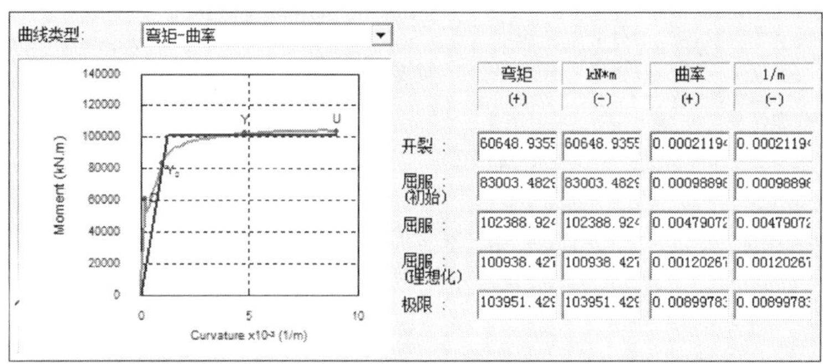

图 6-161 壁厚 0.6m 主墩顺桥向弯矩—曲率

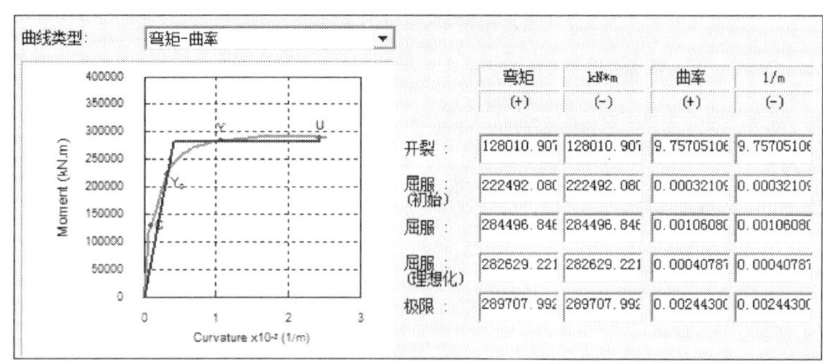

图 6-162 壁厚 0.4m 主墩横桥向弯矩—曲率图

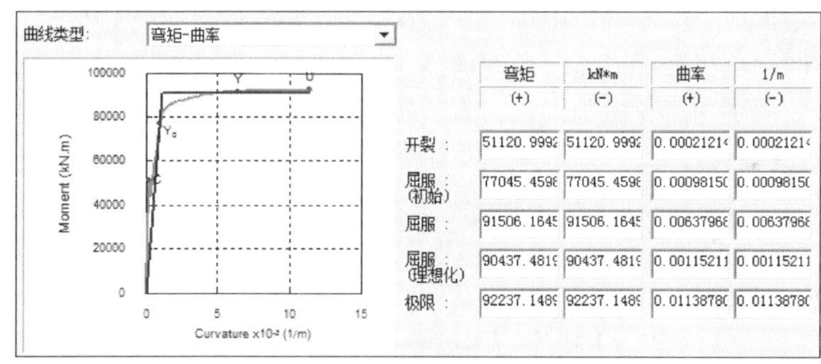

图 6-163 壁厚 0.4m 主墩顺桥向弯矩—曲率

根据公路规范得到的相应剪力值 表 6-21

荷载组合	截面位置		(恒载+预应力)+地震		规范 5.2.9 条计算		规范 5.2.10 计算		规范 5.2.7 条计算	
			剪力-y (kN)	剪力-z (kN)	剪力-y (kN)	剪力-z (kN)	剪力-y (kN)	剪力-z (kN)	剪力-y (kN)	剪力-z (kN)
(恒载+预应力)+地震	0.6m 主墩	1	3418.38	2186.96	30577.96	9289.51	7821.00	2376.00	—	10121.44
		2	3701.07	2075.76						
		3	3701.07	2380.98						
		4	3418.43	2520.81						
	0.4m 主墩	5	2206.85	1696.85	20385.31	6193.00	5214.00	1584.00	—	7156.94
		6	2557.56	1587.19						
		7	2557.56	1892.41						
		8	2206.84	2030.7						

续上表

荷载组合	截面位置		(恒载+预应力)+地震		规范5.2.9条计算		规范5.2.10计算		规范5.2.7条计算	
			剪力-y (kN)	剪力-z (kN)	剪力-y (kN)	剪力-z (kN)	剪力-y (kN)	剪力-z (kN)	剪力-y (kN)	剪力-z (kN)
(恒载+预应力)-地震	0.6m主墩	1	-3418.38	-2520.84	30577.96	9289.51	7821.00	2376.00	—	10121.44
		2	-3701.07	-2381						
		3	-3701.07	-2075.8						
		4	-3418.43	-2186.94						
	0.4m主墩	5	-2206.85	-2030.72	20385.31	6193.00	5214.00	1584.00	—	7156.94
		6	-2557.56	-1892.43						
		7	-2557.56	-1587.23						
		8	-2206.84	-1696.83						

6.3.5 桥梁动态时程分析

大跨度桥梁结构地震响应分析中,比较有效的分析方法是对结构直接进行动态时程响应分析。应用动态时程分析法可以比较准确地描述结构在地震荷载作用下的整个响应历程。地震输入可采用一致激励和多点激励模式。为了能够比较合理地预测未来地震作用下桥梁结构的地震响应,在选择地震波时,目前常采用类比地震波方法和人工地震波方法。

类比地震波方法:选择与所建桥梁场址具有类似的地质环境,相近震级(一般采用相同地震加速度峰值)条件下的地震记录作为输入地震波。一般需选择若干条这样的地震波,分别作时程分析,根据计算结果,综合评定桥梁结构的抗震性能。

人工地震波方法:该法是基于场址地震危险性分析的人工地震波方法。

对于重大桥梁工程,常常需要同时选择类比地震波和人工地震波,以使对桥梁结构抗震性能的评价建立在更为合理、可靠的基础上。

根据《公路桥梁抗震设计细则》(JTJ/T B02-01—2008)规定,拟建桥梁属于特殊桥梁,因此罕遇地震作用下需采用动态时程分析法。根据《公路桥梁抗震设计细则》(JTJ/T B02-01—2008)要求,在实际抗震分析时,至少采用3组地震波进行地震响应分析。限于篇幅限制,本文仅以一组地震波为例进行地震响应分析,并仅考虑一致激励时程分析。根据拟建场地的具体情况,本文选择人工合成地震波,见图6-164~图6-166。

(1)动态时程分析结果

在E2地震作用下,同时考虑顺桥向 X、横桥向 Y 和竖向 Z 的时程分析。桥梁控制截面位置示意图见图6-156。不考虑恒载和预应力作用,控制截面的时程分析内力结果见表6-22和表6-23。

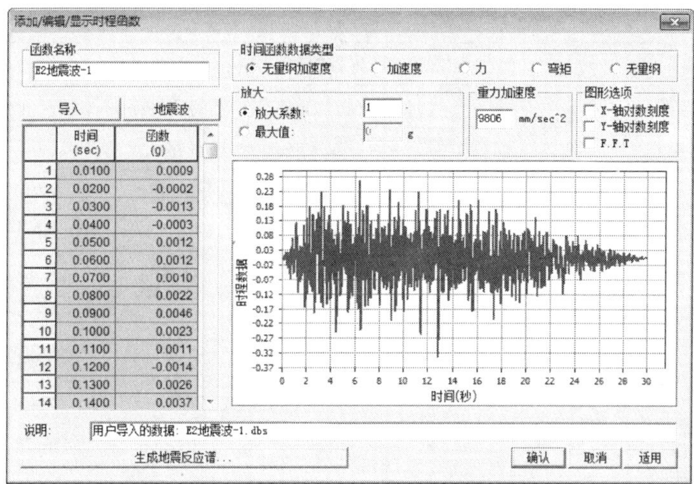

图 6-164 E2 顺桥向地震波

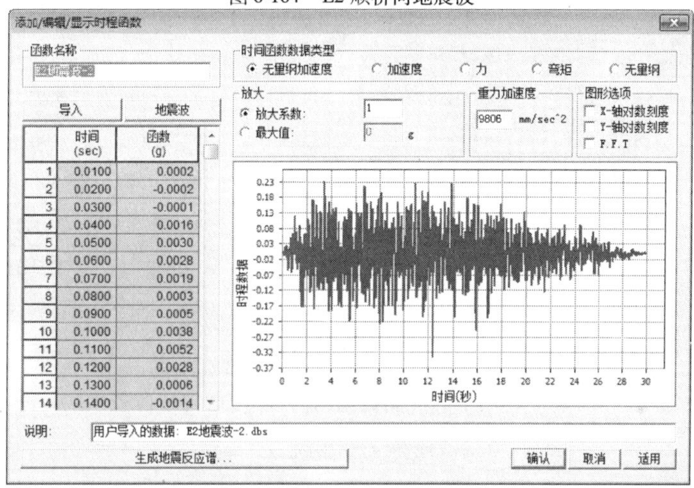

图 6-165 E2 横桥向地震波

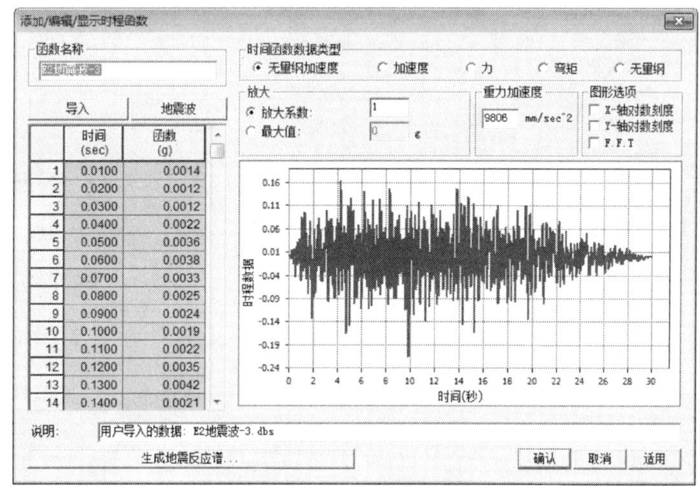

图 6-166 E2 竖向地震波

E2 地震作用下的控制截面内力（不考虑接续荷载） 表 6-22

不接续初始荷载的时程分析							
截面位置		时程分析法地震作用下的控制截面内力					
		E2 动态时程分析（最大）					
		轴向（kN）	剪力 - y（kN）	剪力 - z（kN）	扭矩（kN·m）	弯矩 - y（kN·m）	弯矩 - z（kN·m）
主墩	1	11349.94	3322.43	2465.93	1696.6	45251.78	152023.44
	2	9566.21	33549.91	2210.76	1583.3	43158.25	151898.73
	3	9607.85	3549.92	2040.22	2586.49	41331.94	151899.21
	4	9997.28	3322.45	2231.68	2632.25	42461.6	152023.32
	5	10516.54	2479.58	2293.89	1696.6	46124.75	16577.08
	6	8013.51	2670.38	2140.61	1583.3	44957.24	16682.37
	7	7123.59	2670.39	2016.09	2586.49	43707.84	16682.15
	8	9180.14	2478.56	2005.46	2632.25	45073.58	16576.65
主梁	9	1332.69	867.25	2788.5	17437.99	53720.44	23451.67
	10	3674.37	2201.33	6725.85	16478.81	119097.26	45300.62
	11	5197.02	2195.32	4899.39	10831.24	119081.36	51760.13
	12	5388.92	19.33	860.96	132.37	33040.91	77053.06
	13	4330.74	2339.99	6440.57	7718.29	125634.7	50260.95
	14	3695.74	2535.12	6158.15	16914.52	134328.24	48014.29
	15	1464.29	675.34	2125.54	17805.54	42010.49	26114.1

E2 地震作用下的控制截面内力（不考虑接续荷载） 表 6-23

不接续初始荷载的时程分析							
截面位置		时程分析法地震作用下的控制截面内力					
		E2 动态时程分析（最小）					
		轴向（kN）	剪力 - y（kN）	剪力 - z（kN）	扭矩（kN·m）	弯矩 - y（kN·m）	弯矩 - z（kN·m）
主墩	1	-11338.74	-4090.18	-2182.19	-2632.25	-43171.68	-140199.33
	2	-8400.08	-4069.49	-2102.05	-2586.49	-42304.2	-147567.95
	3	-8583.5	-4069.56	-1843.53	-1583.36	-41742.6	-147568.21
	4	-10145.53	-4090.17	-1959.14	-1696.67	-43790.46	-140199.34
	5	-10218.65	-2644.43	-1918.15	-2632.25	-42530.36	-19950.48
	6	-7203.48	-2652.93	-1760.63	-2586.49	-42291.78	-14607.82
	7	-7607.94	-2652.94	-1673.49	-1583.36	-38821	-14607.8
	8	-9105.17	-2644.41	-1764.72	-1696.67	-39301.18	-19950.41

续上表

不接续初始荷载的时程分析							
截面位置		时程分析法地震作用下的控制截面内力					
		E2 动态时程分析(最小)					
		轴向(kN)	剪力 -y(kN)	剪力 -z(kN)	扭矩(kN·m)	弯矩 -y(kN·m)	弯矩 -z(kN·m)
主梁	9	-1626.08	-675.37	-2236.03	-17805.43	-49038.46	-35982.49
	10	-3418.74	-2535.36	-5989.86	-16914.97	-128159.82	-47493.79
	11	-5818.1	-2340.05	-6041.42	-7719.57	-147638.05	-55508.95
	12	-7591.52	-18.82	-998.88	-24.48	-41755.4	-53208.19
	13	-4822.71	-2194.91	-4218.19	-10831.03	-138322.14	-54640.08
	14	-4075.63	-2201.23	-8079.1	-16477.99	-154689.87	-50326.41
	15	-1700.21	-867.49	-2516.9	-17437.88	-47885.41	-38925.1

考虑接续荷载即考虑恒载和预应力作用,控制截面的时程分析内力结果见表 6-24 和表 6-25。

E2 地震作用下的控制截面内力(考虑接续荷载)　　表 6-24

接续初始荷载的时程分析							
截面位置		时程分析法地震作用下的控制截面内力					
		E2 动态时程分析(最大)					
		轴向(kN)	剪力 -y(kN)	剪力 -z(kN)	扭矩(kN·m)	弯矩 -y(kN·m)	弯矩 -z(kN·m)
主墩	1	-49770.06	3322.43	2291.83	1696.6	50627.9	152023.44
	2	-48690.79	3549.91	2050.7	1583.3	48015.25	151898.73
	3	-48647.15	3549.92	2200.24	2586.49	36472.54	151899.21
	4	-51128.72	3322.45	2405.77	2632.25	37082	152023.32
	5	-36175.46	2478.58	2119.79	1696.6	40305.95	16577.08
	6	-35816.49	2670.38	1980.55	1583.3	39521.84	16682.37
	7	-36704.41	2670.39	2176.11	2586.49	49142.84	16682.15
	8	-37518.86	2478.56	2179.55	2632.25	50893.18	16576.65
主梁	9	967.11	867.25	13186.5	17437.99	-66839.56	23451.67
	10	504.27	2201.33	43773.85	16478.81	-974202.74	45300.62
	11	2228.12	2195.32	-33672.61	10831.24	-1005218.64	51760.13
	12	5759.81	19.01	500.04	137.34	82476.91	77053.06
	13	1481.64	2339.99	43649.57	7718.29	-941765.3	50206.95
	14	405.55	2535.12	-32256.85	16914.52	-1015871.76	48014.29
	15	1029.73	675.34	-10064.46	17805.54	-123809.51	26114.1

地震作用下的控制截面内力(考虑接续荷载) 表 6-25

接续初始荷载的时程分析								
截面位置		时程分析法地震作用下的控制截面内力						
		E2 动态时程分析(最小)						
		轴向 (kN)	剪力 -y (kN)	剪力 -z (kN)	扭矩 (kN·m)	弯矩 -y (kN·m)	弯矩 -z (kN·m)
主墩	1	-72458.74	-4090.18	-2355.77	-2632.25	-37790.68	-140199.33
	2	-66657.08	-4069.49	-2261.24	-2586.49	-37442.8	-147567.95
	3	-66838.5	-4069.56	-1683.51	-1583.36	-46602	-147568.21
	4	-71271.53	-4090.17	-1785.05	-1696.67	-49170.06	-140199.34
	5	-56910.65	-2644.43	-2092.25	-2632.25	-48349.16	-19950.48
	6	-51033.48	-2652.93	-1920.69	-2586.49	-47727.18	-14607.82
	7	-51435.94	-2652.94	-1512.63	-1583.36	-33386	-14607.8
	8	-55804.17	-2644.41	-1590.63	-1696.67	-33481.58	-19950.41
主梁	9	-1991.66	-675.37	8161.97	-17805.43	-169598.46	-35982.49
	10	-6588.84	-2535.36	31058.14	-16914.97	-12211459.82	-47493.79
	11	-8787	-2340.05	-44613.42	-7719.57	-1271938.05	-55508.95
	12	-7220.63	-18.04	-1360.29	-106.75	7680.6	-53208.19
	13	-7674.73	-2194.91	32990.81	-10831.03	-1205722.14	-54640.08
	14	-7365.83	-2201.23	-46494.1	-16477.99	-1304899.87	-50326.41
	15	-2134.77	-867.49	-14706.9	-17437.88	-213705.41	-38925.1

(2)桥墩验算

根据控制截面的时程分析内力结果和对应截面的弯矩—曲率关系可知,在 E2 罕遇地震下,截面弯矩小于截面抗震特性中的初始屈服弯矩,因此桥墩基本处于弹性状态。

根据《公路钢筋混凝土及预应力混凝土桥涵设计规范》(JTG D62—2004)中抗剪验算中的 5.2.7 条、5.2.9 条和 5.2.10 条,得到相应剪力值,见表 6-21。可知,桥墩截面的抗剪承载力满足公路规范要求。另外根据控制截面内力结果可知,箱梁同时受到剪扭作用,所以需要根据公路规范 5.5.4 条的规定进行修正,修正后也满足规范要求。

(3)支座及连接装置验算

通过查看桥台支座处支座的竖向支反力,可知支座竖向反力 F_{max} =7193kN、F_{min} = -2212kN。由此可判断初始选择的支座型号不满足抗震要求。将支座型号改为 HDR-800×850-H/8 的高阻尼减震橡胶支座(滑动型),见表 6-10。另外要设置附属装置防止支座在竖向地震作用下的上拔破坏。

通过查看可知,桥台支座处支座的最大顺桥向位移为 104mm 和横桥向位移为 117mm,在桥台位置需设置纵桥向和横桥向限位装置。

限于篇幅限制,关于添加桥台限位装置后的模型时程分析后的控制截面内力结果,本文不作体现。

6.3.6 小结

本文拟建桥梁属于A类特殊桥梁，因此主墩在设计时不考虑延性状态。下面对于常规B类连续刚构桥抗震特点做些简述。

高墩大跨度连续刚构桥由于其具有外形美观、结构尺寸小和桥下净空大等优点，近30多年来在我国被广泛应用。然而对于高墩大跨刚构桥，其抗震能力往往是设计中的主要因素，它将直接影响着墩身承载能力的大小。目前，关于大跨径直线刚构桥的抗震性能研究较多，但大部分都局限于单个因素的分析，同时对于连续刚构弯桥的抗震性能研究也较少。

近些年来，随着高速公路在山区的发展，尤其是西部地区修建了不少数量的高墩大跨度刚构桥，对于此类桥梁的研究也逐步深入。结合西部地区连续刚构桥的抗震性能的评价与研究，对于高墩大跨径刚构桥的抗震特性总结如下：

(1)直桥抗震特点

顺桥向响应时，随着墩高的增加，桥梁各个控制点的内力响应值通常情况下会逐渐减小。但随着墩高的增加，减少的幅度变小，即内力值随着墩高变化曲线逐渐平缓，达到一定高度时，再增加墩高，则达不到减小墩底地震响应值的效果。增加墩高，墩顶位移值先减小，后逐渐增加，增加墩高对墩顶位移而言，有可能偏不利。

横桥向地震响应时，刚构桥相当于悬臂结构体系，因此随着墩高的增大，结构对横桥向地震响应较为敏感。变化规律类似于顺桥向。

(2)弯桥抗震特点

当顺桥向激励时，曲线刚构桥由于弯扭耦合，面内振型和面外振型出现耦合，故主墩产生较大的横向剪力、扭矩、面外弯矩，主梁上产生较大的竖向剪力、扭矩和面外弯矩。

当弯桥的曲率在一定范围内时，对桥梁的自振特性影响不大。当考虑桩土共同作用后，结构体系变柔，但土与结构的相互作用对桥梁的竖向振动频率影响很小，对桥梁的横向振动频率影响相对较大。

(3)墩高、墩柔抗震特点

墩高较低时，增加高度，内力响应值急剧下降，达到一定高度之后，内力响应值趋于平缓，并开始出现反弹。

高墩连续刚构桥桥墩柔性大，结构自振周期较长，梁和桥墩对体系振型的贡献都很大。桥墩有明显的纵桥向和横桥向弯曲振动。高墩连续刚构桥在横桥向的地震响应相当于悬臂结构体系，因此随着墩高的增大，结构对横桥向地震响应更为敏感。

另外，在桥墩安全范围内，通常情况下，桥墩越柔，结构自振周期越长，地震响应也越小。

参考文献

[1] 中华人民共和国行业标准. JTG D60—2004 公路桥涵设计通用规范[S]. 北京:人民交通出版社,2004.

[2] 中华人民共和国行业标准. JTG D62—2004 公路钢筋混凝土及预应力混凝土桥涵设计规范[S]. 北京:人民交通出版社,2004.

[3] 中华人民共和国行业标准. JTG B01—2003 公路工程技术标准[S]. 北京:人民交通出版社,2003.

[4] 张树仁,郑绍珪,黄侨,鲍卫刚. 钢筋混凝土及预应力混凝土桥梁结构设计原理[M]. 北京:人民交通出版社,2004.

[5] 中交公路规划设计院有限公司. 公路桥梁设计规范答疑汇编[M]. 北京:人民交通出版社,2009.

[6] 上海市政工程设计院研究总院. 桥梁设计工程师手册[M]. 北京:人民交通出版社,2007.

[7] 范立础. 桥梁工程(上册)[M]. 北京:人民交通出版社,2000.

[8] 马宝林. 高墩大跨连续刚构桥[M]. 北京:人民交通出版社,2001.

[9] 雷俊卿. 桥梁悬臂施工与设计[M]. 北京:人民交通出版社,1999.

[10] 张方,钱永久,唐继舜. 基于结构性能的PC连续刚构桥损伤分析[J]. 西南交通大学学报,2009(6).

[11] 顾凯锋,彭卫. 预应力混凝土连续箱梁桥腹板斜裂缝研究[J]. 公路,2004(7).

[12] 邹锦华,姜海波,欧阳仕武. 大跨连续刚构桥跨中下挠成因及加固效果分析[J]. 公路,2010(7).

[13] 杨西福. 混凝土徐变对大跨连续刚构桥长期下挠的影响分析[J]. 中外公路,2010(5).

[14] 陈妍如,周水兴,陈湛荣. 竖向预应力筋对连续刚构桥受力影响分析[J]. 重庆交通大学学报(自然科学版),2008(2).

[15] 张永水,曹淑上. 连续刚构桥线形控制方法研究[J]. 中外公路,2006(6).

[16] 朱世峰,徐勇,宰国军,吕曹炯. 重庆朝阳寺多跨连续刚构桥合拢顺序探讨[J]. 施工技术,2009(1).

[17] 李杨海. 公路桥梁支座实用手册[M]. 北京:人民交通出版社,2009.

[18] 朱汉华,陈孟冲,袁迎捷. 预应力混凝土连续箱梁桥裂缝分析与防治[M]. 北京:人民交通出版社,2006.

[19] 中华人民共和国行业标准. JTJ/T B02-01—2008 公路桥梁抗震设计细则[S]. 北京:人民交通出版社,2008.

[20] 中华人民共和国行业标准. CJJ 166—2011 城市桥梁抗震设计规范[S]. 北京:中国建筑工业出版社,2011.

[21] 中华人民共和国国家标准. GB 50011—2010 建筑抗震设计规范[S]. 北京:中国建筑工业出版社,2010.

[22] 范立础. 桥梁抗震[M]. 上海:同济大学出版社,1997.

[23] 范立础,李建中,王君杰. 高架桥梁抗震设计[M]. 北京:人民交通出版社,2000.

[24] 范立础,卓卫东. 桥梁延性抗震设计[M]. 北京:人民交通出版社,2000.

[25] 谢旭. 桥梁结构地震响应分析与抗震设计[M]. 北京:人民交通出版社,2006.

[26] 王克海. 桥梁抗震研究[M]. 北京:中国铁道出版社,2007.

[27] 殷鹏程,叶爱君. 从中美规范比较探讨桥梁结构抗震体系[J]. 工程抗震与加固改造,2009.

[28] 胡勃,袁万城,范立础. 桥梁抗震强度设计方法的可靠性评价[J]. 同济大学学报(自然科学版),1999(4).

[29] 潘龙,孙利民,范立础. 基于推倒分析的桥梁地震损伤评估模型与方法[J]. 同济大学学报(自然科学版),2001(1).

[30] 袁万城,胡勃,范立础. 柱式桥墩横向抗震性能及评价[J]. 同济大学学报(自然科学版),1996(6).

后　　记

2008 年 5 月份,我离开工作近 3 年的桥梁设计院,进入了 MIDAS 公司。回想当初面试的场景,我记忆犹新——“我喜欢桥梁,我想综合掌握桥梁技术,尤其是桥梁结构分析技术;我选择 midas Civil,是因为它的分析功能够强大,尤其是前处理够方便,模型显示够直观,够漂亮”。

桥梁结构分析是桥梁设计最核心的内容,多年来我在桥梁结构分析上面不断遇到问题,我想尽办法也找不到现成的答案,只能自己独自琢磨。幸运的是,一直有 midas Civil 陪伴在我的身边,把我的想法一一验证,帮我解决一个又一个问题。

2010 ~ 2011 年的全国巡回 midas Civil 桥梁专题培训期间,很多用户希望我能出书,与大家共享“midas Civil 在桥梁结构分析中的应用”经验。这事我一直放在心上,然而受工作所累,无法抽出时间来做这件事。

2011 年 8 月份,我终于狠下心来,依依不舍地离开了 MIDAS 公司,应人民交通出版社之邀,正式开始《midas Civil 在桥梁结构分析中的应用》一书的编著。

“头悬梁,锥刺股”是我对编著该书的个人付出的总结,“授人以鱼不如授人以渔”是我对该书给读者带来的价值的期望。

感谢 MIDAS 公司给我们提供如此优秀的结构分析软件。十分感谢天津城建院吴玉友总工,领我进入桥梁结构分析大门。万分感谢 MIDAS 公司姜毅荣总经理提供我自由发展的平台,让我能够一次又一次挑战我的极限,不断得到提升。十万分感谢家人,多年来无所求的支持我潜心研究桥梁结构技术。感谢各大设计院及桥梁业的工程师们,让我有实践各种复杂桥梁结构的机会。感谢北京迈达斯技术有限公司、人民交通出版社,鼓励我完成本书。感谢桂满树、邱顺东、高德志和 MIDAS 公司的所有员工。感谢彭泽友、杨欣、陈伟、陈志敏、付宇斌等。

限于作者的能力和水平,书中难免存在缺点和不足,恳请广大读者批评指正,作者将在再版中逐步完善,也欢迎业内人士登陆网站进行讨论。

作者邮箱:liumeilan0120@126.com;公司网址:www.shlancy.com。

刘美兰

二〇一二年四月